9787514226102

U0562273

[古希腊]
狄奥多罗斯 著
席代岳 译

第三卷

希腊史纲

文化发展出版社
Cultural Development Press

目　录

第三卷

第十三章

雅典和斯巴达的争雄

1 设若我们要在其他史家之后,运用他们擅长的方式撰写一部历史著作,我认为我们必须安排每一章的主题,并且使得内容保持适当的长度,按照次序讨论事件的来龙去脉。如果我们要让相关的论述着眼于较短的期间,写出的文字会更容易获得应有成果。现在期望在有限的篇幅之内,要将一千一百余年的重大事件一一列举,除了全力以赴还要避免冗长的讨论,所以只能简略交代几句作为本章的序言。须知即使前面的六章,我们记载的事件是从特洛伊战争算起,直到雅典当局遵奉市民大会的敕令前去攻打叙拉古,这段期间①有七百六十八年

---

① 这 768 年是前 1184—前 415 年。

之久。我们在这一章当中,对于后续时期的叙述要加以补充,开始于雅典在叙拉古的远征行动,结束于叙拉古的僭主狄奥尼修斯与迦太基之间的第二次战争①。

2 查布瑞阿斯(Chabrias)成为雅典的执政,罗马人选出三名军事护民官卢契乌斯·塞吉乌斯(Lucius Sergius)、马可斯·帕皮流斯(Marcus Papirius)和马可斯·塞维留斯(Marcus Servilius),用来取代执政官的职位。雅典人通过议案要对叙拉古人发起战争,他们在这一年(前415年)当中,整建船只,积聚钱财,运用最大热忱从事西西里战役的各项准备工作。他们选出亚西比德(Alcibiades)、尼西阿斯(Nicias)和拉玛克斯(Lamachus)担任将领,赋予全权统筹有关战争的事务。富有的市民想激起战争的热情,有些人自己出钱为城邦建造三层桨座战船,有些人提供维持军队所需的经费,还有很多雅典的市民和外侨,虽然他们赞同民主政体,也与那些盟邦的人员一样,自动自发来到将领的面前,要求征召他们成为士兵。就某种程度来说,他们满怀希望受到鼓舞,期盼未来能在西西里获得定额分配的土地。

就在远征行动完成充分准备可以待命开拔的时候,分布在全城各处的赫尔墨斯(Hermes)②雕像,竟然在一夜之间受到破坏③。当局认定这行动

---

① 本章涵盖的时间是前415—前404年。

② 赫尔墨斯是宙斯和迈亚(Maia)的儿子,神的使者和司旅游、贸易和商业之神。雅典全城遍布他的雕像,每月第4天居民要庆祝他的生日并且向他献祭。罗马人称他为麦邱利(Mercury)。

③ 这个重大事件的主要来源是修昔底德《伯罗奔尼撒战争史》第6卷27—29、53及60—61各节,普鲁塔克《希腊罗马名人传》第6篇第1章"亚西比德"第18—21节,特别是安多赛德(Andocides)《论神秘祭典》(On Mysteries)。雕像的面孔都已遭到毁损,或许还有更不堪的污秽举动,亚里斯托法尼斯的喜剧《黎西斯特塔》(Lysistrata)第1049行,曾经提到这一点。

不是普通市民所为，应该是声望很高的人士想要推翻民主制度，于是严词谴责亵渎神圣的恶行，着手调查涉案的罪犯，举凡提供线索而能破案应允给予高额奖金。有个平民①出现在"会议"②的前面，陈述他在新月第一天的午夜，看到某些知名之士进入一位外侨的家中，其中之一是亚西比德。这时告发者受到委员会的质疑，问他何以能在夜间分辨出面貌，得到的答复是月光照射之下让他看得很清楚。后来出面指控的平民因为说谎受到定罪，因为没有人相信他所说的故事，其他的调查人员没有能力就这个案情找到任何线索。

一百四十艘三层桨座战船已经备便，至于装载马匹、粮食、装备和其他补给品的船只真是不计其数。船上还有重装步兵、投石兵和骑兵，都是盟邦提供的兵力，不包括船员和水手，就有七千人马。将领参加最高委员会召开的秘密会议，讨论他们控制全岛以后，如何处理西西里的事务。同意他们可以奴役塞利努斯和叙拉古的人民，其他民族仅仅要求每年定期缴纳贡金给雅典当局。

3 翌日将领与士兵一起步行走向派里犹斯(Peiraeus)，所有的市民和外侨倾城而出，拥挤不堪的群众陪伴前进，每个人对着自己的亲戚和朋友，诉说一些祈求神明赐福的话。整个港湾布满锚泊的三层桨座战船，船首上面装饰着各种标志，兵器发出耀目的光芒，港口四周到处都是香炉和银质的混酒钵，人们举行酹酒仪式都使用金杯，向着神明顶礼膜拜，

---

① 安多赛德在《论神秘祭典》里面提到这个人是戴奥克莱德(Diocleides)，他对这件事的来龙去脉有详尽的叙述。

② 阿提卡地区的居民按照传统是由 4 个爱奥尼亚的部族(phylai)组成，即吉迪昂底(Gedeontes)、伊杰柯里斯(Aegicores)、厄基德(Ergades)和荷普莱提(Hoplitae)。梭伦建立一个全新的四百人会议(Council of 400)，由这 4 个部族各推举 100 人。举凡与人民有关的提案都要在这个会议进行讨论和研究，谨慎处理以及先行审查通过，否则不得交到市民大会去裁决。

蒙受保佑使得远征行动大获成功。他们离开派里犹斯出海以后,绕着伯罗奔尼撒半岛航行,驶往科孚(Corcyra)岛停泊。奉到命令是在此处等待,当地的盟邦会派来增援的部队。

远征军全部集结完毕,他们开航渡过爱奥尼亚海峡(Ionian Strait)①,抵达伊阿披基亚(Iapygia)位于顶端的陆地,然后沿着意大利的海岸行驶,塔伦屯(Tarantine)当局对他们闭门不纳,接着经过梅塔朋屯(Metapontum)和赫拉克利(Heracleia)两座城市,没有停下来暂时休息;等到他们进入休里埃(Thurii)的港口,在各方面都获得殷勤的接待。他们继续航向克罗顿(Croton),当地居民为来人供应一个市场,然后在拉西尼亚(Lacinia)的赫拉神庙②旁边扬帆前进,这里有两个海岬称之为戴奥斯库瑞阿斯(Dioscurias)③。绕过海岬他们对于辛勒屯(Scylletium)和洛克里(Locri)不加理睬,就在靠近雷朱姆(Rhegium)的外海抛锚停泊,想要尽力说服雷朱姆人成为他们的盟邦,对方的答复是要与意大利其他希腊城市进行磋商。

4 叙拉古当局得知雅典远征军已经到达海峡④,指派赫摩克拉底(Hermocrates)、西卡努斯(Sicanus)和赫拉克莱德(Heracleides)担任将领,将最高的权力授予他们,开始征召兵员,派遣使者到西西里的城市,催促他们要为维护自由权利,恪尽应有的职责和义务。他们特别指出雅典之所以发动战争,据对方的说法是针对叙拉古,虽然开始的确如此,事实上他们的意图是要征服整个岛屿。于是阿克拉加斯和纳克索斯公开宣

---

①　爱奥尼亚海峡位于希腊和意大利的足趾部之间,宽度约为80公里,分隔亚得里亚海和爱奥尼亚海,现在称为奥特兰托(Otranto)海峡。

②　神庙位于塔兰屯湾最西端的拉西尼姆角(Cape Lacinium)。

③　卡斯特(Castor)和波拉克斯(Pollux)这对孪生子是宙斯的儿子,也是海伦的兄弟,两位相亲相爱的手足获得戴奥斯库瑞阿斯的通称,所以举凡成双成对的东西可以使用这种名字。

④　这是墨西拿(Messina)海峡。

布,他们要与叙拉古结盟。卡玛瑞纳人(Camarinaeans)和美西纳人(Messenians)提出保证他们决心维持和平,对于要求成为盟邦一事,尽量拖延时间暂时不予答复。至于希米拉人(Himeraeans)、塞利努斯人、杰拉人(Geloans)和卡塔尼人(Catanaeans),承诺在开战以后要加入叙拉古的阵营。西西里的城市,除非是保持中立,一般的打算都会偏向叙拉古,现在都在等待未来的结局。

伊吉斯塔当局支付的费用不愿超过三十泰伦①,雅典的将领为此提出抗议,还是率领全军从雷朱姆出海,航向西西里的纳克索斯。他们在此地受到居民的欢迎,接着再到卡塔尼。虽然卡塔尼人不愿士兵进入城市,还是允许将领进入召开的市民大会,向他们提出双方结盟的议案。亚西比德正对大会发表演说之际,有些士兵突然打开一道边门冲进城市,出于这个原因卡塔尼当局被迫加入作战,要去攻打叙拉古。

5 就在发生这些事件的时候,那些在雅典基于个人恩怨痛恨亚西比德的政敌,现在拿着破坏雕像②这个案件当成借口,出席市民大会发言指控他是反对民主政体的叛乱分子,特别提到这件事与在亚哥斯发生的情况如出一辙,因为他的朋友在那里也有阴谋推翻民主政体的嫌疑,全部被亚哥斯的市民处以死刑③。人民相信这些证词还为煽动的政客激起怒火,派出圣船"萨拉米尼亚(Salaminia)号"④前往西西里,命令亚西比德尽速赶回雅典对质。船只抵达卡塔尼,亚西比德从使者口中得知市民大会的决定,他带着其他受到指控的被告,登上自己指挥的三层桨座战船,伴

① 参阅本书第十二章第83节。
② 参阅本章第2节。
③ 修昔底德《伯罗奔尼撒战争史》第6卷第61节。
④ 这是雅典水师负责特殊任务的两艘快船之一,另外一艘用阿西娜的头衔取名"帕拉卢斯号"。

随"萨拉米尼亚号"出海返航。

亚西比德得知自己被控犯下亵渎神圣的罪行,同时还警觉到极其严重的危险,已经威胁到生命的安全,抓住船只在休里埃停泊的机会,为了规避定罪的下场只有与涉案的被告一起逃走。使者得到消息赶快上船出海前去追捕,四处寻找不见踪影只有回到雅典,在市民大会提出报告说明发生的情况。雅典当局将亚西比德和其他逃亡人员,全部送到法院审判,最后宣告受到死刑的定谳①。亚西比德从意大利渡海前往伯罗奔尼撒,斯巴达成为获得安全的庇护所,开始到处煽风点火,说服拉斯地蒙当局要对雅典发起攻击。

6 两位留在西西里的将领统率雅典远征军向伊吉斯塔起航,占领一个名叫海卡拉(Hyccara)的小镇,得到的战利品价值一百泰伦,这时伊吉斯塔愿意多支付三十泰伦的贡金,于是他们又回到卡塔尼。雅典的将领希望不要冒一点危险,就能在叙拉古的大港(Great Harbor)获得一个立足点②,找到一个忠于他们又能得到对方信任的卡塔尼人,经过教导编出一套说法去见叙拉古的将领。他提到一群同心合力的卡塔尼人,准备逮捕相当数量而且毫不知情的雅典人,因为他们夜间留在城市里面,居所与放兵器的地方有一段距离;同时纵火将他们在港内的船只全部烧掉;他要求将领为了给予帮助,派出部队前往那个地方,这样他们的计划就会万无一失。等到这个卡塔尼人见到叙拉古的指挥官,告诉他们杜撰的故事全都毫不怀疑地接受,决定在安排的夜间带着部队前来攻城,同时打发这位人士先回卡塔尼负责接应。

---

① 这是在被告缺席之下做出的判决。
② 根据修昔底德《伯罗奔尼撒战争史》第 6 卷第 64 节的叙述,这个地方靠近奥林皮伊姆(Olympieium)。读者可以参考相关地图,这是按照修昔底德提供的数据完成绘制的工作。

叙拉古派出的部队在指定的夜晚向卡塔尼进军,这时雅典的舰队保持肃静航向叙拉古的大港,不仅成为奥林皮伊姆(Olympieium)①的主人,还占领周边整个地区,接着就在那里设置一个营地。叙拉古的将领发觉自己为对方的计谋所骗,很快转头赶回去就对雅典的营地发起攻击。雅典人列队与来犯之敌遭遇,在一场会战中杀死四百名对手,将叙拉古人打得大败而逃。雅典的将领有鉴于敌军的骑兵占有优势,为了进行围攻作战必须加强装备的功效,只有回航卡塔尼。他们认为对叙拉古的围困,是一件旷日持久的工作,派遣专人返回雅典,携带一封信在市民大会宣读,要求当局增援骑兵以及所需的经费。雅典人经过投票表决,同意再送三百泰伦和一个骑兵分队到西西里。

就在发生这些事件的时候,绰号为"无神论者"的戴哥拉斯(Diagoras)②,受到亵渎神圣的指控,害怕人民对他有不利的举动,就从阿提卡地区逃走。雅典人公开宣布,任何人只要杀死戴哥拉斯,可以获得一泰伦白银的赏金。

意大利的罗马人与伊奎人(Aequi)爆发战争,他们用围攻的方式使得拉比西人(Labici)开城投降③。

这些都是这一年发生的重大事件。

7 泰桑德鲁斯(Tisandrus)成为雅典的执政,罗马选出四位军事护民官巴布留斯·卢克里久斯(Publius Lucretius)、盖尤斯·塞维留斯(Gaius Servilius)、阿格里帕·麦内纽斯(Agrippa Menenius)和斯普流斯·维图流斯(Spurius Veturius),取代执政官的职位。这一年(前414年)叙拉

---

① 奥林皮伊姆是一个高地,山上有一座宙斯神庙因而得名,位于安纳帕斯(Anapus)河南岸,鸟瞰整个大港并且控制叙拉古向南的通路,形势极其险要。

② 据说他是来自米洛斯的神剧作家,被控对雅典的神明有不敬的言辞,参阅黎西阿斯《控诉安多赛德》第17节及后续各节。

③ 参阅李雅《罗马史》第4卷第47节。

古当局派遣使者分别前往科林斯和拉斯地蒙,让他们知道叙拉古已经面临万劫不复的处境,请求立即给予援助不能稍有迟延怠忽。逃亡的亚西比德支持来使的论点,经由市民大会通过提案,斯巴达同意派遣军队前往叙拉古,选出捷利帕斯(Gylippus)担任将领。科林斯准备派出相当数量的三层桨座战船,就在这个时候,先要皮昔斯(Pythes)率领两艘三层桨座战船,随同捷利帕斯一起赶赴西西里。

此刻位于卡塔尼的尼西阿斯和拉玛克斯,得到来自雅典的两百五十名骑兵和价值两百泰伦的白银,立即安排军队登船航向叙拉古。他们在夜间到达城市,叙拉古人没有发现来犯之敌,竟然让对方据有伊庇波立(Epipo-lae)①这个要点。等到叙拉古当局得知大事不妙,尽快前去阻止敌人的登陆,损失三百名士兵以后被驱回城中。不久伊吉斯塔有三百名骑兵加入,西西里人的土著也有两百五十名,使得骑兵部队的总数到达八百名。随后雅典人在拉布达隆(Labdalum)兴建一座堡垒,围绕叙拉古整座城市筑起一道木墙,让里面的居民有大祸临头之感②。他们尽快从城中出击,尽一切手段阻挠建造木墙的工作,接着发生一场骑兵的战斗,蒙受重大的损失只有逃离战场。

雅典远征军运用部分兵力据有海港上方的区域,用来加强波利克纳(Polichna)③的工事,不仅将宙斯神庙④围得水泄不通,而且还能从陆海两面对叙拉古发起攻击。叙拉古人陷入不利的情况,居民全都感到气馁而失

---

① 伊庇波立是一块三角形的高地,从叙拉古的西郊逐渐向上升起,其余三面是悬崖绝壁,夺取以后瞰视内城,具有高屋建瓴之势。

② 这道木墙从北边靠海的特罗吉卢斯(Trogilus)向南延伸到大港,将叙拉古对外的道路全部封闭。

③ 修昔底德在《伯罗奔尼撒战争史》第7卷第4节,提到尼西阿斯决定在普莱迈里姆(Plemmyrium)设防,因为这个地方是奥林皮伊姆一个polichna即"地角",伸入海中使得大港的入口变得狭窄。

④ 这个神庙位于奥林皮伊姆。

去斗志。他们听到捷利帕斯已经到达希米拉，正在那里征集士兵，大家再度放下心来。捷利帕斯带着四艘三层桨座战船进入希米拉的港口，然后将船只拖到岸上，说服希拉米当局和他们一起与叙拉古结盟，就将当地以及来自杰洛、塞利努斯和西卡努斯的士兵，全部集结起来，共有三千名步兵和两百骑兵，领导他们经由西西里内陆赶赴叙拉古。

8 过了相当时日，捷利帕斯统率所属部队与叙拉古人联合起来对抗雅典远征军，发生一场激烈的会战，雅典将领拉玛克斯不幸阵亡，虽然双方都有很多将士被杀，雅典方面还是赢得胜利。会战之后有十三艘三层桨座战船从科林斯来到，捷利帕斯获得水手的支持，联合叙拉古的士兵攻打敌军的营地，试图用突击的方式一举夺取伊庇波立。等到雅典远征军列队出战，叙拉古人杀死很多敌人打了一场胜仗，就将围绕伊庇波立的木墙全部推倒，迫使对面敌军只有放弃这个要点，将所有兵力撤到其他的营地。

这些事件发生以后，叙拉古当局派出使者前往科林斯和拉斯地蒙，请求提供更多的帮助。科林斯加上皮奥夏地区和西赛昂总共出兵一千人，另外还有斯巴达的六百名精兵。捷利帕斯访问西西里的城市，说服很多民族参加他们的联盟，能从希米拉人和西堪尼亚人（Sicani）当中召集三千士兵，率领他们通过岛屿的内陆。雅典远征军得知这支部队快要接近，发起攻击使得半数遭到屠杀，幸存者要逃进叙拉古才能获得安全。

叙拉古当局在盟军到达以后，想要在海战上面大显身手，将放在岸上的船只拖进水中，还额外多配备几艘，先在面积较小的海港试用。雅典的将领尼西阿斯派人带信函回国，让当局知道叙拉古现在有很多盟邦，已经整备不少数目的船只，决心要在海上进行会战，因此他要求尽快将三层桨座战船和金钱送过来，同时派遣将领协助作战指挥的工作，特别提出解释说是亚西比德的逃亡和拉玛克斯的逝世，现在只留下他一位将领，何况他的健康一直产生很大的困扰。雅典当局指派优里米敦（Eurymedon）出任将领，率领十艘船上面装载一百四十泰伦的银两赶赴西西里，到达那天正是冬至①，同时雅典正忙着进行准备工作，要在春天派出一支更为强大的舰队。他们想尽办法从盟邦那里征召士兵和筹措经费。

伯罗奔尼撒出现的情况是拉斯地蒙当局受到亚西比德的煽动，撕毁与雅典签订的和平条约，接着发生的战事延续十二年之久②。

9 年度即将结束，克里奥克瑞都斯（Cleocritus）成为雅典的执政，罗马选出四位军事护民官奥卢斯·森普罗纽斯（Aulus Sempronius）、马可斯·帕皮流斯（Marcus Paririus）、奎因都斯·费比乌斯（Quintus Fabius）和斯普流斯·瑙久斯（Spurius Nautius），用来取代执政官的职位。这一年（前413年）拉斯地蒙和他们的盟邦，接受埃杰斯（Agis）和亚西比德的指挥，大肆入侵阿提卡。夺取迪西利亚（Deceleia）③这个坚固的要塞，当成进攻雅典的据点，可以用来证实，这场战争何以被人称为迪西利亚之战。雅典当局指派查瑞克利（Charicles）出任将领，率领三十艘三层桨座战船，航向拉柯尼亚的外海进行骚扰，经过投票通过提案，派遣八十艘三层桨座战船和五千名重装步兵前往西西里。

叙拉古当局下定决心要从事海战，整备八十艘三层桨座战船，扬帆出海迎击敌军。雅典远征军以六十艘船出战，等到会战到达最激烈的顶点，所有据守堡垒的雅典士兵全都来到海边，大家都想观看会战的经过，还有

---

① 这一天是12月22日。

② 应该是前413—前404年，头尾包括在内总共10年。

③ 迪西利亚在雅典的正北约20公里，是这个地区的制高点，控领前往皮奥夏和优卑亚的道路，威胁雅典周边最富裕的农村和平原。斯巴达人在前413年的春天占领以后，建造成为坚固的要塞。

人认为在海上会出现不意的情况,抱着能够给予帮助的希望。叙拉古的将领预先推测会有这种情况发生,派出城市的部队攻打雅典据有的坚强要塞,里面存放大量金钱和海上补给品,以及各种类型的装备和用具。等到进攻的部队发现守备的兵力微不足道,他们立即占领,杀死很多从海边赶回想要进行防御的士兵。堡垒和营地都发生很大的骚动和喧嚣,正在进行海战的雅典远征军受到影响,惊慌之余逃向最后仅存的要塞。

叙拉古的部队不待命令发起追击,雅典远征军看到自己无法在陆上找到庇护,因为叙拉古人控制两座堡垒,迫得他们只有转身重新发起海战。叙拉古的水师无法保持战斗序列,已经分散开来进行追击,雅典人将船只集中发挥统合战力,击沉敌方十一艘三层桨座战船,追赶其他的船只直到岛屿①。等到战斗结束以后,双方都设立一座战胜纪念牌坊,雅典远征军是海上的大捷,叙拉古的部队是陆战的胜利。

10 海战如同所述获得结果,雅典远征军得知舰队在笛摩昔尼斯(Demosthenes)指挥之下,不过几天就会抵达,决定在会师之前不必冒与敌军开战的危险。叙拉古当局抱相反的看法,希望在笛摩昔尼斯率领援军来到之前,能够获得最后的胜利,每天出动船只向雅典的舰队挑衅,进行不断的战斗。科林斯有位名叫亚里斯顿(Ariston)的舵手,规劝叙拉古人要将船头造得较短而且位置较低,听从他的意见果然在作战当中获得很大的优势。阿提卡的三层桨座战船有一个高耸的船头,连带整体的结构不会牢固,一旦遭到敌船的冲撞,整个水面以上的部位造成破坏,相对而言敌方的损害不会太大。由于叙拉古人建造的船只,船头的结构非常坚固而且重心较低,发生冲撞就会击沉对方的船只,雅典的三层桨座战船都不

---

① 是指大港里面这个名叫奥特吉亚(Ortygia)的小岛。

是它的对手①。

　　日复一日叙拉古的部队和水师从陆地和海上攻打敌军的营地,由于雅典远征军蛰伏不出,得不到任何成效。等到有些三层桨座战船的船长,无法忍受叙拉古人给予的藐视和羞辱,就在大港攻击敌人的船只,爆发一场所有三层桨座战船全都参加的海战。雅典人靠着长期在海上航行的经验,拥有技术熟练的舵手和领航,加上速度更快的三层桨座战船,始终较敌手拥有很大的优势,然而在一个狭窄的区域进行海战,原本可以占上风的长处反而变成缺点。叙拉古的水师在一个封闭的空间与敌人接战,不让对方有机会转过船身,增加速度进行冲撞,而是让士兵在甲板上面投出标枪,或是抛掷石块逼得对方的水手离开船头,在很多情况之下,冲击只让两艘船纠缠在一起,然后登上敌船在甲板上面展开陆上的战斗。雅典的远征军从四面八方受到敌军的压迫,只有转过船头逃走。叙拉古的水师在追逐当中击沉敌人七艘三层桨座战船,还让很多船只受到严重的损害,以至于而后无法再用来作战。

　　11　这个时候的叙拉古无论是陆地和海上都能战胜敌人,使得士气高涨,对于未来的战局充满希望。优里米敦和笛摩昔尼斯率领强大的兵力,从雅典发航沿途接受来自休里埃和美西纳的盟邦援军,现在已经全部抵达,共有八十艘三层桨座战船和包括水手在内的五千名士兵,运输船只上面装载武器、金钱、攻城机具和各式各样的装备。结果是让叙拉古当局再度遭到绝望的打击,他们认为不可能获得大量外来的援助,能够与雅典的远征军处于势均力敌的局面。

---

　　①　修昔底德《伯罗奔尼撒战争史》第 7 卷第 36 节,提到加强的船首的结构,对于船只在海港里面的战斗,可以拥有战术的优势,发挥迎面冲撞而不是侧面攻击,是叙拉古人赢得海战的主因。

笛摩昔尼斯说服同僚要攻打伊庇波立,除了这里没有其他的地方,可以用建构木墙的方式,将整座城市围得水泄不通①,他们派出一万名重装步兵,加上数量更多的轻装部队,利用夜暗对叙拉古的守军发起攻击。出敌不意的情况之下,他们占领几座堡垒,推倒部分木墙突入防卫森严的伊庇波立。叙拉古人从其他区域赶往出了问题的地方,赫摩克拉底率领精选的部队前来增援,雅典的士兵被逐出工事,因为是在夜间,加上对作战的地区并不熟悉,分散开来变得到处都是。叙拉古的部队和盟军紧追不放,结果有二千五百人被杀,伤者不计其数,很多武器遭敌人夺走。这次会战结束以后,叙拉古当局派出一位名叫西卡努斯(Sicanus)的将领,带着十二艘三层桨座战船②,前往西西里的城市,一方面是向盟邦宣布他们的胜利,一方面要求给予支持和援助。

12 雅典的远征军目前所处的情况已经变得相当恶劣,营地所在的区域四面为沼泽围绕,很容易受到瘟疫的肆虐,他们集会商议对于当前的情况如何处置。笛摩昔尼斯认为大军应该登船,尽速返回雅典为上策,他们情愿冒着送命的危险为了保卫祖国与拉斯地蒙对抗,总比留在西西里一事无成要好得多。尼西阿斯的说法是他们在船只、士兵和金钱方面,获得充分的供应和支持,不能在面临稍有顿挫的局势之下,竟然要放弃对城市的围攻作战。他还加以补充说明,要是没有获得雅典市民大会的批准,他们就与叙拉古当局签订休战协议,等到扬帆回到家乡,那些发起这场远征行动的政客,会对负责的将领提出不实的指控,到时候他们都会死无葬身之地。

① 雅典的军队先在伊庇波立高地的中央位置建立一个圆形的"环塞",再向北到特罗基拉斯(Trogilus)南到大港,建起长达 5 公里的木墙,封锁叙拉古对外的陆上道路。
② 修昔底德《伯罗奔尼撒战争史》第 7 卷第 46 节,提到派出的船只是 15 艘。

参加会议的人员当中,有人赞同笛摩昔尼斯的意见,所有的船只赶快发航出海,当然有人表达与尼西阿斯同样的看法。对峙不下无法做出至当的决定,同时也没有采取任何行动。自从获得西西里众多城邦,诸如塞利努斯、杰洛、希米拉和卡玛瑞纳的援兵和支助,叙拉古人变得勇气百倍,相形之下雅典人感到忧虑。还有就是时疫极其猖獗,很多士兵处于垂危的状态,对于未能在不久之前出海返航,始终感到后悔不已。群众都在鼓噪不已,所有人员都抢着登船,尼西阿斯逼不得已之下,只有屈从返乡的打算。等到获得将领的同意,士兵开始将装备收集起来,载运到三层桨座战船上面,还将帆桁全部升起,将领下达撤退的命令,营地里面看到信号的士兵,没有一个人敢稍有迟延,只要发生搁误就会留在后面。

就在预定发航当日的前一个夜晚,竟然发生月食①。尼西阿斯是一个非常迷信的人,何况营地出现传染的时疫,让他感到分外的小心谨慎,当然他会召来几位占卜官一问凶吉。等到他们宣布说是依据传统规定,离开的时间必须延后三日②,出于对神明的虔诚之心,逼得笛摩昔尼斯和其他人士只有让步。

13 叙拉古人从逃兵里得知敌军的撤退何以会耽误,他们整备完成的三层桨座战船有七十四艘之多,然后率领部队从陆地和海上对雅典的远征军发起攻击。雅典人派出八十六艘三层桨座战船,身为将领的优里米敦负责指挥舰队的右翼,当面之敌是叙拉古将领阿加萨克斯

---

① 这一天是公元前 413 年 8 月 27 日。安纳克萨哥拉斯是与尼西阿斯同时代的哲学家,他根据观察的结果,写出月相的变化和月食之际亮度的消长,把他的观点尽可能保密,有关的论文只在少数学者之间流传。

② 按照修昔底德在《伯罗奔尼撒战争史》第 7 卷第 50 节的说法,要等"3 个 9 天"以后,才能讨论部队调动的事,然而普鲁塔克《希腊罗马名人传》第 14 篇第 1 章"尼西阿斯"第 23 节,尼西阿斯决定要"等待运行一个周期的时间",也就是整整一个月。

（Agatharchus），舰队的左翼是优特迪穆斯（Euthydemus）对抗西卡努斯（Sicanus）指挥的叙拉古水师，战线的中央是米南德（Menander）指挥的雅典人接战科林斯人皮昔斯指挥的盟军水师。雅典的三层桨座战船在数量方面占有上风，所以他们排出的战线较长，看来他们为了发挥优势，成为失败的主要因素，也不是没有道理。

优里米敦竭尽全力想要包围当面敌军的水师，才会与整个战线形成分离。叙拉古的兵力转过来面对着他，使得他与本队的联系遭到切断，被迫进入一个名叫达斯康（Dascon）①的海湾，这里全在叙拉古水师的控制之下。等到他被包围在一个狭小的水域，逼得只有弃船登岸，受到致命的创伤死在战场上面，同时还有七艘船在此地遭到损毁。会战漫延到整个两军的舰队，传回信息说是右翼的将领被杀，损失一些船只，开始只有最接近遭到击溃一翼的船只要脱离战场，后来叙拉古的水师因为胜利在望，战斗更加英勇，紧紧压迫敌人猛攻不放，整个雅典的远征军失去抵抗的能力，被迫只有转身逃走。

接着的追击在海港水位较低的部分进行，不少三层桨座战船搁浅在沙洲上面。叙拉古将领西卡努斯看见这情况，立即将一艘商船装满柴束、松木和沥青，对无法动弹的敌船施以火攻。虽然有些船只着火烧了起来，还是很快被雅典人扑灭，发现没有其他方法可以获得安全，船上的人员对猛冲过来的敌人还是英勇地战斗。陆上部队看到船只搁浅的地方，沿着海岸跑过来给予援救，因为他们不惜牺牲抵抗对方的攻击，陆地的叙拉古人只有鸣金收兵，总算在海上赢得决定性的胜利，然后才返航回到城市。叙拉古的损失相当轻微，雅典方面的阵亡士兵超过两千人，还要加上十八艘三层桨座战船。

———————

① 达斯康湾位于大港的南部水域，它的两端是普莱迈里姆要塞和奥林皮伊姆山，由于叙拉古人夺取普莱迈里姆，所以这个海湾在他们的控制之下。

14 叙拉古当局认为不再有失去城市的危险,相互竞争的结果是将敌军连带他们的营地一网打尽,进而构建一道障碍用来堵塞海港的进出水道。就将小船、战船和商船并列抛下船锚,再用铁链相连,上面铺上木板成为浮桥,整个工作在三日内完成。雅典的远征军看到获救的希望在各方面都已丧失,决定凭借船只众多的孤注一掷和官兵绝望中求生的奋斗,要让叙拉古的水师受到最可怕的打击。因此他们将全军的军官和精选的部队,配置在一百一十五艘三层桨座战船上面,其他的士兵沿着沙滩留在岸上的阵地。叙拉古的步兵列队从城市出来,全部登上七十四艘三层桨座战船的甲板,还有一些未到兵役年龄的儿童驾着小船,跟随在这些三层桨座战船的后面,要与他们的父兄一样从事英勇的战斗。环绕着海港的城墙和城市里面每一个高处,全都挤满观战的群众,都是妇人和少女以及年长无法对战争出力的人,知道现在是决定生死的关头,抱着极其焦急的心情注视会战的进行。

15 雅典的将领尼西阿斯从指挥的位置俯视下面的船只,考虑到他们要面临艰苦的奋斗,不可能安坐在岸边的大帐之中,离开陆上部队登上一条小船,通过雅典的三层桨座战船所排成的阵线,呼唤每一位船长的名字,叮嘱大家要抓住唯一的希望,参加海战全靠奋不顾身的英勇,每位成员都如同敌人一样,都在为自己的生命和为自己的祖国而战。他对那些做父亲的人提到他们的子女在等待他们的凯旋,对那些身为儿子却有光荣战绩的父亲叮嘱他们不要让家乡的父老蒙羞,对那些受到市民同胞赞誉的人请他们要表现值得推崇的行为。他特别请大家不要忘掉树立在萨拉密斯的战胜纪念牌坊,恳求他们不要让祖国威名远扬的声誉受到玷辱,绝不能让自己像奴隶那样向叙拉古人屈服。

等到尼西阿斯说完这番话以后,又回到原来发号施令的位置,舰队的人员口里唱着颂歌,在敌人加以阻止之前,冲破船只所构成的障碍。叙拉古的水师立即扬帆出海,将他们的三层桨座战船排成会战队形,很快紧抓住敌人不放,逼得他们要从突破的位置后撤,接着进行极其惨烈的决战。战船用逆桨向后划动,有些被迫冲向沙滩,有些来到海港中央,仍旧有一些保持面对城墙的方向,两军所有的三层桨座战船很快相互脱离,他们在清除横过进出水道的铁链以后,海港里面塞满以小群方式战斗的船只。随即,两军为了获得胜利进行不惜一切牺牲的战斗。雅典的远征军受到船只占有数量优势的鼓舞,同时看到除此别无全身而退的希望,所以激发拼命的勇气和必死的决心。叙拉古的水师有双亲和子女在旁观战,每个人都争先恐后,要让人知道城邦的胜利是出自他的功劳。

16 因此,等到自己的船只受到损坏正在下沉,很多战士跳上对方船只的船头,就在敌军当中孤军应战。有时他们抛出抓钩①让敌人的船只无法逃脱,迫使对手要在甲板上面进行陆地的战斗。这些人经常在登上敌军的船只以后,杀死防守的人员或是将他们推入海中,使得自己成为三层桨座战船的主人。总之,整个海港充满着船只相互冲击的巨大声音,以及人群相互残杀的绝望呐喊。每当有一条船被几艘三层桨座战船拦截,或是从不同的方向受到敌方船只的冲撞,海水很快灌入使得所有的水手都为大海吞噬。有些人在船只沉没以后即使游泳离开,也很容易为弓箭射伤或是被长矛戳死。这些领航员看到战场混乱的情况,每个地方都充满骚动的景象,经常出现很多艘船去围攻脱单的对手,现场已经无法辨别双方的信号,因为同样的命令并不适合所有的情况,也不可能去完成强制的要求。双方在箭落如雨的交战之中,只有划桨手在受到掩蔽的船舱,还

---

① 修昔底德《伯罗奔尼撒战争史》第7卷第65节,提到叙拉古人为了防备敌人的抓钩,用皮革盖得船头和大部分船身,等到抓钩向船上抛丢的时候,就会滑下来抓不住船体。

能注视大声吆喝的人。

简而言之，在船只冲撞的碎裂声中，在桨橹急划①的摇动声中，在激烈接战的喧嚣声中，在旁观弟兄的助威声中，没有人能够听清楚指挥者下达的命令。整个海滩有一部分被雅典的步兵占领，还有一部分是叙拉古人的地盘，这时在海上进行会战的水师，还能在陆地找到助威的帮手，双方的士兵沿着海岸已经排成战线。那些在城墙上面的观众，看到己方阵营的作战人员获胜，就会齐声高唱凯旋的歌曲，要是望见自己的市民遭到落败，则发出悲痛的呻吟流着眼泪向神明哭诉。总有一些叙拉古的三层桨座战船，在沿着城墙的岸边被敌人摧毁，上面的水手就在亲戚的目击之下惨遭杀害，甚至父母亲眼看到儿子的阵亡，姐妹和妻子都为兄弟或丈夫的不幸感到痛不欲生。

17 经过很长一段时间，尽管有很多士兵处于垂死的状态，会战的结束还是遥遥无期，甚至那些已经陷入绝望困境的人还是不敢逃向陆地，因为雅典人会请教那些停止会战来到岸上的人："你们认为可以从地面发航回到雅典?"还有就是叙拉古的步兵，对于驾船向着他们前来的同胞，很不客气地质问："我们正要登上敌人的三层桨座战船，为什么你们要阻止我们从事接战的行动，难道你们想要出卖祖国?""你们阻塞海港出口的理由，难道是为了不让敌人出去，好使自己能逃到海滩避难?""所有的人要是命中注定非死不可，哪里还能找到比为祖国牺牲更为美好的阵亡，在这么多的目击之下进行战斗，只要退后一步就会给你带来永生的耻辱!"

陆上的士兵对着快要靠近的水手谩骂，这些人想要在海滩寻找安全的庇护，现在只有转身回去再战，即使他们的船只已经支离破碎，或者身体受

---

① 急速从敌方船只的旁边掠过，好将对方的船桨折断。

到重伤，还是被迫不能放弃。靠近城市的雅典士兵在接战的时候，只要被迫后退就要逃走，那些位于第二线的雅典部队，每次都会不加阻止，逐渐使得全军陷入溃败的情况。叙拉古人大声呐喊追赶向着陆地行驶的船只，那些在海上逃得性命的雅典水手和船员，现在来到水浅的地区，就从船上跳下去向着陆上部队飞奔。整个海港的水面布满抛弃的兵器和船只的残骸，阿提卡的船只损失的数量高达六十艘，叙拉古方面有八艘完全沉没，十六艘的损害非常严重。叙拉古人将三层桨座战船尽可能靠着海岸停泊，收集市民和盟军战死者的遗体，为他们举行盛大的公众葬礼。

18 雅典的士兵拥向指挥官的帐篷，乞求将领要为大家的安全想想办法，至于船只的损失已经不在考虑之列。笛摩昔尼斯站起来说话，由于敌方用船只构成的阻碍已经清除，他们应该立即让三层桨座战船开航，他很简单地表示只要发起一次突然的攻击，就很容易达成从海上离开的图谋①。尼西阿斯劝他们将船只留下，从内陆撤退到与他们联盟的城市。所有人员全都同意这个计划，他们将一些船只纵火烧毁，开始进行退却的准备工作。

明确的证据显示雅典的远征军要连夜撤离，赫摩克拉底建议叙拉古当局，应该立即出动所有兵力，先期封锁所有的道路。将领不同意这样的做法，一方面是很多士兵受伤正在治疗，一方面是战斗使得他们已经精疲力竭。他派出一些骑兵到雅典人的营地，说是叙拉古的部队已经先行占领道路和地形要点。奉命的骑兵完成他交代的任务已经到了夜晚，雅典人认为这些人来自李昂蒂尼(Leontini)，传话完全出于一片好意，却对撤离的行动带来不少的干扰和迟延。如果他们不是受到诡计的欺骗，就能够安全无事

① 修昔底德《伯罗奔尼撒战争史》第 7 卷第 72 节，提到尼西阿斯同意这个计划，只是这些水手在上次挫败以后，完全丧失信心拒绝登上船舰。

地离开。叙拉古当局在次日清晨,派遣士兵预先占领控制道路的关隘。雅典的将领将整个大军区分为两部,所有的驮兽以及生病和受伤人员置于中间,前锋和后卫是身体情况良好可以战斗的士兵,接着开拔向卡塔尼进发,笛摩昔尼斯和尼西阿斯各负责一部。

19 叙拉古当局将留下的五十艘船只①,全部拖到他们的城市,然后吩咐他们的三层桨座战船上面的水手下船,将武器发给他们。这时叙拉古的全部兵力在后追赶,用尽各种手段进行骚扰,妨碍他们前进的行程。三天的时间紧跟不放,从四面八方发起攻击,阻止他们采用直接走向卡塔尼的道路。逼得他们折回要通过伊洛瑞姆(Elorium)平原,最后将他们围困在阿西纳鲁斯(Asnarus)河,共有一万八千人被杀,七千人成为俘虏,其中包括身为将领的笛摩昔尼斯和尼西阿斯。幸存的人员受到士兵的追捕成为掠夺的战利品②,雅典远征军在脱逃的过程中,每个方向都受到阻绝,在不得已的情况下只有放下武器向敌人投降。等到这件事处理完毕,叙拉古人建起两座战胜纪念牌坊,把得自将领的武器钉在上面,然后胜利返回城市。

这时叙拉古全城都向神明奉献牺牲,次日召集市民大会,对于俘虏商议处置的办法。有个人名叫戴奥克利(Diocles)的是声望最高的民意领袖,提出意见是雅典的将领在施以酷刑后处死,所有的战俘关进采石场。囚犯的身份如果属于雅典的盟邦,可以当成战利品发售为奴,所有人员要在警卫看管之下服行劳役,每日供应的粮食是两杯大麦粉③。议案经过宣读,

----

① 这是雅典人将舰队烧掉以后剩余的船只。
② 这七千人整体投降成为城邦的囚犯,还有一些是士兵抓获的战俘,很多雅典人散落在乡村地区,成为大家追捕的目标。
③ 相当于1品脱或0.47公升的容量,只有奴隶口粮的一半,要是比较雅典对待在史法克特里亚的斯巴达俘虏,每人每天大麦饭4品脱和酒1品脱,更是少得可怜。

赫摩克拉底站起来尽全力向大家表示，胜而不骄是他们应有的风度①。在场的民众发出否决的高声叫喊，还不让他继续讲下去。这时一个名叫奈柯劳斯(Nicolaus)的人，他有两个儿子在这次战争中丧生，因为年龄的关系在奴隶的扶持之下走上讲坛。民众看到他就停止吵闹，认为他出来是为了谴责这些俘虏。等到全场安静下来，这位老者开始说话。

20 "各位叙拉古的乡亲，对于不幸的战争来说，我承受的痛苦并不算少。作为两个儿子的父亲，我为了祖国要他们投身战斗，现在得到的信息是他们已经阵亡。因此，他们再也不能陪伴在我身旁，我每天都要提醒自己他们已经去世。我认为他们为国牺牲是一种福分，只是对个人的命运产生怜悯之心，相信古稀的我是最不幸的人。死亡是人类对自然女神所偿还的债务，因为他们用来解救祖国的灾难，可以赢得不朽的名声，鉴于我自己已经抵达人生的终点，老迈之年还要忍受双重的哀痛。他们的死亡要是愈加壮烈，那么给大家留下的记忆愈加深刻。我有充分的理由痛恨雅典人，大家可以看到就是因为他们，引导我来此地的是奴隶而不是亲生的儿子。

"各位乡亲，我现在知道市民大会正在进行讨论，是要做出与雅典人有关的决定。我有充足的理由与大家一起参与这件事，一方面是我们的城市所面临的灾难，另一方面是我个人所遭遇的痛苦，应该向他们讨回这笔血债。然而我的提案是要对整个情况做深入的考虑，除了要对于不幸者表示怜悯之心，问题的解决关系着城邦的利益和叙拉古人民的名声，使之传播四海为全人类知晓。

---

① 普鲁塔克《希腊罗马名人传》第14篇第1章"尼西阿斯"第28节，赫摩克拉底说是"妥善运用胜利比起全力获得胜利能够发挥更大的作用"。

21 "雅典人民因为他们的愚行接受应得的惩罚,首先是出自神明之手,其次是我们施加的报复,那是因为他们犯下侵略的罪行。因为他们不能像一般人那样,对于自己的优越要有谦让之心,所以才会发动违背正义的战争,神明难免会将无法预期的灾祸,降临到他们的身上。雅典当局将一万泰伦①的金银从提洛(Delos)转移到他们的都城,派遣两百艘三层桨座战船和四万名带甲之士到西西里去作战,谁能料到他们会遭到巨大的灾难?虽然战争的准备工作到达完善的程度,却没有一条船或一个人能够安返家园,甚至找不到一个幸存者,能将灾难的消息带回片纸只字。

"各位乡亲,要知道傲慢会遭到神明和人类的痛恨,命运女神的面前要保持谦卑的态度,我们的所作所为不要逾越凡人应有的分际。屠杀匍匐在你脚下的人又有何高贵可言?对他们施以泄愤的报复也能称得上光荣?他要是对别人的不幸维持一种不变的蛮横习性,就不能对人类常见的软弱进行适当的考虑②。没有人聪明到自以为他的能力胜过命运女神,须知这位女神的天性是乐于见到人类受苦,她的工作是让穷通祸福极其快速而又不停地改变。

"或许有人会说:'他们犯下罪行,我们有权利去惩罚他们。'然而现在是你们无法将更为痛苦的报复加在雅典人的身上,对于仅仅惩罚俘虏就感到难以满足?问题在于他们愿意放下武器投降,那是信任征服者的理性和公道,因此,不要让外人误以为我们打着人性关怀的幌子,对他们施展欺骗的伎俩。因为有些人要保持不变的敌意,非要与我们死拼到底不可,这些人把自己交到我们的手里,成为讨饶哀求的人现在已经不再是仇敌。举凡

---

① 本书第十二章第 38 节,提到的金额是 8000 泰伦。

② 这里提到人类的软弱就是无法逃避命运的安排,今日的征服者也有败北的时候,长胜的王侯会成为阶下囚,过去的蛮横暴虐使得自己成为受害人。

参与会战的人愿意将自己交到敌方的手里,完全是抱着性命可以获得拯救的希望,他们表示信任竟然接受如此严厉的惩罚,即使牺牲者要接受不幸的命运,然而惩罚者难免被人称为冷血无情。各位乡亲,一个人的领导统御不在于使用武器的蛮力,完全在于性格的通情达理。

22 "从事实得知举凡受到征服的民族,始终存有畏惧之心等待机会反抗统治他们的人,基于仇恨要进行报复,然而他们会用坚定不移的态度,珍视以平等相待的领导者,给予援手用来加强他们的最高权力。是什么东西摧毁米堤亚人(Medes)的王国?野蛮和残暴使他们走向衰弱。等到波斯人背叛他们以后,这个王国遭到很多民族的攻击。居鲁士(Cyrus)①何以能从一介平民擢登宝座统治整个亚洲?在于他能仁慈对待被征服的人民。例如克里苏斯(Croesus)王成为他的俘虏,他不仅没有做出任何违背公理正义的举动,反而成为多方给予照顾的恩主,就是对待其他的国王和民族莫不如是。等到他这种宽大为怀的名声传遍各地,所有亚洲的居民彼此相争要与国王建立联盟关系。

"我为何要说这些时间和空间都如此遥远的事?就在我们这座城市,不久之前格隆(Gelon)②以庶民出身③,飞黄腾达成为整个西西里的领主,所有的城市自愿接受他的统治。伟大的君主最让人称道之处,在于他同情那些不幸者,使得所有的人聚集在他的四周。自从那个时代开始,我们的城市在西西里总是居于领导的地位,祖先赢得慷慨的名声不要受到我们的玷辱,更不要让我们对于不幸者表现出野蛮和刻薄。这实在太不应该,等

① 波斯帝国第一任国王居鲁士大帝,在位期间前559—前529年。
② 格隆在前485—前478年出任叙拉古的将领,希米拉会战击败迦太基人赢得伟大的胜利,参阅本书第十一章第22节及后续各节。
③ 这种说法并不完全正确,格隆是杰拉的僭主,受到贵族党派的召唤前往叙拉古。

于是给嫉妒的人一个机会来批评我们，说是我们对于这样好的运道，竟然就这样毫无意义地糟蹋。等到命运女神使得局势逆转让我们享受成功的盛宴，这时我们最适当的做法是抱着哀矜勿喜的态度，靠着武力赢得的优势经常为造化和机会所决定，唯有仁德之士获致的胜利可以长保城邦的繁荣兴旺，因此不要轻易放弃让全世界的民众赞誉我国的机会，须知我们优于雅典不仅是丰功伟业还有人道精神。就是这个民族想要向全世界吹嘘他们的文明是如何的进步，可以很明显看出无论在各方面都要感激我们对他们的仁慈。

"雅典人打开始想要建立一座慈悲女神①的祭坛，就会发现只有叙拉古人的城市才有这方面的美德。这会让所有人都能很清楚地得知，他们是在公正的状态之下遭到击败，我们获得的成功也是当之无愧，如果确实如此，可见我们的作为与雅典人完全是南辕北辙，因为我们是对最痛恨的仇寇都表示怜悯的民族，雅典人竟然胆敢前来伤害我们，最后落到这种下场可以说是天网恢恢疏而不漏。因此雅典人不仅要受到全世界的指控，甚至就是他们自己都会谴责自己犯下侵略的罪行。

23 "各位叙拉古的乡亲，建立友谊最佳方式是对不幸的人表示怜悯，同时可以化解争执，对朋友的善意能够保持不朽，对敌人的仇恨不会永远存在，我们只要贯彻实行，就会使盟邦的数目增加，也让敌国的分量减少。因为就我们来说，想要维持争执直到永远，甚至传给我们子子孙孙，这样做谈不上仁慈更没有安全可言。须知经常出现的情况就是

---

① 雅典人经常自夸他们的城市，对于走投无路的亡命之徒，或是时运不济的放逐人士，提供可以栖身的庇护之地，诸如欧里斯底、厄迪帕斯以及赫拉克勒斯的儿女，所以他们祭祀慈悲女神也是理所当然之事。古代的人士对于慈悲女神的祭坛和奉献给她的丛林，都非常清楚所在的位置，史塔久斯(Statius)的《蒂巴德》(Thebaid)第12卷第481—511行，对这方面有详尽的叙述。

处于顺境的一时失算，发生的变化是转强为弱和反胜为败，现在已经停息的战争就是最好的目证人：来到此地从事围攻城市的人，所能凭借在于占有优势的力量，可以环绕我们建起一道木墙，正如你们所看到的样子，完全靠着运气的转变才能为己有。因此，对于其他人遭到不幸表示我们的恻隐之心，将是一件好事，让我们对其他所有的人保存获得怜悯的希望，以防万一那对必死之人的厄运，同样会降临到我们的身上。

"人生会出现很多无法预料的事情，像是内讧、抢劫和战争，除了靠着群体之间的人道精神，其中每一种都很不容易让我们避开危险。我们要是对被打败的人除去怜悯之心，等于制定一部严苛的法律来对付自己，不管任何时候都能用得到。一个人要是对别人欠缺同情，就不可能从他人那里得到人道的对待，虐待别人的人最后就会自食其果。我们违背希腊的传统在谋杀很多人以后，必然与人类尊重生命的法则反其道而行。还有那些希腊人在信任征服者的仁慈愿意投降以后，经过判断还应该给予难消怒气的惩罚？难道我们只能行事残酷却没有宽恕之心？只能粗暴草率却不能审慎而为？

24 "所有的人在列阵出战的时候，就会坚决抗拒敌军，等到他放下武器投降，就会畏缩退避，所以我们要击溃前者的奋战精神，对于后者的不幸表示同情。敌人要是出了前面的情况，有时会让我们的热忱完全消失，命运的转变使敌人成为恳求者，面临的遭遇要看征服者的心情而定。我相信文明人的心灵为怜悯牢牢掌握，同情已经根植在人类的天性之中。举例来说，雅典的军队在伯罗奔尼撒战争时期，将很多拉斯地蒙的士兵封锁在史法克特里亚岛①，后来成为他们的囚犯，只要付出赎

---

① 参阅本书第十二章第 61 节及后续各节。

金就释放他们返回斯巴达。

"在另外一个场合,拉斯地蒙的获胜使得很多雅典人和他们的盟友成为战俘,还是用同样的方式做适当的处理。他们的行为配得上高贵的称呼。希腊人之间的仇恨,存在的时期以赢得胜利为限,他们之间施加的惩罚,等到敌人遭到征服就会终止。设若战败者寻找庇护逃到征服者那里希望获得宽大的处理,这时征服者就不能惩罚他的敌人,无论是谁还要对战败者穷追猛打寻求报复,这是基于人性弱点所犯的罪行。

"须知一个人为了对抗暴虐和严苛的行为,可以引用古代智者的格言:'啊!各位!不必趾高气扬'、'人贵有自知之明'、'命运女神是人类的共主'。为何所有希腊人的祖先会有这样的规定,制作战胜纪念牌坊要用手边的木料而不是石材?难道它的意义在于不是为了纪念彼此的敌意,所以只要留存很短一段时间,很快就会消失?一般来说,如果你想引起不断的争执,知道那样做只是用藐视的态度治疗人类的软弱,仅仅命运女神稍微转变立场,立即将傲慢者打入万劫不复的处境。

25 "如果你能终结战争,为了友谊你能用人道的方式对待匍匐的敌人,还有什么能比起现在会是更好的时机?不要认为雅典的人民因为西西里的灾难,就会一蹶不振陷入完全的绝灭,显而易见之事就是他们实际上控制希腊所有的岛屿,在欧洲和亚洲的海岸维持最高的霸权。的确有这么一回事,就在不久以前,他们在埃及损失三百艘三层桨座战船①,连带上面所有的水手,虽然看起来好像国王②掌握优势,还是被迫接受屈辱的和平条约,再者,他们的城市被泽尔西斯夷为平地,经过很短的时间,终于打败波斯国王,赢得在希腊的领导地位。"

---

① 战争发生在孟菲斯的周边地区,参阅本书第十一章第74—77节。
② 这位是波斯国王,参阅本书第十二章第4节。

"雅典即使落入最不幸的处境,还是会走一条光明的大道,使得拥有的权力能够迅速成长,而且绝不采用卑鄙和狭隘的政策。我们何必非要增加对方的敌意,饶恕手上的战俘以后能得到雅典成为盟邦,未尝不是一件好事。如果我们将他们全部处死,仅仅只能放纵压制多时的怒气,餍足徒然无益的激情,须知我们只要将他们置于警卫看管之下,不必非要赶尽杀绝满足报复的心理,就能获得他们的感恩和其他所有民族的赞同。

26 "不错,有人会这样回答,说是希腊人曾经杀害俘虏,这又能如何?要是杀降的行为会给他们带来赞誉,我们何必理会这种名声使得我们非要仿效不可。祈求我们不要犯下同样的恶行,唯独如此才能免予别人的指控,更不必自己承认罪孽深重。只要人们愿意将生命托付给我们的诚信,那是因为不会遭受无法挽回的惩罚,大家才能站在公正的立场谴责雅典的人民。如果他们听到这番话,发现我们的诚信因为处理俘虏宣告破产,不仅不会接受人类的规范,反而会就这件事指控我们。要是任何其他民族都如此表示,雅典这座城市所能拥有的威望,实在值得我们的尊敬,所能赐予人类的福利,使得我们要回报以感激之心。

"他们首先让希腊人分享一种粮食①,能从土地的耕种可以获得收成,虽然他们从神明②的手里接受,原本仅供他们独享却让大家都能共有。特别是仿效他们制定法律使得人类的生活方式,能从野蛮和不义的存在进步到文明和公正的社会。他们的城市最早为外乡人供应安身立命的所在,任何人只要向他们提出恳求,就可以从他们那里获得安全的庇护,同时还运用法律的力量说服所有人,不得剥夺人身保护的权利。我想你们大家都很

① 这件事与谷物(小麦)的发现有关;参阅本书第五章第4节,狄奥多罗斯说小麦最早是在西西里种植,后来才传给雅典人。
② 称之为"德米特的礼物"。

明白,只是其中有些人我还要提醒一下,不要忘记对他们表现人道的关怀。

27 "你们当中很多人在雅典参加他们的辩论和研究,他们提供自己的国家当成人类可以使用的学校,你们对这些市民应该表示怜悯之意。你们当中很多人参加圣洁的神秘祭典①,对于那些引导你们入会的成员可以饶恕他们的性命,有些人接受亲切的服务可以用这种方式表示他们的感激,还有一些人不要让一时的愤怒剥夺他们未来可以参加的希望。一旦雅典这座城市遭到毁灭,还有什么地方可以让异乡人获得通识教育的栽培?简而言之就是他们犯下错误引起民族之间的仇恨,不要忘记还有很多重大的成就能够展现出他们的善意。

"无须考虑城市坚持的立场,只要检视这些俘虏的个人情况,就会发现其中很多人值得法外开恩,雅典的盟邦受到统治者拥有最高权力给予的束缚,他们被迫参加远征的行动。要是对于故意犯错的始作俑者采取报复的行动认为极其公平合理,那么对于意志不坚和无心之失的人也应该给予宽大的处理。我始终认为尼西阿斯的政策从开始就对叙拉古人有利,也是唯一反对在西西里进行远征作战的人,对于住在雅典的叙拉古人他一直都很照顾他们的利益,就像他是大家的领事②一样,那么我们对尼西阿斯又该怎么办呢?

"我们要惩处像尼西阿斯这样一位,在雅典对我们的事务全心赞助的政治家,那是他对我们表示出善意以后,基于他对为了服务自己的城邦,结果遭受难以平息的仇恨带来的刑责。至于亚西比德这位将战争带到叙拉古的政

---

① 是指在伊琉西斯举行的神秘祭典。

② 就是本书第十二章第 57 节提到的领事。尼西阿斯对于西西里的远征行动,始终持反对的立场,为此他在市民大会发表两次演说,参阅修昔底德《伯罗奔尼撒战争史》第 6 卷第 9—23 节,以及普鲁塔克《希腊罗马名人传》第 14 篇第 1 章"尼西阿斯"第 12 节。

客,反而从我们和雅典的手中逃过应得的惩罚,相比之下尼西阿斯这位在雅典人当中最仁慈的君子,应该获得大家的认同得到宽恕也不为过。

"就我个人而言,等到我考虑到他所处的环境已有改变,只有同情他面对无从逃脱的困境。从前他是所有希腊人当中最显赫的人物,拥有高贵的气质深受大家的赞誉,过着幸福的生活让每座城市对他推崇不已。现在他穿着污秽的外衣双手绑在背后,经历成为俘虏的可怜景况,就像是命运女神要用他的生命来展示她所拥有的权力。须知她赐给我们胜利成功的同时让我们负起无可推卸的责任,身为人类就不能对同一种族的成员,表现出残酷无情的野蛮行为。"

28 上面是奈柯劳斯对叙拉古的人民发表的谈话,在他讲完之前已经赢得听众的同情。拉柯尼亚的捷利帕斯对雅典怀有永难和解的仇恨,登上讲台用同样的题目开始他的演说:"各位叙拉古的朋友,我看到你们听到一番说辞以后,对于过去身受极大痛苦的恶行,很快改变自己的心意认为不过尔尔①,真是令我感到非常惊讶。要是你们为了拯救城市免得成为废墟,冒着生命的危险出来抗拒那些前来灭亡你们国家的人,现在已经变得极其豁达毫无一点火气,那么,为什么我们非要让自己这样的妄自菲薄?

"各位朋友,我用坦诚的态度提出我的意见,你们即使遵奉上苍的名义,仍然会对我表达歉意;作为一个斯巴达人,我的说话保有直截了当的风格。首先,我要请教奈柯劳斯怎么说出'要对雅典人显示慈悲的心怀'的话来,他穿着丧服来到市民大会,我们应该对他的老来失子表达哀悼之意,

---

① 可以与林肯《葛底斯堡演讲词》"世间不曾丝毫注意甚或记得吾等于斯所言,却不忘怀彼人在此所为"做一比较。事实上1863年7月的葛底斯堡会战已经没有几个人知道,林肯的演说却能万古长存。

何以他能够一边流泪一边向你们诉说,应该同情杀死自己儿女的凶手。因为这个人不再有公正的立场,停止思念已经亡故的亲人,做出的选择是拯救最痛恨的敌人免得丧失性命。为何你们当中有这么多的人在这里集会,哀悼那些在战争中被杀的儿子?"

这时很多听众总算发出一阵喊叫,捷利帕斯用手势平息下来,继续说道:"奈柯劳斯,你可看到这些人用喊叫来宣泄他们的不幸?至于你自己则要失去多少的兄弟、亲戚和朋友才会视若无睹?"

有更多的市民对他的话发出同意的声音,然后他接着说道:"奈柯劳斯,你知道有多少市民因为雅典人的关系在那里受苦?他们并没有犯下什么过错,更没有做出对不起雅典人的事,等到至亲的家属丧命在雅典人的手里,这时的衡量在于对家人爱得愈深就对敌人恨得愈多。

29 "各位叙拉古的市民,有些事情的道理一点就通,要是他们自己认为这样做死在你们手里都无话可说,你们对于不共戴天的仇敌还有什么不能下手惩处的地方?虽然你赞誉这些人用生命来捍卫国家的自由,为何你在这个关键的时刻,认为保存这些凶手的性命,比起保卫他们的名誉更为重要?你们投票通过议案要用公款来美化阵亡将士的陵墓,然而还能有比惩罚这些杀害他们的人,更可以当成抚慰人心的装饰?我用宙斯的名义这样表示,除非把他们列入市民的名单之内,你们还是愿意为死者建立一个活生生的战胜纪念牌坊。这也可以说是他们抛弃敌人的立场成为恳求者,出于这个原因就应该得到仁慈的待遇?我们就是为了他们才制定这些规范,对于不幸的人我们会有怜悯之心,至于那些犯下大恶不赦的罪人必须给予惩罚。

"说到我们要将囚犯置于哪一种类型或范畴?或者表示这是哪一类不幸的结局?须知并非命运女神逼迫雅典对叙拉古发起战争,而是雅典的市民全都赞同放弃和平,来到这里的目的是要摧毁你们的城市,这样说难道是故意冤屈他们?因此要让这些出于自由意志选择不义战争的人,有勇气负起难以忍受的报应,设若他们获得胜利,必定摆出冷酷无情的态度,运用残忍的手段处置你们,现在他们想要达成目标已经受到挫折,不能让他们用哀求者的身份,希望免予惩罚获得人道的待遇。如果他们在遭到重大的失败以后因为邪恶和贪婪被判有罪,让他们不要去责怪命运女神为何如此对待他们,也不要用'哀求'的名义呼吁女神给予帮助。因为这种情况是保留给这些铤而走险的人,虽然他们诚心诚意还是发现命运女神毫无恻隐之心。他们的生命当中充满各种罪行,整个世界没有为他们留下谅解和庇护的容身之地。

30 "还有哪些令人感到羞耻的行为他们没有计划?还有哪些令人引起震惊的行为他们没有违犯?一个人最为显著的贪婪,在于不能满足命运女神赐予的福分,还要垂涎远方属于别人的财物,须知这些雅典人就是这副德行。所有希腊人当中以雅典的市民最为富裕,然而他们对拥有的幸福抱持更高的奢望,久而久之就成为一种沉重的负担;即使他们与西西里之间有大海隔离,仍旧渴望瓜分这个为移民据有的岛屿,可以将他们当成土著发售为奴。

"只要没有人首先犯下过错,发起战争是一件可怕的事,然而他们知道会惹出很大的麻烦,为了私利还是照做不误。虽然他们是你的朋友,突然之间没有任何警告,就用一支实力强大的军队,对叙拉古发起围攻作战。傲慢者的特性是预先得知命运女神的决定,对于尚未征服的民族就颁布惩罚的命令,他们在这方面也不是没有行动。就在雅典的军队立足西西里之前,他们批准一个决议,要把叙拉古和塞利努斯的市民,当成奴隶送到市场出售,迫使其余的西西里人向他们支付贡金。

"等到发现这些人同时具备贪婪、叛逆和傲慢的习性，还有任何正人君子会对他们产生怜悯之心？请问你，雅典当局又是如何对待米蒂勒尼人（Mitylenaeans）？虽然米蒂勒尼人并没有任何打算，要去做对不起他们的事，只不过是想要争取自由权利而已，他们竟然投票通过提案，要将整座城市的居民全部绝灭①。看来这真是残酷而又野蛮，种种令人发指的恶行施加在希腊人和盟邦身上，就连过去的恩主一样无法逃脱。

"他们对人类做出邪恶的勾当以后，就应该接受同样的惩罚，获得的报应让他们没有牢骚满腹的余地。一个人自食苦果遭到法律的制裁，他除了面对命运的安排不能埋怨上天的不公。梅利亚人（Melians）受到围攻以后开城投降，结果所有及龄男子全部遭到屠杀②，对这个又如何说呢？赛翁尼人（Scionaeans）与他们有亲属关系，却落到与梅利亚人同样的下场③，这又是怎么一回事？因此，这两个民族遭到阿提卡的报复，幸存者的人数是如此稀少，不足以为死者的遗体举行宗教的仪式。举凡连锡西厄人（Scythians）都做不出的恶劣行为，然而这个民族口口声声宣称，他们最大的长处是爱护人类，最后却能颁布敕令彻底绝灭这些城市。如果他们要洗劫叙拉古人的家园，可以想一想他们会怎么做。雅典的市民对亲戚还是蛮横无比，那么对一个没有血缘关系的民族，就会施加更为严苛的惩罚。

31 "因为他们自己将所有的后路全部摧毁，等到一旦遭遇不幸的灾难，当然不会让敌人产生恻隐之心。等到这个时候还不挺身而斗，难道逃走就能获得安全？他们根据传统对神明的抉择，何尝不是剥夺他们应有的尊敬？他们对于世人而言，来到西西里仅是对造访者施以

---

① 通过的敕令并没有执行；参阅本书第十二章第 55 节。
② 参阅本书第十二章第 80 节。
③ 参阅本书第十二章第 76 节。

奴役？他们曾向德米特（Demeter）和科里（Core）以及神秘祭典提出恳求，现在还能蹂躏这些女神的圣地①，要将青葱的岛屿变成不毛之地？不错，有人会这样说，并不是整个雅典的民族都该受到责备，只有亚西比德在那里大力主张远征的行动。不过，我们发现在大部分情况之下，他的主张符合听众的意愿，所以会受到大家的关注，从投票者可以联想到这位演说家所说的话，完全适合自己所要达成的企图。

"演说家不是群众的主子，只有尽可能采用诚信的方式，人民才用最为礼遇的态度对待演说家。如果这些人犯下不公不义而又无法消除的罪行，我们所以原谅他们，完全在于可以推卸责任，加在那些提出主张者的身上，那么我们确实证明，对于邪恶者的辩护真是何其容易。看来世界上最不公正的事，莫过于给予福利是人民接到受惠者的感谢而不是提出意见的顾问，等到事与愿违反倒是那些发言的政客可以免予公正的惩罚。

"然而有些人丧失理性竟然到这种程度，认为那位没有置于我们权力之下的亚西比德应该加以惩处，同时释放那些已为我们俘虏值得惩罚的囚犯，只要这样做就会让全世界知道，叙拉古的人民无法用合乎公正的义愤去对抗卑鄙的邪恶之徒。如果战争的倡导者确实出于这个成因所引起，会让人民去责备说话的人，那是因为受到他们的欺骗，然而你们会很公正地惩罚这些人民，那是因为他们犯了错误给你们带来痛苦。一般而言，要是他们知道会犯下大错还是照做不误，那么应该接受惩罚也是他们的意图所在；如果他们发起战争并没有周详的计划，即使他们没有因而免予受罚，那是为了不让他们的漫不经心成为习惯，影响到其他人员的生命。雅典的无知所以会给叙拉古带来重大的灾难，即使这样也不是公正的行为，或者说他们处于犯下罪行已经无法挽回的情况，还是应该让罪犯保有少许辩护的权利。

---

① 是指西西里。

32 "有人说，宙斯可以做证，尼西阿斯在出兵的讨论当中袒护叙拉古，只有他的发言始终反对战争。他说了什么我们从而得知是来自传闻，至于他做了什么我们则是亲眼看见。这个反对远征的人结果成为大军的指挥官，他在讨论当中站在叙拉古人一边，结果他要围攻你们的城市。要说这个人对你们非常仁慈，等到笛摩昔尼斯和其他人员愿意解围而去，只有他逼着大家还要继续原来的战争。因此，就我个人的看法，我不认为他说的话比起他做的事，或是远方传来的消息比起我们实际经验的情况，或是看不到的图谋比起大家可以见证的事物，对我们的决定具有更大的影响力。

"有人说，看在宙斯的分上，最好不要让我们的仇恨永远保持下去。非常有道理，不过也得在你们惩罚这些罪犯以后，只要你们同意疗伤止痛，大可以运用适当的方式去终结你们的仇恨。须知任何人成为战胜者要是对待战俘如同奴隶就是不公正的行为，等到有一天命运的转变使他们成为战败者，如果他们没有做出亏心事就会成为同情的目标。虽然他们可以为早先的犯行免予付出接受惩罚的代价，完全是基于非常特殊的借口，就是他们会记得这种友情，可以使你们长久蒙受带来的好处。我忘了提一些事实，如果你们硬要这样做，你们不仅对不起其他很多人，也无法向拉斯地蒙当局有所交代，拉斯地蒙人因为你们的缘故，除了在别的地方与雅典发生战争，还派遣部队到这里给予支持。其实他们大可以与雅典保持和平，坐视西西里受到蹂躏和掠夺①。

"因此，如果你们遣返战俘从而与雅典建立良好的关系，那就会被你们的盟邦看成叛徒，因为在你们有能力让敌人变得虚弱的时候，要是放走数量庞大的士兵，就会使得我们的敌人再度难以对付。我自己就不相信雅典

① 叙拉古当局最早向拉斯地蒙要求援救，只不过派捷利帕斯担任将领前去助战，并不希望与雅典断绝和平关系。等到公元前413年年初，斯巴达对雅典宣战，占领阿提卡的迪西利亚并且加强防务，开始派遣部队乘坐商船前往西西里。

人，一旦涉及利害关系有了怨恨的敌意，原来保持的友谊很快破裂。须知他们在弱小的时候就会装出善良的面貌，等到恢复原有的实力，还是故态复萌不改侵略的本质。因此，我用宙斯和所有神明的名字，向你们提出恳求，不要让你们的敌人获得拯救，不要让你们的盟邦陷入险境，不要让自己的国家再次遭到家破人亡的灾难。你们这些叙拉古的市民如果让雅典的军队安全离开，灾难就会降临到你们的头上，到时候想要进行受到尊敬的防卫，已经成为不可多得的奢望。"①

33 捷利帕斯说完这番话，群众马上改变心意批准戴奥克利的提案②。雅典的将领③和他的盟友④立即处死，所有的士兵全部关在采石场，不久以后他们之中受过教育的人员，得到年轻人的援手可以安全离开，其余的俘虏在囚禁地方极其艰苦的环境，在悲惨的生活当中丧失性命。

等到战争结束以后，戴奥克利为叙拉古制定法律，自己反而经历极其奇特的命运。他的法条对于犯者有极其严苛的处分，任何人携带武器进入市民大会，面临的刑责是处死，不能用大意无知或其他情况作为借口。有次他接到传来的消息，说是陆地上面发现敌人的活动，这时他外出就带一把佩剑，突然产生的争执使得市民大会陷入混乱之中，他未假思索就带着佩剑进入会场。有一位市民注意到这件事，说他违犯自己制定的法律，他大声叫道："宙斯可以做证，不管怎样我都要维护法律的尊严。"拔出佩剑

---

① 普鲁塔克《希腊罗马名人传》第 14 篇第 1 章"尼西阿斯"第 28 节，以及修昔底德《伯罗奔尼撒战争史》第 7 卷第 86 节，都说捷利帕斯提出建议，不要杀害雅典的将领，因为他要将他们押到斯巴达。

② 参阅本章第 19 节。

③ 将领是指笛摩昔尼斯和尼西阿斯。

④ 戴奥克利建议这些被俘或投降的盟军，要当成战利品出售，参阅本章第 19 节。

自刎而死①。

以上都是这一年发生的事件。

34 凯利阿斯(Callias)成为雅典的执政,罗马选出四位军事护民官巴布留斯·高乃留斯(Publius Cornelius)、盖尤斯·费比乌斯(Gaius Fabius)取代执政官的职位,伊利斯人举行第九十二届奥林匹亚运动会,阿克拉加斯的埃克西尼都斯(Exaenetus)赢得赛跑的桂冠。雅典远征军在西西里全军覆灭以后,这一年(前412年)直到结束,他们的霸权始终受到蔑视,不旋踵间像是开俄斯(Chios)、萨摩斯(Samos)、拜占庭(Byzantium)和很多盟邦,发生背叛的结果是投向拉斯地蒙的阵营。雅典的人民在深感沮丧之余,甚至自己否定民主政体,选出"四百人会议"将城邦的事务交由他们处理。寡头政体的领导者在建造若干三层桨座战船以后,派出将领②率领十四艘船只出海,虽然这些将领彼此不和,还是航向奥罗帕斯(Oropus),因为敌军的三层桨座战船在该地锚泊,接着发生一场海战,拉斯地蒙人赢得胜利,掳获二十二艘雅典的战船。

叙拉古击败雅典的入侵达成圆满的结局,他们将战争当中获得的掠夺物,赠送在捷利帕斯指挥之下与他们并肩作战的拉斯地蒙士兵。等到捷利帕斯受斯巴达当局召回,他们以三十五艘三层桨座战船,编组成为一支盟军舰队,在声望最高的市民赫摩克拉底的指挥之下,援助捷利帕斯进行对抗雅典的战争。他们在战争以后获得很多战利品,将从敌人那里夺取的武

---

① 参阅本书第十二章第19节。

② 狄奥多罗斯对这部分的叙述过于简略,而且第36节的文字又一再地重复。要知道一支伯罗奔尼撒的舰队来到萨拉密斯,很可能趁着雅典的政局混乱对派里犹斯发起攻击。正当斯巴达的陆上部队在迪西利亚集结,阿提卡的门户大开,雅典面临存亡的危险关头,怎么会派出水师前往遥远的优卑亚。参阅修昔底德《伯罗奔尼撒战争史》第8卷第94—95节,知道中间有些情节没有交代,才会出现不合理的处置和行动。

器,当成奉献用来装饰他们的庙宇,为了表彰作战英勇的士兵,赠给他们合乎身份的礼物。戴奥克利是人民当中最孚众望的领袖和最具影响力的政治人物,他说服市民要改变政府的体制,用抽签的方式任命官员推行政务的工作,选出立法者负责制定政府的架构和草拟新的法律。

35 叙拉古当局从善于判断的市民当中选出一批立法者,尤其以戴奥克利的地位最受推崇。他的学识和名声优于同侪,虽然这部成文法典的目标是能适用于各方面,他们还是将它称为"戴奥克利法"。当他在世的时候叙拉古人对他颂扬备至,等到亡故受到的推崇如同英雄人物,同时用公款为他建立一座祠堂,雄伟的建筑物被狄奥尼修斯拆除,那是城市的城墙完成兴建以后的事①。戴奥克利在希裔西西里人当中同样拥有很高的声誉,整个岛屿有很多城市仍旧沿用他制定的法律,直到所有的希裔西西里人获得允许,可以成为罗马的市民②为止。

至于泰摩利昂(Timoleon)③或海罗(Hiero)④王的时代,分别由西法卢斯(Cephalus)或波利多鲁斯(Polydorus)为叙拉古人草拟法律⑤,大家认为这两位只是"解释法律者"而非"立法者",基于戴奥克利的法典用古老的文体写成很难理解。立法者从法律的制定显示奥秘的内省方式,从而得知他极其痛恨邪恶的行为,较之其他的立法者他对所有的罪犯施加更为严苛

① 城墙的兴建是在前402年,参阅本书第十四章第18节。

② 前43年春天西塞罗在写给阿蒂库斯的书信中,提到安东尼能让希裔西西里人拥有罗马市民权,主要的依据是认为恺撒制定的法律,能够获得市民大会通过。然而这种情况再也不会出现,等到后来色克都斯·庞培乌斯拥有的岛屿落到奥古斯都的手里,后者根本没有兴趣将罗马市民权授予行省的居民,扩展到如此大规模的程度。

③ 所谓泰摩利昂的时代,是指他在前343年放逐狄奥尼修斯二世,控制叙拉古的政局,让西西里的人民享受和平的生活,直到他在前334年逝世这一段期间。

④ 海罗获得"国王"的头衔是在前270年,一直到前216年过世为止,在位期间长达54年。

⑤ 这是在前339年,参阅本书第十六章第82节。

的刑责,同时也较之所有的前辈更为精准。对于任何人都能针对他的行为,定出固定不变的惩罚条款,无论有关城邦或是个人,他对于判定每一种控诉或争执,都有丰富的执行经验,给予应得而又明确的刑责。他的法条表现出简洁的风格,留给读者可以发挥想象的空间,特别是戏剧化的赴死情节①,让人见证到他灵魂当中正直而又严苛的本质。

我完全是基于事实才对戴奥克利的作为,进行比较详尽的描述,至于大多数的史家在他们的著作当中,对此毫不在意只有略而不提。

36 雅典的市民知悉他们派往西西里的部队全军覆灭,巨大的灾难带来惨重的打击,使得他们已到举国惊惶的程度。只是他们并没有放弃对霸权的热切渴望,立即建造更多的船只和准备充足的经费,为拥有希腊世界马首是瞻的地位,能够满足最后的希望。他们选出四百人组成一个会议,就将指导战争的最高权力交到这批成员的手中,认为在当前极其严峻的不利情况之下,寡头政体较之民主制度更适于应付变幻莫测的局势。然而事与愿违,“四百人会议”②对于战争的运作毫无成效可言。

他们派遣四十艘船出海,授权两位将领负责指挥,然而彼此之间经常发生争执。即使希腊的对外事务处于困境,面临紧急的情况要求合作无间,两位将领还是视若无睹,相处一直势同水火,不能同仇敌忾。最后他们在没有妥善的准备之下航向奥罗帕斯,遭遇拉斯地蒙的水师发起一场海战。他们从开始就处于极其恶劣的情况,还是像一个无知的乡巴佬只有硬撑到底,在丧失二十艘船以后,其余部队仅能在伊里特里亚(Eretria)获得

---

① 参阅本章第 33 节。
② 普鲁塔克提到梭伦组成两个会议,一个是阿里奥帕古斯会议,另一个是四百人会议,前者负责法律的督导和监护,后者审查人民的提案再交市民大会裁决。城邦需要两个会议对于政务进行全盘的掌握。

安全的庇护。

等到这些事件发生以后,不仅是西西里远征的惨剧造成的影响,还有出自指挥官的不和带来的败北,使得雅典的盟友倒戈投向拉斯地蒙的阵营。由于波斯国王大流士(Darius)已经与拉斯地蒙当局结盟,法那巴苏斯(Pharnabazus)身为滨海地区的军事指挥官,就用金钱支持他们的盟友,同时从腓尼基召来三百艘三层桨座战船,念兹在兹要派出去用来帮助拉斯地蒙的海上行动。

37 鉴于雅典一再遭受如此严重的挫折,每个人都认为战争即将终止,没有人期望雅典当局能够长期忍受不幸的处境,甚至无法达成维持片刻工夫的要求。不过,事件并未如大众料想得那样能够告一段落,反而在持续进行当中。这是战斗人员拥有优势所致,整个态势为下述原因发生变化。亚西比德受到雅典放逐,有段期间投靠拉斯地蒙的军队参与战斗,在双方的抗争当中,对于雅典的敌人带来很大的帮助。他是口若悬河的演说家,无畏的胆识超越所有的市民,除此以外,他在雅典人当中以家世和财富拥有首屈一指的地位。现在亚西比德获得允许可以返回土生土长的城市,所以他想尽办法要报答雅典的善意,特别是这座城市处于四面楚歌的关键时刻。

在他与大流士派驻该地的省长法那巴苏斯进行友好的谈话,得知他要下令三百艘船前去支援拉斯地蒙的水师①,就劝他放弃这个得不偿失的任务,表示拉斯地蒙拥有太大的权势,对于国王不会带来任何好处。他说现在的做法不会有助于波斯获得好处,最好的策略是对势均力敌的双方保持中立的姿态,这样他们就会尽可能地争吵下去,最后变得两败俱伤。法那

① 参阅本章第 36 节。

巴苏斯相信亚西比德给他最好的劝告，就要舰队回航腓尼基。亚西比德利用这个机会除去拉斯地蒙最有力量的同盟部队。不久以后他获得同意可以返回雅典，负责指挥一支武装部队，在很多会战当中击败拉斯地蒙的舰队，使得日薄西山的雅典能够恢复原有的地位。我们对于这些时间是否适当的有关问题，应该就细节部分进行讨论，免得我们的记述背离重大事件发生的先后次序。

38 这一年快要结束的时候，狄奥庞帕斯（Theopompus）成为雅典的执政（前411年），罗马选出四位军事护民官提比流斯·波斯都缪斯（Tiberius Postumius）、盖尤斯·高乃留斯（Gaius Cornelius）、盖尤斯·华勒流斯（Gaius Valerius）和西索·费比乌斯（Caeso Fabius），取代执政官的职位。雅典的人民在这个时候，决定解散四百人会议和取消寡头政体，延揽更多的人才组成一个民选的政府①。所有这些改变的创始者是瑟拉米尼斯（Theramenes），这个人的生活井然有序，尤其以正确的判断深受众人的推崇，只有他在市民大会当中提出呼吁，要让受到放逐的亚西比德回归故土；从而雅典能够恢复原来的地位，他采取很多措施为城邦谋取最大的利益，使得自己深受市民的赞誉。

这些事件发生在不久以后，雅典当局为了应付战争，指派色拉西卢斯（Thrasyllus）和色拉西布卢斯（Thrasybulus）出任将领，他们在萨摩斯集结舰队，加强每日的水上操演，训练士兵熟悉海战的技术。这时拉斯地蒙的水师提督明达鲁斯（Mindarus），停留在米勒都斯（Miletus）镇日无所事事，一心期盼法那巴苏斯承诺的援助；等到他得知三百艘三层桨座战船从腓尼基来到，满怀希望认定这支强大的舰队，可以彻底摧毁雅典帝国；没有多大工

---

① 这个步骤是用"五千人大会"的民选政府来取代"四百人会议"的寡头政体，雅典在翌年又恢复古老的民主政治。

夫,不同人士传来的信息,法那巴苏斯被亚西比德说服,将舰队遣返腓尼基。这时他不再对法那巴苏斯抱任何指望,完全要靠自己的实力,等到伯罗奔尼撒派来的战船或是从海外的盟邦供应的船只,全部准备妥当以后,他指派多瑞乌斯(Dorieus)带着十三艘船赶赴罗得(Rhodes)岛,因为听说有一批当地人士团结起来要发动一场革命。

我们在前面提过,这些船只是来自盟邦的水师,意大利的希腊人加入拉斯地蒙的阵营。明达鲁斯这时得知雅典的舰队,仍旧逗留萨摩斯没有动静,于是亲自率领其余的船只共有八十三艘之多,航向海伦斯坡(Hellespont)海峡。雅典的将领在此刻看到对手扬帆而来,就以六十艘船出海迎战。等到拉斯地蒙的水师在开俄斯岛停泊,雅典的将领不愿敌军的船只在数量上占有优势,决定向着列士波斯(Lesbos)岛发航,要与盟邦的三层桨座战船在该地会合。

39 雅典的船只完成集结要列阵出击,拉斯地蒙的水师提督明达鲁斯,连夜率领整个舰队出海,急着赶往海伦斯坡海峡,第二天到达西格姆(Segeium)①。雅典人知悉敌人的舰队已经发航,不愿等待盟邦的三层桨座战船到齐,在总数只增加三艘的情况之下,他们启碇前去追击拉斯地蒙的水师。就在他们到达西格姆的时候,发现对方的舰队已经离去,只有留在最后的三艘船立即被他们捕获,接着他们在伊琉斯(Eleus)②停泊,进行海上会战的准备工作。拉斯地蒙的将领看到敌军对会战的演练,也就如法炮制,花了五天时间用来测试船只的性能和齐一划桨手的配合,然后将他们的舰队排出会战队形,整个实力是八十八艘船只。

拉斯地蒙的水师在海峡靠近亚洲的一边列阵,雅典的舰队在欧洲的海

---

① 就在海伦斯坡海峡爱琴海这一端的进口处,位于亚洲这一边的海岸。

② 就在西格姆的正对面。

岸一字排开与敌军对峙,船只的数量较少却在训练方面占有优势。拉斯地蒙战线的右翼是叙拉古人,交由赫摩克拉底负责,明达鲁斯亲自指挥组成左翼的伯罗奔尼撒人。雅典方面是色拉西卢斯位于右翼而色拉西布卢斯位于左翼。双方在开始的时候,一直在不停抢占有利的位置,以免受到迎头洋流的冲击。他们相互保持绕着对手航行有很长一段时间,竭尽全力要将海峡堵塞起来不让对方通过,同时能够形成具有优势的部署。会战的地方位于阿布杜斯(Abydus)和塞斯都斯(Sestus)之间①,海峡在此处变得狭窄,急湍的洋流就会产生很大的阻力。不过,雅典舰队的舵手富于经验,所以对于获胜做出很大的贡献。

40 虽然斯巴达的水师在数量和水手的英勇稳居上风,雅典舰队的舵手发挥他们的长处使得敌方的成效全部落空。伯罗奔尼撒的船只成群结队很快速地冲撞过来,这些舵手非常灵巧地操纵船只,让对手除了一再地迎头相撞,无法打击到他们船只的任何部位。明达鲁斯看到整个水师的冲撞战术无法发生作用,下令给所有的船只,要他们用几艘船编成一个小队,或是一次一艘的方式,再向敌军发起攻击。结果是雅典的舵手凭着他们的本领使得这种战术完全无效,正好相反,可以轻巧避开敌人船只的撞角,接着从侧方对他们的两舷施加打击,很多船只受到损毁。

双方的部队弥漫同仇敌忾的高昂士气,他们之间不限于冲撞战术的交锋,就是水手也在船与船的纠缠当中进行激烈的战斗。虽然两军都想要获得重大的成功,却因洋流的力量受到阻碍,他们继续奋斗很长一段时间,任何一边还是无法获得胜利。就在双方势均力敌难分高下的时候,看到二十五艘船只从近处的岬角现身出来,这是雅典的盟邦派来的援军。伯罗奔尼

①　到海伦斯坡海峡进口处的距离约为 8 英里。

撒人在惊惶之余转头向着阿布杜斯逃走。雅典的士气大振在后面紧追不放。

会战的结局如下：雅典掳获的船只是十八艘，分别是开俄斯的八艘、科林斯的五艘、安布拉西亚人（Ambraciotes）有两艘，其余是叙拉古人、佩勒尼人（Pellenians）和琉卡迪亚人（Leucasians）各有一艘；他们自己损失五艘船只，都是遭到撞击以后沉没。色拉西布卢斯在原来矗立赫卡比（Hecabe）祠堂①的岬角上面，建起一座战胜纪念牌坊，同时派出信差将赢得大捷的消息送往雅典，随之率领整个舰队直接驶往西兹库斯（Cyzicus）。就在会战发生之前，这座城市发生起义的行动，当地的市民背叛大流士的将领法那巴苏斯，以及拉斯地蒙的指挥官刻里克斯（Clearchus）。雅典人发现这座城市没有设防，就很容易达成所望的目标，等到向西兹库斯当局征收贡金，他们接着回航塞斯都斯。

41 拉斯地蒙的水师提督明达鲁斯从战败的现场逃到阿布杜斯，开始修理受损的船只，派遣斯巴达人伊庇克利（Epicles）前往优卑亚（Euboea），奉到的命令是率领该地的三层桨座战船，尽最大速度赶来增援。伊庇克利到达优卑亚以后，集结五十艘船尽快启碇出海，等到这批三层桨座战船绕过阿索斯（Athos）山外海，突然刮起一场风暴，损失所有的船只，只有十二名水手得以幸存。埃弗鲁斯（Ephorus）②提到这件事，说是科罗尼亚的神庙里面刻着一篇献词，它的内容有如下述：

---

① 可以称为"赫卡比纪念厅"或者"母狗纪念厅"（参阅斯特拉波《地理学》第7卷第55节，罗马人所说的赛诺西玛（Cynossema）就是现在的弗尔波角（Cape Volpo）），所以有这样叫法是因为赫卡比（赫库巴）变形成为一只母狗（参阅欧里庇德斯的悲剧《特洛伊王后赫库巴》第1273行）。

② 埃弗鲁斯是公元前4世纪来自小亚细亚赛麦的历史学家，伊索克拉底的门人，平生事迹不为人知，著有文笔流畅的《希腊和小亚细亚城邦史》30卷，从多里斯人的入侵到前340年为止，对后世的学者产生很大的影响，他在前340年亡故。

他们是五十艘船当中逃脱毁灭的水手，

只有十二个人爬上阿索斯的崎岖岩岸，

其他的同伴都已淹毙葬身在深海海底，

他们的船只遭到强烈的暴风全部吹翻。

就在这个时候，亚西比德率领十三艘三层桨座战船，来到雅典人正在休养生息的萨摩斯岛，让他们得知法那巴苏斯虽然打算以三百艘船增援拉斯地蒙，已经受到他的说服取消这个行动。驻在萨摩斯的部队用友善的态度欢迎他的来临。他与大家谈起受到放逐可以返回国门的问题，给予承诺要用服务报答祖国的恩典，他为自己过去的行为加以辩护，对于本人历经险阻艰辛能够大难不死，流下很多眼泪表示感激，特别是他现在逼得要与敌人脱离关系，证明他的英勇会给城邦带来难以估算的价值①。

42 士兵对于亚西比德的奉献牺牲表示热烈的赞同，派出使者回到雅典详细陈述，市民大会投票通过议案，撤销对亚西比德的控诉，授予他指挥军队的权力。他们马上发觉他的胆识和在希腊人当中享有的名声，竟能发挥如此强而有力的效用，很有理由相信他的归附对于整个复国的大业，会带来举足轻重的影响力。瑟拉米尼斯这时负起领导政府的责任，过人的睿智赢得很大的名声，是他说服人民要召回亚西比德。等到消息传到萨摩斯，亚西比德对原有的十三艘船只又增加九艘，已经航向哈利卡纳苏斯(Halicarnassus)，要在该城征收巨额钱财。然后他洗劫麦罗庇斯(Meropis)②，获得很多掠夺物回到萨摩斯。由于他累积大量战利品，

---

① 按照修昔底德《伯罗奔尼撒战争史》第 8 卷第 81 节的说法，亚西比德与雅典舰队的会面，是在海上会战发生之前的事。

② 位于考斯岛的城市。

分给在萨摩斯的士兵和自己的部队,立刻使得接受好处的人都愿意为他效劳出力。

就在这个时候,安坦德鲁斯人(Antandrians)①受到一支驻防军②的控制,他们派人向拉斯地蒙当局请求出兵,获得援军就将波斯人赶走,使得这片国土成为自由地区,让外来者可以迁入居住。拉斯地蒙所以会帮助安坦德鲁斯的居民,那是因为他们发现法那巴苏斯不守信义,将三百艘船只遣返腓尼基的关系。

史家修昔底德(Thucydides)的《伯罗奔尼撒战争史》共八卷,涵盖的期程有二十二年,有人将它区分为九卷③,就在这一年结束此书的著述④;色诺芬(Xenophon)和狄奥庞帕斯(Theopompus)接续修昔底德遗留的工作。色诺芬的史书包括较长的时间,共有四十八年之久;狄奥庞帕斯记载希腊的历史仅十七年,他的十二卷著作终结于尼多斯(Cnidus)海战⑤。

以上是希腊和亚细亚的事务所出现的情况。罗马人与伊奎人之间爆发战事,前者以一支强大的军队入侵后者的国土,运用围攻作战夺取波立(Bolae)这座城市。

43 这一年发生的事件已经结束,格劳西帕斯(Glaucippus)成为雅典的执政(前410年),马可斯·高乃留斯(Marcus Cornelius)

---

① 位于特罗德的东南方。

② 按照修昔底德《伯罗奔尼撒战争史》第8卷第108节的记载,这是波斯派出的驻防军。

③ 虽然目前通用的版本只有8卷,却有很多学者怀疑第8卷不是修昔底德的作品,甚至有人认为出于他的女儿之手。

④ 修昔底德在《伯罗奔尼撒战争史》第8卷记载的事件,突然在前411年结束,要是按照原来的计划,这段历史一直写到斯巴达和他们的盟军把雅典帝国毁灭,直到占领长墙和派里犹斯为止,那就是再延长7年要到前404年。

⑤ 色诺芬的《希腊史》(Hellenica)涵盖的时期是前411—前362年(包括头尾应该是50年),终结于曼蒂尼会战;狄奥庞帕斯的《希腊史》是从前410—前394年,现在已经佚失。

和卢契乌斯·弗流斯(Lucius Furius)当选罗马的执政官。西西里的伊吉斯提过去与雅典联盟,共同对抗叙拉古的市民,目前面对战争的悲惨结局,陷入极其惊怖的处境。叙拉古当局对于希裔西西里人的恶意所造成的痛苦,一直想要施加报复这也是无可厚非的事。等到塞利努斯要从双方发生争执的土地上面,对伊吉斯提发起一场战事①,后者生怕叙拉古当局利用帮助弱小当作借口,加入塞利努斯这一边进行作战,他们就会面临国破家亡的危险,于是主动撤离引起纠纷的地区。此刻塞利努斯乘机提出建议,要求拥有邻近地区大片土地,虽然这里没有引起纷争而且相距甚远。

伊吉斯提当局派出使者前往迦太基,请求给予援助和答应的条件,愿意将他们的城市交到他们手中。拥有全权的使者抵达以后,前往元老院接受当局给来者的指示,这时迦太基发现自己处于首尾两端的窘境,他们非常热衷于获得具有如此战略地位的城市,同时又对叙拉古拥有的实力极其畏惧,目击这位敌手刚刚打败实力强大的雅典。汉尼拔(Hannibal)②身为位高望重的市民,出面力主拥有双手奉上的城市,于是答复使者会出兵援助,对于着手进行的事项居于督导的立场,免得因为处理不慎引起战争。他们推选汉尼拔出任将领,特别是他此时已合法遂行统治的权力③。他是哈米尔卡(Hamilcar)的孙子和杰斯康(Gescon)的儿子,哈米尔卡负责与格隆(Gelon)的战事死在赫米拉(Himera)④,杰斯康因为父亲的战败受到放逐的处分,最后在塞利努斯过世。

汉尼拔痛恨希腊人是理所当然之事,处心积虑要除去落在祖先身上的

---

① 参阅本书第十二章第82节。

② 本书提到用汉尼拔这个名字的人物有6位之多,可见这是迦太基人当中最常见的姓名,其中当然以打败罗马人的汉尼拔最为出名,应该是一百年以后的事。

③ 这时汉尼拔已经当选为年度两名最高行政长官(suffete)之一,这个职位相当于罗马的执政官;看来狄奥多罗斯不愿使用他不熟悉的头衔和称号。

④ 参阅本书第十一章第21—22节。

羞辱,还要尽己之力为国家谋求利益。现在看到塞利努斯为割让发生争执的地区心生不满,于是他派出使者连同伊吉斯提的代表前往叙拉古,对于双方的争执所做的决定表示关切,虽然表面的借口是为了主持正义,事实上他们认为只要塞利努斯拒绝接受调停,叙拉古当局已不再把他们视为盟友。因为塞利努斯同样派出使者,现在已经做出拒绝的表示,等于充分答复迦太基和伊吉斯提的使者的要求,最后叙拉古人经过市民大会的投票做出决定,他们要维护塞利努斯的联盟关系,同时与迦太基保持和平的状态。

44 等到他们的使者归国以后,迦太基当局派遣五千名利比亚人和八百名康帕尼亚佣兵前往伊吉斯提。这些部队曾经为卡尔西斯人(Chalcidians)①雇佣,在与叙拉古的战事当中帮助雅典远征军。后来发生悲惨的结局得以安全返国,从此再也没有人雇佣他们前来效命。迦太基人为他们购买马匹,付出很高的报酬,将他们派往伊吉斯提。

那个时候的塞利努斯非常富裕而且人口众多,一直看不起伊吉斯提。在发布作战命令以后,首先就蹂躏接壤边界的敌国土地,倚仗兵力的优势将对手视若无物,分散开来到处都是。伊吉斯提的将领看到这个大好的机会,在迦太基人②和康帕尼亚人的协力之下,对他们发起攻击。出其不意的行动很容易使得塞利努斯人溃逃,有一千多名士兵被杀,将他们的掠夺物据为己有。会战结束以后,双方分别派出使者要求给予援助,塞利努斯的靠山是叙拉古当局,伊吉斯提将迦太基视为恩主。迦太基当局预见这次战争会旷日持久,相信汉尼拔出任将领一定会负起责任编成一支大军,他们非常热心在各方面给予最大的支持和协助。汉尼拔在整个夏季和接续而来的冬天,从伊比里亚招募很多雇兵,还从市民当中征集不少役男,他还

---

① 这是指在西西里的卡尔西斯人。
② 更精确的说法,这些迦太基人是前面提过的利比亚佣兵。

亲自前往利比亚,访问每一座城市遴选当地的勇士;他完成船只的准备,计划在开春以后,将兵力渡过海洋发起远征行动。

以上是西西里事务面临的情况。

45 这时的希腊,罗得岛的多瑞乌斯成为水师提督,率领来自意大利的三层桨座战船,等到镇压罗得岛的动乱①以后,航向海伦斯坡海峡,抱着热忱参加明达鲁斯的阵营,后者这时留在阿布杜斯,要从伯罗奔尼撒的盟邦当中,集结来自各方的船只。正当多瑞乌斯到达特罗德(Troad)的西格姆邻近地区,这时雅典的舰队在塞斯都斯,得知他沿着海岸航行的消息,立即派出所有的船只共七十四艘前去迎击。多瑞乌斯持续航行已经有一段时间,根本不知道会有这种情况发生,等到他看到出现一支实力强大的舰队,当然会产生警惕之心,发觉已经没有办法可以救出他的水师,就在达达努斯(Dardanus)②停泊下来,命令士兵下船登岸,用来接替守卫城市的部队,然后尽快获得大量投射武器的供应,将士兵配备在船只的前端以及陆地上面有利的位置。雅典的舰队以全速向前航行,将停靠在岸边的敌方船只拖走,他们在数量上面拥有优势,就从四面八方将到手的船只包围得水泄不通。等到伯罗奔尼撒的水师提督明达鲁斯,得知当面的情况,赶紧率领整个舰队离开阿布杜斯,共有八十四艘船航向达达努斯的海岬③,用来救援多瑞乌斯的水师,还有法那巴苏斯的陆上军队都已来到,可以支持拉斯地蒙的作战行动。

一旦两军的舰队彼此接近,双方将三层桨座战船部署成会战队形,明达鲁斯有九十七艘船,叙拉古人位于左翼,他自己指挥右翼,雅典方面色拉

---

① 参阅本章第 38 节以及修昔底德《伯罗奔尼撒战争史》第 8 卷第 44 节。
② 这座城市位于特罗德地区,由于建立者是宙斯之子达达努斯,所以城市用他的名字。
③ 位于海伦斯坡海峡之内大约 10 英里的亚洲海岸。

西布卢斯统领右翼,色拉西卢斯在另一翼。等到战船的阵式已经排好,指挥官发出会战的信号,号角手看到手势吹起攻击的号声,士气高昂的划桨手动作一致,舵手非常熟练地操纵船只,双方的接战是极其壮观的场面。不论敌军的三层桨座战船从哪个方向冲撞过来,舵手都能在刹那之间有效地闪避,然后很快转过船身,让船头撞向敌人的船只。水手只要从自己的船上看出去,它的四周都是敌人的三层桨座战船,他们受到恐惧的打击,对于能否保存性命已经感到失望。这时只有舵手运用高明的技巧,能够让敌人的攻击无法得逞,他们为重生的希望无不欢欣鼓舞。

46 举凡位置在甲板上的人员,充满作战的热情都不会接受失败的命运。还有一些人与敌军还保持相当距离,就会发射一阵一阵箭雨,立刻之间空中充满致命的流矢。这时在逐渐接近之际,大家就会投掷标枪,有人攻击进行防卫的水手,或是将目标对准敌人的舵手。一旦船只紧密纠缠在一起,他们在接触的时候不仅使用长矛,还会跃到敌人的船上,手执刀剑进行肉搏战斗。胜利者在每一次逆转都会发出战斗的呐喊,其他人带着吼叫冲过来给予帮助,阵阵喧嚣的嘈杂声音弥漫战场的整个海面。

有很长一段时间双方凭着高昂的士气,处于势均力敌的局面。后来发生无法预期的情况,亚西比德率领二十艘船出现,他之所以会从萨摩斯航向海伦斯坡,完全出于心血来潮的偶然行动。就在这些船只还在相当距离的时候,双方全都期盼这是自己的增援部队,充满希望的信念更加激励奋斗的勇气。拉斯地蒙人在舰队接近之际看不到任何信号,雅典的亚西比德在他的船上升起紫色船帆,这是事先同意的标志。拉斯地蒙的船只在丧胆之余转身逃走,雅典拥有优势极其兴高采烈,急着压制试图避战的船只。他们很快捕获十艘敌船,接着刮起一阵激烈的风暴,结果使得他们的追击受到很大的阻碍。汹涌的波浪使得船只的舵柄不能发生操控的作用,想要用冲撞战术证明已经没有效果,船只受到撞击就会后退使得力道大为减少。

最后拉斯地蒙的水师还能抵达岸边,逃向法那巴苏斯的陆上部队,雅典人开始很想将留在海岸的船只拖走,接着还要从事一场奋不顾身的会战,他们的意图受到波斯军队的制止,只有回航塞斯都斯。法那巴苏斯意图为自己建立一道防线,要在拉斯地蒙人进行最后的抵抗之前,能够用更为英勇的战斗阻止雅典人的攻击。就在这个时候,他还对三百艘三层桨座战船遣返腓尼基①一事提出解释,说是他获得消息,阿拉伯的国王和埃及的国王,都对腓尼基存有不良的企图。

47 如同我们在上面所述,海战结束以后雅典的舰队及时返回塞斯都斯,已经到了深夜,第二天他们寻找受到损坏的船只,然后在上次大捷的附近地方,建立一座战胜纪念牌坊②。明达鲁斯在夜晚第一时辰向着阿布杜斯回航,他在该地修复受损的船只,行文拉斯地蒙当局要求增援士兵和船只;因为他内心始终存着一种想法,只要舰队整备完毕,他可以与法那巴苏斯的军队联合起来,对于亚细亚与雅典结盟的城市进行围攻作战。

卡尔西斯的人民以及整个优卑亚的居民全都背叛雅典③,由于后者是海洋的控制者,而他们生活在一座岛屿上面,非常担心会受到雅典大军的包围,于是他们请求皮奥夏人给予协助,越过优里帕斯(Euripus)海峡修建

---

① 参阅本章第 37 节。

② 参阅本章第 40 节。

③ 修昔底德《伯罗奔尼撒战争史》第 8 卷第 95 节,提到雅典在叙拉古发生惨剧以后,立刻引起各地的叛变。

一个堤道,可以将优卑亚和皮奥夏连接起来①。皮奥夏人同意这种做法,可以获得特别的利益,在任何人看来优卑亚都是一个岛屿,在他们而言却是大陆的一部分。因此所有的城市全都投入筑堤的工作,彼此还相互竞争。发布的命令不仅包括所有的市民,还及于居在该地的外侨,由于大量的人力使得任务可以很快完成。优卑亚这方面的堤道兴建在卡尔西斯,皮奥夏那边就在邻近的奥利斯(Aulis)②,这两座城市之间的海峡最为狭窄。须知在这里有一道海流经过,经常受到潮水的阻拦激起层层的浪花,现在海面限制在一个极其狭窄的空间,使得海流的力量变得更加猛烈,航道仅能容许单独一艘船通行。两端都兴建高塔,木质桥梁就在海峡上方架设起来。

瑟拉米尼斯奉到雅典当局的派遣,率领三十艘船,主要意图是要阻止这项工程,由于堤道两端的土地都配置一群实力强大的士兵,他只有放弃原来的企图接着向岛屿③航行。他希望能解除市民和盟邦对贡金的负担④,于是蹂躏敌人的疆域,获得大量战利品,还访问友邦的城市,对于拥护改变政体的居民,强索金钱当作罚锾的处分。等到他停泊在帕罗斯的时候,发现城市采用寡头政体,他恢复人民的自由权利,对于参与寡头制度的人员,毫不客气大肆搜刮一番。

---

① 斯特拉波《地理学》第9卷第2节,引用埃弗鲁斯的著作,一座有两百英尺跨度的桥梁在卡尔西斯越过优里帕斯海峡。

② 奥利斯是优里帕斯(Euripus)海峡靠近皮奥夏这一边的市镇,特洛伊战争希腊的舰队在此集结,阿格曼侬依将他的女儿伊斐吉妮娅(Iphigenia)当成奉献给神明的牺牲,然后发航从事远征行动。

③ 这些都是参加雅典同盟的岛屿。

④ 原来用在伯罗奔尼撒战争所需的经费上面。

48 这个时候科孚的政局出现非常严重的倾轧,随伴而来的大屠杀,据说出于各种原因,主要还是居民之间存在根深蒂固的仇恨。从来没有任何城邦发生如此严重的市民谋杀行为,更难想象由于双方的争执和口角,最后的结局是大规模的流血事件①。早在爆发目前的内战之前,竟然有一千五百人被他们的市民同胞所杀,死者都是当地的领导人物。纵然巨大的不幸已经落在他们的头上,命运女神却给他们带来第二次的灾难,增加更多的痛苦使得他们无法逃避。若干位高权重的人士想要建立寡头政体,他们对于拉斯地蒙的成就当成仿效的对象,至于大多数的民众还是喜爱民主制度,非常热衷要与雅典缔结同盟关系。当时主要的城邦都在争夺希腊民族的领导权,彼此投身于相互对立的谋略和方针,诸如拉斯地蒙的既定政策就是让盟邦的政府控制在居于领导地位的市民手中,至于雅典的方式通常要他们的城市建立民主政体。

科孚当局看到那些最有影响力的市民,计划要将他们的城市交给拉斯地蒙,赶紧前去请求雅典当局,派出一支军队前来保护不容侵犯的主权。雅典的将领科农(Conon)远赴科孚,就将来自瑙帕克都斯(Naupactus)的六百名梅西尼人留在原地②,然后他自己率领船只离开,向着供奉赫拉的圣地开航,来到科孚的外海抛锚停泊。上岸的六百人与民党的党徒结合起来,乘着市民大会开议的时刻③,发起让人无法预料的行动,打击拉斯地蒙的支持者,逮捕很多异议分子,除了部分被杀,遭到驱逐就有一千余人。他们还让奴隶获得自由,将市民权授予居住在他们中间的外侨,为了对抗为数众多且具有影响力的放逐人士,要预先完成妥当的准备工作。流亡者离

---

①　修昔底德《伯罗奔尼撒战争史》第3卷第70节,提到科孚早年发生的内战。
②　这些梅西尼人获得斯巴达当局的同意,可以离开自己的国家,雅典将领托尔迈德给予协助,让他们定居在瑙帕克都斯,这是前456年发生的事件,参阅本书第十一章第84节。
③　正是早晨天亮不久的时候。

开自己的家园,逃到对岸的大陆。过了相当时日以后,有些仍旧留在城市的民众,他们选择放逐人士的复国大业,占领市民大会召回流亡者,企图对于奋斗的目标做出最后的决定。等到夜晚来临使得战斗终止,彼此之间获得协议,结束相互的争执,要像一个民族共同生活在祖国的土地上面。

而后,科孚不再发生相互屠杀的事件。

49 马其顿国王阿奇劳斯(Archelaus)[①]有鉴于皮德纳(Pydna)的人民不服从他的命令,率领一支大军前去夺取该城。他接受瑟拉米尼斯的增援,兵力是一支舰队,等到围攻的态势继续下去,后者就航向色雷斯(Thrace),与负责指挥整个水师的色拉西布卢斯会合。阿奇劳斯现在对于攻城作战更为急迫,等到守军降服以后,就将城市搬迁到离海有二十斯塔德的位置。

冬季快要结束的时候,明达鲁斯从各地集中所需的三层桨座战船,很多来自伯罗奔尼撒地区,以及其他结盟的城邦。留在塞斯都斯的雅典将领,得知敌军集结的舰队,船只众多具备强大的战力,非常担心受到攻击,会将他们的三层桨座战船捕获成为战利品。他们的将领将留在塞斯都斯的船只,全部从岸上拖进海中,发航以后绕过克森尼苏斯(Chersonesus)[②],下锚停泊在卡狄亚(Cardia)[③]。他们还派出三层桨座战船去见色拉西布卢斯和瑟拉米尼斯,要求两位率领舰队尽快赶回来,同时召唤在列士波斯的亚西比德,带着手下的船只前来助战。等到整个舰队集结在一处,所有的将领抱着热烈的期望,进行一场决定性的海上会战。拉斯地蒙的水师提督

---

① 马其顿国王阿奇劳斯(在位时期:前413—前399年)是希腊文化的仰慕者,邀请欧里庇德斯和很多知名人士前去访问他的宫廷。

② 克森尼苏斯位于色雷斯地区,是夹在海伦斯坡海峡和爱琴海之间的半岛,主要城市有塞斯托斯和卡狄亚。

③ 卡狄亚濒临美拉斯湾,位于契罗尼苏斯地区的北岸。

明达鲁斯航向西兹库斯,命令所有的部队下船,将城市包围得水泄不通。法那巴苏斯指挥的大军,前来支持明达鲁斯的围攻作战,在一场突击之下夺取这座城市。

雅典的将领下定决心要驶往西兹库斯,率领所有的船只出海绕越克森尼苏斯。他们首先到达伊琉斯,采取特别的措施是利用夜暗通过阿布杜斯,为了不让敌人知道他们有这样多的船只。等到开抵普罗康尼苏斯(Proconnesus)①以后,花了整夜和次日好让装载的士兵下船,因为现在已经是在西兹昔尼斯的国境之内,他们的指挥官奇里阿斯(Chaereas)奉到命令,率领他的军队前去攻打当面的城市。

50 负责的将领将水师的兵力区分为三个分遣舰队,亚西比德、瑟拉米尼斯和色拉西布卢斯各指挥一个。亚西比德带领他的分遣舰队,接敌的时候远在其他两位的前面,想要将拉斯地蒙的船只吸引出来,双方进行一场会战。等到对方出兵这时才按照预定的计划,瑟拉米尼斯和色拉西布卢斯要从两翼包围敌军,可以截断他们返回城市的退路。明达鲁斯只看到亚西比德的船只在接近之中,数量大约是二十艘,不知道后面还有其他的分遣舰队,抱着轻视的心理以八十艘船只出海去攻击对方。

等到他们接近亚西比德的船只,雅典人接受命令佯行逃走,使得伯罗奔尼撒人斗志高昂,勇猛在后追赶相信已经赢得胜利。就在亚西比德引诱他们离开城市相当距离,升起作为信号的旗帜,这时亚西比德的船只立即转过来面对敌军,瑟拉米尼斯和色拉西布卢斯的分遣舰队,向着城市扬帆前进,切断拉斯地蒙向后的撤退路线。明达鲁斯的水师看到敌人的船只为数众多,明白自己已经屈居下风,全都感到胆战心惊。最后,由于雅典的战

---

① 位于玛摩拉(Marmora)岛。

船从四面八方进击,伯罗奔尼撒的舰队与城市的交通已经受到拦截,明达鲁斯被迫要在靠近克里瑞(Cleri)的陆地寻找庇护,据说法那巴苏斯的军队在该地驻扎。

亚西比德实施勇敢的追击,敌人的船只有些被他击沉,还有一些受到毁损或掳获,大部分的船只都已拖上陆地,他将据为己有的船只费尽力气用铁钩拉到海里。法那巴苏斯的步兵火速赶来帮助拉斯地蒙的水师,引起大规模的流血冲突,雅典的军队靠着大无畏的精神而非策略赢得作战的胜利,使得他们暂时占得上风。这时伯罗奔尼撒的阵营在兵力方面仍旧据有很大的优势,法那巴苏斯的军队支持拉斯地蒙士兵的战斗,由于他们从陆地出击,据有的位置更能确保安全。色拉西布卢斯看到很多步兵正在协助敌人,立即将他的水手派到岸上去增援亚西比德,并且催促瑟拉米尼斯要将他的手下,加入由奇里阿斯率领的地面部队,火速赶来发起一场陆上会战。

51 就在雅典的水师忙着这些事项的时候,拉斯地蒙的指挥官明达鲁斯,为了不让自己的船只被敌人拖走,正在与亚西比德激战之中。他派斯巴达人刻里克斯带领部分伯罗奔尼撒人,迎击色拉西布卢斯的部队,又派出在法那巴苏斯的军队当中的佣兵,前去援助刻里克斯的战斗。色拉西布卢斯率领的水手和弓弩手,接触以后顽强抗拒对方的攻击,虽然杀死很多敌人,自己也有不少人阵亡。等到法那巴苏斯的佣兵包围雅典的部队,他们凭着数量的优势从四面八方一拥而上,这时瑟拉米尼斯带着自己的部队和奇里阿斯的步兵,正好在战场出现。虽然色拉西布卢斯的手下都已精疲力竭,几乎放弃获救的希望,等到强大的援军来到,他们立刻恢复高昂的士气。一场胜负难分的会战随之延续很长一段时间,首先是法那巴苏斯的佣兵开始退却,使得紧密相连的战线为之中断,只有伯罗奔尼撒人随着刻里克斯留在后面，像是面临惩罚带来的痛苦，最后还是遭到驱离。

现在伯罗奔尼撒的联军已经吃了败仗，瑟拉米尼斯的部队很快冲上去，帮助亚西比德麾下正在作战的部队。虽然双方的兵力集中在一点，明达鲁斯对于瑟拉米尼斯的攻击并不感到惊慌，就在伯罗奔尼撒的兵力分散以后，他开始带着一半的队伍前去迎击正在前进的敌军，这时另一半的队伍也在他的指挥之下，首先呼吁所有的士兵，现在要从事陆战不能羞辱斯巴达伟大的名声，接着组成一条战线用来对抗亚西比德的部队。他为保护船只打了一场充满英雄气概的会战，始终身先士卒位于战线前列，虽然杀死很多对手，最后还是阵亡在亚西比德的部队手中，总算求仁得仁能为祖国壮烈牺牲。

等到明达鲁斯被杀以后，原来伯罗奔尼撒人能与所有的盟邦精诚团结，现在受到恐惧的打击开始四散逃走。雅典的部队追击敌人相当距离，等到得知法那巴苏斯率领强大的骑兵队火速赶来，他们就退回船上，后来夺取整座城市①，就为这两次大捷建立两座战胜纪念牌坊，一座是为了发生在波利多鲁斯（Polydorus）岛附近的海战，另一座是为了陆上的会战，据说这是第一次他们打得敌人大败而逃。现在城市里的伯罗奔尼撒士兵和会战的幸存人员，全都逃进法那巴苏斯的营地。雅典的将领不仅掳获所有的船只，还要加上很多的俘虏和数量无法计算的战利品，因为他们同时击败两支拥有相当实力的大军，赢得最后的胜利②。

---

① 这座城市是指西兹库斯。

② 从水师提督给当局的信函，知道拉斯地蒙人对于这次失败感到绝望，色诺芬《希腊史》第1卷第1节，引用信上的原文："所有的船只已经离开，明达鲁斯作战阵亡，军民都在挨饿，我们不知如何是好。"

52 　胜利的信息传到雅典,人民在城市经历重大的灾难以后,现在获得未曾期望的运道,无不感到大喜欲狂,他们向神明供奉牺牲,举行庆祝的宴会。为了应付战争的需要,特别选出身强力壮的市民,共有一千名重装步兵和一百名骑士,还有三十艘三层桨座战船,用来增强亚西比德的实力,目的是控制海洋,对于参加拉斯地蒙阵营的城邦,大肆蹂躏和掠夺施以毫不宽恕的惩罚。在另一方面,拉斯地蒙当局得知他们在西兹库斯遭遇的灾祸,派遣使者前往雅典商议和平协议,首席代表是英狄斯(Endius)①。他在获得允许就在会议当中发表简洁的演说,带有极其强烈的拉柯尼亚风格,我决定对他的讲话不加删节,全文有如下述:

"雅典的人民,我们希望与你们和平相处,每一边都能保持现在拥有的城市,停止在其他地区派遣驻防军,相互赎回战俘,用一个拉柯尼亚人换一个雅典人。我们不会忘怀战争会给大家带来伤害,特别是你们的损失更加庞大,请无须在意我说话的坦诚而是让大家了解事实的真相。就我们的立场而言,需要耕种整个伯罗奔尼撒半岛,不像你们只是阿提卡很小的区域②。战争对于拉柯尼亚来说可以带来很多的盟邦,却能从雅典拿走很多盟友还给那些势不两立的敌人。这个世界最富有的国王③在为我们支付战争的费用,你们则是一群受到穷困打击的可怜角色。

"我们的部队看在慷慨支付报酬的分上,用高昂的士气投身沙场,这时你们的士兵却要从自己的口袋拿钱为打仗缴税,面对战场的艰辛和支付的

----

① 身为民选五长官之一的英狄斯,与亚西比德有世交情谊,在这次出使之前早已从事这方面的任务,参阅修昔底德《伯罗奔尼撒战争史》第5卷第44节和第8卷第6节。

② 迪西利亚在雅典的北方约20公里,拉斯地蒙人占领以后加强守备的力量,可以蹂躏阿提卡大部分区域。

③ 波斯国王提供经费让伯罗奔尼撒人维持一个舰队,要是敌对的双方结束战争,他出手就不会那样的慷慨。

昂贵就会退缩不前。其次,当双方从事海战的时候,我们冒险所要接受的损失,就整个国家资源来说,只不过是一些无用之物,然而你们站在甲板上面的水手都是自己的市民。要是谈到最重要的部分,即使我们在海上的行动吃了败仗,仍然无损于陆地霸主的威名,斯巴达的步兵从来不知逃命是何意义,然而你们要是被驱出海洋,这时你们的竞争不是为了获得陆地的霸权,陷入后退无门的困境完全为了生存而战。

"我仍旧要向大家说明,为何我们能在作战当中获得很大的好处,还要劝你们讲和。我无法肯定表示,斯巴达必然会在战争当中获得利益,只是我们遭受的痛苦一定少于雅典。当一个城邦拥有实力无须验证什么才是不幸的时候,只有傻子才会以分享敌人的不幸感到满足。须知敌人的灭亡并不会让人感到快乐,只能平衡一个民族由于自己的痛苦所引起的悲伤,并非只有这些理由,才让我们带着热忱之心愿意前来商议,而是大家要能牢记祖先遗留的习惯。只要想到很多可怕的痛苦因为相互的敌意随伴着战争而来,这时在所有的神明注视之下要清楚地表示,我们至少要就这些事情为人类负起责任。"

53 拉柯尼亚的来使做出诸如此类的陈述以后,在座那些重视理性的人士,从他们的感受可以得知倾心于和平,还有一些人正在酝酿要用战争解决问题,完全是私心作祟要为自己谋取利益,对于当前的谋和进行扰乱和抵制。后面这种情绪的支持者其中一位是克里奥奉(Cleophon),当时最有影响力的民意领袖。他起来发言完全站在自己的立场,就问题的性质进行详尽而周到的争辩,要用过去在军事方面的成就,鼓舞民众激起高昂的士气,像是命运女神不会随心所欲,在战争中将运道的好坏任意调节,一会儿是这一边而过一会儿是另一边,所以他们要掌握优势乘胜追击。

雅典当局愿意听取不智的建议,而后发现无法达成预期的效果倒是适得其反,难免产生悔恨之心,认为他们为奉承的言辞欺骗,犯下如此重大的错误,从此再也无法恢复过去的声威和权势。这些事件发生在后来的时日,要到相关的期间再加以详尽的叙述。我们这时正在讨论雅典目前的态势,他们因为当前的成就感到无上喜悦,加上亚西比德成为武装部队的首领,使得他们对未来满怀希望,认为很快可以赢回失去的霸业。

54 这一年的事件告个段落,戴奥克利(Diocles)在雅典取得最高职位①,奎因都斯·费比乌斯(Quintus Fabius)和盖尤斯·弗流斯(Gaius Furius)在罗马担任执政官(前409年)。迦太基的将领汉尼拔,将招募自伊比里亚(Iberia)的佣兵和利比亚征集的士兵,全部集中起来以后,配备六十艘战船和一千五百条运输船艇,将部队、攻城机具、投射装备和所有的阵营用具装载上去。等到舰队越过利比亚海,他在面对利比亚一个称为利列宾姆(Lilybaeum)的海岬,领军登陆进入西西里。就在此时有一些塞利努斯的骑兵部队停留在这个地区,看到声势浩大的舰队驶向陆地,他们火速通知市民同胞敌军来到的消息。塞利努斯当局立即派遣信差前往叙拉古,要求他们给予援助。汉尼拔安排部队下船开设一个营地,最初当地有一口名叫利列宾姆的水井,很多年以后才有一座城市建立在附近②因而得到这个名字。

大家都说汉尼拔的兵力是二十万名步卒和四千名骑兵,埃弗鲁斯有同样的记载,只有泰密乌斯(Timaeus)认为他的人马没有超过十万。他的船只拖上摩提伊(Motye)③附近一个海湾的陆地,他们之中每个人都想让叙

---

① 就是首席执政或称“名年执政”。
② 是在前396年。
③ 这里还有一个与海湾同名的岛屿,都位于利列宾北边不远之处。

拉古人产生一种印象，汉尼拔的来到并不是为了发起战争，他的水师沿着海岸航行也不是为了攻打叙拉古。等到获得伊吉斯提和其他的盟邦供应士兵，增强军队的实力以后，他拔营从利列宾姆取道向塞利努斯前进。当他来到马札鲁斯(Mazarus)河的时候，首先攻占设在该地的贸易站，一旦抵达城市的前面，就将军队区分为两部分，将塞利努斯包围得水泄不通以后，所有的攻城机具进入阵地，开始尽全速发起攻击。他建起六座体积格外庞大的木塔，还有同样数量的攻城撞车，使用铁质的槌头冲撞城墙。再者，他运用数量很多的弓弩手和投石手，击退城墙上面位于堞垛之间的战斗人员。

55 塞利努斯的士兵有很长的时间缺乏围攻作战的经验，何况当年迦太基人与格隆[①]发生战争的时候，他们是唯一参加迦太基阵营的希裔西西里人，从来没有存着这种念头，认为一个他们将它视为朋友的民族，竟然会让他们产生畏惧的感觉。等到他们看见战争的器具是如此的硕大无比，敌军的兵力是如此的庞大众多，危险的威胁是如此的迫在眼前，难免胆战心惊面露惶恐的神色。他们对于获救并非全然绝望，期盼叙拉古的部队和其他盟军会很快到达，全体民众现在要在城墙上面将敌军击退。所有适合兵役年龄的男子全都武装起来，即使牺牲也要奋斗到底，老年人忙着供应各类补给品，他们不断巡视城墙的防卫，恳求年轻人不要让城市为敌人攻占，妇人和少女将食物和武器送给家园的守护者，现在已经不再感到谦恭和羞涩，这在平时是极其珍视的事。到处弥漫惊惶的气氛，处于紧急情况之下，甚至要求妇女在作战方面给予援手。

汉尼拔答应士兵洗劫攻占的城市，将攻城机具向前推进，运用精良的

---

① 参阅本书第十一章第 21 节。

部队对于城墙像浪涛一样发起一波又一波的突击。所有的号角手集中吹响进攻的信号，一声令下迦太基的军队全体发出作战的呐喊，城墙在冲车的撞击之下不停地摇晃震动，战斗人员在木塔上面居高临下杀死很多塞利努斯的守军。他们已经享用很长期间的和平岁月，对于很多事务甚至他们的城墙都抱着漠不关心的态度，现在只要敌人的木塔在高度上面超过城墙，很容易让他们弃械降服。一旦城墙落在康帕尼亚的佣兵手里，建立的功劳使得他们满腔热血，不顾一切迅速进入城内。由于他们的人数很少，就对敌手产生恐惧之心，这时民众聚集起来帮助防守者，他们鲁莽地冲进来当然会遭到重大的损失，因为他们在城墙还没有完全清除敌方守备人员的情况下，被迫要打开一条血路，加上他们的攻击不了解困难的地形，陷入退守两难之中很容易被歼灭殆尽。到了夜幕低垂，迦太基的将领停止攻击行动。

56 塞利努斯当局选出最好的骑士，连夜将他们派遣出去，分别前往阿克拉加斯、杰拉和叙拉古，请求他们用最大速度赶来救援，目前他们的城市抵抗实力强大的敌军，不可能维持较长的时间。阿克拉加斯和杰拉的市民一心等待叙拉古援军的来到，他们希望所有的部队团结一致对抗迦太基人。叙拉古当局得知围攻的信息，首先停止与卡尔西斯之间的战争，还要花费时间从四乡集结部队和完成庞大的准备工作，认为城市即使不会在一次突击中陷落，也会迫于围困而开城投降。

汉尼拔等待黑夜过去，天明从四面八方发起攻击，部分城墙已经落在手里，还有部分在接近的位置出现裂隙，就用攻城机具扩大破坏的程度使之倒塌。然后他将城墙部分陷落的地区，全部清理干净以后，运用精锐的部队接替再兴攻击，逐渐迫使塞利努斯的部队在不利情况下交锋。不过，还是不可能运用蛮力征服反抗者，他们是为了自己的生存而战。双方都遭受惨重的损失，迦太基投入生力军保持不断的战斗，这时塞利努斯方面缺乏预备队给予应有的支持，受到围攻以无比顽强的抗拒持续九天之久，在整个攻防作战的过程当中，迦太基的士兵和对手都遭受许多可怕的伤害。正当伊比里亚的佣兵攀登而上导致城墙丧失的时候，妇女在屋顶上面发出凄厉的叫声，塞利努斯的部队认为城市将要被敌人夺取，全都陷入恐慌之中，只有离开城墙集结在狭巷的进口成为人数较小的队伍，竭尽全力让街道堵塞不通，想要长久迟滞敌人的行动。

汉尼拔加强攻击的压力，许多妇女和儿童都在屋顶上面避难，他们在上面向敌人抛掷石头和瓦片。迦太基的士兵有很长一段时间处于不利的局势，一方面是房屋的高墙围绕狭巷当中的守军，可以有恃无恐地接战，一方面是对方在屋顶上面，可以居高临下施加攻击，使得他们无法以对等的条件展开战斗。不过，一直奋战下去到了中午，战斗人员在房屋上面已经将投射武器消耗殆尽，迦太基的部队不再遭到惨重的损失，源源不绝的援军使战斗持续下去。最后，留在城内的部队数量逐渐减少，进入城中的敌人不断增加实力，塞利努斯的守军被逼得从小巷里面出来应战。

57 就在城市要被攻占的时候，当前的景象是希裔西西里人发出哀鸣和痛哭，蛮族全都兴高采烈混杂着呐喊的声音。前者所见是四周围绕着巨大的灾祸，眼中充满恐怖的感觉，后者因为胜利而极其快乐，催促他们的同伴加紧杀戮的工作。塞利努斯的士兵聚集在市民大会的会场，他们到达那里是为了进行最后的死战。这时蛮族已经散布到整个城市，抢掠房舍当中任何有价值的物品，这时发现居民有的纵火让他们的家庭和财物同归于尽，还有人在街道上面继续奋战不息。于是蛮族大开杀戒，无论男女老幼无一赦免，如同野兽丧失恻隐之心。他们摧残的对象甚至连死者都不放过，有的蛮族在身边带着一串手掌，有的将头颅用标枪或长矛插着高举起来①。

　　看到妇女带着子女在庙宇里面寻找庇护,被他们发现以后就交代同伴不要杀害,只有这些人的生命获得安全的保障。不过,这并非他们对不幸的民族起了同情之心,而且害怕这些妇女在绝望之余,烧毁庙宇与之同归于尽,这样就无法获得庞大的财富,因为在里面储存他们奉献的金银,这也是价值连城的战利品。蛮族的酷虐在某种程度上可以说是令人发指,有些人所以要在圣地寻找庇护,认为他们不会亵渎神明可以获得赦免,迦太基的部队的态度完全相反,他们对于敌人痛下毒手,为了讨好自己奉祀的神②,就将塞利努斯人的寺庙当成牺牲。到了夜晚来临全城已经洗劫一空,所有的房舍不是放火焚毁就是遭到破坏,整个地区尸骸遍布,到处都是流出的鲜血。大约有一万六千名居民被害,成为俘虏的人员超过五千,详细的数字已不可考。

58 希腊人侍奉在迦太基主子的身边如同他们是结盟的友军,他们看到塞利努斯的居民落入水深火热的处境,只能同情他们的命运何其乖戾。妇女不再享有过去的奢华生活,花费整夜的时间满足敌人的淫亵,忍受丧失人格的侮辱,有时被迫要看她那及笄年华的女儿受到兽性的蹂躏,残暴的蛮族对于自由人出身的青年和少女全无恻隐之心,受害者落入极其可怕的灾难之中。因此,留住性命的妇女经过仔细考虑,知道她们在利比亚就会命中注定要过奴役的生活,看到她们自己和子女处于没有合法权利的情况之下,被迫要服从她们的主人接受无礼和暴虐的待

　　① 本书第五章第 29 节提到高卢人的习俗,他们会把那些交战当中被杀的武士的头颅砍下来,保存起来当作英勇的纪念物。

　　② 迦太基人膜拜的神明是摩洛克(Moloch)或巴尔(Baal),就是埃及传入的克罗努斯(Cronus),一般使用活人献祭,他们会杀死自己的儿女当成牺牲。

遇,同时她们注意到这些主人使用难以理解的言语,表现出兽性的特质,只有哀伤子女的处境真是生不如死,无数的凌辱和侵犯使她们的灵魂接受锥心之痛,会因不幸的未来和凄惨的命运变成一群疯狂的奴隶。然而她们感到唯一值得安慰的地方,在于她们的丈夫和兄弟已经为国战死,不必目睹她们在这里苟且偷生。

塞利努斯的居民逃脱被俘的下场只有两千六百人,前往阿克拉加斯获得安全的保障,接受非常体贴的款待,阿克拉加斯当局分配粮食给难民,全部都是公费开支,同时在他们的家中为流亡的人士安排住宿,要求极其热情的市民供应来人各种生活必需品。

59 就在发生这些事件的时候,叙拉古派遣三千名训练精良的士兵,尽速赶到阿克拉加斯给予援助,得知塞利努斯已经陷落,他们派使者去见汉尼拔,要求释放俘虏愿意付出赎金,看在神明的分上不要让庙宇受到破坏。汉尼拔的答复是塞利努斯的市民证明他们没有能力保护自由的权利,所以现在要过奴隶的生活,而且神明已经离开塞利努斯,他们对居民带来背弃和伤害,双方不再有任何关系。不过,由于这些难民派出伊姆皮狄昂(Empedion)担任使者,汉尼拔就将他的财产发还给他,因为伊姆皮狄昂一直对迦太基抱有好感,在发起围攻作战之前,他就劝告市民不要与迦太基的大军兵戎相向。汉尼拔对他非常礼遇,他的亲戚成为俘虏都被释放,那些逃过一劫的塞利努斯民众,只要缴纳贡金给迦太基当局,允许他们居住在城市里面,或是在城外耕种田地。

这座城市从建立开始有人居住,直到现在为敌人占领,其间已经过了两百四十二年。汉尼拔在摧毁塞利努斯的城墙以后,率领全军离开前往希米拉,特别是他处心积虑要将这座城市夷为平地。须知希米拉使得他的父亲面临放逐的命运,更早是他的祖父哈米尔卡率军前来此地,格隆就在城墙前面将他击败以至于当场阵亡①,连同十五万士兵遭到歼灭,只有少数人成为俘虏。这也是汉尼拔心怀恨意要去报复的原因,他率领四万人马在离城不远的山丘上面扎下营寨,就在他的大军攻打城市的时候,还有两万士兵来自西西里的土著和西康尼人的部落,前来参加他的阵营。他设置的攻城机具使得城墙在很多地方发生震动和摇晃,这时他的部队运用强大的战力,就像潮水发动一波一波的攻击,使得防守的人员疲惫不堪,特别是他的士兵因为进展顺利,表现出兴高采烈的模样。汉尼拔派出很多人手在城墙的下方将泥土挖空,一边用木头顶住所负的重量,等到将这些支撑放火烧掉,很大一段城墙立即倒塌。

接着发生一场非常艰苦的战斗,一边要尽全力打开进入城内的通路,另一边在惊惧之余拼命抵抗,免得遭到与塞利努斯的居民同样的命运。因此,守军不惜任何牺牲坚持到底,全城的人民不分男女老幼,为了拯救祖国投身战斗,蛮族被迫只有后退,即将失守的城墙很快转危为安。已经从阿克拉加斯来到的叙拉古士兵,以及从其他盟邦派来的部队,都能给他们最大的援助,总数有四千多人都在叙拉古人戴奥克利的统一指挥之下。

60 正当这个重要关头,黑夜结束双方争取胜利的努力,迦太基的军队停止攻击鸣金收兵。第二天天亮以后,希米拉当局下定决心,不让自己像塞利努斯人那样,陷入受到围困和束手待缚的羞辱情况,他们将必要的守卫配置在城墙上面,然后集中其余的士兵以及到达的盟军,大约有一万多人列队出击。蛮族等到与这些未曾预料的敌人接战,无不感到惊慌失措,认为联盟的军队已经到达,对于陷入重围动弹不得的守军施以援手。特别是希米拉的士兵在战斗的胆识和肉搏的技巧方面占到

---

① 参阅本书第十一章第 21 节。

上风,同时他们唯一获得安全的希望在于会战的胜利,交锋开始就杀死当面的对手。人数众多的蛮族所以混乱不堪,在于从未预料被围的敌人竟敢采取果敢的行动,须知他们无论在各方面都能获得很大的优势,一旦八万人毫无秩序聚集在狭小的空间,结果是蛮族相互之间的碰撞,较之敌军的攻击带来更为严重的伤害。

这时希米拉的部队看到他们的父母、子女和亲戚,都在城墙上面观战,所有出击的战士为了拯救自己的家人,已经将个人的生死置之度外,他们的战斗是如此英勇,蛮族面对大胆的攻击和拼死的抵抗,感到极其惊惧只有转身逃走,混乱之中向着设营在小丘之上的部队飞奔,希米拉的部队在后紧追不放,相互大声呐喊不留一个活口,要是按照泰密乌斯的记载,他们杀死六千名敌人,埃弗鲁斯说是两万人都不止。汉尼拔看到这些人已经疲累到不堪再战,率领扎营在山上的部队冲杀下来,增援遭受猛攻的士兵发起反击,穷追不放的敌手挡不住生力军乱成一团。这场激战使得希米拉的主力落入溃败的下场,三千名对抗迦太基大军的士兵,虽然作战极其英勇,最后还是被杀得片甲不留。

61 二十五艘希裔西西里人的三层桨座战船抵达希米拉,这时会战已经接近尾声,原来他们奉派前去帮助拉斯地蒙的作战行动①,听到出了问题才从伯罗奔尼撒的战场赶回来。当前有一个消息传遍城市,说是大群叙拉古士兵连同他们的盟友,正在进军前去援救希米拉的时候,汉尼拔准备将精选的部队用摩提伊人的三层桨座战船装载,航向叙拉古趁着城市的防务空虚,一举加以攻占。因此在希米拉指挥所有部队的戴奥克利,规劝水师提督率领舰队尽速返回叙拉古,他们不愿有这种情况发生,就

---

① 参阅本章第 34、40 和 63 节。

是训练精良的部队在国外作战的时候，自己的城市却被敌人夺取。

他们决定最好的方案是放弃希米拉，可以将半数的人员装在三层桨座战船上面（可以运送他们越过希米拉的外围），留下的一半人员继续保持守备直到船只返回。虽然希米拉的民众对这种结局感到不满而且极其愤怒，却没有其他的办法可以采用，所有的三层桨座战船在夜间快速地装载，拥挤的群众包括妇女儿童和其他的居民，尽速航向美西纳下载。戴奥克利带着他的部队开拔返回家园①，将作战当中阵亡者的尸体留了下来。很多希米拉人带着妻子儿女随着戴奥克利一起跋涉，因为三层桨座战船不可能运送全体人民。

62 留在希米拉用来殿后的人员，全副披挂整夜都在城墙上面警戒，迦太基的大军在白昼来临以后，将城市围得水泄不通发起持续的攻击，希米拉的守军不顾自己的性命在奋勇作战，期待回航船只的到达。因此，那一天还能确保城市没有陷入敌手，等到次日这些三层桨座战船进入视线，城墙在攻城机具的重击之下开始倒塌，成群的伊比里亚佣兵冲进城内。有些蛮族要阻止前来救援的希米拉人，还有一些蛮族控制城墙好让自己的战友进入。现在城市在猛攻之下被蛮族夺取，很长一段时间他们见人就杀，没有丝毫恻隐之心。

汉尼拔下令要保留俘虏的性命，虽然杀戮很快停止，住宅的财富成为抢劫的目标，等到所有的庙宇洗劫一空，逃到里面寻找庇护的求饶者，被他们用绳索绑起来赶走以后，开始纵火陷入烈焰之中，全城最后还是被夷为平地，建立迄今已有两百四十年之久。他将俘虏的妇女和儿童分配给全军的人员，全部置于卫兵的看管之下，至于被俘的成年男子大约有三千人，押

---

① 指的是叙拉古。

到他的祖父哈米尔卡遭格隆杀死①的地方,受到酷刑再加以处决,没有留下一个活口。

接着汉尼拔解散这支军队,西西里的盟军都回到他们的城邦,特别是康帕尼亚人一并受到打发,他们自认为迦太基的胜利出力最多,获得的报酬却不足以表彰他们的功绩,因而一直在旁不停地抱怨。汉尼拔将军队装载在战船和运输船只上面,为了应付盟邦的需要留下足够的兵力,然后开航离开西西里。当他带着大量战利品抵达迦太基的时候,全城的人民出去迎接,向他表示敬意和公开的赞扬,说是以往没有任何将领,能够像他一样在这么短的期间之内,完成艰苦而又伟大的任务。

63 叙拉古的赫摩克拉底领军返回西西里,这个人在对抗雅典远征军的战争中出任将领,为国家立下很大的功勋,在叙拉古的市民当中拥有难以比拟的影响力,后来他出任水师提督指挥三十五艘三层桨座战船,奉派前去支援拉斯地蒙②对外的征战。趁着他不在国内的时机,受到政敌的指控判决放逐的惩处,就在伯罗奔尼撒③将舰队交给接替任务的人选。他与波斯省长法那巴苏斯建立友谊,是这次战役获得的成果,在他到达美西纳以后接受大量金钱的赠予,用来建造五艘三层桨座战船,以及雇佣一千名士兵。等到他的部队增加一千多位被驱离家园的希米拉士兵,就在朋友的帮助之下,尽力要使自己的返回叙拉古变得更为有利。等到这方面的打算无法达成,他率领部队经过岛屿的内陆,夺取塞利努斯以后,围绕城市部分区域建立一道城墙,从附近各地召回留得性命的塞利努斯市民④。

---

① 参阅本书第十一章第 22 节。
② 参阅本章第 34 节。
③ 色诺芬《希腊史》第 1 卷第 1 节,提到新派来的指挥官,在米勒都斯接收叙拉古人的船只和部队。
④ 赫摩克拉底完全靠着自己的实力,对于据有部分西西里的迦太基人发起战争。

赫摩克立底在此地还接受很多其他区域的人员,编成一支拥有六千名精选战士的部队。塞利努斯成为基地以后,就拿摩提伊①的居民开刀,开始纵兵蹂躏他们的疆域,等到对方派兵出城应战,将他们击败斩获甚多,溃退的敌人逃进城中避难。随后他劫掠潘诺穆斯(Panormus)②的周边地区,获得大量战利品,这时居民在城市的前面列阵出击,他杀死对方五百多人,还将余众围困在城墙里面。他运用同样的方式使得所有落在迦太基手里的地区都受到他的侵略,赢得希裔西西里人的颂扬和赞美。大多数叙拉古的民众这时才知道,他们将赫摩克拉底施以放逐的处分,反而让他凭着英勇的行为建立不世的功勋,都为对待他的方式感到懊恼不已。因此,人民大会经过很多次的讨论,很想让他从放逐当中获得赦免可以归国,赫摩克拉底听到有关自己的说法在叙拉古广为流传,就对这种情况拟定很审慎的计划,同时知道他的政敌会尽全力加以反对。

以上是在西西里发生的事件。

64 这时希腊发生的情况,雅典当局派遣色拉西布卢斯③率领三十艘船只,以及一支实力强大的重装步兵部队,还有一百名骑兵,向着以弗所(Ephesus)开航。他在两个地方卸下部队以后,就对当面的城市发起攻击。居民出城列阵引起一场激烈的会战。以弗所的民众全部投入战斗,四百名雅典人被杀,色拉西布卢斯只有让剩余人员上船,扬帆前往列士波斯岛。这时在西兹库斯邻近地区的几位雅典将领,全都航向卡尔西顿(Chalcedon)④,构建一个名叫克里索波里斯(Chrysopolis)的要塞,留

---

① 参阅本章第 54 节。

② 就是现在的巴勒摩。

③ 按照色诺芬《希腊史》第 1 卷第 2 节,本节提到的色拉西布卢斯(Thrasybulus)都是色拉西卢斯(Thrasyllus)之误,这里的叙述要接着第 53 节。

④ 这座城市位于海伦斯坡海峡,正好与拜占庭遥遥相对。

下一支拥有相当实力的部队，驻守的官员奉到命令，对于从潘达斯（Pontus）驶出的船只征收什一税①。等到办妥这件事以后，他们根据所负的任务区分水师的兵力，瑟拉米尼斯指挥五十艘船留在后面，要对卡尔西顿和拜占庭发起围攻，色拉西布卢斯派往色雷斯，要让那个地区的城市全部投向雅典的阵营。

亚西比德将率领的船只，分出三十艘交给色拉西布卢斯指挥②以后，接着航向法那巴苏斯统治的行省，等到他们共同蹂躏范围广大的地区，不仅满足士兵抢劫的意图，同时从丰富的战利品得到大批钱财。雅典人民为了从事战争所以强制征收财产税，他们希望能够停止以解除民怨。这时拉斯地蒙当局得知雅典的战力和军备全部投入海伦斯坡的周边地区，他们着手夺取皮洛斯（Pylos）③行动，梅西尼人在该地进扎一支驻防军。拉斯地蒙人在附近的海面有十一艘船只，五艘来自西西里，其余六艘配置本城的市民，还在陆上集结一支具备相当战力的军队，他们在对这座防卫森严的堡垒发起攻击以后，就从陆上和海面进行肆意的破坏④。

雅典人民得知皮洛斯发生的情况，立即任命安塞米昂（Anthemion）之子安尼都斯（Anytus）⑤，率领三十艘船前去解救受到围攻的盟军。安尼都

---

① 希腊和罗马时代的货物税都是值百抽一，这里所提的什一税是值百抽十，实在是太高了；如果是特殊情况当然不在此限，等于在那里设卡收厘金。

② 色诺芬《希腊史》第1卷第2节及后续各节，提到亚西比德的部队在开始的时候，不愿与色拉西卢斯的部队会合在一起，因为后者刚好在以弗所被敌人击败，后来才同意两支军队同心协力进行掠夺的工作。或许亚西比德将色拉西卢斯派出去打前站，所以两位将领分开指挥一段时间。

③ 皮洛斯位于伯罗奔尼撒半岛的西端，原是梅西尼人的领地，前425年雅典派一支舰队前往西西里，途中遇风进皮洛斯附近的港湾，就在那里建立一个要塞，引起斯巴达当局不满，发生皮洛斯的攻防作战。

④ 原文经订正以后，这段文字改为"从陆上和海面给梅西尼人带来很大的压力"。

⑤ 后来安尼都斯成为出面指控苏格拉底的原告之一。

斯接受任务发航出海，由于遭到暴风雨的吹袭，没有办法绕过马利亚（Malea）角①回雅典。民众对他的退避极其愤怒，指控他有叛国的罪行关进监牢。安尼都斯面临极其危险的下场，运用金钱的力量救出自己的性命，据称他是第一位贿赂陪审团的雅典市民。梅西尼的守军在皮洛斯继续抵抗有相当时日，望眼欲穿等待来自雅典的救援，由于敌军保持不断的攻击，给他们带来很大的伤亡，加上粮食欠缺落到悲惨的处境，只有签署休战协议放弃这座要塞。因此拉斯地蒙人成为皮洛斯的领主，自从笛摩昔尼斯加强它的防卫力量以来，雅典拥有这个要塞已有十五年之久②。

65 就在发生上述事件的时候，麦加拉人（Megarians）占领原来由雅典人控制的奈西亚（Nisaea），雅典当局指派李奥特罗斐德（Leotrophides）和泰玛克斯（Timarchus），率领一千名步卒和四百名骑兵前去收复失地。麦加拉的大军倾巢而出，还加上来自西西里的若干部队，就在靠近称为"西拉塔"（Cerata）③丘，双方列出会战的阵线。英勇善战的雅典士兵击溃优势的敌军，很多麦加拉人被杀而阵亡的拉斯地蒙人只有二十名④于雅典在夺回奈西亚以后，将怒气发泄在麦加拉的居民身上，并没有追击败退的拉斯地蒙人。

拉斯地蒙的市民大会选出克拉提西庇达斯（Cratesippidas）担任水师提督，整备由当局提供的二十五艘船只，装载盟军派遣的部队，奉命前去帮助

①　马利亚角是伯罗奔尼撒半岛最南端的海岬，这个海岬与赛舍拉（Cythera）岛之间的海道，风涛险恶，来往船舶沉没者不知凡几。

②　参阅本书第十二章第63节。

③　这两个名叫Cerata的小丘意为"双角"，位于阿提卡和麦加拉的边界上面，正好遥对海中的萨拉密斯岛，参阅斯特拉波《地理学》第9卷第1节。

④　原文经过订正以后，这里或下面的"拉斯地蒙人"应该是"希裔西西里人"之误，因为前面提到"来自西西里的若干部队"。

有需要的盟邦。克拉提西庇达斯在海上航行，花费相当时日来到爱奥尼亚（Ionia）附近，没有完成任何值得一提的事项。后来接受开俄斯流亡人士奉献的金钱，他同意协助他们收复失去的家园，占领开俄斯的卫城。等到这些遭到放逐的开俄斯人返国以后，他们将原来放逐他们的政敌全部赶出国境，人数将近六百人。这些人在对面的大陆据有一个名叫阿塔纽斯（Atarneus）的地方，虽然整个区域的地形是极其崎岖。他们就拿此处作为基地，不断对拥有开俄斯的敌手发起战争。

66 就在这些事件发生的时候，亚西比德和色拉西布卢斯①兰普萨库斯（Lampsacus）的城防工事，留下一支实力强大的驻防军以后，率领部队前去会合瑟拉米尼斯，后者现在率领七十艘船和五千名士兵，入侵卡尔西顿正在劫掠城市的周边地区。等到所有的兵力集中在一个位置，他们从两个海面之间②着城市构建一道木质的防栏。希波克拉底（Hippocrates）奉拉斯地蒙当局的命令，成为负起防守城市之责的指挥官，通常拉柯尼亚人会将这个职位称为督军（harmost）③，对抗敌军的兵力是他的部队和所有卡尔西顿的市民。接着发起一场激战，由于亚西比德的部队极其骁勇，不仅希波克拉底阵亡还有很多士兵被杀，损失惨重之余只能靠着坚固的城池获得保护。

接着亚西比德扬帆向着海伦斯坡前进，接着抵达克森尼苏斯，他的企图是搜刮金钱。瑟拉米尼斯与卡尔西顿当局签署一份协议，使得雅典比起从前能够获得更多的贡金。然后他率领部队前往拜占庭，将整座城市围得

① 应该改为色拉西卢斯才对。
② 这里所谓"两个海面之间"是指从博斯普鲁斯海峡到普罗潘蒂斯海。
③ 斯巴达当局对于进扎驻防军的城市或友邦，派出的最高长官拥有军事和作战的权力，称为 harmost，即"督军"。

水泄不通,非常高兴能够切断所有对外的联络。亚西比德在征收财物以后,说服很多色雷斯的佣兵加入他的军队,同时还将大量克森尼苏斯的居民带在身边,他由于叛徒的内应首次占领塞利布里亚(Selybria)①在该城搜刮更多的金钱,留下一支驻防军,然后尽速赶赴拜占庭与瑟拉米尼斯会合。

等到所有的兵力集中起来,指挥官着手围攻作战的准备工作,由于他们要征服的城市极其富裕,里面到处都是防守的部队,还不算人数众多的拜占庭市民。拉斯地蒙当局派来的督军刻里克斯(Clearchus)就在这座城市,率领很多伯罗奔尼撒的士兵和佣兵部队。因此,他们虽然在一段期间之内发起很多次的攻击,即使继续下去还是对防守者不能造成很大的损害。等到这位总督为了获得金钱,离开城市前去拜访法那巴苏斯,有些拜占庭人痛恨他的诸般举措过于严苛(因为刻里克斯为人极其刻薄酷虐)②意将城市交到亚西比德和他的同僚手中。

67 雅典的将领像是让人产生一种印象,打算撤围而去转用兵力到爱奥尼亚,所有的船只在正午扬帆出海,陆上部队退到相当距离以外。等到夜晚来临,他们转头回航,大约在午夜时分已经接近城市,派遣几艘三层桨座战船,奉令要去拖走对方的小船,发出很大的喧嚣声音,像是整个兵力都集中这个地方,这时他们载运陆上部队直抵城墙的前面,等候那些要将城市交给他们的内应,双方事先安排的信号。战船的水手执行他们奉到的命令,就用船头的撞角将一些小船撞得粉碎,试图用战船上

---

① 或许是濒临普罗潘蒂斯海的塞莱布里亚(Selymbria),现在的名字叫作西利夫里(Silivri)。

② 刻里克斯后来率领希腊的佣兵部队,帮助小居鲁士打天下,战败受到伪誓的欺骗成为俘虏,这群将领除了门侬全部遇害,事后波斯国王阿塔泽尔西兹为做错事感到悲伤,深受神明喜爱的刻里克斯竟然被他当作人犯处死。

面的铁爪将一些船只拖走,这样一来发出很大的声响①,市里面伯罗奔尼撒的守军,以及所有不知道这项诡计的人员,全都赶到港口去加以援手。

因此,出卖城市的叛徒从城墙上面发出信号,运用云梯非常安全接应亚西比德的部队入城,这时大批士兵全部部署在港口应变。等到伯罗奔尼撒的守军得知不意的情况,开始他们将部队的一半留在原地,其余人员火速赶回去,攻击被敌人占领的城墙。实际上整个雅典军队都已经进入城市,即使处于极其恶劣的情况,伯罗奔尼撒的守军还是一点都不惊慌,他们英勇抵抗寸步不让,要与获得拜占庭当局帮助的雅典军队,进行很长时间的接战。要不是亚西比德掌握机会,大声宣布他们绝不会亏待拜占庭的市民,到最后雅典的军队还是无法用战斗的方式征服这座城市。完全是讲了这些话,市民愿意变换阵营,转过头去攻击伯罗奔尼撒的守军。其中大部分在奋勇的战斗中被杀,大约有五百名幸存者逃到庙宇的祭坛要求庇护。雅典的军队将城市归还拜占庭的市民,首先要与他们建立联盟关系,然后与在祭坛的恳求者谈好条件:他们将兵器交出来,再将他们带回雅典,未来的命运交由市民大会做出决定。

68 这一年的岁末,雅典将执政的职位授予优克提蒙(Euctemon),罗马的马可斯·帕皮流斯(Marcus Papirius)和斯普流斯·瑙久斯(Spurius Nautius)当选执政官,举行第九十三届奥林匹亚运动会,塞伦(Cyrene)的优巴都斯(Eubatus)获得赛跑的优胜(前408年)。有关这个时期的雅典将领,现在他们拥有拜占庭以后,所有海伦斯坡地区的城市,除了阿布杜斯②迎风而降。他们留下狄奥多罗斯和曼蒂修斯(Mantitheus),率

---

① 色诺芬《希腊史》第1卷第3节,并没有提到在港口发生的行动。
② 因为阿布杜斯是拉斯地蒙人的基地。

领一支具备相当实力的部队负责地区的防务,然后带着所有的船只和掠夺的财物回航雅典,已经为祖国建立举世闻名的功勋。等到他们快要接近城市,市民为他们的成就感到欣喜万分,全都出城前来迎接,无论是妇女和儿童还有大量的侨民,群众把派里犹斯挤得寸步难行。

将领的班师呈现出强大的阵容,他们带来两百艘以上掳获的船只,人数众多的被俘士兵以及种类繁杂的大批战利品。他们自己的三层桨座战船上面,用镀金的兵器和美丽的花环饰点得色彩缤纷,加上精心陈设的掠夺物和奉献神明的祭品。所有的市民挤在港口要瞻仰亚西比德的风采,全城为之一空,就连奴隶都要与自由人较量一下谁有这种好运。这个人的过去不必再提,现在已经成为众所赞誉的对象,那些身负领导重责的政坛人士,经过很长一段时间,总算找到一位强人,有能力公开而又大胆反对人民的决定。就是穷人也都认为他是最好的支持者,为了解救他们脱离困苦的情况,即使让城市陷入混乱之中都在所不惜。

亚西比德不仅是英勇的战士也是口若悬河的政客,极其高明的将道和无往不利的胆识,能达成每战必胜的要求,他的仪表堂堂和相貌出众是公认的美男子①,无与伦比的精力和勇气,积极进取要能完成伟大的事业。总之,事实如此,所有人对他的情况都怀有某种臆测,认为他能解除放逐的困境,还能获得无上的成就,这是他个人的洪运齐天也是城邦的否极泰来。再者,正好是在拉斯地蒙的民众享受成果的时刻,他却能献身雅典的阵营与他们共同奋斗,所以大家的期望是只要得到这个人作为盟友,就会转危为安无往不利。

---

① 提到亚西比德的英俊潇洒,欧里庇德斯有诗为证:其人如玉树临风,年华则秋茂春荣。虽然亚西比德具备极其优越的条件,他那天生英勇和欢乐的气质,使人感到更为心折。

69 正当舰队接近陆地的时候,群众的眼光转向亚西比德的座舰,
他在下船之际大家趋前表示欢迎,恭贺他的伟大成就和能从
放逐中返回国门。他用非常客气的态度向大家问候,接着受到邀请参加市
民大会,借机为自己的行为提出冗长的辩护,竟然使得大众都要对他表示
善意,全体同意城邦应该受到谴责,因为它颁布迫害亚西比德的敕令。因
此他们不仅归还已经遭到籍没的财产,就是过去法院对他的判决,以及市
民大会通过对他的制裁行动,全都刻在一块石碑上面示众,现在都被大家
抛进大海。他们投票通过提案,优摩帕斯家族(Eumolpidae)①袭祭司必须
撤回对他的诅咒,那时大家相信他犯下亵渎神秘祭典的罪行,所以受到公
开给予羞辱的处分。最后他们指派他出任在陆地或海洋都拥有最高权力
的将领,并且将所有的武装部队交到他的手里,全都听从他的指挥。他们
都会如他所愿选出他中意的将领,诸如埃迪曼都斯(Adeimantus)和色拉西
布卢斯就是最好的例子。

亚西比德整备一百艘船只,出海驶往安德罗斯(Andros)岛,为了占领
坚固的要塞高里姆(Gaurium),构建一道木墙用来加强攻势的力量。安德
罗斯的市民和守备城市的伯罗奔尼撒士兵,全部出城列出接敌的阵势,发
起一场会战使得雅典人成为胜利者,城市有很多居民被杀,有些人逃走以
后散布在四周的乡间,剩下的人员退入城中依靠坚固的城墙获得庇护。亚
西比德在攻占城市以后,留下一支具有实力的驻防军,指派色拉西布卢斯
担任指挥官。他自己率领军队前去攻打考斯岛和罗得岛,搜刮大量战利品
用来犒赏他的士兵。

---

① 这个神圣的家族负责主持神秘祭典。

70 拉斯地蒙当局已经丧失整个海上兵力,就连水师提督明达鲁斯都在作战中阵亡,为了不让颓丧的士气低落到无法恢复的地步,他们选出赖山德(Lysander)担任水师提督,相信这个人具备身为将领的技巧和能力,较之任何人更能适合此一职位,拥有的胆识足以应付各种情况。赖山德立即发挥领导的才华,从伯罗奔尼撒征召相当数量的士兵,尽其所能整备很多船只。航向罗得岛让当地几个城市投入他的阵营,使得整体的战力有显著的提升,接着再向以弗所和米勒都斯前进。他在这些城市将三层桨座战船整备完毕,召集开俄斯供应和以弗所制造的船只,整个舰队的兵力大约有七十艘战船。

听到波斯国王大流士派遣他的儿子居鲁士①来援助大举出击的拉斯地蒙军队,他赶到萨迪斯(Sardis)与居鲁士相见,煽动这位年轻人②战争的热情,当场接受一万达里克金币③当成薪饷用来支付给他的士兵。居鲁士说他从父王那里奉到的命令,就是将粮食、武器和金钱供应拉斯地蒙的军队,毫无保留满足赖山德的作战需求。赖山德返回以弗所,召来当地所有城市最具影响力的人士,经过安排组成一个紧密的团体,给予的承诺是他的事业只要获得成功,会将城市的大权交给这个团体的成员,全都置于他们的控制之下。他提出的理由获得大家的认同,彼此之间相互竞争谁的出力最大,供应的支持远超过他的需要,赖山德很快获得用于战争所要的装备,这种方式实在令人感到惊奇不已。

---

① 色诺芬《远征记》提到小居鲁士是在后来才想要夺取波斯的王位。当初波斯国王一心想煽动希腊的内战,相互争执的任何一方没有波斯的援助,不可能整备一支舰队。所以小居鲁士以统帅的身份派到小亚细亚,带有大笔资金奉命支持拉斯地蒙的作战行动。万王之王的决定为雅典帝国敲响丧钟。

② 居鲁士那时的年龄是17岁。

③ 一枚波斯金币含有125格令纯金,相当于1镑或5美元。

71 亚西比德得知赖山德正在以弗所整备舰队，他率领所有的船只向该地发航。他抵达港口没有敌军出来迎战，就将大部分船只在诺提姆（Notium）①下锚停泊，将指挥权交给他所信任的领航员安蒂阿克斯（Antiochus），特别吩咐在他离开这段期间，不能接受对方的挑战，因为这时他要带着装载部队的船只，尽速赶赴克拉卓美尼（Clazonenae），这个与雅典结盟的城邦，受到放逐的流亡人士给予不意的袭击。安蒂阿克斯的个性冲动，一直想要独自完成光辉夺目的功勋，对于亚西比德的命令抱着不以为然的态度，就让十艘情况最佳的船只完成备便，命令船长要随时保持相互的联系，以免他们在需要接受会战之际措手不及，这时他才起航朝着敌军前进，为了要向对手挑衅可以发起会战。

赖山德从逃兵口里得知信息，亚西比德带着训练精良的士兵离开，提供斯巴达的舰队一个出击歼敌的大好机会，于是他率领所有的船只出海，遭遇对方十艘船的最前面一艘，安蒂阿克斯就在上面领导攻击。等到赖山德把它撞沉，还将其余船只打得大败而逃，他紧追不放直到雅典的船长带着所有的船只前来救援，由于没有奉到会战的命令，所以无法完成部署列出阵势。接着是两个完整的舰队之间引起海战，现场距离陆地不远，雅典的水师因为混乱导致失败，损失二十二艘船只，只有少数成为俘虏，大多数都能泅水安全抵达岸边。亚西比德收到发生事故的信息，急忙率领所有三层桨座战船回航诺提姆，抵达为敌军占领的港口，由于赖山德不敢出来接战，他只有扬帆前往萨摩斯岛。

72 就在这些事件发生的时候，雅典将领色拉西布卢斯带着十五艘船航向萨索斯（Thasos），接战当中打败出城迎击的部队，杀

---

① 濒临一个巨大海湾的北岸，位置在以弗所的前面。

死对方大约二百余人。然后将他们封锁在受到围攻的城市,强迫他们召回放逐在外的流亡人士,因为这些人受到雅典当局的礼遇和重视,还要让一支驻防军进驻,能与雅典建立联盟关系。接着他航向色雷斯的阿布德拉(Abdera)[1],让这座最具实力的城市加入雅典领导的阵营。

前面所述是雅典的将领出征以来所完成的重大建树。拉斯地蒙国王埃杰斯这时还留在迪西利亚[2],一旦知道雅典训练最为精良的部队,跟随亚西比德从事远征行动,就在一个漆黑无月的夜晚,率领全军来到雅典。他的手下有二万八千名步卒,其中一半是精选的重装步兵,另外一半是轻装部队,此外还配属一千两百名骑兵,其中皮奥夏人供应九百名,剩余三百名由伯罗奔尼撒的城邦指派。他快要接近城市之际,就在哨所的士兵没有发觉以前,很容易用突击的方式加以解决,少数守军被杀,追赶其他人员直到城墙。雅典当局得知当前发生的情况,立即下令要所有年纪较大的市民,以及身强力壮的少年,全副武装在指定的位置集结。大家对于当局的召唤有迅速的反应,整个一周的城墙都配置守备的人员,他们急着赶来应付迫近的危险。

雅典的将领在黎明之际,观测当面敌军阵线的部署,四列的纵深和八个斯塔德的长度,大约有三分之二的城墙为来犯之敌所包围,看入眼中真是令人胆战心惊。不过,即使面对这种情况,他们还是派出与对手数量不相上下的骑兵部队,两支队伍在城市的前面发起战斗,激烈的交锋延续一段时间。由于步兵的战线离开城墙大约有五斯塔德的距离,双方骑兵的接战非常靠近城墙。皮奥夏人不久之前凭着本身的实力,已在迪利姆

---

① 阿布德拉是希腊最伟大的自然哲学家德谟克利特的出生地。

② 迪西利亚是阿提卡形势极其险要的城堡,拉斯地蒙当局在亚西比德的劝说之下,占领以后永远据有不肯放手,参阅本章第9节。

（Delium）击败雅典的军队①，要是现在证明他们的本领不如受到征服的对手，认为是一件令人无法忍受的羞辱。同时在城墙上面观战的人士，都知道这些雅典骑士的姓名和家世，他们必须表现英勇的行为，无论忍受多大的牺牲也要争取胜利。最后他们终于击败皮奥夏的骑兵部队，不仅斩获甚丰还能追赶剩余的敌人直到步兵的战线。这时敌军的重装步兵向前发起攻击，雅典的守军安然退进城内。

73 埃杰斯当时决定不再围攻城市，就在学院（Academy）②附近扎下营寨，到了第二天，雅典人设立一座战胜纪念牌坊。国王指挥军队排出会战队形，向城中的部队搦战，要为这座纪念牌坊带来的荣誉决一胜负。雅典当局派出所有的部队，全部配置在城墙上面，开始是拉斯地蒙人进军前来攻打，守军居高临下发射大量箭矢，迫得对手只有离开城市。他的部队在阿提卡大肆劫掠以后，撤退回到伯罗奔尼撒地区。

亚西比德率领所有的船只从萨摩斯航向赛麦（Cyme）③，运用诬告的伎俩和不实的指控，作为他意欲抢劫整个地区的借口。开始的时候他捕获很多俘虏，要将这些人赶上船只。城市派出大批人员出来拦阻，就与亚西比德的部队发生冲突，赛麦的市民抵抗对方的攻击有一段时间，后来从城市和乡间来到很多增援的人手，逼得他们只有放弃俘虏，逃到船上获得安全的庇护。亚西比德吃了败仗感到恼羞成怒，就从米蒂勒尼召来重装步兵，在城市的前面列出阵势向赛麦的守军挑战，要他们出来决一高下。城市的民众对他的行动置之不理，他只有将整个地区洗劫一空，然后回航米蒂

① 参阅本书第十二章第 70 节。
② 这是一处种满橄榄树的丛林，柏拉图在此地建立他的学院，位置在迪庇隆门（Dipylon Gate）的西北 6 斯塔德。
③ 这是利底亚的赛麦。

勒尼。

　　赛麦的市民派遣一位使者前往雅典,控诉亚西比德对于没有犯错的盟邦,竟然进行大规模的侵略和掠夺的行动。还有其他人对他提出检举和告发,像是一些萨摩斯的士兵对他极其痛恨,乘船来到雅典在市民大会指控亚西比德,说他对拉斯地蒙当局提出的主张倾心不已,同时还与法那巴苏斯建立深厚的友谊,因而他希望能够尽快结束战争,使得自己在同胞当中成为掌握大权的领主。

74 民众很快开始相信控告的罪行,不仅是海上会战的失利和进犯赛麦的不当,使得亚西比德的名誉受到损害,同时雅典的市民大会对他的胆大妄为起了猜忌之心,因而选出十员将领诸如科农、黎昔阿斯(Lysias)、戴奥米敦(Diomedon)和伯里克利(Pericles)以及后来增加的伊拉西奈德(Erasinides)、亚里斯托克拉底(Aristocrates)、阿奇斯特拉都斯(Archestratus)、普罗托玛克斯(Protomachus)、色拉西布卢斯①和亚里斯托吉尼斯(Aristogenes)。在这些人当中他们首先派出科农,要他接管亚西比德的舰队。亚西比德将指挥的权力和统率的部队交给科农以后,不再抱有返回雅典的想法,乘坐一艘三层桨座战船退到色雷斯的佩克提(Pactye)②,可以远离群众的愤怒,同时他害怕会受到起诉陷身讼案。

　　很多人对他提出无数书面的指控,可见他遭人痛恨已到势不两立的程度,其中最重要一件官司与马匹有关,涉及的金额达八泰伦之巨。他有一位名叫戴奥米德(Diomedes)的朋友,派出四匹马的赛车参加奥林匹亚运动

---

① 应该是色拉西卢斯。
② 亚西比德在该地获得几个城堡,用来对抗像这样的分遣舰队。

会,委托他代为照顾①,亚西比德在列入赛程以后,就像当时通常的做法,将这些马匹登记在自己的名下,等到赛车获得胜利,亚西比德享受带荣誉的成果,还不愿将马匹和车辆归还对他信任有加的人。他认为这些讼案已经危及自己的安全,生怕雅典当局抓住合适的机会,就他犯下的罪行给予严厉的惩罚。因此,他主动对自己施以放逐的处分②。

75 在这一次的奥林匹亚运动会③当中,两匹马的赛车④列入竞赛的项目。拉斯地蒙国王普莱斯托纳克斯(Pleistonax)在位五十年崩殂,鲍萨尼阿斯(Pausanias)接替遗留的宝座,统治的时间是十四年。罗得岛的居民抛弃伊利苏斯(Ielysus)、林杜斯(Lindus)和卡麦鲁斯(Cameirus)这几座城市,然后迁居到一个地方,就将新建的城市称为罗得(Rhodes)。

叙拉古的赫摩克拉底率领士兵从塞利努斯开拔⑤,抵达希米拉就在城市的郊区设置营地,此处已经成为废墟。他发现叙拉古的士兵曾经在这里抵挡敌人的攻击,于是收集阵亡人员的骨骸⑥,装载在经过修饰的大车上面运回叙拉古。赫摩克拉底自己在叙拉古地区的边界停了下来,因为法律禁止放逐者带着骨骸踏入家园一步,于是他派出部队带着大车向叙拉古前进。赫摩克拉底这样做是为了对付戴奥克利,因为这个人反对他回国,同

---

① 参阅伊索克拉底《论赛车的马》(*On the Team of Horses*)一文(洛布文库伊索克拉底全集第 3 卷)。

② 普鲁塔克提到他在色雷斯的俾桑第(Bisanthe)附近修建城堡,作为退休以后安全的住所。等到以后拉斯地蒙成为陆地和海洋的主宰,他在畏惧之余只有退到俾西尼亚。

③ 这是前 408 年第九十三届奥林匹亚运动会。

④ 直到这个时代,赛车用的马都是四匹为一组,参阅鲍萨尼阿斯《希腊风土志》第 5 卷第 8 节。

⑤ 这里是接着 63 节的末尾开始叙述。

⑥ 参阅本章第 61 节。

时认为他对于埋葬死者一事,由于思考不周会做出错误的判断,就会与群众发生争执,鉴于他对于死者怀抱仁慈之心,就会像过去一样赢得大家善意的响应。正当遗骸进城之际,群众之间产生水火不容的争执,戴奥克利极力反对,大多数人表示赞同。最后叙拉古当局不仅允许在城内埋葬死者的遗体,而且为了表示敬意要对葬礼的过程大肆铺张。

戴奥克利受到放逐的处置,即使如此他们还是不愿让赫摩克拉底返国,因为大家对这个人的胆识极其畏惧,生怕一旦他获得领导者的职位,就会公开摆出僭主的架势。赫摩克拉底看到这不是恢复权力的适当时机,于是再度率军撤回塞利努斯。过了一段时间以后,他的朋友派人送来信息,他带着三千名士兵出发,行军的路线通过杰拉的疆域,夜晚到达指定的地方。虽然赫摩克拉底无法让所有的士兵全都陪伴在身边,还是有不少人员随着他来到阿卡拉迪纳(Achradina)的城门,等到他知道他的朋友已经占领整个地区,没有立即采取任何行动,只是停下来等待那些迟到的人员。

叙拉古的民众听到当前发生的情况,全副武装集结在市民大会,可以明显看出他们人多势众,赫摩克拉底和大部分支持者当场被杀。那些在战斗当中没有丧失性命的人,送上法庭遭到放逐的宣判,因此,有些受伤很重的人,他们的亲戚提出报告说是奄奄一息,使得他们的缺席不至于激起群众的愤怒。这些人当中有一位是狄奥尼修斯(Dionysius),他后来成为叙拉古的僭主①。

76 这一年的事务快要结束之际,安蒂吉尼斯(Antigenes)在雅典接任执政的职位,盖尤斯·马纽斯·伊米留斯(Gaius Manius Aemilius)和盖尤斯·华勒流斯(Gaius Valerius)当选罗马的执政官(前407

---

① 掌权的时间是前405—前367年。

年)。雅典的将领科农在萨摩斯接管所有的部队①以后,就在该地整备船只和召集盟军,他的打算是要让他的舰队,实力上面要能与敌人处于伯仲之间。然而就斯巴达这方面来说,赖山德担任水师提督的指挥期限已经结束,凯利克拉蒂达斯(Callicratidas)奉派前来接替。这位年轻人的个性耿直,不会玩弄奸诈的伎俩,由于他在斯巴达人当中是一个公正之士,没有与外国人打交道的经验,大家认为他在任期之内,不会让一座城市或一位平民受到冤屈和迫害,任何人想用金钱来贿赂他都会受到他的惩处。他赶赴以弗所接下舰队,由于他已经派人将盟军的船只召来,加上赖山德原有的规模,使得总数到达一百四十艘之多。

这时雅典的军队在开俄斯岛占领德尔斐尼姆(Delphinium),凯利克拉蒂达斯率领所有的船只前去夺取,开始着手围攻作战。雅典派来的驻防军兵员数量不过五百人,对于进犯敌军声势如此浩大感到胆寒,情愿将该地交到斯巴达人手中,双方签署休战协议让守军安全撤离。凯利克拉蒂达斯接管要塞以后夷为平地,然后起航前去攻打提安斯(Teians),他利用黑夜在神不知鬼不觉的情况下,越过城墙进入市区,纵兵将整座城市洗劫一空。

处理完毕他向着列士波斯岛进军,对于雅典设置驻防军的梅提姆纳(Methymna),安排部队发起攻击。虽然他锲而不舍采取积极的行动,开始还是没有任何进展,后来获得某些叛徒的帮助,要将这座城市出卖给他,靠着内应才能破城而入,虽然抢劫财富却没有滥杀无辜,同时要将城市归还给梅提姆纳的居民。他在建立这些战功以后,下一步是要对付米蒂勒尼,就将重装步兵交给拉斯地蒙的苏拉克斯(Thorax)指挥,命令他在陆上用全速进军,他自己率领舰队航向该地,预期会比苏拉克斯早到。

---

① 参阅本章第 74 节。

77 雅典将领科农的手下有七十艘船,他对海战的任何需要都已妥善处理,就准备工作而言他比其他将领都更为小心谨慎。现在发生的事件,是在他前去增援梅提姆纳,率领所有的船只出海,所以得知城市已经陷落,据说这时他正在"百岛群岛"其中一个岛屿上面宿营,第二天清晨看到敌军的声势惊人,特别是对方的三层桨座战船的数量是他的两倍,要是在此地进而会战一定极其危险,很可能让他全军覆灭,所以他的决定是避战为上策,于是扬帆离开这些岛屿,可以吸引一些敌军的三层桨座战船追随在后,等待机会在米蒂勒尼的外海与他们接战。要是运用这种战术,万一他战胜造成大局的转变就可以实施追击,万一他战败面对不利的态势也可以退进港口获得安全。

他将士兵配置在船只的甲板上面,表现很轻松的样子划桨前进,伯罗奔尼撒人的船只已经赶了过来,他们在快要接近的时候要让战船加速前进,希望捕获敌人留在最后的船只。看来像是科农在撤退一样,对方那些情况最佳船只的指挥官,非常热心在后面追赶。他们让船上的划桨手划个不停全都精疲力竭,还使得自己与其他的船只分离很长的距离。科农注意到当前的态势,就在他的舰队快要接近米蒂勒尼的时候,从他的旗舰上面升起红色的旗帜,这是对所有三层桨座战船的船长下达的信号。甚至就在敌人快要赶上他们之际,手下的船只在同一时间突然转了过去,船员口里唱着战斗的歌曲,喇叭手吹出发动攻击的嘹亮号声。伯罗奔尼撒的水师对于情况的转变感到心慌意乱,急着要将他们的船只排列整齐用来击退敌军的攻势,他们没有足够时间掉过船头全都陷入混乱之中,由于有些战船过于突出无法留在队列当中惯常的位置。

78 精明的科农运用大好的机会,立即紧压敌手丝毫不肯放松,阻止对方完成接战的部署,拉斯地蒙人的船只有一些遭到损坏,另外一些船只的长桨都被撞断。面对科农的船只没有一艘转头离开,只是停滞不动等待后面的船只赶上来,雅典的接战部署能在左翼维持优势,逼得对手只有逃走,他们士气高昂紧跟不放,还要进行长时间的追击。等到伯罗奔尼撒的水师将所有的船只聚集在一起,科农对敌军据有兵力的优势抱着忌惮之心,停止追击率领四十艘船回航米蒂勒尼。对于正在发起追击的雅典舰队,伯罗奔尼撒的水师将他们团团围住,让对方感受遭到歼灭的畏惧,现在已经切断驶回城市的退路,逼得他们只有逃上陆地。伯罗奔尼撒的水师用所有船只以泰山压顶之势攻打过来,雅典的舰队找不到解救的办法,只有放弃他们的战船安全逃到岸上,能在米蒂勒尼得到庇护。

凯利克拉蒂达斯掳获对方三十艘船,自忖敌人的海上武力已经遭到摧毁,剩余的工作是要进行陆地的战斗。他向着城市扬帆前进,科农预判会有围攻作战,就对海港的进口着手各项准备工作,就在港内水浅的地方,沉下一些满载沙石的小型船只,水深的位置用货船在该处锚泊,堆放石块在桅杆的顶端作为攻打敌人的武器。现在雅典的部队和从乡村成群拥向城市的米蒂勒尼市民,他们要面对危险的局势,双方的海上交锋已经转变成为围攻作战。凯利克拉蒂达斯要他的士兵在靠近城市的海滩下船,设置一个营地,然后为海战建立战胜纪念牌坊。第二天他选出表现最好的船只,交代他们不要离开他的座舰太远,开航以后毫无所惧进入海港,将敌人构建的障碍一一清除干净。科农将他的士兵配置在三层桨座战船,调整船头对着开放的通道,有一些士兵派到大船①上面,还将他们部署在港口的防波堤,使得海港无论对陆地还是对海面都有防御的力量。然后科农率领所属三层桨座战船加入战斗,他的船只充满两道障碍之间的海域。派在大船上面的士兵,可以从桅杆的顶端对着敌人的船只抛掷石块,暂时停靠在海

---

① 可能就是上面提到的货船。

港防波堤的船只，竟然敢让他们的士兵下船登上陆地。

79 雅典的军队展现争胜的勇气，对于伯罗奔尼撒的水师一点都占不到上风。后者的船只以密集队形向前进袭，还将最精锐的部队排列在甲板上面，使得海战看起来像是步兵的战斗。这时他们逼近敌人的船只，抱着大无畏的精神登上对方的船头，认为那些吃了败仗的人，无法忍受作战的恐怖气氛。雅典的士兵和米蒂勒尼的市民，看出唯一获得安全的希望在于战胜敌军，下定决心宁愿为国捐躯，也不能放弃他们的阵地。两支军队全都激起不肯服输的大无畏精神，所有参与战斗的人员不在意自己的安全，他们的身体暴露在会战的危险之下，这样一来等于发生一场大屠杀。甲板上面的士兵遭到阵阵箭雨的攻击，有些受到致命的伤害坠落到海中，还有一些人虽然刚刚受伤，像是若无其事一样继续战斗，很多人成为石块的受害者，因为他们将这种简陋的武器，事先存放在桅杆的顶端，使得雅典的水手从这个居高临下的位置，始终保持巨石下降如雨的御敌方式。战斗持续下去不是只要相当工夫就可结束，很长的时间使得双方的伤亡惨重，凯利克拉蒂达斯为了让他的士兵有喘息的时间，就吹起撤离的号角。

经过一段时间的准备，他再度完成船只的攻击部署，继续发起奋不顾身的战斗，结果凭着船只的数量优势和水手的英勇无敌，逼得雅典的军队只有赶紧撤走。等到对方逃离港口要在城市寻找庇护，他的船只通过障碍向前航行，下锚停泊的地方已经靠近米蒂勒尼人的城市。为了获得一个良好的海港从而发起的战斗，况且这个海港就在城市的外面，何以先要控制进出的水道，在这里可以得到合理的解释。古代的米蒂勒尼在一个小岛上面，后来新建的城市虽然位于对面的列士波斯岛，彼此的距离还是非常接近；这两座城市之间有一条狭窄的海峡，使得形势更为险要可以增强防御的力量。现在凯利克拉蒂达斯开始下卸他的部队,从四面八方向相面的城市发起攻击。

以上是米蒂勒尼发生战事的来龙去脉。

西西里①的叙拉古人派遣使者前往迦太基,不仅谴责对方发起战争,还要求而后要消除彼此的敌意。迦太基当局给予含糊其辞的回答,接着在利比亚集结庞大的武力,他们一直有牢不可破的欲望,就是要用奴役的手段控制整个岛屿。他们派遣部队渡海前往西西里之前,先从自己的市民和利比亚的居民当中挑选移民,要在西西里一处温泉的右边建立一座名叫瑟玛(Therma)②的城市。

80 这一年即将结束,凯利阿斯(Callias)在雅典接替执政的职位,卢契乌斯·弗流斯(Lucius Furius)和格耐乌斯·庞培乌斯(Gnaeus Pompeius)③当选罗马的执政官(前406年)。迦太基的市民对于在西西里的成就感到欣喜若狂,热切盼望能够成为整个岛屿的领主,投票通过议案要准备动用更大的武力,选出汉尼拔担任将领,授予遂行战争的专阃之权,须知他曾经将塞利努斯和希米拉两座城市夷为平地。等到他提出年龄作为不能适任的借口,当局除了他另外指派一位将领,就是汉诺(Hanno)之子希米卡(Himilcon),此人与他出身同样的世家④。他们两位

———————

① 这里接着62节的末尾继续叙述。

② 这座城市靠近希米拉(Himera),参阅西塞罗《控诉维里斯》(*Against Verres*)第2卷第35节;本书第四章第23节提到瑟玛的温泉。

③ 利瓦伊《罗马史》第4卷第54节,可以看出那一年的执政官没有格耐乌斯·庞培乌斯这个人,可能是格耐乌斯·高乃留斯(Gnaeus Cornelius)。庞培是一个平民家族,那时的执政官还没有开放可以让平民担任。

④ 近年从雅典发现的铭文,四百人会议颁布的敕令当中提到汉尼拔和希米卡。虽然这些铭文都是一些残片,还是可以分辨出来,提到迦太基派传令官到雅典,表达他们对这次入侵行动的关切,接着雅典组成一个代表团,前往西西里与汉尼拔和希米卡进行磋商。

经过充分的磋商,指派市民当中干练的人士携带大量金钱,分别前往伊比利亚和巴利阿瑞德(Baliarides)群岛,奉到的命令是尽可能招募大量雇兵。

他接着亲自前往利比亚,提出条件让利比亚人、腓尼基人和身强力壮的市民,愿意接受登记入营成为士兵。再则他们从身为盟友的国家和国王那里征召士兵,诸如毛鲁西亚人(Maurusians)和诺玛兹人(Nomads),以及居住的地区邻接塞伦的某些民族。他们还从意大利雇佣康帕尼亚人,带着这些人渡过大海来到利比亚。两位将领都知道康帕尼亚的佣兵给予帮助,可以在战场获得最大的成效,只是不能将他们留在西西里,一旦与迦太基的将领①发生争执,就会投到希裔西西里人的阵营,要与原来的雇主作战。最后庞大的武装力量集中在都城,所有的部队加上骑兵,按照泰密乌斯的说法不少于十二万人马,埃弗鲁斯的记载更是多达三十万。

迦太基当局为了准备渡海前往西西里,已经将所有的三层桨座战船完成备便,同时还集结一千多艘运输船只。等到他们派出四十艘三层桨座战船先行赶赴西西里,叙拉古的水师很快做出反应,配置同样数目的战船在埃里克斯(Eryx)地区。经过一次漫长的海战,结局是十五艘腓尼基的船只遭到摧毁,残余的兵力趁着黑夜降临,为了安全逃向开阔的大海。战败的消息传到迦太基人的耳中,汉尼拔立即率领五十艘船只出海,他抱着满腔热血要完成两项工作,就是阻止对手发挥目前所占的优势,以及让他的军队能够安全地登陆。

81 汉尼拔带来增援部队的信息,已经传播到整个西西里地区,大家期望能够迫使他的大军立即转头返回原处。当面的城市听到他的准备工作到达难以置信的规模,得到的结论是他们必须为了

---

① 参阅本章第 62 节。

生存奋战到底,产生的惊慌到无法形容的程度。叙拉古要与意大利的希腊城市以及强大的拉斯地蒙,着手磋商建立联盟关系,同时继续派出说客到西西里的城市,唤起群众要为争取自由权利不惜一切牺牲。阿克拉加斯的位置目前与迦太基帝国最为接近,一般人认为战争的威胁最早降临在他们的头上。当局做出决定要将所有的粮食以及财产,从乡间运到城墙之内储存。

须知阿克拉加斯①这座城市和地区,市民都能享受富裕和繁荣的生活,我认为稍加叙述不至于偏离主题。他们的葡萄园以面积广大和风景美丽知名于世,没有任何地方可以与之相比,整个国土的大部分地区都种植橄榄树,获得丰富的收成运往迦太基出售。当时的利比亚还没有栽培这一类的果树②,举凡属于阿克拉加斯管辖的广大疆域,当地的居民用产品交换利比亚的金钱,累积的财富多到让人无法相信。有很多证据显示一个事实,就是这些金银财宝仍旧保留在他们的手里,这方面只要简短地加以讨论,不会与我们的主题产生冲突。

82 当代人士可以见证他们构建的宙斯神庙,是何等的富丽堂皇和雄伟壮观。很多同类的庙宇因为纵火而烧毁,幸存的建筑物城市历经多次的战争以后,已经完全遭到破坏,宙斯神庙的完工受到当前战事的影响,迄今还没有安装屋顶,然而战争结束以后城市变成一片废墟,阿克拉加斯人展望后续的年代,将会发现自己没有能力完成神圣的使命。宙斯神庙的规模是整体的长度有三百四十尺,宽度有六十尺,以及高

---

① 阿克拉加斯位于西西里的南海岸,距离叙拉古约100公里,早期是希腊人建立的贸易据点,后来以阿格瑞坚屯这个名字著称于世。

② 本书第四章第17节提到赫拉克勒斯在利比亚栽了很多果树,出现很大的葡萄园和橄榄园。

度不包括基础有一百二十尺①。成为西西里最大的庙宇，特别是有关下层结构的精美，拿来与其他地区的同类建筑物加以比较，这也是很普通的事；即使如此，要不是确实已经完成现有的规模，否则仅就计划来看真是难以执行。

其他国度的人士建造庞大的神庙，会用四个墙面或成列的石柱围绕圣堂，这座神庙却能并用两种方式：有的柱子竖立在四个墙面之内②，还有一些位于庙宇的外边成为圆形而内部是方形，墙面外部的石柱通常周长是二十英尺，一个人的身体可以藏在柱子的凹槽里面，内部的石柱周长是十二英尺。柱廊的容积极其宽大而又高耸，东面的山形墙装饰神明与巨人之战的雕塑，躯体的尺寸和美丽的造型都令人叹为观止，西边的雕塑则是特洛伊的陷落，每一位英雄的面貌和姿态都表现得栩栩如生。城市的外侧有一个人工疏浚的水池，周长有七斯塔德，深度有二十肘尺。引水进入其中可以养殖各种鱼类，出产的数量非常丰富，供应公众的饮宴和食用，除了水中游动的鱼群，还有各种鸟类聚集此地，使得水池拥有最为赏心悦目的景色。从他们不惜花费巨款用来竖立高大的纪念碑，可以证实居民奢华的习性，有些上面装饰着赛马的浮雕，还有一些图案是儿童在家中照顾作为宠物的小鸟，根据泰密乌斯的说法，这种风气一直延续到他在世的时代③。

我们在前面提到奥林匹亚纪年，就是第九十二届运动会，阿克拉加斯的埃克西尼都斯赢得赛跑的优胜④，他乘坐一辆马车进入城市，盛大的排

———————

① 这个雄伟的奥林皮伊姆神庙经过精确的测量：包括台阶的长度是 361 英尺；宽度是 173.5 英尺；石柱连柱头在内 62.5 英尺；石柱的直径 14 英尺（本文用的长度单位可能是阿提卡尺）。

② 有些连接起来或是成为半个石柱的形式，可以参考后面提到的山形墙和上面的装饰。

③ 泰密乌斯逝世的年代大约是前 250 年。

④ 他不仅赢了这一届的比赛，就在第九十一届奥林匹亚运动会，都是他获得"赛跑"的优胜，参阅本书第十二章第 82 节。

场无须多加描述,仅仅相随的行列就有三百辆马车,每辆马车用两匹白马拖曳,须知众多的载具都为阿克拉加斯的市民所拥有。一般而论,他们从年轻的时候开始就生活在奢侈的环境,穿着昂贵的时尚衣服,全身佩戴各种金饰,甚至就是沐浴用的去垢器和膏油瓶都用白银甚或黄金制作。

83 提到那个时代的阿克拉加斯市民当中,最富裕的人士是特利阿斯(Tellias),他的府邸里面设置相当数量的客房,通常大门口会站着几位仆人,奉到的命令是邀请每一位外乡人成为他的贵宾。还有很多其他的富豪之士仿效这种行为,混合古老的习俗诸如以客为尊的友善方式,所以伊姆皮多克利(Empedocles)①提到他们会说:

> 这是同情异乡客的天堂,
> 远离邪恶和狡诈的迫害。②

泰密乌斯在《西西里史》第十五卷,提到有一次冬季的暴风雪天气,五百名骑兵从杰拉来到此地,特利阿斯亲自接待他们,打开库房供应所需的物品,包括身上穿着的内衣和外袍。波利克莱都斯(Polycleitus)③的《历史》叙述当年的酒窖还保存到现在,服役的时候在阿克拉加斯亲眼见过。他说酒窖是从山岩当中开凿出来,里面可以装三百个大酒桶,每个酒桶的容量是一百 amphora④ 即"瓮",旁边还有一个涂着泥灰的大酒缸,装满的

---

① 伊姆皮多克利是公元前 5 世纪知名的自然主义哲学家和诗人,他的出生地就是阿克拉加斯。

② 狄尔斯《哲理诗残卷》No.112,从伊姆皮多克利《论斋戒和涤罪》(*On Purifications*)中摘录下面几句诗:朋友,神明使你定居在黄金的阿克拉加斯,他从城市的高处俯视要大家都能多做善事。可以拿来与狄奥多罗斯引用的诗句做一比较。

③ 波利克莱都斯是拉立沙的文士,可能是与亚历山大大帝同时代的人物。

④ 1"瓮"的容量大约 9 加仑。

酒从那里流进酒桶。

据说特利阿斯的外貌非常平凡，然而个性却令人觉得不可思议。有一次他出任使者奉派到森托里帕（Centoripa），受邀在市民大会发表谈话，群众看到他的身材是出乎意料的矮小，竟然爆发不甚得体的哄堂大笑，他打断大家的笑声说道："这没有什么可怪之处，阿克拉加斯当局通常将最英俊的市民派到名声最响亮的城市，至于像我这样的人物就会到那些微不足道的地方。"

84 他提到不仅只有特利阿斯以惊人的财富知名于世，还有很多阿克拉加斯的市民未遑多让。被大家称为罗杜斯（Rhodus）的安蒂昔尼斯（Antisthenes）就是如此，他为女儿举行盛大的婚礼，所有的市民在他的庭院参加宴会，有八百辆车子跟随出嫁的行列，很多骑士来自本乡和邻近的城市，受邀前来观礼并且组成护送新人的队伍。据说最为壮观的安排是火炬的照明：他在寺庙的祭坛和城市的庭院，全都高高堆积大量木材，沿途店铺的老闾都发给引火的柴枝，要他们看到卫城出现火光，就要点燃成堆的木材。等到新娘从她的家中引导出来，迎亲队伍的火炬加上燃烧的火堆，使得全城像是照耀在白日之下一样的明亮，通过行列的大街无法容纳随伴的人群，居民对于盛大的排场感到兴高采烈。

阿克拉加斯的市民有两万多人，要是加上居住在该地的外侨，人数要超过二十万。大家都说有次安蒂昔尼斯看到他的儿子，正与邻近一位很穷的农夫发生争执，那是为了要迫使对方卖给他一小块田地，这时安蒂昔尼斯只是责备自己的儿子不该这样做。等到后来看到他的儿子变得更加贪婪，就教训他说是他不能想尽办法去让邻居贫穷，而是要让他们变得富裕。须知人们都是渴望更多的土地，当他无法从邻人的手中买到额外的农田，不如将自己拥有的不动产卖给他们。

城市拥有极其巨大的财富,使得阿克拉加斯的市民习惯奢华的生活,即使不久之后城市处于敌人围攻的困境,他们还通过一道敕令,整夜守在岗位上面的警卫,每人应该有一个床垫、一条被单、一床毛毯和两个枕头。从他们严格规定寝具的种类,可以得知他们为了满足享受,在生活当中对于奢侈抱持何种观念。我们认为不必将这些事情略过不提,但是也无须过分强调,免得对于更为重大的项目,无法善尽如实记载的要求。

85 迦太基的水师将大量兵员运到西西里,部队开始向阿克拉加斯进军,在该地设立两个营地,一个位于某些小丘上面,进驻伊比利亚和若干利比亚的佣兵,人数大约是四万之众;另一个营地的位置离开城市不远,四周围绕一条深壕和一道栅栏。首先他们派遣使者去见阿克拉加斯当局,要求双方缔结同盟关系,否则可以作为迦太基的朋友保持中立,这样仍然能够和平相处。城市的居民根本不接受这些条件,立即开始围攻作战。阿克拉加斯武装所有合于兵役年龄的人员,按照作战命令将一部兵力部署在城墙上面,另外一部当成预备队用来替换受伤或疲惫的士兵。拉斯地蒙的笛克西帕斯(Dexippus)带着一千五百名佣兵,刚从杰拉抵达此地,正好参加城市的防御战斗。

泰密乌斯提到杰拉是笛克西帕斯的出生地,他在那里受到相当的礼遇,所以一直停留没有离开。因此阿克拉加斯派人向他提出邀请,要求尽可能多带一些佣兵前来救援;还有一些康帕尼亚人随他前来,虽然他们过去曾经与汉尼拔并肩作战①,仍旧有八百人受到雇佣。他们将佣兵部署在城市最高处,称之为阿西娜丘的战略位置可以俯瞰整个区域。迦太基的将领汉尼拔和希米卡在查看全部城墙以后,注意到城市有一个地方比较容易

① 参阅本章第 44 节和 62 节。

攻入,推动两座高耸的木塔对着这段城墙的外缘。第一天他们靠着两座木塔发起围攻作战,在遭受重大的伤亡以后,吹起撤退的号角召回第一线的士兵。守城的部队在夜间发起奇袭,将攻城的设备和机具付之一炬。

86 汉尼拔竭尽全力在多处地方发起攻击,命令士兵拖倒纪念碑和挖掘坟墓,获得石材用来筑成向着城墙延伸的堤道。由于可以动用大量人力,庞大的工程即将很快完成,这时却使得全军深深陷入迷信的恐惧之中:由于瑟隆(Theron)①的坟墓实在太大,居有的位置经常被闪电击中,现在遭到挖掘开始倒塌的时候,产生的情况就是发出巨大的响声。随之而来的灾难是军中暴发瘟疫,很多死者患病以后,像是受到酷刑一样感到极其痛苦。死者当中还包括身为将领的汉尼拔在内,夜间的警卫人员绘影绘声说是看到鬼魂出现,使得占卜官据以禁止工程的进行。

赫米卡见到迷信的恐惧竟然给军队带来这样大的困扰,首先就是停止对纪念碑的损毁,接着按照民族的习惯向神明奉献牺牲,对于主神克罗努斯(Cronus)是一个男童的性命,波塞冬(Poseidon)则是一大群牛投进海中,从而恳求神明的原谅和保佑。即使如此,他还是没有忘记围攻的各项工作,城市旁边流过的河流予以改道尽可能远离城墙,再将所有的攻城机具向前推进,不停发起每天的攻击。

叙拉古的人民看到阿克拉加斯受到围攻,害怕他们落到塞利努斯和希米拉同样的下场②,城市陷落以后遭遇极其悲惨的命运,长久以来非常热心提供援助,现在到了最重要的关头,意大利和美西纳的盟邦部队已经抵

---

① 瑟隆是阿克拉加斯的僭主,掌权的时期前488—前472年;参阅本书第十一章第53节。

② 分别参阅本章第57节和62节。

达,他们选出达夫尼乌斯(Daphnaeus)①担任将领。大举进军当中沿路获得来自卡玛瑞拉和杰拉的士兵,人数众多使得声势大增,号召内陆的民族派遣额外的部队,让他们自行前往阿克拉加斯。同时还有三十艘船只沿着海岸航行,伴随他们一起前去攻打敌军。整个兵力是三万多名步兵,至于骑兵不会少于五千人。

87 希米卡得到敌军趋近的信息,派遣伊比利亚和康帕尼亚的佣兵以及四个其他部队前去迎战,这时叙拉古的队伍已经渡过希米拉(Himera)河开始与蛮族遭遇,在一场漫长的会战当中,叙拉古的士兵终于获得胜利,杀死对手有六千多人。他们完全击溃当面敌军,从四面八方向着城市紧迫不放,由于追击的发起过于混乱,达夫尼乌斯很怕希米卡率领其余的军队出战,造成反败为胜的结局,因为他记得希米拉人的覆灭就是出于这个缘故②。不过,蛮族逃进他们设在阿克拉加斯前面的营地之际,城内的士兵看到迦太基人的败北,要求他们的将领下达出击的命令,说现在是消灭当面敌军的大好机会。无论出于流传的谣言说是他们接受贿赂,或是害怕希米卡除去守军就能夺取整座城市,所以将领阻止手下士兵的蠢动,败逃的人员能够安全进入城市前面的营地。

等到达夫尼乌斯率领全军抵达,蛮族在丧胆之余只有弃营而走,他就接收敌军留下的帐篷作为居所。城市的士兵很快与救援的部队混杂起来,笛克西帕斯和他的手下始终与他们保持距离。召开市民大会聚集的人群就像嘈杂的乌合之众,虽然蛮族就要落到他们的手中,每个人都为机会的溜走感到苦恼不堪,使得他们无法对进犯之敌施以应得的惩罚。守在城市

---

① 达夫尼乌斯是叙拉古人,后来遭到狄奥尼修斯处决,参阅后面第 96 节。
② 他们发起毫无秩序的追击,参阅本章第 60 节。

里面的将领,只要愿意领导他们发起攻击,当面的敌军就会面临绝灭的下场,他们却让数以万计的蛮族安然离开。市民大会一片骚动难以平息,卡玛瑞纳的麦内斯(Menes)为了控制整个局面,走上前去大声谴责阿克拉加斯的将领,在场人员全都激起愤怒的情绪,被告想要提出辩护之词,没有一个人让他们开口说话,群众就用石块击毙其中四位,第五位名叫阿杰乌斯(Argeius)因为年纪很轻获得赦免。拉斯地蒙的笛克西帕斯虽然拥有指挥的职位,而且熟悉军旅的事务,因而同样成为谩骂的目标,说他有意做出反叛的行为。

88 市民大会结束以后,达夫尼乌斯率领部队出城,着手围攻迦太基的营地,等他看到对方用大量人力设置工事,只有放弃意图知难而退。不过,他的骑兵部队布满所有的大道,捕捉到四乡征集粮草的人员,切断补给品的运输路线,使得对方陷入严重的困境。迦太基的部队不敢从事决定性的会战,缺乏粮食只有尽量地节省,面对不幸的灾难要靠坚忍图成的力量。很多士兵因为饥饿处于濒死的状态,康帕利亚人和其他的佣兵,为了共同的目标团结起来,排除拦阻来到希米卡的帐篷,要求答应发给的口粮,如果他们无法照办,提出威胁是要投向敌军的阵营。

希米卡从其他的消息来源,得知叙拉古当局要从海上运送大批谷物到阿克拉加斯。因此,这是他唯一可以获救的希望,说服他的士兵再等待几天,给他们一个几乎难以实现的保证。希米卡从潘诺穆斯和摩提伊召来四十艘三层桨座战船,计划攻击装载补给品的船只。叙拉古人认为迦太基的军队已经从海上退走,加上冬季即将来到,抱着藐视的态度觉得对方不再有勇气驾着三层桨座战船前来应战。叙拉古人对于运输的货物感到非常放心,希米卡出其不意率领四十艘三层桨座战船出海,击沉对方八艘战船,追赶其余的船只直到海滩,等到他捕获所有运输船只以后,产生与期待完全逆转的效果，原来要为阿克拉加斯服务的康帕尼亚佣兵，现在看到希裔西西里人陷入毫无希望的处境 接受十五泰伦的收买倒戈投向迦太基。

阿克拉加斯的市民就在迦太基的军队落到极其恶劣的下场那个关键时刻，他们对于粮食和其他的补给品，运用起来一点都不知道节约，总以为围攻的情况很快就会解除。等到蛮族的情况逐渐好转，加上数以万计的人口聚集在一座城市，在他们发觉问题不妙之前谷物已经消耗殆尽。传闻说是拉斯地蒙的笛克西帕斯接受十五泰伦的贿赂才会变得堕落，他毫不犹豫回答意大利希裔将领的质问："不错，战争最好还是想出其他的办法去解决，因为我们的供应已经是青黄不接。"这些将领以大家同意进行战役的时机已经消失作为借口，下令他们的部队航向海峡①。等到部队离开以后，这些将领就与指挥官开会商议，决定估算城市可能供应的粮食，发现它的存量很低，从而得知必须放弃这座城市。他们立即下达命令，所有人员要在第二天的夜间撤离。

89 众多的男女老幼要抛弃他们的城市，所有的家庭全都笼罩在愁云惨雾之中，这时他们因为畏惧敌人陷入惊慌不知所措，特别是处于紧急情况之下，采取的行动过于仓促，逼得他们要把所有物留下来成为蛮族的战利品，须知这些所有物是他们能过幸福生活的根源和基础。命运女神将他们在家中的舒适和享受全部攫走，他们至少还能为保存性命感到满足。一个人看到放手的东西不仅是一座丰衣足食的城市，还有为数众多宝贵的生命，病患被他们的家属置之不理，每个人仅仅考虑自己的安全，岁数过大的人都遭到抛弃，那是因为人老体衰的缘故。很多人将离开出生的城市视同苟且偷生，他们了结自己的性命为的是能在祖先的居

---

① 是指墨西拿海峡。

所呼出最后一口气。不过,离开城市前往杰拉的群众是在士兵的护送之下,他们经由大道和乡间的小径向前跋涉,成群的妇女和小孩还夹杂着少女在内,必须改变过去娇生惯养的生活,能够适应极度艰困和全靠走路的行程,畏惧会使灵魂产生勇气,他们竭尽全力完成这项工作。现在他们到达杰拉获得安全①,过了一段时间就在李昂蒂尼建立家园,叙拉古当局将这座城市送给他们作为栖身之所。

90 希米卡率领军队在黎明进入城内,所有留下的人全部处死,就是逃进庙宇认为可以安全的群众,都被迦太基的士兵拖出来就地杀害。我们提过特利阿斯这个富翁,他以惊人的财富和正直的个性成为名望最高的市民,最后还要分担家乡的灾难和不幸:他决定要与其他一些人在阿西娜神庙请求庇护,认为迦太基人不会亵渎神明做出无法无天的行为,等到他看见这群蛮族毫无任何忌惮展开屠杀,他就在庙宇里面纵火,让所有的奉献品连带自己全都焚毁在烈焰之中。他认为唯有这样做,才不会让价值连城的财富保留在受到亵渎的圣地,更不会让聚集大量掠夺物的敌人可以不劳而获,最重要是让自己的愤怒可以得到发泄。

希米卡在大肆洗劫庙宇和住所以后,搜刮数量极其庞大的战利品,对于一座拥有二十万居民的城市而言,这样丰富的收获也是意料中的事,何况阿克拉加斯从建立开始到现在为止,始终没有受到战火的荼毒,几乎可算当时最富有的希腊城市。再者这里的市民喜爱美丽的事物,不惜花费金钱搜集各种艺术作品,确实发现有大量的绘画都能受到极其妥善的照顾,还有各式各样的雕塑都是精工制作。按照当时的说法,其中最珍贵的东西是费拉瑞斯(Phalaris)的铜牛②,希米卡到手以后送往迦太基,其余的掠劫

---

① 这里离开阿克拉加斯有 40 多英里。
② 参阅本书第九章第 18—19 节。

物全部当成战利品出售。

有关这件铜牛的传闻，泰密乌斯在《西西里史》一书提到此事，认为完全是子虚乌有的杜撰，命运女神可以反驳他的观点。阿克拉加斯破城之后过了二百六十年，西庇阿纵兵洗劫迦太基①，后来将铜牛和很多遭到抢劫的宝物，全部归还阿克拉加斯当局，就在泰密乌斯写出历史巨著的时代，该城仍旧保管这件贵重的艺术品。

我所以不厌其烦地说明这些事情，那是因为泰密乌斯对于在他之前的史家，都是毫不留情给予严厉的批评，几乎不让他们有获得辩解的机会，至于他本人对这方面有很多是随手写来的即兴之作，却大肆吹嘘他的风格是何等的精确。就我个人的意见，认为史家对于出自无知造成的错误，应该抱持宽容和体贴的态度，因为我们都是凡夫俗子怎能不犯过失，况且年代的久远很难发觉真相何在。有些史家处心积虑不愿提供正确的事实，无论是出于奉承的心理，或是表示难以忘怀的仇恨，都会让真相走向错误的道路，应该适当给予公开的谴责。

91 希米卡坚持的围攻作战长达九个月，等到夺取已经是快到冬至②，他所以没有立即摧毁整座城市，是为了让他的部队在寒冷的季节有适当的住所。等到阿克拉加斯陷落的惨剧传遍希腊世界，岛上的希裔西西里人在畏惧之余，有的带着他们的家当搬到叙拉古，有的将他们妻儿子女和所有的财物运往意大利。那些逃过被俘的阿克拉加斯人，到达叙拉古就大声指控他们的将领，完全是这几位的叛逆才会带来亡国的灾难，其余的希裔西西里人也在谴责叙拉古当局，控诉他们选出不称职的领导者，就会让整个西西里面临沦亡的危险。不仅如此，甚至在叙拉古召

---

① 这件事发生在前 146 年。
② 时间是 12 月 22 日。

开的市民大会,全场的气氛像是大祸临头的样子,没有人敢对战争有关的事务提供任何意见。就在大家感到茫然不知所措的时候,赫摩克拉底的儿子狄奥尼修斯抓住发言的机会,指控这些将领犯下叛国和渎职的行为,煽动与会人员要对他们施以应得的惩罚,极力主张不能等待冗长无用的法律程序,而是要通过议案对他们立即进行审判。主持会议的执政根据法条的规定,判定狄奥尼修斯犯下激起动乱的罪行,要施以罚锾的处分。

菲利斯都斯(Philistus)是一个有钱的知名之士,后来撰写《历史》①这本巨著,愿意替狄奥尼修斯付出款项,提出要求是让他讲出心中所想的话。菲利斯都斯走向前去发表意见,如果他们的希望是要让狄奥尼修斯破财消灾,不惜花费整天的时间在这里强辩,那么他会提供所需的金额。这样一来使得狄奥尼修斯充满自信,继续煽起群众的怒火,他指控这些将领收受贿赂,使得阿克拉加斯失去安全的保障,因而陷入危险的处境,这番话让市民大会变得混乱不堪。他还责备那些最有名望的市民,说他们是寡头政体的支持者,他劝大家不要选最具影响力的市民担任将领,宁可要那些对民众有好感而且受到大家喜爱的人士,他坚持一种观点,认为前者靠着自己的财富对大家抱着藐视的态度,当然给城邦带来不利的后果,何况他们还会用一种专制的手段统治所有的市民,就后者而言鉴于谦卑的人不会有激烈的举动,因为他们对自己的软弱感到畏惧。

92 狄奥尼修斯鼓起如簧之舌对着人民大声疾呼,让这些听众对于他暗中的企图有先入为主的成见,煽起市民大会的怒气到群情激昂的程度。他们过去对于这些将领,在战争期间采取不当的措施和所犯的错误,一直怀恨在心,现在听到他的抨击之词给予的鼓励,立即解除他们之中

---

① 这本巨著就是《西西里史》,这件事记载在第 13 卷中,参阅本章后面第 103 节。

某些人的职务,选出其他人士包括狄奥尼修斯在内担任将领,在对抗迦太基的战争当中以英勇无比赢得很高的声誉,受到全体叙拉古民众的称赞。他感到得意忘形因而怀抱希望,想要尽其所能成为城邦的僭主。可以举例加以说明,他在担任公职以后,从来不参加将领的会议,也不与他们相伴走同一条道路,同时散布不实的消息说是他们要与敌人进行协商。他的图谋是用这种方式能够有效剥夺他们的权力,只让自己单独拥有将领的职位。

就在狄奥尼修斯运用欺骗的伎俩暗算同僚的时候,那些最受尊敬的市民对于发生的情况感到怀疑,就在每次的集会当中发表对他贬抑和非难的谈话。只是一般民众对他的计谋无所知悉,获得他们的批准同时还宣称,而后很长的时期这座城市只一位坚定不移的领导者。不过,及时召开市民大会再度考虑要对战争进行准备,狄奥尼修斯看到大家害怕敌人,面容露出恐惧的神色,规劝他们召回放逐在外的人员。他说要从意大利和伯罗奔尼撒的城邦寻找外援,不愿他的市民同胞在面对危险的时刻,列入可以出力的服役名册,岂不是一件非常荒谬的事。虽然敌人对他们提出承诺,只要在军事方面给予合作,就可以获得很高的报酬,这些受到放逐市民做出选择,情愿当成一个流浪汉死在异地,也不会计划一些敌对行动对付自己的祖国。

他还特别声明,事实上目前受到放逐的人士,都是过去城市发生争执和倾轧产生的结果,如果在这个时候他们成为恩惠的接受者,就会尽其全力从事战斗,要用这种方式表达对恩主的感激。提案经过激烈的辩论以后,为了迁就现况的要求,叙拉古的市民要用投票做出裁决,他的意见以高票通过。他的同僚没有一个敢在职务方面向他表示反对,所以会如此主要是民众对他的拥戴非常热情,再者他们之中每个人不愿面对四周的敌意。这时那些接受狄奥尼修斯给予援手的流亡人士,会让他获得感激恩德的报酬。狄奥尼修斯充满希望在于他能赢得放逐者的归顺,那些抱着改朝换代心理的不满分子,他们会很高兴为建立僭主体制尽一份力量。他们很高兴能够目击当年的仇敌遭到谋杀,财物全部籍没,而他们自己的家产都会发还。有关遭到放逐流亡在外人士的决议获得通过,他们立即回到自己的家园。

93 杰拉传来的消息需要派遣额外的部队,狄奥尼修斯运用更为得心应手的方法完成自己的目标。他带着两千名步卒和四百名骑兵火速抵达杰拉,当时都在拉斯地蒙将领笛克西帕斯的注视之下,这个人曾经在叙拉古受到市民大会的审判。狄奥尼修斯在到达以后发现该地最有钱的市民,竟然与一般平民之间产生重大的争执而内斗不已。他在市民大会对前者提出控诉加以定罪,将他们处决以后籍没他们的财产。他把聚集起来的金钱,当成积欠的薪资发给笛克西帕斯指挥下的驻防军,对于跟随他从叙拉古前来此地的部队,他答应付给他们双倍的酬劳,还说这是城市当局做出的决定。他用收买人心的办法赢得这些人对他的忠心。他同样获得杰拉当局的认可,因为他们相信他会尽到解救他们的责任。他们对于最有影响力的市民抱着猜忌的心理,为了丑化这些人所拥有的优势,就说他们要用专制政体进行统治。

他们派遣使者在叙拉古为他歌功颂德,同时宣布敕令要用丰盛的礼物对他表示推崇之意。狄奥尼修斯想要说服笛克西帕斯帮助他达成企图,就在他正要带着部队返回叙拉古之际,笛克西帕斯没有参加他的行动。杰拉当局得知迦太基的军队充满敌意地到来,要把杰拉当成第一个要攻击的目标,于是恳求狄奥尼修斯留下来,更不能袖手旁观让他们遭遇阿克拉加斯同样的命运。狄奥尼修斯答复他们说是会尽快率领一支实力更大的部队赶回,要让他的士兵列阵在杰拉的城墙前面迎战来势汹汹的敌军。

94

一场好戏正在叙拉古演出,狄奥尼修斯到达城市的时候正好民众离开剧院。

大家蜂拥前去迎接并且问他有关迦太基的情况,他说他们不知道面临的处境,比起外来进犯的蛮族,他们还有更危险的敌人,就是那些在城市里面负责维护公众利益的政客,以及那些受到市民信任举办公众庆典的人员,因为他们盗用公家的财物,让出征的士兵领不到应得的报酬。虽然敌军对战争进行的准备工作,已经到达无懈可击的程度,就要率领他们的部队前来攻击叙拉古,我们的将领还是表现一副漠不关心的样子。他继续加以谴责说是产生这种行为的缘故,过去已经提醒大家,现在要拿出更充分的证据。

希米卡派一位传令官前来晋见,表面上是要商议有关俘虏的事宜,其实是想要对他说明白,现在狄奥尼修斯的同僚当中,大部分已经受到希米卡的蛊惑,他劝大家不要为即将发生的事情感到烦恼,至少他们对他不要持反对的立场,那是因为狄奥尼修斯的选择是不要与他合作。狄奥尼修斯继续说下去,因此,他没有意愿长期担任将领的工作,目前回到叙拉古就要放弃这个职位。这在他而言是无法忍受的事,就在其他的将领都要出卖国家的时候,只有他与市民在一起战斗,同时命中注定让他想起一件事,就是过了多少年以后,还要分担他们背叛带来的后果。

狄奥尼修斯的说法给群众的情绪带来煽动和刺激,同时他的话已经传遍整个军队,这时每个人都感到焦虑不安,离开自己的家来到外面探听情况。第二天召开市民大会,他对官员提出指控,煽动大家反对将领,都能获得很多的支持,最后有些成员高声叫嚣,指派他成为拥有最高权力的将领,不能留在这里等待敌人前来攻打城池。他们认为这次战争的规模极其庞大,基于现实需要像他这样的将领,在他的领导之下会使城邦获得胜利,未来的发展更为兴旺繁荣,至于受到指控的叛徒,有关的案件可以另外进行讨论,究竟与当前的局势有没有直接的关系。实在说不久之前那个混乱的时代,杰洛成为将领赋予专阃之权,仅在希米拉一地就击败三十万的迦太基大军①。

95 群众通常在做出错误的裁决后会发生摇摆不定的现象,他们还是指派狄奥尼修斯成为大权在握的将领。从现在开始整个局面能与他的欲望配合无间,于是发布敕令付给佣兵双倍的酬劳,这样他们就会热心参加即将来临的战斗,同时他还劝大家不要担心经费,要给他们加薪是很容易的事。就在市民大会结束以后,不少叙拉古市民大肆责怪当前的做法,好像他们自己对局势的变化已经无法控制,等到类似的想法转到城邦上面,认为暴政的权力即将随之而来。这些人士的意图是要确保自由的权利,不愿有一位专制君主统治他们的国家。换一个角度来说,狄奥尼修斯希望将内心的改变,预先告知一部分民众,可以找到一个借口能为本人的安全,要求成立一个卫队,只要获得允许就很容易让自己成为僭主。

因此,他立即发布命令,所有四十岁以下合于服役年龄的男子,必须自备三十天的口粮,全副武装在李昂蒂尼向他报到。这座城市在那时只是叙拉古边境的前哨,里面都是放逐的人员和外国的侨民②。狄奥尼修斯希望这些人能投入他的阵营,用他们来改变政府的体制,这些居多数的叙拉古士兵还未来到李昂蒂尼。不过,他在夜晚竟然宿营在野外,借口成为阴谋刺杀的目标,在他的仆从当中引起一阵骚动和喧嚣。等到事态扩大以后,他就将卫城当成避难所,他在那里度过整夜的时光,保持燃烧的大火用来召唤最受信任的士兵。天亮以后,群众开始在李昂蒂尼聚集,他发表冗长而又充满技巧的演说,谈到他的焦虑说服市民答应他的要求,可以拥有一个六百人的卫队,所有成员出于他的挑选。

---

① 参阅本书第十一章第 22 节。
② 这里提到"侨民"意思是他们"不是叙拉古人"。

据说狄奥尼修斯实行的办法,模仿雅典的政客庇西特拉图:他用刀将自己戳伤弄得全身鲜血淋漓,出现在市民大会声称他已经成为阴谋活动的受害者。因此他从市民的手中接受一个卫队,成为建立僭主体制的工具①。狄奥尼修斯用类似的伎俩欺骗大众,能够有效达成同样的目标。

96 狄奥尼修斯选出卫队的成员,都是一些家无衡产却又骜悍不驯的市民,编组有一千多人,供应他们精良的武器,为了鼓舞士气给予过度的承诺。他为了赢取佣兵的爱戴,经常召见他们并且相谈甚欢。他调动军事人员的职位,对于忠心耿耿的追随者授予指挥的权责;他打发拉斯地蒙人笛克西帕斯返回希腊,因为他对这个人极其猜忌,生怕他抓住大好的机会,会让叙拉古恢复原有的自由权利。他从杰拉召回驻守的佣兵,以及聚集各地的放逐人员和不信神的邪恶分子,希望这些人成为专制独裁强而有力的支持者。这时他在叙拉古将寓所搬进水师的基地,公开宣布自己是一位僭主。

虽然叙拉古市民的独立自主受到侵犯,他们被迫保持沉默,因为他们没有能力表示任何意见,不仅是城市里面到处都是佣兵,而且迦太基的大军凭借强大武力在一旁虎视眈眈。狄奥尼修斯要娶雅典的征服者赫摩克拉底的女儿为妻②,还把自己的妹妹嫁给波利克森努斯(Polyxenux),后者是赫摩克拉底的关系密切的妻舅。他的意图是要与显赫的家族建立亲戚关系,用来巩固他的僭主地位。接着他召开市民大会,将最有影响力的敌手达夫尼乌斯和笛玛克斯判处死刑。

狄奥尼修斯从一位书记和普通市民的身份,成为希腊世界最大城市的

① 参阅希罗多德《历史》第1卷第59节,以及普鲁塔克《希腊罗马名人传》第3篇第1章"梭伦"第30节;梭伦在市民大会反对设置卫队的提案,并且留下诗句表示他的见解:为除去癣疥癫疾,何须用狼虎药剂。

② 参阅本章第18节和34节。

暴君①。他维持独裁统治直到死亡，担任僭主的时间有三十八年之久②。我们必须详尽记载他的作为，以及他掌握适当的时机用来扩张他的统治。这个人靠着赤手空拳莫大本事，建立历史上迄今为止最坚强和最长久的专制政体。

迦太基的大军夺取这座城市③以后，将神庙储存的财宝以及市内的雕像和各种值钱的物品，都当成战利品运到迦太基。他们在烧掉寺庙和洗劫全市以后，还留在那里度过整个冬季。他们在春天开始制造各种武器和装备，拟订的计划是要对杰拉发起围攻作战。

97 就在发生上述事件的时候，雅典④连续遭遇重大的挫折，要将公民权授予愿意服役和作战的侨民和外国人。这时市民当中很多人登记入营，将领对于完成训练和准备的人员，实施服役和作战的点阅召集。雅典当局造好六十艘船，花了很大的代价完成配备，出海前往萨摩斯，这时其他的将领从爱琴海的各个岛屿，集结八十艘三层桨座战船。他们还要求萨摩斯提供额外十艘三层桨座战船，以及上面的人员和装具，整个舰队有一百五十艘船只，发航以后驶往阿金纽西（Arginusae）岛停泊，使出全力对米蒂勒尼进行围攻。拉斯地蒙的水师提督凯利克拉蒂达斯得知敌军的船只即将接近，留下伊特奥尼库斯（Eteonicus）带着陆上部队负责围攻，他亲自率领一百四十艘船火速前去迎敌，来到阿金纽斯岛的另一边。这个岛屿当时是伊奥利亚人（Aeolians）一个很小的拓垦区，位置在米蒂勒尼和赛麦之间，离开大陆和卡尼斯（Canis）海岬的距离都很近。

---

① 或许是叙拉古在狄奥尼修斯逝世之前，成长极其迅速，已经成为最大的城市。
② 这段期间是前 405—前 367 年。
③ 是指阿克拉加斯。
④ 现在要接着第 79 节开始叙述。

雅典的将领很快探明敌军即将来到,因为他们锚泊的地方距离不算太远,由于刮起强风所以拒绝接受会战,全力准备第二天列队出击。拉斯地蒙的水师也有同样的打算,虽然双方的占卜官都认为当天不利出战,他们的将领还是置之不理。拉斯地蒙这边出现的情况是作为牺牲的动物,将它的头放在海滩上面,浪花卷上来竟然消失不见,占卜官据以推测水师提督即将在作战中阵亡。据说凯利克拉蒂达斯对凶兆的预言有这样的表示:"如果我战死沙场那是马革裹尸,绝不会削弱斯巴达的名声。"

至于雅典的将领色拉西布卢斯①,轮到他在那天接掌最高指挥权,竟然在夜晚看到下面的幻象。他梦到自己在雅典一个观众爆满的剧院,正与其他六位将领同台演出欧里庇德斯(Euripides)的《腓尼基妇人》(*Phoenician Women*),这时比赛的竞争者却用《哀求者》(*Suppliants*)②一剧与他们对抗,获得的结局是"卡德密的胜利(Cadmean victory)"③,亦即双方的将领全部阵亡,如同他们对底比斯人发起的战役,最后落到两败俱伤的下场。等到占卜官听到他所说的梦境,透露会发生可怕的惨剧,七位将领全遭杀害无一幸免予难。双方接战显露的结局是胜利,将领禁止大家谈起他们的死亡,要将预言当中有关大捷的信息通报全军知晓。

98 水师提督凯利克拉蒂达斯集合全军,为了鼓舞士气用激昂的语气发表下面的谈话:"为了我们的城邦我抱着高涨的热情进入战场,虽然占卜官从奉献的牺牲,可以预知你们要获得胜利而我会阵亡,这对我而言是求仁得仁,没有任何遗憾。因此,不要由于我的遇难使部队

---

① 这位雅典的将领应该是色拉西卢斯。
② 这出悲剧的作家也是欧里庇德斯,两出戏的主题可以说是大同小异,都与7位亚哥斯人发起攻打底比斯的战争有关。
③ 可以解释为"得不偿失"的胜利,参阅本书第十一章第12节。

的指挥陷入混乱，现在我指派刻里克斯在发生不幸情况的时候，接替我的职位出任水师提督，我想他一定会证明在战争当中有最好的表现。"这番话使得大家勇气百倍从事会战。拉斯地蒙的士兵在相互勉励之后登上船只。雅典的部队在将领分别召集之下，听取训示要奋战到底，接着赶紧完成船只的备便，让所有的三层桨座战船进入部署的位置。色拉西卢斯指挥右翼，他与伯里克利在一起，后者的父亲就是大名鼎鼎绰号"奥林匹斯天神"的伯里克利①，同时在右翼还有瑟拉米尼斯，让他得到一个指挥的职位。

　　这时瑟拉米尼斯是以普通市民的身份加入这场战役，虽然他过去经常统率大军进行征战。色拉西布卢斯把其他的将领沿着战线配置，如同他们所说那样，他的会战部署像是将阿金纽斯岛围在中间，因为他的意图是尽可能将船只延伸开来。凯利克拉蒂达斯在出海以后始终保持在右翼，左翼由他信任的皮奥夏部队组成，听从底比斯人色拉森达斯（Thrasondas）的指挥。至于他无法使得自己的战线达到与敌军相等的长度，那是因为大部分的空间被岛屿据有，他区分兵力成为两个舰队，使得两翼在分离情况之下，各自与当面之敌进行会战。因此他在各方面都让旁观者感到极其惊讶，等于是有四个舰队同时接战，在一个地方聚集的船只竟然多达三百艘，提到希腊人的相互对抗和厮杀，这是有史以来规模最大的海上会战。

99 就在水师提督给号角手下达命令，吹响攻击前进信号的时刻，两边的战斗人员轮流发出作战的呐喊，战场笼罩在闻之生畏的喧嚣声中，所有的划桨手使出全力激起浪花，每个人抱着急躁的心情，想要先发制敌展开战斗。因为大多数人员都富于搏斗的经验，接战能够延续

①　普鲁塔克提到伯里克利获得"奥林匹斯天神"的称号，在于他为城市建造美轮美奂的建筑物，有人说他在公众事务方面，拥有决定战争与和平的莫大权力；也可以说他将各种卓越的质量集于一身，发挥难以抗拒的影响力，才能获得至高无上的令名。

更为长久的时间，他们全都展现绝不服输的热烈情绪，因为双方的精锐之师聚集在决定性的战场上面，大家一致认为只有这次会战的胜利者才会结束这场战争。特别是凯利克拉蒂达斯从占卜官那里得知，等待他的气运是生命的丧失，认为唯有一死才能流芳百世。

因此，他首先冲向黎西阿斯这位将领的船只，在随伴的三层桨座战船共同的撞击之下，敌舰很快沉没。对于其他的船只，有的是猛烈撞击对手的船体使得不再适合航行，有的将敌方的划桨全部折断使得无法进行战斗。最后是他对伯里克利的三层桨座战船施以强力的冲撞，使得对手的船只破了一个大洞，由于船头的撞角紧陷在裂缝当中，船身无法脱离向后退走。伯里克利的手下将一只铁爪①抛掷到凯利克拉蒂达斯的船上，等到这两艘船紧紧纠缠在一起，雅典的士兵将对手包围得水泄不通，强行冲上敌方船只的甲板，将所有的人员全部杀光。

据说凯利克拉蒂达斯在此刻还是英勇地战斗，抵抗很长一段时间，最后还是寡不敌众，四面八方围攻的士兵痛下毒手，身被重创当场毙命②。水师提督阵亡的信息很快传播开来，结局是伯罗奔尼撒的水师产生畏敌之心只有后撤。虽然在右翼的伯罗奔尼撒人已经开始败退，负责左翼的皮奥夏人仍旧维持高昂的士气，不屈不挠的战斗持续相当长的时间。他们和优卑亚人以及那些背叛雅典的希腊人，都在这一边奋战不息，因为他们生怕雅典一旦获得霸权，就会对他们的起义行动给予严厉的惩罚。他们看到自己这边大部分的船只已遭摧毁，战胜者的主力要转过来对付他们，逼不得已只有赶快逃走。现在伯罗奔尼撒的船只分别在开俄斯或赛麦找到栖身

---

① 最早提到铁爪运用到海上的战斗是在叙拉古的海港，参阅修昔底德《伯罗奔尼撒战争史》第7卷第62节。罗马人将这种装置称为"乌鸦"，前260年他们与迦太基人进行重大的海战，使用铁爪对于获胜发挥很大的成效。

② 色诺芬《希腊史》第1卷第6节，说他"从船上掉进海里就此消失不见"。

之地。

100 雅典的水师追击溃败的敌军有相当长的一段距离,使得整个会战的海面和邻近的区域,到处漂流着尸体和损坏的船只。对于这种情况,有些将领认为他们必须捡拾尸体,因为雅典的法律对于未曾埋葬死者的人士,会施以严厉的遣责①。他们之中其他的将领,却要立即扬帆向米蒂勒尼前进,尽快能够达成解围的任务。这时正好刮起一场巨大的风暴,船只都在海面颠簸摇荡,士兵经过苦战已经疲惫不堪,加上波浪极其汹涌,他们拒绝捞取落水的尸体。最后由于风势更加猛烈,他们无法航向米蒂勒尼也不能着手打捞的工作,就在强风的吹送之下向着阿金纽西行驶。

雅典的阵营在这场会战中损失二十五艘船,伯罗奔尼撒的水师付出的代价是七十七艘船和大部分的水手。由于船只和人员的损失是如此巨大,举凡赛麦和腓尼基的海岸线满布尸首和损毁的船只。正在围攻米蒂勒尼的伊特奥尼库斯,从败逃的伯罗奔尼撒人获得不幸的消息,他要所有的船只回到开俄斯,自己率领陆上部队退向派拉(Pyrrha)②这个盟邦。因为他怕雅典的舰队前来攻打他的部队,加上被围城市的守军出击,就会面临全军覆没的危险。雅典的将领在抵达米蒂勒尼以后,收容科农和他率领的四十艘战船再回到萨摩斯,用该岛作为基地前去骚扰和蹂躏敌人的领域。

这次事件结束以后,凡是与拉斯地蒙当局建立联盟关系,像是伊奥利斯(Aeolis)、爱奥尼亚和各个岛屿的居民,全都聚集在以弗所,经过磋商决

---

① 伊利安(Aelian)《历史文集》(*Varia Historia*)第 5 卷第 14 节,说是雅典人制定一条法律,任何人看到未曾埋葬的尸首,都要挖土将它掩盖起来。
② 大约在米蒂勒尼的西边 15 英里。

定派遣使者前往斯巴达,要求当局任命赖山德为水师提督,鉴于过去赖山德指挥舰队有伟大的建树,而且用兵之道较之其他将领更为优越。不过,拉斯地蒙的法条规定任何人不得两次出任同一职位,何况他们不愿违背祖先留下的传统,于是挑选阿拉库斯(Aracus)担任水师提督,派遣赖山德以普通市民①的身份随同前往,只是交代阿拉库斯无论所有事务,均应遵从赖山德的意见。由于大家都愿接受这样的安排,他们能从伯罗奔尼撒地区以及所有的盟邦,集中最大数量的三层桨座战船。

101 雅典的市民得知他们在阿金纽西赢得大捷的信息,对于胜利的将领大加赞扬,也为阵亡的将士无法获得入土为安的权利,激起大众的愤怒。瑟拉米尼斯和色拉西布卢斯早已离开返回雅典,留下的将领认为是这两位在民众面前,就处理死者的问题向他们提出指控,于是派人呈送信函到市民大会,反驳瑟拉米尼斯和色拉西布卢斯的证词,说他们这几位留下的将领,才是下达命令要打捞死者遗体的人,这样一来反而坐实这些将领遭到处死的主要成因。他们本来可以在法庭里面,得到瑟拉米尼斯和他的同僚给予帮助,何况这两位都是口才很好的演说家,还有很多的朋友加以援手,更重要的是这两位以参战者的身份,可以在法庭陈述会战的经过。等到他们写出这样的信函以后,双方反目成仇,彼此视为讼案的对手和严厉的指控者。

送来的信函在市民大会当众宣读,群众立即对瑟拉米尼斯和他的同伴气恼不已,由于他们在场能为自己辩护,就将这股怒气直接发泄在远方的将领头上。人民特别注意对未在场的将领进行的审判,奉到命令将军事指挥权交给科农,至于科农应尽的责任可以免予追究,同时这些将领奉到敕

---

① 色诺芬在《希腊史》第2卷第1节的叙述,更为正确而且可信,他说法律规定禁止"一个人担任两次水师提督",所以赖山德的职位是"副提督"。

令,要尽速返回雅典向法院报到。身为将领的亚里斯托吉尼斯和普罗托玛克斯,对民众的愤怒产生畏惧,只有逃走获得安全的庇护,色拉西卢斯、凯利阿德、黎西阿斯、伯里克利和亚里斯托克拉底,带着大部分的船只回到雅典,希望这些人数众多的水手,对他们接受审判能有帮助。

市民大会挤满参加的群众,他们全神贯注提出的控诉,任何抨击之词都让大家感到满意,只要有人出面辩护,就会联合起来大声吵闹加以干扰,或者不让这个人继续说下去。对于被控的将领造成最大的伤害,是死者的亲人穿着丧服出现在市民大会,要求惩罚失职的将领以慰死者在天之灵,因为他们让为国捐躯的志士竟然得不到安葬的权利。最后还是死者的家属和朋友以及瑟拉米尼斯的党羽,在人数上占有很大的优势,结果是这几位将领被判处死刑,财产全部充公。

102 等到这场闹剧落幕以后,定罪的将领被公设的行刑人带出去处死,有一位名叫戴奥米敦的将领,在人民的面前站了起来准备说话,这个人不仅在战时有英勇的表现,而且为人公平正直获得大家的肯定,这时全场安静下来,他说道:"各位雅典的市民,我们采取的行动使得城邦能够转危为安,可能与我们为了获得胜利立下还愿誓言有关,现在命运女神不让我们有实践誓言的机会,如果你们认同这种做法,请你们在救世主宙斯、阿波罗和圣洁女神①的前面奉献丰盛的祭品,因为我们在打败敌人之前,就对这些神明立下还愿的誓言。"

戴奥米敦在提出这些诉求以后,就被带往指定的行刑地方,还能在心地善良的市民当中,激起大家流下同情的眼泪。这位将领面临不公正的处决,完全不提自己目前的困境,在于城邦用莫须有的方式,让他们成为诬告

---

① 圣洁女神是伊瑞尼斯(Erinyes),也就是复仇三女神。

和委屈的受害者,反而要求大家不要忘记对神明立下的誓言,如此一个敬畏上苍和心胸开阔的大丈夫,怎么说也不应该落到这样的下场。遭到判决的将领虽然没有对城邦犯下任何罪行,却被依法指派的十一名官员①,前来执行他们的死刑,须知他们在希腊人相互对抗之中,赢得规模最大的海战胜利,光辉的战斗方式比起其他的会战,更能表现出个人的英勇行为,打败敌军就能树立光荣的凯旋纪念牌坊。那个时候的民众所以采取这样一种激烈的手段,完全是受到政客的煽动和教唆,大家将怒气发泄在将领的头上,其实他们不应加以惩罚,而且应该给予赞扬和荣誉。

103 不过,很快那些极力主张采取报复行动的人,以及那些确实有了悔恨之心的人,像是神明对他们的作为极其愤怒一样,使得他们要为受骗所犯的错误付出代价,没过多久以后所有的统治权力,落在不止一个而是三十个专制暴君②的手里。诸如凯利克森努斯(Callixenus)之类的骗子,通常都会运用这些伎俩和手法,一旦人民感到后悔不迭,就会被带进法院控以欺骗人民的罪行,根本不让他为自己辩护,就用链条锁住投入监狱。后来凯利克森努斯与某些人在暗中挖地道逃了出来,找到关系投靠在迪西利亚的敌人,最后虽然能够留住性命,终其一生无论是在雅典或任何有希腊人的地方,总被人在他的背后指指点点,对他那卑鄙的行为表露出藐视的神情。

我们会说这些都是那一年发生的事件。史家菲利斯都斯在这一年终止第一部《西西里史》,主要的结局是攻占阿克拉加斯,他用七卷的篇幅叙

---

① 这是城邦一个常设机构,负责罪犯的宣判和死刑的执行,通常他们被大家称为"11人小组"。这个职务很像罗马执政官手下的12位扈从校尉,手持权标和斧头,拥有扑打权力。

② 就是通称的"三十僭主",参阅本书第十四章第3节及后续各节。

述八百年的历史,后来接着从第一部暂停的地方开始第二部《西西里史》的写作又有四卷①。

就在这一年,索菲卢斯(Sophilus)之子悲剧家索福克勒斯(Sophocles)以九十岁的高龄过世,他一生赢得戏剧竞赛的优胜达十八次之多②。据说这个人在他最后一次悲剧的演出,还能获得优胜的时候,充满兴奋的情绪给他带来死亡。阿波罗多鲁斯(Apollodorus)③编纂的《年代纪》,提到欧里庇德斯在同一年亡故,还有人说他住在马其顿国王阿奇劳斯的宫廷里面,有天走到乡间去游玩,竟然遭到一群野狗的攻击,身体被咬得支离破碎,都是不久之前的事。

104 这一年的岁末,亚历克西阿斯(Alexias)成为雅典的执政,罗马选出三名军事护民官盖尤斯·尤利乌斯(Gaius Julius)、巴布留斯·高乃留斯(Publius Cornelius)和盖尤斯·塞维留斯(Gaius Servilius)取代执政官的职位(前405年)。担任公职的将领遭到处决以后,雅典当局让斐洛克利(Philocles)负起指挥的责任,同时将舰队交给他统率,派他带着命令去见科农,所有的部队接受两人的共同领导。等到他在萨摩斯与科农会合,这时完成备便的船只多达一百七十三艘。决定留下二十艘在萨摩斯,其余兵力在科农和斐洛克利的指挥之下,全部向着海伦斯坡航行。

拉斯地蒙的水师提督赖山德,从伯罗奔尼撒的邻近盟邦,征得三十五

---

① 菲利斯都斯对于狄奥尼修斯二世又多写2卷,使得《西西里史》的篇幅总共是13卷,参阅本书第十五章第89节。

② 发现一个"胜利"的石刻,从上面的铭文可以肯定他获得18个第一。

③ 古代希腊有两位史家的名字都叫阿波罗多鲁斯:一位来自阿提米塔(Artemita),享有大名约在前100—前70年,著有4卷《波斯史》以及讨论征服印度的作品;另一位是公元前2世纪的雅典人,作品以编年史为主。本章提到的阿波罗多鲁斯是指后面这位,他的编年史涵盖的期间是前1184—前119年。

艘船只驶往以弗所，接着召集驻扎开俄斯完成准备的舰队。他前往内陆去见波斯国王大流士之子居鲁士，接受大量金钱的馈赠，可以用来维持他的士兵。这时居鲁士收到父王的召唤要回到波斯，赋予赖山德指挥所有城市的权力，命令他们将贡金交付给他。赖山德获得各方面的支持足以进行战争，接着返回以弗所。

就在这个时候，米勒都斯有某位人士，一直为实行寡头政体而奋斗不息，获得拉斯地蒙当局的鼎力相助，民选的政府只有关门大吉。这时正逢戴奥尼西亚（Dionysia）节庆，派人将主要的敌对党派全部从家中抓来，其中有四十人遭到杀害，等到市民大会参加人员到齐以后，挑选三百名最富有的市民全部处决。最受尊敬的市民其中包括那些顺从民意的人，数目不会少于一千，害怕落入悲惨的处境，逃向波斯省长法那巴苏斯给予庇护，受到仁慈的接待，每人发给一个金币的路费①，安排他们定居在布劳达（Blauda），这是位于利底亚（Lydia）的要塞。

赖山德率领绝大部分船只航向卡里亚（Caria）的伊阿苏斯（Iasus），这座城市是雅典的盟邦，运用武力夺取，杀死适合兵役年龄的男子将近八百人，将儿童和妇女当成战利品出售为奴，然后夷平全城。随后发航前去攻打阿提卡和很多其他的地方，没有完成重大的功勋值得加以记载，因此我们也无须浪费笔墨。最后攻占兰普萨库斯②，签署休战协定就让雅典的驻防军安全离去，搜刮居民的财富再将城市归还给他们。

105 雅典的将领得知拉斯地蒙水师以全部兵力围攻兰普萨库斯，从各地区集中兵力，火速率领一百八十艘三层桨座战船前去

---

① 或许是波斯的达里克金币，它的价值大约是 5.4 美元或 1 镑 3 先令（这种币值只供参考，现在不算什么，古代却是大手笔）。

② 位于特罗德地区，离开海伦斯坡海峡的进口大约 35 英里。

解围。发现城市已经落到敌人手中,这时他们将船只停泊在伊哥斯波塔米(Aegospotami)①,每天出海前去向敌军搦战。伯罗奔尼撒人坚守营地不出,雅典人处于这种环境不知如何是好,因为他们无法供应大军的粮草,已经到了难以为继的地步。这时亚西比德②前去探视,还向这些将领说起色雷斯的国王麦多库斯(Medocus)和修则斯(Seuthes),一直与他非常友好,如果他想用战争结束与拉斯地蒙之间的争执,他们愿意提供一支大军前来相助。亚西比德要求分享指挥的权力,答应能够完成其中任一目标,逼使敌军接受海上的会战,或者在色雷斯人③的援助之下与敌人在陆上决一胜负。

亚西比德提出的意见,希望能尽自己的力量建立功勋,让国家获得最大的利益,所有的人民蒙受他的恩德,就会恢复过去对他的厚爱。雅典的将领经过考虑,生怕设若战败使他们受到谴责,万一战胜归功亚西比德抹杀他们的功绩,很快做出决定要他马上离开,而后不得再接近他们的营地。

106 由于敌人拒绝接受海上的会战,而且全军都陷入饥馑之中,有一天由斐洛克利负责指挥,命令其他的船长备便他们的三层桨座战船,追随他的行动,这时有三十艘战船启碇向前发航。赖山德从逃兵那里得到信息,率领所有的船只出海,迫使斐洛克利接受战斗,对于其他船只也都紧追不放④。雅典水师的三层桨座战船没有预料敌军会出现,

① Aegospotami 的字意是"山羊河",离开兰普萨库斯大约 5 英里,但是要越过海峡才能到达。

② 这时亚西比德已经退向色雷斯的两个城堡,一个位于佩克提(Pactye),离开雅典舰队锚泊的地方只有 20 英里。

③ 色诺芬在《希腊史》第 2 卷第 1 节,并没有提到亚西比德有这方面的要求,只是劝这些将领要把塞斯都斯(Sestus)当成作战的基地。

④ 对于会战的叙述与色诺芬《希腊史》第 2 卷第 1 节的记载完全不同,看来后者的文字较为可信。

在人员配备不足的情况之下,全都陷入混乱之中。等到赖山德发觉敌军喧器不安,火速让伊特奥尼库斯带着部队上岸,他们的任务是从事陆上战斗。伊特奥尼辛很快掌握会战的时机,占领一部分敌人的营地,赖山德自己让所有准备就绪的三层桨座战船,扬帆向前进行会战,对于沿着岸边停泊的船只,抛出铁爪抓住再拖走。

雅典的将领为出其不意的行动感到惊慌不已,因为他们没有意愿让船只延后出海,更没有能力从事陆上的战争,只是在这里停留短暂的时间,然后就会离去。不过顷刻之间,有些人抛弃他们的船只,还有人离开他们的营地,向着四面八方到处乱窜,每个人抱着希望能找到安全的庇护所。所有三层桨座战船只有十艘逃脱。科农是其中一位将领,放弃任何回到雅典的想法,害怕面对愤怒的群众,就在伊凡哥拉斯那里获得栖身之处,后者控制塞浦路斯与他建立深厚的友谊,至于大多数的士兵,都从陆地逃到塞斯都斯①,发现那里倒是非常安全。其余的船只被赖山德掳获,身为将领的斐洛克利成为俘虏,押解到兰普萨库斯还是惨遭处决。

会战结束以后,赖山德安排速度最快的三层桨座战船,派遣信差带着胜利的消息赶赴拉斯地蒙,还在船只的甲板上面放置最贵重的武器和战利品。接着他乘势进击,前去攻打在塞斯都斯获得庇护的雅典军队,他夺取城市以后,签署一纸休战协定让雅典的士兵平安离去。然后他立即向着萨摩斯发航,带着部队要进行围攻作战。捷利帕斯过去率领分遣支队在西西里协助叙拉古对抗雅典②,现在奉到派遣返回斯巴达,除了携带大批战利品还加上价值一千五百泰伦的银两。所有的钱币都装在小袋里面,每个小

---

① 从伊哥斯波塔米顺着海伦斯坡海峡向下到塞斯都斯,其间的距离大约是 8 英里。
② 参阅本章第 7、8 及 28 各节。

袋的底部放置用 skytale① 方能读出的列表,上面记载金额的数量。

捷利帕斯不知道有清单的存在,暗中打开小袋拿走三百泰伦,等到发觉侵占公款的罪行,民选五长官查出捷利帕斯是主犯,他已逃出国境还是判以极刑。捷利帕斯的父亲刻里克斯②犯下同样的过错,亡命异乡的时间要更早一些,那是因为他接受伯里克利的贿赂,擅自撤军没有按照计划入侵阿提卡,受到死刑的定罪以后,成为放逐者在意大利的休里埃度过余生。这一对父子在其他的事务都能贡献个人的能力,贪渎的行为却让他们的余生充满羞辱。

107 雅典当局听到他们的水师已经全军覆灭③,放弃控制海洋的政策,加紧建造长墙,为的是遭受围攻的时候,使得港口不至于形成孤立。拉斯地蒙国王埃杰斯和鲍萨尼阿斯立即率领大军入侵阿提卡,就在城墙的外面建立营地,赖山德的水师有两百多艘三层桨座战船,停泊在派里犹斯的港口。虽然他们陷入极其艰苦的处境,雅典的市民还是坚持到底,在相当时日之内对于城市的守备没有任何困难。伯罗奔尼撒的部队鉴于围攻的困难日增,决定从阿提卡撤军,运用船只在相当距离以外实施阻绝,要使居民无法获得输入的谷物。等到执行禁运的策略,雅典的市民极度缺乏所有的物品,特别是粮食过去全靠海外进口。等到苦难日益增加,城市充满死者,幸存的人员派出使者与拉斯地蒙商议和平协议,条件是

———————

① 这种 skytale 称为卷轴,是两根圆木棍,大小完全一样,民选五长官派将领或水师提督外出作战,各执一根圆木,可以进行秘密通信。

② 修昔底德《伯罗奔尼撒战争史》第 6 卷第 93 节,提到捷利帕斯的父亲名字叫作克伦德瑞达斯(Cleandridas)。

③ 色诺芬在《希腊史》第 2 卷第 2 节提到他这时正在雅典,告诉我们消息如何传了过来。他说:"这是晚上掌灯的时候,帕拉卢斯圣船的抵达给雅典带来不幸的噩耗,一阵哭泣的声音从派里犹斯沿着长墙传进城市,每个人都在奔走相告,整夜都无法入眠。"

他们拆除两道长墙和派里犹斯的城防工事,用于战争的船只不得超十艘,从所有的城市撤回雅典的驻防军,承认拉斯地蒙拥有独一无二的霸权。就我们所知伯罗奔尼撒战争延续的时间最久,一共打了二十七年,前面提过已经宣告结束。

108 获得和平没有过多久,亚洲之王大流士在位十九年崩殂,身为长子的阿塔泽尔西兹继位,他的统治长达四十三年。根据雅典人阿波罗多鲁斯的说法,这个时期以诗人安蒂玛克斯(Antimachus)独领风骚①。

西西里②的迦太基指挥官希米卡,初夏之际将阿克拉加斯这座城市夷为平地,对于寺庙的破坏即使加以纵火,从外表看来还是不太严重,至于雕塑和艺术精品全都损毁无遗。他立即率领麾下的军队入侵杰拉的疆域,在攻击整个地区以及卡玛瑞纳以后,就用种类繁多的战利品让所有的官兵发了一笔横财。接着他向杰拉进军,沿着与城市同名的河流开设营地。城市的外面有一座巨大的阿波罗青铜雕像,迦太基人将它当成掠夺品拆了下来运到泰尔(Tyre)③。杰拉当局根据神明下达的神谶才建立这个纪念物,等到后来泰尔在马其顿的亚历山大围攻之下,居民认为这位神明已经投向敌人的阵营④,极其无礼将巨大的雕像推倒在地。

泰密乌斯提到这件事,说是亚历山大夺取这座城市,与迦太基人在杰拉拿走阿波罗的雕像,发生在同样的日期和时辰,对于神明受到希腊人的

---

① 安蒂玛克斯是一位抒情诗人,在苏格拉底和柏拉图时代享有盛名,有一本诗集《蒂巴德》(*Thebaid*)流传于世,根据昆提良(Quintilian)的评论,风格高雅气势雄伟,与他同时的文法学家认为他是仅次于荷马的大诗人,事实上这是过誉之词。

② 现在要接着第96节开始叙述。

③ 迦太基是腓尼基人的殖民地,很多移民来自泰尔,所以迦太基人会将最显赫的战利品送回自己的故乡。

④ 参阅本书第17章第41节。

礼遇倒是略而不提,他们为了迎接被俘的阿波罗,安排隆重的奉献祭典和盛大的游行行列。虽然这些事件发生在不同的时代,我们认为出于一种引人入胜的叙述方式,并不是不可以将它们硬凑在一起。

迦太基的军队砍倒四乡的树木,绕着他们的营地挖掘一道壕沟,他们认为狄奥尼修斯会率领一支实力强大的军队,前来援助处于极度危急状态的居民。杰拉当局预判会有大难临头,经过投票决定将妇女和儿童送到叙拉古避开危险,妇女进入市民大会附近的祭坛,请求要与他们的男子同生死共患难,市民逼不得已只有同意。接着他们为了派遣士兵轮流前往乡村地区,开始编组很多分遣支队,因为他们熟悉当地的环境,攻击敌军三五成群在外游荡的士兵,每天都有很多迦太基人被他们活捉,更有不少遭到杀害。

虽然迦太基军队对城市发起连续不断的攻击,运用攻城锤将城墙撞出裂缝,杰拉守军的防卫还是非常英勇,特别是部分城墙在白天遭到破坏,到了夜晚在妇女和儿童的帮助之下,很快能够修复。身强体壮合乎兵役年龄的男子,全副武装从事不断的战斗,其他的群众参加守备的工作,抱着最大的热忱要完成交付的任务。总之,他们遭到迦太基如此顽强的攻击,虽然他们的城市缺乏天然的地形之利,没有盟邦前来援助,除此以外,还看到城墙有很多地方遭到破坏,对于威胁他们生存的危险,始终抱着处变不惊的态度。

109 叙拉古的僭主狄奥尼修斯,呼吁意大利的希裔人士和其他的盟邦给予帮助,就亲自率领大军出征,要求叙拉古大部分及龄壮丁入营服役,招募佣兵加入军队。根据某些数据的记载,整个兵力大约是五万人马,就泰密乌斯的说法,应该是三万名步卒、一千名骑兵和五十艘有甲板的船只。他带着一支庞大的军队前来援救杰拉,等到快要接近城市,靠着海边设立营地。他的打算是不愿分割他的军队,运用同一个基地可以进行陆地或海上的作战。他派出轻装部队与敌人接战,不让他们在四乡征集粮草,同时他要用骑兵队和船只不让对手获得补给。虽然叙拉古的僭主已经成为这个地区的主人,现在已有二十天他们毫无动静,没有做出值得一提的事情。

狄奥尼修斯将他的步兵区分为三个集团以后,其中一个师是由希裔西西里人组成,奉到他的命令要去攻打对方受到壕沟保护的营地,设立的位置在城市的左侧;第二个师是由盟邦组成,要沿着海岸扫荡城市的右方地区;他自己率领佣兵组成的支队,通过城市进击敌军放置攻城机具的阵地。他给骑兵队的命令,是他们看到步兵前进,立即渡过河流冲进平原,如果友军获胜,他们应该加入战斗以扩大胜利的成果,要是友军失利,他们应该接受敌军给他们带来的压力。对于在船只上面的部队,他的命令是船只航向敌军的营地,意大利的希腊佣兵立即发起攻击。

110 舰队在适当的时机执行他的命令,迦太基的士兵蜂拥前往敌人要登陆的位置,要在他们的援助之下,击退从船上来到陆地的攻击者。事实上迦太基的军队仍旧据有这部分的营地,因为都是沿着海岸设置,所以没有严加防范。这个时候意大利的希腊佣兵,沿着整个海岸线都能攻击迦太基的营地,发现大多数的守备人员都去援助受到船只入侵的地区,很快将留在原地的部队打得大败而逃,他们接着就向营地推进。迦太基的将领看到大事不妙,赶紧转用大部分的军队,经过一场持久的战斗,排除所有的困难将来人赶进壕沟当中。意大利的希腊佣兵已被人多势众的蛮族击败,现在遭遇的情况,如同拆除对他们已经没有帮助的尖锐栅栏。因为希裔西西里人的进军要通过平原,他们的到达已经过迟,狄奥尼修斯率领佣兵经由城市的街道,遭到困难无法像他们计划中那样的快速,杰拉的市民从城市前进很短的距离,仅能在有限的地区之内,对意大利的希腊佣兵给予援助,因为他们害怕放弃城墙的守备,结果是要想帮忙也是缓不济急。

效力迦太基军队的伊比利亚和康帕尼亚的佣兵,他们紧紧压住意大利的希腊佣兵不肯放手,使得对手有一千多人被杀。船上的水手用浓密的箭雨阻止追兵,其余的人员才能安全退入城内。另外由希裔西西里人组成的一个师,就与当面的利比亚佣兵接战,斩获甚多追赶进入营地的余众。等到伊比利亚人、康帕尼亚人和迦太基都来援助利比亚人,他们损失六百人以后撤到城市。骑兵队在看到战友吃了败仗,因为敌人对他们施加压力,也只有退到城内避开风头。狄奥尼修斯刚刚抵达,发现他的军队战败,还能及时进入城墙里面。

111 狄奥尼修斯与他的朋友举行会议,要听取他们对战争的意见。他们都说目前他所处的位置,不利他与敌军进行决定性的会战,他在傍晚之际派出一位传令官,前去安排要在次日处理阵亡人员。就在夜晚第一时辰,下令城市为数众多的居民开始撤离,他自己是在午夜启程,将两千名轻装部队留在后面。他要城市保持整夜不息的火光和嘈杂的声音,使得迦太基人认为他仍然留在城内。等到天色开始明亮,留下的部队离开加入狄奥尼修斯的撤退队伍。迦太基的将领得知当面的情况,下令将他们的营房搬到城内,将所有留在住宅里面的东西全部洗劫一空。

狄奥尼修斯到达卡玛瑞纳,迫使该城的居民带着他们的妻儿子女迁到叙拉古。他们的处境如同惊弓之鸟,很快出发没有一点延误,有人将容易携行的金银打包带走,大多数人只能带着父母和年幼的子女逃难,已经无法顾及那些值钱的物品。还有一些人因为年迈或是病痛,没有亲人或朋友的照应只有留了下来,他们预判迦太基的军队几乎立即追赶过来。落到如同塞利努斯、希米拉和阿克拉加斯不幸的命运①,他们的民众饱受恐惧的摧残,所有人都认为自己就是目击者,可以见证迦太基人的野蛮与暴虐。他们绝不饶恕所有的俘虏,对于奉献给命运女神的牺牲毫无同情之心,有些人遭到残酷的磔刑,或被施以无法忍受的暴行。

尽管如此,两座城市的市民受到驱逐成为流亡者,乡村地区到处都是妇女和儿童,以及没有能力的乌合之众。士兵亲眼看到这些悲惨的情况,不禁对狄奥尼修斯感到义愤填膺,就是对众多的不幸受害者满怀同情。他们看到出生在自由人家庭的小孩和及笄之年的少女,夹杂在队伍里面行走,这都不是他们那个年龄应受的折磨,面临极其紧急的时刻,只有抛弃羞愧之心出现在陌生人的眼前。他们同样对老年人产生怜悯之心,被逼长途跋涉已经超过体力的限度,为的是能赶上年轻力壮者的步伐。

112 人们认为狄奥尼修斯已经有非常确切的计划,故意装出力有不逮的模样,使得原来痛恨他的人更是火上加油;他原来想利用死在迦太基人手里的阵亡人员,无须冒险成为西西里其余城市的领主。他们只要加以核算,知道他带来援军过于迟缓②,事实上他的佣兵没有任何人丧失性命,由于他没有遭到严重的损失,仓促的撤退可以说毫无道理。其中最重要一点,就是没有一个迦太基士兵对他发起追击。因此,那些人在发生此类事件之前,已经热衷于抓住机会就要叛变,现在像获得天神的先知之明,所有的事物所表示的意义,是要尽力推翻僭主的权力。

意大利的希腊佣兵现在要抛弃狄奥尼修斯,通过岛屿的内陆返回他们的家园,叙拉古的骑兵队开始还抱着很大的希望,能在撤退的路上找到机会杀死僭主,看到佣兵还没有离去,大家一致同意只有疾驰赶回叙拉古。

---

① 分别参阅本章第 57、62 和 90 节。
② 要去帮助杰拉。

发现造船厂①的警卫还不知道杰拉的情况，他们的进入没有受到拦阻，开始抢劫狄奥尼修斯的住宅，里面到处都是金银财宝和值钱的物品，抓到他的妻子施以非人的虐待②，一定会激起暴君难以平息的怒气，同时确信对狄奥尼修斯的妻子进行的报复，逼得他们走向无法和好的决裂状态，就会出于自愿团结起来，对他们的仇敌发起势不两立的攻击。

狄奥尼修斯在路途之中猜测会有变故发生，他选出最信任的骑兵和步兵单位，用无法抵挡的速度向着城市前进，他认为制服骑兵队要靠积极和快捷的行动，只有如此才能发挥效能。他的到达像是发起一次奇袭，就能很轻易完成他的意图，事实果然不出所料。骑兵队始终抱持乐观的看法，认为狄奥尼修斯不会返回叙拉古，也不可能保有他的军队；后来他们说他离开杰拉的借口是要避开迦太基的军队，事实上他这样做等于让叙拉古落到一蹶不振的处境。

113 狄奥尼修斯赶了四百斯塔德的路程③，带着一百名骑兵和六百名步卒，大约在午夜时分抵达阿卡拉迪纳，发现城门紧闭，就用沼泽的芦苇堆集在门口，叙拉古居民习惯在泥灰中混杂芦苇，干了以后非常坚固，所以大量地采集使用。纵火以后城门陷入烈焰之中，他一边收容部队当中行动迟缓的士兵。等到大火将城门烧毁，狄奥尼修斯带着手下的官兵夺路通过阿卡拉迪纳地区。骑兵队有些彪悍的士兵，他们听到发生的情况，不等主力的到达，虽然人数很少，还是冲向前去帮助抗拒入侵的队伍。他们聚集在市民大会的会场，后来被佣兵包围，遭到射杀没有留一

---

① 狄奥尼修斯已经将这里当成他的居所，参阅本章第96节。

② 按照普鲁塔克《希腊罗马名人传》第22篇第1章"狄昂"第3节的记载，说她羞愧之余自尽身亡。

③ 大约有60英里。

个活口。

狄奥尼修斯将士兵排成战斗队形通过城市,任何抗拒不从的人员都惨遭屠杀,派兵进入敌对者的家中,有些人被当场处死,有些人被驱离城市。骑兵队的主力原来没有出动,看到情况不对全部从城市逃走,占领一个现在称为伊特尼(Aetne)的地方。佣兵的主力和希裔西西里人的军队,天明以后到达叙拉古,杰拉和卡玛瑞纳的部队与狄奥尼修斯发生争执,离开他前往李昂蒂尼。

114 ①。因此,希米卡处于恶劣的环境要采取至当的行动,派遣传令官前往叙拉古,说服他手下的败军之将,调解双方的争端。狄奥尼修斯乐于顺应其事,基于下列条件草拟和平协议:伊利米人(Elymi)和西堪尼人(Sicani)的领域以及迦太基移民最早建立的城市,全都属于迦太基所有;塞利努斯、希米拉、杰拉和卡玛瑞纳的市民可以在他们的城市安居乐业,只是城市不得设防,必须向迦太基当局支付贡金;李昂蒂尼、美西纳和西西里内陆各城市的居民,生活在各自制定的法律之下,叙拉古必须接受狄奥尼修斯的统治;俘虏和船只必须归还失去的一方。

双方签署和平协议以后,迦太基的军队立即登船回航利比亚,黑死病使得他们损失一半以上的士兵。瘟疫很快蔓延开来,不仅是利比亚还有迦太基和他的盟邦,都受到极其严厉的打击。

就我们这一部分而论,无论是希腊的伯罗奔尼撒战争,或是迦太基人和狄奥尼修斯首先在西西里出现的冲突,现在都已宣告结束,我们原定的目标都已达成②,其他接续而来的事件,在下一章中要按照次序加以叙述。

---

① 脱落的文字可能叙述迦太基的军队遭受瘟疫带来的灾害。
② 参阅本章第 1 节。

第十四章
迦太基的扩张

1 没有人愿意听到谩骂的诽谤之词,可以说是天经地义的事。即使有些人的恶行已经非常显著也不容否认,都把他们当成责难的目标,还要尽力对指控的罪名进行答辩,大家看在眼里无不感到深恶痛绝。每个人都要尽可能小心翼翼,不要做出任何邪恶的行为,特别是渴望拥有领导权力的人士和无往不利的幸运儿,他们受到命运女神的垂青,给予的礼物就是引起别人嫉妒。看来对于这些人而言,生命当中所有的往事如同一本打开的书,由于他们的名声早已流传在外,不可能隐瞒自己的过失和愚蠢。特别不要让一个人获得极其卓越的成就,就是他犯下大错也要心怀希望,无时无刻都能逃过别人的注意,免得引起无谓的指控和非难。

甚至人还留在世间的时候都要避免谴责的言辞,只能期待真理之神能够全部揭露出来,坦诚宣布那些长期以来隐匿不让人知却又不断谣传的事故。因此,对于那些邪恶的坏蛋,难以应付的命运是在他们亡故以后,整个一生会给后代子孙留下无法磨灭的印象。某些哲学家坚持一种观念在那里晓晓不休,说是人死如灯灭过往的事情已经与我们无关,即使那些生前作恶多端的僭主,所幸从现在看来只不过是可怕的回忆而已。只要读过这卷书当中有关事件的来龙去脉,发现在这方面所要列举的例证是何等明显。

2 譬如雅典的市民当中有三十位成为僭主①,完全来自渴求身居高位的心态,为他们的祖国带来极大的灾难,他们自己很快丧失权力,留下永难忘怀的污名。拉斯地蒙在希腊赢得没有对手出面竞争的霸权以后,就会一心想除去羞辱的往事,回忆当年他们用不公正的态度对待自己的盟友。拥有领导权所能获得的优势要靠善意和公正来维持,然而不守信义的行为带来臣民的痛恨,使得高高在上的权力遭到推翻。还有叙拉古的僭主狄奥尼修斯,虽然在统治者当中成为最幸运的人物,仍旧遭遇不断的叛逆要谋害他的性命,畏惧之余只有在长袍里面穿上铁质的胸甲,他的死亡所能遗留的东西,就是他的一生对那些不断诽谤的人而言,都是一个非常鲜明而突出的例证。

我们对于上面举出的实例,只要能与适当的时期发生关联,就应该给予详细的记录。现在我们开始继续撰写下去,仅在界定年代的时候会暂停

① 前 404 年雅典战败开城投降,原有的体制瓦解,在斯巴达的扶植之下建立寡头政权,以克瑞蒂阿斯为首的三十僭主,推行恐怖政策处死政敌和富室 1500 人,民众大量流亡,经过 8 个月的统治,爱国志士发动起义推翻专制,恢复传统的民主制度。

一下。前面几章我们叙述的事件是从特洛伊的攻占到伯罗奔尼撒战争和雅典帝国的结束,涵盖的时间是七百七十九年①。现在这一章中我们加上后续发生的事件,开始于三十僭主的当政,终止于高卢人占领罗马,这段时期为十八年。

3 雅典的政府遭到推翻因而无法选出执政②,这一年(前404年)是特洛伊被攻占后第七百八十年,罗马选出四位军事护民官盖尤斯·弗尔维斯(Gaius Fulvius)、盖尤斯·塞维留斯(Gaius Servilius)、盖尤斯·华勒流斯(Gaius Valerius)和努麦流斯·费比乌斯(Numerius Fabius)负起执政官的职责,举行奥林匹克九十四届运动会,拉立沙(Larisa)的科西纳斯(Corcinas)③是胜利者④。这个时候雅典的国势虚弱已到山穷水尽的地步,逼得要与拉斯地蒙当局签订条约,毁弃城市的城墙以及沿用传统的政体。他们将通往派里犹斯的长墙拆除,然而对于政府的体制无法取得一致的同意。有些人倾向寡头政体力言古老的制度应该恢复,使得城邦在少数人的掌握之下,鉴于大部分市民还是民主政体的拥护者,要依据祖先拟定的政策进行政府的运作,宣称民主政体已经获得大家的认同。

引起的争论延续一段时日,力求改革的政党派遣一个代表团去见斯巴达的赖山德(Lasander)⑤,因为这个人在战争末期,奉到当局的命令治理盟

---

① 期间是从前1184年到前405年。雅典的投降是在公元前404年4月,要知道狄奥多罗斯是使用雅典的名年执政作为纪年,以执政的任职时限为准,所以最后这一年涵盖的时间是从公元前405年7月到公元前404年6月。

② 这一年雅典的执政是皮索多鲁斯,因为他的职位不是合法选出,就不使用他的名字作为纪年之用,参阅色诺芬《希腊史》第2卷第3章第1节。

③ 色诺芬《希腊史》第2卷第3节,提到胜利者是克罗西纳斯(Crocinas)。

④ 优胜的项目是"赛跑"。

⑤ 赖山德出身于赫拉克勒斯家族,担任拉斯地蒙的水师提督,公元前405年的伊哥斯波塔米会战,歼灭雅典的舰队,占领雅典成立寡头政体,曾经计划要在斯巴达发动政治改革,公元前395年围攻哈利阿都斯之役阵亡。

邦和所占领的城市,就在很多地区推行寡头政体,获得相当的成效,所以他们怀抱希望,认为他会给予强有力的支持。他们出航越过海洋来到萨摩斯(Samos),正好赖山德留在该地围攻城市。他对提出的请求答应相互合作,指派斯巴达的苏拉克斯(Thorax)出任萨摩斯的"督军"(harmost)①,自己率领一百艘船航向派里犹斯(Peiraeus)。他要求雅典政府召开市民大会,规劝他们选出三十个人担任政府的首长,负责处理城邦所有的事务。

瑟拉米尼斯(Theramenes)②对他的话加以反对,宣读和平协议的条款,明文同意雅典沿用祖先传留的政府形态,拉斯地蒙要是违背誓言剥夺他们的自由权利,他认为这是一件无法忍受的事。这时赖山德指出破坏和平协议的始作俑者是雅典的市民,因为他们拆除城墙的时间晚于双方同意的条款。他直接对瑟拉米尼斯施加威胁,如果仍旧对拉斯地蒙坚持杯葛的立场,最后的结局是难逃一死。瑟拉米尼斯和与会的民众,在要求举手表决的方式之下,面临恐惧的打击,被迫只有放弃民主政体。从而选出三十个人赋予处理城邦事务的权力,表面上他们是政府的督导者,实际上却是一群僭主。

4 人民非常清楚瑟拉米尼斯的为人公平正直,相信他遵守原则会在某个程度上阻止领导者滥权用事,所以将他选为三十位首长之一。当选者的责任是指派人员成立"四百人会议",以及遴选其他的官员共同制定治理城邦所需的法律。现在他们对于着手草拟法条采取拖延的伎俩,经常拿出冠冕堂皇的借口,无论是四百人会议的成员还是其他的官

---

① "督军"是斯巴达驻防军的指挥官,还兼任城市的总督。

② 瑟拉米尼斯是雅典的水师提督,伯罗奔尼撒战争结束以后,他与亚西比德在海上建立功勋,赖山德指派他为三十僭主之一,施政方针倾向无为而治,后来被克瑞蒂斯所害,时为前404年。

吏,全都指派自己的朋友担任,那些人使用官员的名衔实际上却是三十僭主的下属。首先他们拿城市当中阶层最低的人员开刀,经过审判将他们处以死刑,最受尊敬的市民都不认同他们的行为。

经过这件事以后,他们变得无法无天犯下更为严重的罪行,就是请求拉斯地蒙当局给他们派来一支驻防军,据说他们建立这样一个政府,主要的目的是维护拉斯地蒙的利益。他们知道如果没有一支外国武力在后面撑腰,就不可能完成谋害市民的行动,雅典各阶层的人士都会团结起来,不让生命的安全受到侵犯。等到拉斯地蒙当局派来一支由凯利拜阿斯(Callibius)率领的驻防军,三十僭主运用贿赂和其他的特权,赢得指挥官的拥护和听命。他们从富有的市民当中选出适当的目标,将他们视为革命分子依法加以逮捕,处死以后籍没他们的财产。

瑟拉米尼斯反对同僚的迫害行为,出声恫吓要加入抗议的行列,提出的主张是要确保应有的权利,三十僭主召集四百人会议的成员开会。克瑞蒂阿斯(Critias)成为他们的代言人,用冗长的演说控诉瑟拉米尼斯出卖政府,说他从头到尾都是一个叛徒,瑟拉米尼斯在答辩中澄清所有的指控事项,赢得整个四百人会议的同情[①]。克瑞蒂阿斯害怕瑟拉米尼斯颠覆寡头政体,火速召来一群手执刀剑的士兵,他们正要前来逮捕他的时候,由于预先得知有这种情况发生,瑟拉米尼斯跳上放在四百人会议大厅当中赫斯提亚(Hestia)[②]的祭坛,大声喊道:"我向神明请求庇护不是为了保命,是让你们在杀我的时候犯下亵渎神圣的罪行。"

---

① 克瑞蒂阿斯的指控和瑟拉米尼斯的答辩,色诺芬在《希腊史》第 2 卷第 3 节有详尽的记载。

② 赫斯提亚是天神克罗努斯和雷亚的女儿,永保处女之身,成为灶神和圣火的保护者,雅典的公共建筑物都设有她的祭坛,召开会议之前要举行酹酒的仪式。

5 　僭主身边的凶从①上前将他拖了下来,瑟拉米尼斯用高贵的情操忍受不幸的命运,实在说他并没有与苏格拉底(Socrates)相处的经验,对于哲学完全是门外汉。不过,群众对于瑟拉米尼斯不幸遭遇都感到悲伤,看到一大群全副披挂的卫队将他紧紧围住,没有人敢鼓起勇气对他施加援手。现在哲学家苏格拉底和他的两位同伴,跑上前去尽力挡住要抓他的随从。瑟拉米尼斯这时恳求他们不要涉入,他说他非常感激他们的友谊和英勇的行为,就目前面临的情况而论,任何人要是为了帮助他惹上杀身之祸,会给他带来无法原谅自己的痛苦和难以忘怀的忧伤。

　　苏格拉底除了同伴给以援手没有得到其他人的帮助,看到他面对强制的力量还是威武不屈,只有退了下去不再采取任何行动。僭主的帮凶接受命令将瑟拉米尼斯从祭坛上面拖下来,推着他经过市场的中央到达斩首的地方。民众对驻防军的武力极其畏惧,虽然对这位仗义执言的人感到同情,他们流下眼泪不仅是看到这种下场,也是为了自己陷身奴役悲愤难安。对于一般大众而言,他们看到像是瑟拉米尼斯这样一位品德高尚的人物,竟然遭受如此粗暴和无礼的对待,不用想也知道完全是他们的软弱才会让他成为无辜的牺牲者。

　　等到处决瑟拉米尼斯以后,三十僭主拟订一份富室名单,罗织罪名对他们提出指控,判处死刑并且掠夺他们的产业。就连尼西阿斯(Nicias)的儿子尼西拉都斯(Niceratus)都逃不过他们的毒手,须知尼西阿斯指挥进攻叙拉古的战役,战败被杀以后由尼西拉都斯继承家业,成为雅典市民当中最为富有和声望最隆的人士,特别是他待人极其仁慈宽厚,赢得乐善好施的美名。因此,等到这件惨剧发生以后,每个家庭都对尼西拉都斯落到不

---

①　所谓的凶从就是"11人小组",这是城邦一个常设机构,负责罪犯的宣判和尼刑的执行,参阅色诺芬《希腊史》第2卷第3节。

幸的结局感到痛心,甚至还说就他待人接物的诚挚,每一思念起来难免让人流下眼泪。

虽然如此,这些僭主还是不会停止目无法纪的行为,甚至他们的疯狂更为变本加厉,所以会杀死六十位最富有的人士,就是为了剥夺他们的财产。由于他们每天都在杀人,市民当中的名门富室全都走得一个不剩。他们同样杀掉直言不讳的奥托利库斯(Autolycus)①,总之,选择的对象②是最受尊敬的市民。他们一直想办法要摧毁这座城市,一半以上的雅典人认为目前以逃为上策。

6 拉斯地蒙当局看到雅典整座城市陷入争权夺利的悲惨处境,不再有建立强大国力的雄心壮志,他们除了感到高兴还要清楚表明态度,那就是用投票的方式通过决议,所有留在希腊各地的流亡人员应该将他们遣返雅典,交由三十僭主处置,任何人企图阻止这样的行动,依法处以五泰伦的罚锾。虽然这道敕令让人震惊不已,所有的城市畏惧斯巴达拥有强大的武力,除了亚哥斯以外全部遵照办理。亚哥斯的民众痛恨拉斯地蒙的暴虐无礼,同情遭到迫害的不幸者艰苦的命运,完全基于人道精神成为第一个收容流亡人士的城邦。同时底比斯的市民大会通过一个议案,任何人要是出面做证让流亡人员遭到遣回,或者在他的权力所及范围之内未能尽全力给予帮助,都要施以罚锾的处分。

以上是雅典的政局面临的情况。

---

① 奥托利库斯是当代著名的格斗手(综合拳击和角力两种技术),色诺芬在他的《宴会》(*Symposium*)当中,对于这种运动的特性和比赛,用很多的篇幅加以介绍。参阅普鲁塔克《希腊罗马名人传》第12篇第1章"赖山德"第15节,提到奥托利库斯说他是一位角力家。

② 就是受害者和可供牺牲的人士。

7 就在西西里这个岛屿上面,西西利人(Siceli)①的僭主狄奥尼修斯
与迦太基缔结和平协议以后,计划要忙于加强自己的实力,用来
巩固他的极权统治,他认为叙拉古的人民只要从战争当中脱困而出,会有
足够的时间恢复原来的自由之身。同时他知道"小岛(Island)"②是城市当
中最坚强的部分,据有易守难攻的地理形势,支用很多经费筑起一道城墙
和很多位置很近的高塔,就能与城市其他区域分离开来,然后在城墙的前
面兴建处理公务的官署,以及能够容纳大量民众的柱廊。他不惜费用在
"小岛"上面设置一个戒备森严的卫城,急切需要的时候当成避难所,还将
造船厂建在城墙里面,邻接一个称为拉西姆(Laccium)的小海港。造船厂
的面积可以停泊六十艘三层桨座战船,只有一条进出的通道,极其窄狭一
次仅能通过一艘船。他将叙拉古城区的精华地段,当成礼物赠送朋友和高
阶的官员,剩余的地区平均分配外侨和市民。他兴建住宅分配给一般民
众,至于位于岛上的房舍则送给朋友和佣兵。

狄奥尼修斯认为这是他创设僭主政体的适当时机,立即率领军队前去
讨伐当地的土著,心怀壮志一直想让所有自由自在的民族,全都归顺在他
的控制之下,特别是居住在内陆的西西里土著,因为他们过去与迦太基建
立联盟关系。按照计划他进军攻打赫贝西尼人(Herbessini)的城市,早已
完成围攻作战的准备工作。那些在军队服役的叙拉古市民,由于手里有了
武器,开始形成很多小组织,他们为了推翻暴政③,由于没有加入骑兵队,
以致难以达成心愿,因而彼此经常发生争吵和指责。狄奥尼修斯派一个人
去指挥这群心怀不满的士兵,有次这位指挥官对一位胡说八道的家伙提出
警告,受到无礼的顶嘴以后给予致命的一击。士兵为擅权的暴虐行为激起

---

① 这里的西西利人应该是指"希裔西西里人"或者"叙拉古人"。
② 这个"小岛"的名字是奥特吉亚。
③ 参阅本书第十三章第 112 节。

气冲牛斗的怒火，拔刀杀死名叫多瑞库斯（Doricus）的指挥官，呼吁市民要挺身而出争取自由，派人从伊特纳（Aetna）召来骑兵部队，这批人马在开始就遭到僭主的驱逐，现在要用他们前去占领边境地区。

8 后方的叛变使得狄奥尼修斯感到惊慌不已，停止围攻火速回师叙拉古，一心一意要能确保城市安全无恙。就在他急着赶回来的时候，叛变的士兵选出那几位杀死指挥官的人出任将领，等到会合来自伊特纳的骑兵部队，就在面对僭主一个名叫伊庇波立（Epipolae）的高地上面扎下营寨，堵塞通往乡村的道路。他们立即派遣使者前往美西纳（Messena）和雷朱姆（Rhegium），劝说当地的民众加入争取自由的行列，要在海上发起积极的行动，两座城市这时可以运用的兵力，不少于八十艘三层桨座战船。他们将这支舰队及时派到叙拉古，非常热心支持他们争取自由权利的行动。叛军公开宣布任何人杀死僭主可以获得巨额赏金，答应将市民权授予起义归来的佣兵。他们建造用来毁损和破坏城墙的机具，对于"小岛"每天都发动攻击，任何前来投效的佣兵都受到欢迎和礼遇。

现在通往乡村的道路已经封闭，不断有佣兵离开他们的岗位，狄奥尼修斯与他的朋友开会讨论当前的情势。这时他对维持专制的权力已经完全感到绝望，不再想办法如何去打败叙拉古的叛军，而是在结束统治以后，如何让他的死亡不致遭到更大的羞辱。他的一位朋友希洛瑞斯（Heloris），有人说这个人是他的义父，对他说道："暴政是一块很好用的裹尸布。"他的连襟波利克森努斯（Polyxenus）劝他骑上脚程最快的马，进入迦太基的势力范围去找康帕尼亚的佣兵，这些部队是希米卡（Himilcon）离开以后，特地留下来保卫他们在西西里拥有的领地的。

菲利斯都斯（Philistus）①等到事过以后，他的著作当中记载当时的情况，提到波利克森努斯劝狄奥尼修斯要放弃一切，赶快骑马离开叙拉古，否则会有人用绳索绑住他的脚踝，拖着尸体在街上示众②；至于他本人则反对波利克森努斯的意见。狄奥尼修斯同意菲利斯都斯的看法，决定可以做出最大牺牲，也不愿自动放弃僭主的高位。他安排使者去见起义的人士，要求他们让他和他的朋友离开城市，同时暗中派出信差前往康帕尼亚人的营地，只要他们出兵前来围攻一段时期，付出任何代价都在所不惜。

9 我们叙述的事项都已处理完毕以后，叙拉古的市民允许僭主带着五艘船离开，对于其他事项认为无关紧要。骑兵部队在围攻作战不能发挥作用遭到解散，步兵虽然大多数在乡间四处活动，自以为暴政即将结束。康帕尼亚佣兵对于应允的条件感到兴高采烈，接受以后采取的行动，第一步是全部前往阿捷里姆（Agrium），把所有的家当留在统治者阿捷瑞斯（Agyris）那里，在没有累赘的情况下向着叙拉古进军，其中包括一千两百名骑兵。神速的行动出乎叙拉古的市民意料之外，很多人遭到杀害，他们能够长驱直入与狄奥尼修斯会师。就在同一时候，三百名佣兵登陆前来帮助僭主，使得丧失的希望重新恢复。等到专制的势力再度壮大起来，叙拉古的市民因为意见不合产生争执，有人要保持现状继续进行围攻，还有人认为应该解散军队放弃他们的城市。

狄奥尼修斯很快得知局势已有改变，率领军队出来接战，趁着对手人心浮动成为一片散沙之际，很容易将他们击败在"新城（New City）"的附

①　菲利斯都斯（前430—前356年）是叙拉古的历史学家和政治家，他的一生与狄奥尼修斯这对父子有很深的渊源。

②　参阅普鲁塔克《希腊罗马名人传》第22篇第1章"狄昂"第35节，有些叙拉古人说这些话是菲利斯都斯告诉僭主的，谁知菲利斯都斯最后自己落到这种下场。

近。由于狄奥尼修斯骑在马上参加战斗,阻止士兵屠杀败逃的敌人,所以受害者的数量并不算多。现在叙拉古的市民分散在广大的乡间,没过多久在伊特纳聚集七千人,还加上征召的骑兵部队。狄奥尼修斯埋葬阵亡的叙拉古人以后,派遣使者到伊特纳,要求流亡人士接受他提出的条件以及回到他们的祖国,同时愿意立下誓言,不会对他们有任何敌视的立场。那些确实将儿女和妻子留在城市的市民,感到威胁只有接受他提供的好处。就在使者说到狄奥尼修斯的恩德在于埋葬死者的时候,有些人的回答是他才应该接受这样的礼遇,同时他们向神明祈祷,能看到他落到这样的下场真是愈快愈好。

从而得知,这些市民对于僭主毫无信任之心,仍旧留在伊特纳等待推翻他的机会。狄奥尼修斯对于返国的流亡人员非常仁慈,希望其余滞留国外的人士,受到鼓励也能回到家乡。他为了奖励康帕尼亚佣兵赐给他们应得的礼物,因为这个部族生性善变,打发他们离开叙拉古,安排的出路是让他们前往英提拉(Entella),说服当地人士接受他们成为市民,然而康帕尼亚佣兵不守信义在夜间举事,杀死所有及龄男子,娶这些寡妇为妻,将整个城市据为己有。

10 这个时候的希腊,拉斯地蒙当局已经终结伯罗奔尼撒战争,就一般人的看法,无论是陆地还是海洋,他们拥有称雄世界的霸权。赖山德出任水师提督,奉到的命令是他所巡视的城市,都由他指派一位称为"督军"①的行政官员,拉斯地蒙人不赞同民主制度,要求这些城市创设寡头体制的政府。他们对于受到征服的民族征收贡金,虽然在这个时

---

① "督军"是从斯巴达派来的总督,还出任驻防军的指挥官。伊哥斯波塔米会战以后,赖山德在每一座征服的城市,指派十名市民组成一个委员会,成为实行寡头体制的政府。参阅色诺芬《希腊史》第3卷第4节。

期之前他们还没有使用货币,但每年可以获得的收益超过一千泰伦①。

拉斯地蒙当局用合乎自己风格的方式处理希腊的事务,他们派遣亚里斯都斯(Aristus)②这位显赫的人物前往叙拉古,表面上看来他们的意图是要推翻现在的暴虐政体,实际上他们的打算是要增加专制统治的权势,因为拉斯地蒙当局希望能够帮助狄奥尼修斯巩固他的统治,让他感受到他们对他的恩惠就会获得他提供的服务。亚里斯都斯在叙拉古登岸以后,暗中与僭主商议上面提到的事项,煽动叙拉古的市民高举义帜,承诺恢复他们的自由权利。然而他杀害科林斯人奈柯特勒斯(Nicoteles),这位是叙拉古人的领导者,同时为了巩固僭主的实力,出卖那些对他表示忠诚愿意竭力推翻暴政的人士,这种行为不仅侮辱自己也让他的祖国斯巴达蒙羞。

狄奥尼修斯要叙拉古的市民出城收割谷物③,趁机进入他们的家中拿走所有的武器;接着他围绕卫城筑起第二道城墙,建造更多的战船,招募大量的佣兵;他采取其他各种措施用来保护专制统治,从过去的经验得知叙拉古的市民为了免予奴役愿意忍受任何牺牲。

11 就在发生这些事件的时候,波斯国王大流士(Darius)的省长法那巴苏斯(Pharnabuzus)④,他为了要让拉斯地蒙当局感到满意,逮捕雅典的亚西比德(Alcibiades)加以处决。由于埃弗鲁斯(Ephorus)的记载,提到他的死亡出自其他的原因,至于论及整个阴谋事件的来龙去脉,我认为这样的描述还算合情合理,特别是早已有史家如此表示。

他在第十七卷中有以下的陈述:居鲁士(Cyrus)和拉斯地蒙当局拟订

---

① 狄奥多罗斯是唯一持这种说法的权威人士,只是可信度很低。
② 本章第70节提到这个人的名字是阿里底(Aretes)。
③ 武姆(Wurm)认为这段文字应该是"邀请大家到剧院去看戏"。
④ 这位波斯省长管辖的地区包括弗里基亚和俾西尼亚。

秘密计划,双方联合起来对居鲁士的兄弟阿塔泽尔西兹(Artaxerxes)发起战争,亚西比德从某个派系当中得知居鲁士的意图,去见法那巴苏斯让他知悉这件阴谋的细节。他提出请求要省长派人陪他前去觐见阿塔泽尔西兹,会在揭发叛逆的案件上面能够居有首功。法那巴苏斯听到这件事始末以后,为了侵占举发人的功劳,派自己的心腹前去报告国王,与居鲁士有关的种种阴谋活动。

埃弗鲁斯继续陈述:法那巴苏斯不愿提供到都城的护卫兵力,亚西比德只有去见帕夫拉果尼亚(Paphlagonia)的省长,要求在旅程当中给予帮助。这时法那巴苏斯害怕国王得知实情,要将亚西比德杀死在路途上面。派出的追兵赶了上来,这时他正在弗里基亚(Phrygia)一个村庄投宿,趁着夜间在住处四周堆积燃料,等到发生一场大火,亚西比德尽力逃生,最后死在烈焰之中和攻击者的标枪之下①。

大约同时,哲学家德谟克利特(Democritus)②以九十高龄逝世。底比斯的拉昔尼斯(Lasthenes)是这一年奥林匹亚运动会的胜利者,据说他赢得长跑竞赛可以媲美赛马,路途是由科罗尼亚(Coroneia)到底比斯这座城市③。

这时的意大利,弗尔西人(Volsci)有一座名叫伊鲁卡(Erruca)④的城市,进扎的罗马驻防军受到敌人的攻击,他们占领城市以后,大部分的守军遭到杀害。

---

① 普鲁塔克《希腊罗马名人传》第6篇第1章"亚西比德"第35节,对于亚西比德遭到谋杀,叙述的情节完全不同。

② 德谟克利特是公元前5世纪的哲学家,"原子论"的创始者,生于色雷斯的阿布德拉,曾经游历亚洲和埃及各地,后来在雅典定居,受教于安纳克萨哥拉斯,著作多达60余种,涵盖哲学各学门和学派,卒年不详,据称享有高寿。

③ 这段距离大约30英里。

④ 利瓦伊《罗马史》第4卷第58节提到这座城市是维鲁果(Verrugo)。

12 等到这一年的事件接近尾声,优克莱德(Eucleides)成为雅典的执政,罗马选出四位军事护民官巴布留斯·高乃留斯(Publius Cornelius)、努麦流斯·费比乌斯(Numerius Fabius)和卢契乌斯·华勒流斯(Lucius Valerius)①负起执政官的职责。就是这些官员在职期间(前403年),拜占庭由于党派的倾轧以及对相邻的色雷斯发动战争,让自己陷入极其艰困的局面。他们无法解决相互之间的争执与不和,要求拉斯地蒙当局为他们任命一位将领。斯巴达派遣刻里克斯(Clearhus)担任这个职位,奉命前去处理城邦的事务。他受到信任赋予最高权力,掌握大批佣兵部队,不再是主事的首长反倒成为擅权的僭主。

他邀请主要的行政官员参加某个祭典,借着这个机会将他们全部处死,从此城市变成无政府情况,他逮捕三十个最显赫的拜占庭当权人士,用绳索套在颈上将他们绞死。等到他侵占死者的财产以后,再从其他的市民当中挑选富有的人士,对他们提出不实的指控,将一些人处死,幸存者遭到放逐。他获得大量的钱财可以招募更多的佣兵,使得暴虐的统治更加安全和稳固。

等到僭主的残酷和权势变得众所周知,拉斯地蒙当局首先派出使者,规劝他放弃专制的权位,这时他对提出的要求不加理会,他们派出一支军队,接受潘昔达斯(Panthoedas)的指挥,前去讨伐刻里克斯的违命不从。刻里克斯探知潘昔达斯即将到来,将他的军队运往塞莱布里亚(Selymbria),成为那座城市的主人。他在拜占庭犯下众多十恶不赦的罪行,知道拉斯地蒙当局绝不会放过,而且拜占庭的居民将他视为无法饶恕的敌人。因此他认为塞莱布里亚对于作战而言,是一个非常安全的基地,就将他的钱财和军队迁移到那个位置。

---

① 很多手抄本上还要加上"特伦久斯·麦克西穆斯"(Terentius Maximus)这个名字。

当他得知拉斯地蒙的进军已迫在眉睫,立即出发前去迎敌,就与潘昔达斯的部队在一个名叫波鲁斯(Porus)的地方进行会战。双方拼斗很长一段时间,拉斯地蒙的军队发挥所向无敌的战力,僭主的佣兵面临绝灭的下场。

刻里克斯带着少数同伴受困于塞莱布里亚接着遭到围攻,后来他感到畏惧连夜溜之大吉,渡海前往爱奥尼亚(Ionia),成为波斯国王之弟居鲁士的知己,赢得他的信任将部队交给刻里克斯指挥。居鲁士奉到国王的任命成为濒海各个省区最高统帅①,然而他野心勃勃不甘雌伏,经过深思熟虑要率领一支军队,去与他的兄长阿塔泽尔西兹争夺天下。他确信刻里克斯拥有无可匹敌的胆识和积极进取的精神,供应他大量经费尽可能招募更多佣兵。他相信自己要想完成伟大的事业,刻里克斯是一个最适合不过的友伴。

13 斯巴达的赖山德完全遵从民选五长官②的意愿,按照拉斯地蒙的模式将政府的体制推荐给所有的城市,有的建立十人的统治,其他则是寡头政体,在都会获得斯巴达人民的赞赏。他结束伯罗奔尼撒战争使得自己的祖国无论在陆地还是海洋,都能建立众所周知的最高权力,因此,他在感到自傲之余心中存有一种念头,就是不让赫拉克勒斯家族(Heracleidae)③单独拥有王位的传承,每一位合格的斯巴达人都可以登上国王的宝座,他为国家建立丰功伟业所以抱着希望,能够很快受到拥戴获

① 是指爱琴海。色诺芬《远征记》(Anabasis)第1卷第1节,提到他成为统率所有军队的将领,全部集结在卡斯托卢斯(Castolus)平原接受他的校阅。

② "民选五长官"(ephori)制度盛行在多里斯人的城邦,特别是斯巴达,由市民大会每年选出5人,其中一人是首席,用他的名字作为年度的纪年,两位国王分别由两位成员辅佐,发生争执由首席协调,等到公元前5世纪以后,五长官总管全国的事务,这个制度继续到前200年才完全废止。

③ 斯巴达王国的两个帝系都是"赫拉克勒斯的后裔子孙"。

得称帝的光荣。

深知拉斯地蒙的民众非常重视神谶具有指点迷津的功能,他很想贿赂德尔斐(Delphi)的阿波罗女祭司,特别是他始终认为只要得到一份神谶,只要答复对他念念不忘的图谋有利,就会很容易让他的计划达到成功的结局。他没有获得神谶负责人的同意,即使承诺更多的金额还是发生不了作用,他就这件事要当面与多多纳(Dodona)负责神谶的女祭司进行磋商,这是靠着一位名叫菲里克拉底(Pherecrates)的阿波罗尼亚(Apollonia)土著从中联系,因为这个人与神庙的主持者有深厚的交情。

会商没有达成他的意愿,于是安排行程前往塞伦(Cyrene),表面的理由是要向阿蒙(Ammon)①还愿,其实是要用贿赂的手段得到神谶,他希望得到神庙的主持者的支持,所以要送给对方大笔金钱。事实上这个地区的国王利拜斯(Libys)是受过他父亲款待的朋友,由于能够与国王建立友谊,所以赖山德的兄弟才会取名为利拜斯。获得国王的帮助加上带来的财物,他认为一定能够如愿达成所望,殊不知他的图谋落空而且监督颁发神谶的负责人,派出使者前往斯巴达指控赖山德从事贿赂的不法行为。他返回拉斯地蒙就要面对一场法庭的审判,他对自己的行为提出令人信服的答辩。

赖山德在世的时候,拉斯地蒙的人民对他的计划一无所知,不久等到他逝世以后从他的家中找到一些文件,其中有篇讲稿使他花了巨额润笔费用②,主要内容是王国应从优里庞帝系(Eurypontids)和埃杰斯帝系(Agiads)收回,为了使全民都有继承王位的权利,国王应该选择最优秀的市民出任③。

---

① 阿蒙的宙斯神庙位于西瓦(Siwah)绿洲。
② 根据原文的校订,这句话应该是"花费更多的心血"。
③ 赖山德亡故后,从他遗留的文件中发现有关斯巴达制度改革的演说,要旨是王国应从优里庞家族和埃杰斯家族中收回,全民都有继承王位的权利,国王选择最优秀的市民出任。

14 叙拉古的僭主狄奥尼修斯在与迦太基议和,使得城市不再受到叛乱的威胁以后,抱着一种热情要让卡尔西斯人(Chalcidians)在邻近建立的城市①,诸如纳克索斯(Naxos)、卡塔纳(Catana)和李昂蒂尼(Leontini)都能对他百依百顺。他所以要想统治这些城市是因为彼此的边界毗连,对于增加他的专制权力更为有利。他的第一步是进驻伊特纳附近的营地,夺取位置险要的堡垒,流亡人员的实力不足以对抗如此强大的军队。随后他向李昂蒂尼进军,选择靠近城市的位置沿着特里亚(Teria)河开设营地。首先他将军队排列成会战的部署,这样一来会让居民感到胆战心惊,派出一位传令官去见李昂蒂尼当局,要求他们立即开城投降。李昂蒂尼的市民对他的最后通牒置之不理,进行各方面的准备工作用来抗拒一次围攻作战。狄奥尼修斯缺乏攻城机具,相持一段时间只有放弃,只能对整个地区大肆洗劫一番。

他接着从该地出兵讨伐西西里土著,借口是他所以发起这样的战争,免得卡塔纳和纳克索斯的人民在防守城市的时候,成为百无一用的懒鬼。当他停留与英纳(Enna)相邻区域的时候,说服当地人士伊因尼斯都斯(Aeimnestus)为了建立专制统治应该全力以赴,承诺在他举事以后给予帮助。伊因尼斯都斯的图谋获得成功,然而他却不让狄奥尼修斯进入城市,狄奥尼修斯一怒之下改变心意,力劝英纳的市民要推翻僭主。他们全副武装像潮水一样冲进会场,要为争取自由权利发起战斗,整座城市充满喧嚣和动乱。狄奥尼修斯听到英纳发生内讧的消息,率领轻装部队很快从无人防守的地区,越过城墙进入市内,抓住伊因尼斯都斯交给民众加以处决。他自己禁绝任何违背公义的行为,领军离开城市。他这样做不是为了维护公理正义,着眼于导致其他的城市肯定他行事的诚信原则。

---

① 这里是指卡尔西斯在西西里拥有的殖民地。

15 狄奥尼修斯从英纳出发前去攻打赫毕塔人（Herbitaeans）的城市，想要尽情掠夺那里的财物。这个打算还是落空，为了双方相安无事只有进行和平的协议，然后率领军队前往卡塔纳，身为将领的阿昔西劳斯（Arcesilaus）要将城市出卖给狄奥尼修斯。因此，午夜的时候开城放他们进入，不费吹灰之力狄奥尼修斯成为城市的主人。他收缴市民手里的武器，按照需要在城内驻扎一支驻防军。

这件事处理完毕，纳克索斯的指挥官普罗克利（Procles）接受他给予的承诺，就将他要保护的城市交到狄奥尼修斯的手里。他将应许的重礼送给卖国贼和赦免叛徒的家属以后，全部市民被他出售为奴，放纵士兵抢劫他们的财产，最后推倒城墙将所有的建筑物夷为平地。他用同等的暴行对待卡塔纳的市民，将捕捉的俘虏在叙拉古当成战利品发售。现在他把纳克索斯拥有的区域，当成礼物送给邻近的西西里土著，同意康帕尼亚的佣兵将卡塔纳这座城市作为他们的栖身之地。

他的军队向着李昂蒂尼前进，接着将城市围得水泄不通，派出使者去见居民，命令他们无条件交出城市，迁居叙拉古乐于接受他给予的市民权。李昂蒂尼当局早就知道他们得不到外来的援助，纳克索斯和卡塔纳的命运可以作为借鉴，处于惊慌失措的情况之下，稍有不慎就会陷入同样苦难的下场。因此，屈从目前极其迫切的情势，只有接受狄奥尼修斯的建议，离开自己的城市迁移到叙拉古就在那里定居下来。

16 赫毕塔（Herbita）的领导人物阿考尼德（Archonides）在市民大会与狄奥尼修斯签订和平协议以后，决定要建立一座城市。他们不仅有很多佣兵，还有大批混杂起来的群众，这些人都与狄奥尼修斯的战争有关，如同潮水一样涌入城市，赫毕塔的民众当中还有很多贫民意愿参加迁移的行动。因此，还有很多难民加入他们的行列，他占领一座距海八斯塔德的小山,在上面建立一座名叫哈立萨(Halaesa)的城市,西西里原来有一个同名的城市,为了推崇奠基人称之为哈立萨·阿考尼迪昂(Halaesa Archonidion)。等到后来这座城市变得繁荣起来,一方面是海上贸易带来的富裕,一方面是罗马人免征他们的贡金,哈立萨的市民不承认赫毕塔人是他们的亲戚,把他们的祖先身为内陆城市的移民当成一种耻辱。虽然如此,时至今日双方已经建立无数的紧密关系。甚至他们在阿波罗神庙奉献牺牲都使用同样的祭祀程序。有人提到哈立萨是迦太基建立的殖民地,正是希米卡与狄奥尼修斯签订和平协议的时候。

意大利的罗马和维爱(Veii)①的居民之间爆发一场战争,何以非要兵戎相见出于下面的缘故②。本次作战结束以后,罗马的市民大会第一次投票通过议案,对于士兵的服役要发给他们年金。他们经过围攻夺取弗尔西人的城市,那个时候它的名字是安克索(Anxor)③,现在称之为塔拉森尼(Tarracine)。

17 年度来到岁末,迈西昂(Micion)成为雅典的执政,罗马选出三位军事护民官提图斯·奎因克久斯(Titus Quinctius)、盖尤斯·尤利乌斯(Gaius Julius)和奥卢斯·玛米拉斯(Aulus Mamilus)接替执政官的职位。就是这些官员在职期间(前402年),奥罗帕斯(Oropus)的居民陷入严重的内讧,有些市民遭到放逐。过了一些时日,流亡人员想用自己的力量,着手进行返国的活动,最后发现没有办法达成企图,他们说服底比斯当局派遣一支军队给予必要的协助。底比斯要在战场与奥罗帕斯分

---

① 维爱是伊特拉斯坎人或萨宾人在拉丁姆建立的城市,位于罗马北方约20公里,罗马人从前405年开始围攻,到前394年占领加以摧毁。

② 这里的文字出现脱漏的情况,利瓦伊《罗马史》第4卷第58节,提到发生战争的"理由"。

③ 安克索应为安克色(Anxur)之误。

个高下,赢得会战成为城市的主人,将居民安置在离海有七斯塔德的地方。有段时期底比斯让对手拥有自己的政府形式,后来让他们得到底比斯的市民权,原来管辖的地区转让给皮奥夏(Boeotia)①的城邦。

就在发生这些事件的同时,拉斯地蒙对伊利斯提出很多指控,最严重的有两件事,其一是他们阻止拉斯地蒙国王埃杰斯(Agis)向神明献祭②,其二是他们不让拉斯地蒙的选手参加奥林匹亚运动会。因此,决定要对伊利斯发起战争,预先派出十名使者告知此事,提出的条件是伊利斯要让受他们管辖的城市独立,然后要求他们按照配额提供兵员,投入对抗雅典的战事。他们这样做是需要一个讲得通的借口,或者当成发起战争的理由。伊利斯对恫吓之词根本不予理会,反而指控他们犯下奴役希腊城邦的罪行。于是他们派遣另一位国王鲍萨尼阿斯,率领四千士兵前去讨伐伊利斯。鲍萨尼阿斯(Pausanias)指挥的军队,很多士兵来自所有的盟邦,只有皮奥夏的城邦和科林斯置身事外。他们对于拉斯地蒙当局的处理方式感到不满,所以不参加讨伐伊利斯的战役。

鲍萨尼阿斯取道阿卡狄亚(Arcadia)进入伊利斯,首次出击直接夺取拉西昂(Lasion)的前哨据点;接着率领军队通过阿克罗里亚(Acroreia),使得色里斯都斯(Thraestus)、哈利姆(Halium)、伊庇塔利姆(Epitalium)、欧庇斯(Opus)这四座城市,输诚投向他的阵营。他继续进军靠近皮卢斯(Pylus)设置营地,占领这个地方距离伊利斯是七十斯塔德。他认为这是向伊利斯推进的适当时机,越过河流③在山丘上面安置营地。

须知不久之前伊利斯从艾托利亚人(Aetolians)那里获得一千精锐部

---

① 皮奥夏居于希腊的中央位置,东边和南边与阿提卡相邻,西边与福西斯和洛克瑞斯接壤,北边靠海,面积约有3000平方公里,地区内有12座独立的城市组成皮奥夏联邦,包括奥考麦努斯、底比斯、帖司庇伊、普拉提亚、哈利阿都斯、奇罗尼亚、坦纳格拉在内。

② 这位神明是奥林匹斯的主神宙斯。

③ 这是佩尼乌斯(Peneus)河。

队的增援，就让他们防守体育馆周围地区。鲍萨尼阿斯从到达开始就要实施围攻，采用的方式过于粗心大意，毫不考虑伊利斯人会对他发起袭击，突然艾托利亚的士兵和很多市民从城市猛冲出来，使得拉斯地蒙的部队胆战心惊，遭到杀害有三十多人。这时鲍萨尼阿斯只有解围而去，经过这次的打击他知道城市难以夺取，于是领军横越整个地区，到处烧杀掳掠连圣地都不放过，获得大量储存的战利品。寒冬即将来临，他在伊利斯建造有围墙保护的哨所，留下适当的守卫兵力，他与其余的部队在狄麦(Dyme)进入冬营。

18 西西里这个岛屿，统治西西利人的暴君狄奥尼修斯，由于他的政府在施政方面获得令人满意的进展，下定决心发动战争对付迦太基，然而目前的准备不够充分，只有暂时隐匿他的意图，要对即将来临的敌人做好万全的打算。想起当年与雅典远征军作战的时候，对方在两个海面之间①兴建一道围墙，把整座城市对外的通道全部堵塞起来，所以他一定要非常小心，不能让敌人切断与四乡的联系，这样就会陷入极其不利的情势。因此他看到伊庇波立的形势极其险要，得失关乎叙拉古这座城市的存亡。于是他召集主要的建筑师，听取他们的意见以后，决定加强伊庇波立的防御工事，直到现在此地还矗立一道坚固的城墙和六个城门。这个地方面对北方的部分全是悬崖绝壁，所有的接近路线都非常陡峭，从外面发起仰攻很难获胜。

他希望尽速完成城墙的建筑工程，从四周的乡村地区征集农民，再从其中挑选六万名具备这方面工作能力的人员，整个工程区分很多小段，每段留下足够的空间，这样可以同时开工兴建。每一斯塔德长度的城墙，他

---

① 参阅本书第十三章第7节。

指派一名主建筑师负责,每一普勒什隆(plethron)长度①的城墙,则由一位砖瓦工头安排所有的工作,劳工由一般民众担任,分配的数量是两百人。此外还有数量庞大的工人开采原石,六千对拖车的牛将这些建材运到指定的位置。这样多的工人同心合力施工,会让旁观者看到以后大吃一惊,他们非常热心要如期完成交付的任务。

狄奥尼修斯为了激发群众对工作的热情,对于最早完成任务的人赏赐贵重的礼物,特别是那些主建筑师,还要加上卖力的砖瓦工头,接着是普通劳工。无论他是单独一人或与朋友一起,整天都在督导工程的进度,视察每一处工地,有时还会亲自动手。一般说来,他将职位的尊严放在一边,把自己降到士兵的阶层,负起最艰巨的任务与其他工作人员一样忍受辛劳,产生激烈的竞争甚至白天赶不完的进度还要挑灯夜战。群众全都感染全力奉献的热情。结果完全超过预期,城墙的建筑只花了二十天的时间。全部的长度是三十斯塔德以及相应的高度,增加城墙的强度即使遭到攻击仍旧牢不可破。按照适当的间隔建起高耸的塔楼,全部采用四英尺长的石材,很仔细地接合起来。

19 年度快要结束,埃克西尼都斯(Exaenetus)成为雅典的执政,罗马选出六名军事护民官巴布留斯·高乃留斯(Publius Cornelius)、西索·费比乌斯(Caeso Fabius)、斯普流斯·瑙久斯(Spurius Nautius)、盖尤斯·华勒流斯(Gaius Valerius)和马纽斯·塞吉乌斯(Manius Sergius)②接替执政官的职务(前401年)。这个时候居鲁士负责海上作战,成为众多省长的指挥官③,他已经计划很长一段时间,要率领一支军队

---

① 1普勒什隆长度相当于1/6斯塔德,大约是100英尺。
② 这里只有5名军事护民官,另外一员是朱纽斯·卢库拉斯(Junius Lucullus)。
③ 参阅本书第十二章第8节及其注释。

前去攻打他的兄长阿塔泽尔西兹,因为这位年轻人一直野心勃勃,面对战争的危险毫不畏惧要赢得最高的报酬。

等到他招募一支具备相当实力的佣兵部队,所有进行战役的准备工作都已完成,他并没有泄露建立武力的真正目的,只是对外宣称他要率领军队前往西里西亚(Cilicia),讨伐反叛国王的专制君主。他派遣使者去见拉斯地蒙当局,让他们记得当年他提供的服务,与他们一同发起战争对付雅典,所以现在才要求他们成为盟友加入他的行动。

拉斯地蒙认为这次战争可以发挥他们的优势,决定出兵帮助居鲁士,立即派人前去通知水师提督萨穆斯(Samus)①,给予的指示是要遵奉居鲁士的命令不得有违。萨穆斯率领二十五艘三层桨座战船,航向以弗所(Ephesus)去与居鲁士的水师提督相会,双方要在各方面都能合作无间。他们还派出八百名步兵,全都接受奇瑞索法斯(Cheirisophus)的指挥。蛮族的舰队是由塔摩斯(Tamos)担任指挥官,他花了很大代价完成五十艘三层桨座战船的整备,等到拉斯地蒙的水师抵达以后,舰队出海向着西里西亚进发。

居鲁士在萨迪斯(Sardis)集结军队,都是在亚细亚征召的役男,还要加上一万三千名佣兵,指派他的亲戚担任利底亚(Lydia)和弗里基亚的总督,只是爱奥尼亚、伊奥利亚(Aeolis)和邻近地区,交付给他信任的朋友塔摩斯。这个人是生于孟菲斯(Memphis)的土著,然后他率领大军对准西里西亚和毕西迪亚(Pisidia)的方向前进,到处散布消息说是这个地区有某些民众正在叛乱。

他在亚细亚征召的七万部队,骑兵的数量是三千人,一万三千名佣兵来自伯罗奔尼撒半岛和希腊其他地区。伯罗奔尼撒的士兵除了亚该亚的

---

① 色诺芬《希腊史》第 3 卷第 1 节,提到这个人的名字是萨缪斯(Samius)。

部队,其余全都接受刻里克斯的指挥,再就是底比斯的普罗克森努斯(Proxenus)指挥皮奥夏的部队,亚该亚的苏格拉底指挥在该地编成的队伍,至于来自帖沙利(Thessaly)的士兵遵奉拉立沙的米侬(Menon)所下的命令。蛮族的官员都是波斯人担任不重要的指挥职位,只有居鲁士是全军的主将。他向这些指挥官透露信息就是他要进军去攻打自己的兄长,这时他还是不让部队知道,免得他们认为他的行动过于冒险,抛弃他的篡夺大业以致他会陷入进退两难的地步。因此,要在行军当中运用来临的机会,他用和蔼可亲的态度和供应丰富的粮食,曲意逢迎随他进军的部队。

20 居鲁士越过利底亚和弗里基亚以及邻接卡帕多里亚的区域,抵达西里西亚的边境以及位于西里西亚门(Cilician Gates)的入口。这条隘道非常狭窄处处都是悬崖绝壁,长度有二十斯塔德,两边都以极大的高度和无法穿越的山岭为界,有几道城墙横亘其间,道路通过的地方修建高大的城门。居鲁士率领军队通过这几处关卡进入一个平原,风景的美丽为亚洲所罕见,接着向西里西亚最大的城市塔苏斯(Tarsus)进军,很快占领成为地区的主宰。西里西亚的君主悉尼西斯(Syennesis)得知一支大军犯境,他在战场不是居鲁士的对手,损失非常惨重。

悉尼西斯只有接受召唤前去觐见居鲁士,立下誓言保障他的安全,迫于形势只有听命,见面以后明了居鲁士发动战争的意图,答应成为盟友加入推翻阿塔泽尔西兹的阵营。他有两个儿子就派其中之一留在居鲁士的身边,同时由西里西亚的居民组成一支战力强大的分遣部队,随同居鲁士的大军一起行动。由于悉尼西斯天生不守信义的习性,加上他对无法确定的命运要能左右逢源,派他另外一位儿子秘密去见国王,透露叛军所能集结的兵力,说明他参加居鲁士的阵营乃是迫不得已,始终对国王忠心耿耿,一旦时机来到,他会舍弃居鲁士加入国王的军队。

居鲁士让军队在塔苏斯整休二十天,等到他要重新开始进军,部队怀疑会发起攻打阿塔泽尔西兹的战役。每个人用心计算进军的距离竟然是如此的遥远,以及在途中要遭遇无数充满敌意的民族,他们知道一支军队到巴克特里亚(Bactria)需要花上四个月的时间,还有国王聚集的战力是拥有四十万战士的大军。居鲁士麾下的士兵感到惊慌和畏惧,对于指挥官出卖他们的行为极其愤怒,认为即将陷于万劫不复的绝境。居鲁士对大家采取安抚的手段,向他们提出保证不是攻打阿塔泽尔西兹,而是征伐叙利亚某位省长,士兵听得进这些托词,在接受更高的报酬以后,他们恢复以往对他的忠诚。

21 居鲁士进军通过西里西亚全境来到伊苏斯(Issus)①,此处滨海是西里西亚东边最后一座城市。就在这个时候,拉斯地蒙的舰队停泊在城外的港口,指挥官上岸晋见居鲁士,报告斯巴达当局支持他的好消息,八百名士兵在奇瑞索法斯的统率之下,离船登岸开始纳入他的战斗编组。用的借口是居鲁士的朋友派来这些佣兵,其实所做的任何事情都得到民选五长官的同意。拉斯地蒙的部队并没有公开参战,只是隐瞒他们的企图,等待战局发生转变。

居鲁士和他的军队朝着叙利亚的边境前进,下令水师提督带着全部船只在海上相随。他来到大家经常提到的"城门"②,发现没有守卫的兵力使得他大喜过望,因为他一直担心在他抵达之前,会有部队先期占领。这个地方狭窄而又险要,只要少数守军就很容易加强防御的力量。两条平行的山脉,其中之一山峰呈锯齿状有高耸的悬崖,另外一条的起点在道路的右

---

① 公元前333年10月,亚历山大大帝发起东征以后,这是第二个主要会战,就在皮纳鲁斯河畔的伊苏斯击败大流士亲自率领的波斯大军。

② 这个要点位于西里西亚和叙利亚之间。

方拥有最高的地势,用的名字是阿玛努斯(Amanus)山脉,沿着腓尼基(Phoenicia)的边界向下延伸,山脉之间留下的谷地有三斯塔德宽,几道城墙发挥阻绝的功能,使得封闭的城门形成一条狭窄的隘道。

等到无须战斗就能通过这些关卡以后,居鲁士要仍旧随护他的部分舰队返回以弗所,现在要向内陆推进船只已经不能发挥作用。经过二十天的行军他们抵达濒临幼发拉底(Euphrates)河的城市萨普沙库斯(Thapsacus)。他在该地停留五天,用丰硕的给养以及从征收粮食获得战利品,能够赢得全军对他的支持,于是他召集一次会议,宣示他展开征伐的真正意图。士兵听了他的话全都感到不以为然,他恳求大家不要在他陷入危亡之际,竟然束手不予理会,他除了承诺更高的报酬,等到他们进入巴比伦(Babylon)以后,给予每个人的犒劳是五迈纳的银币①。士兵对于未来的期许充满希望,全都表示竭力追随的决心。居鲁士率领全军渡过幼发拉底河,加速前进没有丝毫耽搁,很快来到巴比伦尼亚(Babylonia)的边界,他让部队停下来整顿。

22 波斯国王阿塔泽尔西兹曾经数次得到法那巴苏斯的报告,知道居鲁士暗中征募一支大军要与他争夺天下,现在获得他正在进军的信息,召集全国的军队前来勤王,要在米地亚(Media)的伊克巴塔纳(Ecbatana)集结。来自印度和其他民族的分遣部队,由于这些地区的距离极其遥远,来到的时间会受到延误,他只能运用已经集中的军队前去迎击居鲁士。根据埃弗鲁斯的记载,他的兵力不少于四十万人马。他来到巴比伦尼亚的平原,倚靠幼发拉底河设置一个营地,打算将他们的行李辎重留下来,得知敌人的距离已经不远,对于他们的大胆冒进感到几分惮忌。

---

① 相当于90美元(币值要是与现在相比100倍都不止)。

他挖一条六十英尺宽和十英尺深的壕沟围绕营地，再用辎重车辆连接起来如同一道城墙，可以形成双重保护。这时将行李和给养以及在战场无用的随从人员留在营地，指派一支够用的守卫部队，这时他手下的将士没有任何累赘，可以随他前去迎击近在眼前的敌军。

居鲁士看到国王的军队正在前进，立即部署他的兵力成为会战队形。右翼以幼发拉底河为依托，配置拉斯地蒙的步兵部队以及一些佣兵，全部听从刻里克斯的指挥，来自帕夫立果尼亚的一千多名骑兵支持他们的战斗。左翼部署来自弗里基亚和利底亚的部队，以及大约一千名骑兵，负责的将领是亚里迪乌斯（Aridaeus）。居鲁士自己位于战线的中央，全是波斯的精锐之师和其他的蛮族，数量超过一万人，居于领导地位的前锋是一千名全身披挂的骑兵，他们装备希腊人的胸甲和长剑。阿塔泽尔西兹在战线的全正面配置不少辆镰刀战车，两翼都由波斯的将领负起指挥的责任，他自己率领五万精兵据有中央位置。

23 两军相距约三斯塔德，希腊人随着军乐的节奏，在开始的时候以缓慢的步伐前进，到达弓箭的射程之内，增加速度开始快跑。刻里克斯下达命令要求部队使用这种接敌的方式，就是不让大家跑过远的距离，使得士兵有充沛的体力进行战斗；他们所以在快要接近的时候奔走，减少投掷武器落在头上的机会。居鲁士的部队趋近国王的战线，大量投射武器向着他们猛掷，须知当面的敌人是四十万大军。虽然如此，双方用标枪的时间非常短暂，接着就是激烈的肉搏战斗。

拉斯地蒙的士兵和其他的佣兵开始与敌人接触的时候，凭着兵器的精美和技巧的高明，使得当面的蛮族深受惊怖的打击。蛮族使用较小的盾牌保护身体，他们的部队大多数人员配备轻型的武器。再者他们没有经历危险的战争给予的考验，由于伯罗奔尼撒战争的旷日持久，希腊的城邦长期在战场厮杀,使得他们在经验上占有很大的优势。因此他们直截了当逼使敌手战斗,打得对方不敌败逃,杀死很多蛮族。所有这一切都是为了战线中央的两位要争夺国王的宝座。因此,在明白所有的事实以后下定决心要发起会战让大家为他们拼命,命运女神显然是要敌对的两兄弟用一场决斗使得整个场面达到最高潮,像是效法伊特奥克利(Eteocles)和波利尼西斯(Polyneices)在古老时代那种奋不顾身的肉搏,这在悲剧当中是最卖座的一幕①。居鲁士首先在一段距离外投出标枪,击中国王将他打倒在地,国王的随从抢上前去援救,火速将他抬出战场。泰萨菲尼斯是一位波斯贵族,现在接替国王的最高指挥权,不仅重整军队的士气而且自己出战表现极其优越,能够挽回因国王受伤所造成的劣势,带着他的精锐部队所向披靡,他杀死很多敌人,现身之处从远方看来像是鹤立鸡群一样显目。居鲁士为部队的成功感到喜气洋洋,放胆杀入敌阵开始斩获甚多,后来由于他的战斗过于奋不顾身,受到一位波斯士兵的攻击,身受致命的重伤②。居鲁士的阵亡使得国王的士兵在战场恢复信心,最后靠着数量的优势和大胆的反击,终于战胜他们的敌手。

24 亚里迪乌斯是居鲁士麾下位阶高居第二的将领,会战发起的时候顽强抵抗蛮族的攻击,后来他为敌军延伸过远的战线包围得水泄不通,等到得知居鲁士被杀,他率领的士兵转身逃走,来到一处他们曾经停留的阵地,只是该处并不适合作为撤退的避难所。刻里克斯看到中央的盟友和另外一翼都遭敌人击溃,马上停止追击,召回士兵将他们纳入掌握,因为他生怕全部敌军转过来对付希腊的佣兵,会在遭到围困的情

---

① 伊斯启卢斯的《七士对抗底比斯》,对兄弟阋墙之争有戏剧化的描述。
② 普鲁塔克《希腊罗马名人传》第 23 篇第 2 章"阿塔泽尔西兹"第 11—12 节,对居鲁士的被杀有详尽的叙述。

况下被杀得不留一个活口。国王的部队在将对手打得大败而逃以后，立即抢劫居鲁士的辎重行李，等到夜晚来临方始集结部队攻打希腊的军队。谁知他们的接战非常英勇，蛮族抵抗不过片刻工夫很快转身逃走，他们用大无畏的精神和精湛的战斗技巧击败敌人。刻里克斯的部队杀死很多蛮族，这时已至夜间，他们返回战场搭起一座战胜纪念牌坊，大约在深夜第二时辰安全返回营地。会战①的结果，一方面是国王的军队损失一万五千人，绝大部分死于拉斯地蒙的部队和佣兵手里，他们是在刻里克斯的指挥之下。另一方面居鲁士的士兵有三千人阵亡，据说希腊人除了少数受伤，没有一人遭到杀害。

黑夜已尽白日来临，逃到暂时停留位置的亚里迪乌斯派信差去见刻里克斯，要求他率领部队前来会合，同心协力安全回到滨海地区。由于居鲁士已遭杀害，国王的军队获得优势，那些胆敢将阿塔泽尔西兹赶下宝座的人现在都感到忧心忡忡。

25 刻里克斯召集将领和指挥官开会商议如何面对当前的态势，就在大家讨论之际，国王派遣的使者已经来到，主事者是一个希腊人费利努斯（Phalynus），他生于札辛苏斯（Zacynthus）。他们当众介绍给与会人员以后，费利努斯说出下面一番言辞：“阿塔泽尔西兹口谕：我已打败居鲁士并且将他杀死，你们应该交出武器来到我的大营，就可平息我的震怒获得我的恩典和礼遇。”领将听了这些话给予的答复倒是完全一致，想当年李奥尼达斯（Leonidas）防守色摩匹雷（Thermopylae）的隘道，泽尔西斯（Xerxes）派出信差命令他放下武器②。李奥尼达斯要信差带话回复国王：“我们认为要是能够成为泽尔西斯的朋友，保有武器能够成为更好的盟

---

① 这是非常有名的库纳克萨（Cunaxa）会战。
② 参阅本书第十一章第5节。

邦,要是我们被迫与他兵戎相见,保有武器能够成为更强的对手。"

刻里克斯对信差的回话使用李奥尼达斯的口气,底比斯的普罗克森努斯说道:"现在的情况非常清楚,实际上我们已经失去一切,仅有勇气和武器还留在我们手里。因此我的意见就是如果我们始终拥有武器,勇气对于我们就会发挥作用;如果我们一旦放弃,就连勇气对我们也没有一点帮助。"最后他交代信差要将这些话转告国王:"如果你想使用阴谋诡计来对付我们,我们只有使用这些武器装备与你大干一场。"据说有一位名叫索菲卢斯(Sophilus)的指挥官如此表示:"我对国王的话感到非常惊讶,如果他认为自己比起希腊人更为强大,可以率领军队前来挑战,好将武器从我们的手里抢走;要是他想用说服的方式,就让他讲些动听的话,我们也可以对他恭维一番。"

亚该亚人苏格拉底在这些人讲完以后发言:"国王对我们采取的行动真是令人吃惊不已,因为他想从我们这里拿走的东西可以立刻动手,至于他希望给我们一些东西获得的回报是我们听从他的指挥,这还需要等待一段时间。总之,现在还不知道谁是赢家,就认为我们已经吃了败仗,命令我们要听从他的指挥,那么不如让他率领庞大的军队来与我们一决高下,看看究竟是哪一边获得胜利。如果已经知道我们是胜利者,他还要说些骗人的话,我们又怎么能够相信他以后应允的承诺?"

信差听到这些答复以后离开,刻里克斯行军来到会合点,从战场逃走的部队退却到那里。等到整个部队全部集结在一个地方,他们开会商议如何才能返回海边,应该采用哪一条路线。大家同意不要使用让他们来此的同一途径,因为那个地区大部分已经荒芜不堪,特别是他们的后面还跟着一支充满敌意的军队,对于可以获得粮食的期望会全部落空。因此,他们决定军队要朝着帕夫拉果尼亚的方向前进,可以迈着稍微悠闲的步伐,因为他们在行军的过程当中能够征收足够的粮食。

26 国王的伤势已经复原,得知他的对手正在撤退,认为他们要逃走,火速率领军队在后追赶。由于希腊人的行动缓慢,他们很快能够赶上,这时已经到了夜晚,进入接近对方的营地。第二天的早晨希腊的将领将军队排成会战的队形,他派信差前去磋商,双方同意三天的停战。在这段期间达成以下的协议:国王要让统治疆域之内的臣民提供友善的接待;他对希腊人撤退前往海岸的行程派出向导,供应在路途当中所需的粮食;刻里克斯手下的佣兵和亚里迪乌斯指挥的部队,经过国王的领土不得有任何破坏和掠夺的行为。

他们在开始归国的长途跋涉以后,国王率领他的军队离开前往巴比伦。举凡在战场表现优异的人员都受到他的奖励,评定泰萨菲尼斯是名列首位的勇士。因此,他为了彰显泰萨菲尼斯的功勋给予丰富的赏赐,自己的女儿嫁给他作为妻室,从此以后把他视为最受信任的心腹,同时还将居鲁士在滨海地区拥有的几个省区,全部交由他来处理。

泰萨菲尼斯鉴于国王对于希腊人的怒气未消,提出保证要将这些人杀得一个不剩,要求国王指派给他足够的兵力,同意他与亚里迪乌斯谈条件,因为他认为相信这个人在行军的途中出卖希腊人。国王很高兴接受他的建议,让他从全军当中就他的需要选择最精锐的部队。(泰萨菲尼斯抓住一些希腊的士兵,就传话给刻里克斯。)①其余的指挥官前来见他,要听听他对这件事个人有什么看法。

事实上去见泰萨菲尼斯的人,包括所有的将领加上刻里克斯和二十多位船长,其余还有两百多位普通士兵要去市场,顺便陪同前往。泰萨菲尼斯邀请将领进入帐篷,船长留在进口等待。不过片刻工夫,从泰萨菲尼斯的帐篷升起一面红旗,他已经逮捕进入的将领,一些指定的部队抓住船长

---

① 可以明显看出,本文在这里的脱落的地方,两个手抄本指出问题所在,虽然有一大段文字已经丧失,插入的句子使得叙述不至于中断。

将他们处决,其余人员前去市场杀死购物的士兵。最后总算有一位幸存者逃回营地,让大家知道灾难已经落到他们的头上。

27 士兵得知发生的事故,全营立即陷入惊慌之中,大家争着拿起武器顿时一阵大乱,因为没有人在那里发号施令。等到过了一阵,没有人前来攻打他们,很快选出一批将领,就将最高指挥的权力交给拉斯地蒙的奇瑞索法斯。他们编成行军的队伍立即开拔,认为最好的路线是朝着帕夫拉果尼亚前进。泰萨菲尼斯将抓住的将领用铁链锁起来,严密看管之下押解给阿塔泽尔西兹,除了饶恕米侬将其他人全部处以极刑①;只有他与盟友发生争执,认为他已经背叛希腊的阵营②。泰萨菲尼斯率领军队紧随希腊人不放,却不敢面对面在战场一决高下,以免对方在绝望中发挥孤注一掷的勇气和负隅顽抗的精神,使得自己在会战中吃了大亏。虽然他发起袭击的地方有时适合他的目标,还是无法对希腊人造成多大的损害,他的紧跟在后会给对手带来不少的困难,还是远不及那个叫作卡杜契人(Carduhi)的民族。

泰萨菲尼斯未能达成所望的企图,于是率领军队前往爱奥尼亚。希腊人花了七天的时间通过卡杜契人居住的山区,这个黩武好战的民族熟悉当地的情况,土著的敌意让希腊人吃足苦头。他们是国王的仇敌一直自由自在不受约束,精通作战的技巧,经过特别的训练拿沉重的石块当成武器,从有利的制高点抛掷下来真是声势惊人,很多希腊士兵遭到击毙,不少人的伤势非常严重。他们射出的箭矢长达两肘尺③,可以穿透盾牌加上胸甲,威力之大没有一种保护装备能够抵挡。他们用的箭矢实在又粗又长,据说希腊人捡拾起来当成标枪回

---

① 帖西阿斯提到阿塔泽尔西兹经不起母后帕里萨蒂斯(Parysatis)的苦苦哀求,答应她立下誓言要赦免刻里克斯,后来受到妻子史塔蒂拉(Statira)的怂恿,才将刻里克斯处决,使得帕里萨蒂斯痛恨王后,伺出下毒的手段将她谋害。

② 根据原文的校订,这句话应该是"他与下级指挥官发生争执"。

③ 大约是3英尺长。

掷过去。等到他们费尽千辛万苦横越我们提过的国度，抵达森特瑞提斯(Centrites)河，渡过这条河就进入亚美尼亚(Armenia)。这里的省长是泰瑞巴苏斯(Tiribazus)，双方签署一纸休战协议，受到友善的接待安全通过他的辖区。

28 他们通过亚美尼亚高耸的山地，遭遇一场大雪几乎落到全军覆没的处境。何以会发生这种情况：首先是空气发生骚动，雪花开始从天空小量地下降，根据当地人的经验对于赶路不会造成困难，接着风刮了起来，雪下得愈来愈大，不仅是路面就是最突出的地标，都被掩盖得不见踪影。全军陷入士气沮丧和进退两难的困境，后退就会被敌人歼灭，深雪使得他们无法前进。现在恶劣的气候变本加厉，强风夹杂冰雹一阵一阵打在他们的脸上，迫使整个军队只有暂时停止赶路。虽然没有获得任何供应，他们身处露天在困难重重之下，还能忍受一天一夜的痛苦。由于大雪不停地降落，盖满全身和所带的兵器，凛冽的天气使得他们整夜无法入睡。有的人能生一点小火可以获得相当帮助，还有一些人的身体受到严寒的侵袭，完全放弃获救的希望，特别是他们的手指和足趾全部冻成坏疽。

黑夜过去发现大部分的驮兽倒毙在地，就是士兵的亡故也不在少数，虽然有的人还有意识，由于冻僵的关系身体无法活动，眼睛因为酷寒和雪地反射的光线，陷入盲目丧失视力的悲惨处境。好在体力勉强支持还能走一小段路，接着发现一些储存粮食的村庄，否则所有人员的下场都是死无葬身之地。这些村庄在进口处为驮兽建造一条地下通道，居民或其他人员要用梯子攀登上去①。在这个屋子里牲口获得草料的供应，民众可以享用非常丰硕的生活必需品。

29 他们在山区的村庄停留八天，接着前往发西斯（Phasis）河，穿越此地花了四天的工夫，然后通过查奥伊人（Chaoi）②和发西斯人（Phasians）的地区。他们在战场击败土著发起的攻势，占领他们那些存粮富足的农庄，留在当地有十五天之久。希腊的部队继续行军，横越迦勒底人（Chaldaeans）的领地，据称他们用了七天的时间，抵达土著口中的哈帕古斯（Harpagus）河，这条大河的宽度是四百英尺。他们从此地的前进是经过西蒂尼人（Scytini）的区域，通行的方式是沿着一条穿越平原的道路，接着在此处休息三天，所有生活必需品都能源源不绝地供应。他们开拔以后在第四天抵达一个名叫捷纳西亚（Gymnasia）的大城。当地的统治者与他们签署休战协议，派人引导他们向着海边前进。

第十五天来到奇尼姆（Chenium）山，编在前卫的人员可以看到大海，非常兴奋发出激昂的喊叫，后卫听到以为他们遭到敌人的攻击，赶紧手执武器跑上来救援。他们全部来到这个可以远眺海面的地方，大家高举双手向神明表达无比的感激，认为从此以后一片坦途安全无虞。接着到处搬来无数的石块，累积起来成为巨大的圆锥形石堆，当成得自蛮族用来奉献给神明的战利品，希望能为他们的远征留下一个永恒的纪念物。他们送给向导的礼物是一个银碗和一套波斯人的衣服，向导向他们指出前往马克罗尼亚（Macronia）的道路再行告别。

---

① 本文明显出现脱落和遗漏。可以根据色诺芬《远征记》第4卷第5节的描述，增加下面这段文字："他们的房舍都建在地下，外面围着像墙一样的土堤，所有的牲口经由很低的地道进入，居民使用楼梯上下。他们与山羊和绵羊同居一室之内。"现在的亚美尼亚仍旧可以看到建在地下的村庄。

② 可能是色诺芬《远征记》第4卷第6节提到的陶契斯人（Taochians）。

他们在进入马克罗尼亚人的地盘之前，先签订一个停战协议，接受一根蛮族使用的长矛再回赠相同类型的兵器，蛮族宣称交换武器当成遵守誓言的信物是祖先遗留的传统习俗。等到他们越过这个民族的边界抵达科尔契的国境，土著聚集起来发起攻击，希腊的部队打败他们杀死无数的对手，然后在小山上面占领一个坚固的据点，接着掠夺整个地区，获得的战利品储存起来，有了丰富的给养和充分的休息。

30 他们发现这个地区有大量的蜂窝，生产售价很高的蜂蜜。很多人贪吃蜂蜜因为它的香甜给人带来极大的愉悦，却让他们经历一种非常奇特的苦难，因为只要吃下肚中就会丧失意识，倒在地上像是作战被敌人击溃。军队整天都处于士气消沉的情况，对于这种奇特的事件和众多人数遭遇不幸感到极其惊惧。到了第二天同样的时辰，他们逐渐恢复神志，慢慢从地上爬了起来，身体的情况像是吃了仙丹灵药，所有的病痛都已痊愈。

他们在休息和整补三天以后，向着一座希腊城市特拉庇苏斯（Trapezus）①前进，这是夕庇诺的市民在科尔契的地区建立的殖民地，他们在这里停留三十天，受到居民极其慷慨的接待，他们向赫拉克勒斯和救世主宙斯奉献牺牲，并且举办一次运动竞赛，据说"阿尔戈英雄号"当年将贾森（Jason）和他的手下带来此地。他们恳求指挥官奇瑞索法斯前往拜占庭，要求支持所需的运输船只和三层桨座战船，因为奇瑞索法斯曾经提到拜占庭的水师提督安纳克西拜阿斯（Anaxibius）是他的好友。城市的希腊居民安排他乘坐一艘轻型船只，然后从特拉庇苏斯当局的手里接受两艘小船，上面有划桨可用，他们从陆地或海上开始抢劫邻近的蛮族。

———————

① 就是现在的翠比松（Trebizond）。

他们等候奇瑞索法斯的返回花去三十天，他仍旧迟迟不归而且部队的粮食供应日渐稀少，就从特拉庇苏斯开拔，第三天抵达西拉苏斯（Cerasus），这座希腊城市是夕诺庇的殖民地。他们停留数日前往慕昔尼西亚人（Mosynoecians）住居的地区。蛮族集结兵力阻止他们的进军，希腊的部队在会战当中击败对手，斩获非常丰硕。他们为了避难逃到一个坚固的据点，那里也是他们的居所，建有七层楼高的木塔提供防卫之用，希腊的部队发起持续的攻击，经过一番苦战终于夺取。对于其他所有住在有城墙保护的小区，这个据点成为他们的首都，国王的房舍坐落在最高的位置。国王必须遵从祖先留下的习俗，终其一生都要留在据点不能外出，从这里发布命令对人民进行统治。

根据士兵的说法，他们一路经过很多地方，以这个国度的人民最为野蛮落后：男子在大庭广众之下与妇女交媾；最有钱的家庭他们用煮熟的胡桃供子女食用；他们在年轻的时候都有文身的习俗，用各种彩色在胸前和背后绘成美丽的图案。他们通过广大的地区需要八天的时间，下面是一个名叫提贝里尼（Tibarene）的国家，抵达的行程只要三天。

31 他们抵达一座希腊城市科特奥拉（Cotyora），这是夕诺庇的移民建立的殖民地，在该地停留五十天，抢劫邻近的对象是住居在帕夫拉果尼亚的民族和其他的蛮族。赫拉克利和夕诺庇的居民，派遣船只将士兵和驮兽运过大海①。夕诺庇是米勒都斯人（MIlesians）建立的殖民地，位于帕夫拉果尼亚是地区内首屈一指的城市。我们的时代米塞瑞达底（Mithridates）在这座城市拥有富丽堂皇的宫殿，是他发起战争要与罗马的权势抗衡。奇瑞索法斯来到这座城市，获得三层桨座战船的使命没有

————————

① 参阅色诺芬《远征记》第 6 卷第 1 节，运过大海前往夕昔庇。

达成。

虽然如此，夕诺庇的居民对他们非常友善，运送他们经由海路到达赫拉克利(Heracleia)，这是一个麦加拉人建立的殖民地。整个舰队在阿奇罗西亚(Acherousia)半岛停泊，据说赫拉克勒斯领着色贝鲁斯(Cerberus)离开哈迪斯，就是从这个地方来到阳间。他们徒步通过俾西尼亚(Bithynia)的时候情况非常惊险，当地土著沿着道路对他们实施伏击。他们最后总算安全来到卡尔西多尼亚(Chalcedonia)的克里索波里斯(Chrysopolis)，原来出征帮助居鲁士的一万人马，竟有八千三百人活了下来。有些希腊人从此处可以安返家乡，不会再有什么困难，其余留下的佣兵在克森尼苏斯(Chersonesus)拉帮结派，邻近地区的色雷斯各个部族都受到他们的蹂躏和掠夺。

以上就是居鲁士与阿塔泽尔西兹争夺宝座的来龙去脉。

32 雅典的三十僭主拥有最高控制权力，放逐市民和处死异己的事件，几乎无日无之。底比斯的市民对这种勾当表示不满，采取的行动是对放逐人士①非常友善，据说色拉西布卢斯(Thrasybulus)是斯蒂里亚区(Stiria)的居民，成为受到三十僭主放逐的领袖人物，暗中获得底比斯当局的协助，就在阿提卡夺取一个名叫菲勒(Phyle)的坚固据点。这个要塞不仅位置险要而且距离雅典只有一百斯塔德，对于他们发动攻势可以获得很多的好处。三十僭主得知起义的行动，马上派出部队去镇压这群叛徒，他们的打算是要包围当面的据点。就在他们靠近菲勒扎营的时候正好天降大雪，有些人奉派完成营地转换的工作，大多数的士兵受到误导认为是要他们逃走，因为一支充满敌意的兵力即将来到，发生的骚动就是一

---

① 这里和下面提到的"放逐人士"，并不完全是受到公开宣判施以"放逐"处分的人员，将那些自动逃出雅典的市民都包括在内，所以"放逐人士"也可以说就是"流亡人士"。

般人所说的"闹营",他们迁移营地到一个距离较远的位置。

三十僭主知道雅典的市民乐于见到三千人没有参政的权利①,要是剥夺他们拥有的管理职位更是感到欣喜若狂,就将这些人转移到派里犹斯去安置,运用佣兵部队加强他们控制城市的力量。他们指控伊琉西斯和萨拉密斯的居民站在亡命之徒这一边,要将这些人全部处死。就在这些变故进行得如火如荼的时候,很多放逐人士聚集在色拉西布卢斯的四周,(三十僭主派出使者去见色拉西布卢斯)②公开的场合把他看成囚犯一样对待,私下却劝他解散放逐人士的组织,让他取代瑟拉米尼斯(Theramenes)留下的职位,与三十僭主联合起来统治这座城市。同时他们更给予承诺,拥有特权可以归还土地给他选出的十位放逐人士。色拉西布卢斯的答复是他宁可受到放逐也不愿与三十僭主共同统治,除非所有放逐人士都能返国,而且让人民恢复祖先遗留的政府形式,否则他不会终止战争。三十僭主看到很多人基于仇恨起来反抗,放逐人士的数量变得愈来愈多,派遣使者前去斯巴达要求给予援助,同时自己尽可能集结部队,据说要他们在靠近阿查尼(Acharnae)的开阔地区开设营地。

33 色拉西布卢斯在坚固的据点③留下足够的守卫,率领一千二百名放逐人士,趁着黑夜对敌人的营地发起无预警的攻击,杀死很多士兵,先发制人的行动,使得其余人员陷入惊惧之中,迫得他们只有逃回雅典。会战以后色拉西布卢斯直接进军派里犹斯,占领无人居住而又形势险要的山丘慕尼契亚(Munychia)。三十僭主派出所有的部队赶到派里

————————

① 这些是三十僭主经过选择开列的名单,色诺芬《希腊史》第2卷第3节,提到这些人要"分享政府的权力"。

② 只有在希腊这种叙述的方式才会发生应有的效果。

③ 这个地方就是大名鼎鼎的菲勒(Phyle)。

犹斯,在克瑞蒂阿斯(Critias)指挥之下攻打慕尼契亚。激烈的会战延续很长一段时间,三十僭主拥有数量的优势,放逐人士以阵地的坚强占得上风。不过,最后克瑞蒂阿斯作战阵亡,三十僭主的部队在气馁之余,为了本身的安全逃到更为平坦的地面,流亡人员不敢冲杀下去。等到大量士兵投靠放逐人士的阵营,色拉西布卢斯对他的敌手发起意料不到的攻击,在会战中将他们击败,成为派里犹斯的主人。城市①有很多居民想要除去暴政,很快在派里犹斯集结起来,分散希腊各个城市的放逐人士,听到色拉西布卢斯成功的信息,全都赶往派里犹斯,现在因为来到大批放逐者,他们的实力稳占优势开始围攻雅典。

留在雅典的市民罢黜三十僭主的职位,要他们离开城市,然后选出十位知名之士授予最高的权力,当务之急是基于友好的条件结束战争。这些人在上台以后,根本不理市民大会的敕令,要让自己成为僭主,派出使者向拉斯地蒙当局提出要求,派遣四十艘战船和一千名士兵,在赖山德的指挥之下前来给予协助。拉斯地蒙国王鲍萨尼阿斯嫉妒赖山德的成就,认为斯巴达过去在希腊人当中落得很坏的名声,于是他自己率领一支大军来到雅典,调解城内民众和放逐人士之间的纷争。结果使得雅典的民党人士光复他们的城市,依据自己制定的法律掌控政府的运作,至于那些过去连续犯下罪行又害怕遭到惩罚的当权派,得到允许可以全家搬迁到伊琉西斯。

34 伊利斯的市民始终害怕拉斯地蒙拥有强大的实力,为了结束双方之间的战争,同意将他们的三层桨座战船交给拉斯地蒙运用,让邻近的城市独立自主不再接受他们的统治。于是拉斯地蒙结束与伊利斯之间的战争,不再与他们有什么瓜葛。他们的部队进军前去攻打梅

---

① 指雅典。

西尼,因为梅西尼的士兵在西法勒尼亚(Cephallenia)建立哨所,还有人在瑙帕克都斯(Naupactus)大肆活动,这座城市原来属于西部的洛克瑞斯①所有,现在是雅典当局在那里捣鬼要交给梅西尼。他们将梅西尼的士兵赶走以后,就将哨所分别归还西法勒尼亚的居民和洛克瑞斯。

梅西尼的移民在各地遭到驱逐,由于他们的祖先一直痛恨斯巴达人,决定带着军队离开希腊,有些人乘船前往西西里,成为佣兵在狄奥尼修斯的手下服务,还有一些大约三千人,赶赴塞伦加入流亡人员组成的军队。这个时候的塞伦爆发引起动乱的内讧,亚里斯顿(Ariston)和他的党羽据有整座城市。结果是五百名最有影响力的市民丧失性命,幸存者当中声名显赫的土著遭到放逐。流亡人士因为梅西尼人的加入而势力大增,引起的会战使得双方损失惨重,特别是梅西尼人的斩获居于首位。会战以后对立的塞伦市民开始协商,双方同意和解,立下誓言要忘记过去彼此的伤害,大家和衷共济生活在这座城市。

这个时候罗马为了增加殖民地的数量,建立一座名叫维利特(Velitrae)的城市。

35 年度即将结束的时候,拉奇斯(Laches)成为雅典的执政,罗马选出军事护民官马纽斯·克劳狄斯(Manius Claudius)、马可斯·奎因克久斯(Marcus Quinctius)、卢契乌斯·朱利乌斯(Lucius Julius)、马可斯·弗流斯(Marcus Furius)和卢契乌斯·华勒流斯(Lucius Valerius)②负起执政官的职

---

① 参阅本书第十一章第84节。

② 利瓦伊《罗马史》第5卷第1节,提到这几个人的名字是马可斯·伊米留斯·玛默库斯(M.Aemilius Mamercus)、卢契乌斯·华勒留斯·波蒂都斯(L.Valerius Potitus)、阿庇斯·克劳狄斯·克拉苏(Ap.Claudius Crassus)、马可斯·奎因克蒂久斯·华鲁斯(M.Quinctitius Varus)、卢契乌斯·朱留斯·朱卢斯(L.Iulius Iulus)、马可斯·波斯都缪斯(M.Postumius)、马可斯·弗流斯·卡米拉斯(M.Furius Camillus)和马可斯·波斯都缪斯·阿比努斯(M. Postumius Albinus)。

责,举行第九十五届奥林匹亚运动会,雅典的迈诺斯(Minos)赢得赛跑的优胜。这一年(前400年)亚洲之王阿塔泽尔西兹在击败居鲁士以后,指派泰萨菲尼斯收复位于边界所有濒海的省区,以往与居鲁士结盟的省长和城市,全都感到惴惴不安,生怕过去的行为冒犯国王受到惩处。他们派遣使者前去晋见泰萨菲尼斯,除了对他大肆奉承,举凡所有事务的处理都要他感到称心如意。

统治爱奥尼亚权势最大的省长塔摩斯,将全部家私装上三层桨座战船,带着所有的儿子,其中一位名叫格洛斯(Glos)不愿前往,后来成为国王麾下的指挥官。塔摩斯害怕泰萨菲尼斯对他不利,率领舰队前往埃及,要在埃及国王桑米蒂克斯那里获得安全的庇护,须知这位国王的名字来自声名显赫的祖先①。塔摩斯认为他过去帮过国王的忙,现在面临阿塔泽尔西兹带来的危险,相信在埃及国王的疆域之内找到安身立命之所。桑米蒂克斯漠视这个回报的机会,不理会对恳求者的神圣义务,将他的朋友连带身边的儿子全部杀死,目的是将塔摩斯的财产和舰队据为己有。

亚细亚的希腊城市得知泰萨菲尼斯正在途中的信息,对于未来要面对的处境深感忧虑,派遣使者去见拉斯地蒙当局,乞求他们不要让城市受到蛮族的蹂躏。拉斯地蒙答应给予援助,派出使者前去警告泰萨菲尼斯,不得对希腊的城市有任何侵犯的行动。不过,泰萨菲尼斯进军的首要目标是攻打赛麦这座城市,他们掠夺整个地区并且捕获很多俘虏,接着他开始围攻赛麦,冬季将至还是无法占领城市,获得巨额赎金释放俘虏而后解围离去。

36 拉斯地蒙当局指派瑟比隆(Thibron)负责与波斯国王之间的战事,授予一千名以市民身份②服役的士兵,命令他从盟邦征召部队,数

---

① 桑米蒂克斯一世(在位期间前664—前610年)是古埃及第二十六王朝的建立者,他与希腊建立贸易的关系,参阅希罗多德《历史》第2卷第151—154节。

② 色诺芬《希腊史》第3卷第1节,说这些士兵是获得解放的希洛特农奴。

量的多少由他自己视需要而定。瑟比隆到达科林斯以后,召集盟邦的士兵来到这座城市,率领不足五千人马的部队航向以弗所。他在此地以及其他城市又招募两千人,然后以一支总兵力七千名士兵的军队前去迎击敌人。进军大约一百二十斯塔德,抵达泰萨菲尼斯管辖的马格尼西亚(Magnesia)。他在首次攻击就夺取这座城市,接着很快来到爱奥尼亚的特拉勒斯(Tralles),开始进行围攻作战,由于城池非常坚固无法获得任何进展,他只有退回马格尼西亚。由于这座城市没有城墙的防护,瑟比隆生怕在他离开的时候落到泰萨菲尼斯的手里,于是他将所有的人员、装备和物资运到邻近一座名叫苏拉克斯(Thorax)的小丘,然后瑟比隆侵入敌人的地区,获得各种战利品满足士兵掠夺的胃口。等到泰萨菲尼斯率领强大的骑兵部队到达,他为了安全起见撤返以弗所。

37 　就在这个时候,一大批曾在居鲁士麾下服务的士兵[1],安全返回希腊开始归返自己的家乡,其中很大部分约有五千人,因为习惯军旅的生活,选择色诺芬(Xenophon)为他们的将领。色诺芬率领这支军队去与居住在萨尔迈迪苏斯(Salmydessus)[2]四周的色雷斯土著作战。这座城市的领地位于潘达斯(Pontus)的左边,沿着海岸延伸很长的距离,从而引起很多海难事件[3]。色雷斯土著经常留在这些地方等待机会,把那些被海浪冲上岸的商人当成可以捕捉的俘虏。色诺芬带着他编成的部队入侵色雷斯这个区域,在会战中击败对手,大部分的村庄都遭到烧毁。后来瑟比隆表示他愿意雇佣这些士兵,他们撤走前去加入拉斯地蒙的阵营,共同将战争带到波斯王国的疆域。

　就在发生这些事件的时候,狄奥尼修斯在伊特纳山的主峰下方,建立

---

① 参阅本章第 19—31 节。
② 这个城市位于黑海西岸,离博斯普鲁斯约有 60 英里。
③ 色诺芬《远征记》第 7 卷第 5 节,提到海边的浅滩延伸得又远又广。

一座名叫亚德拉隆姆(Adranum)的城市,那是因为此地有一座声名显赫的庙宇①。马其顿国王阿奇劳斯(Archelaus)率众狩猎,无意中为所宠爱的克拉提鲁斯(Craterus)误击,伤势过重不幸亡故,这是他在位第七年②。留下的王位由欧里斯底(Orestes)继承,此刻欧里斯底仍是幼童被监护人伊罗帕斯(Aeropus)所弑,篡夺者保有宝座为时六年。

雅典的哲学家苏格拉底受到安尼都斯(Anytus)和梅勒都斯(Meletus)的指控,罪名是亵渎神明和败坏青年,判处死刑饮下致命的毒胡萝卜汁。莫须有的控诉完全违背法理人情,民众对于陷害如此伟大的人物感到极其悔恨,因此他们迁怒于可耻的原告,不经审判就将他们处以极刑③。

38 年度即将结束,亚里斯托克拉底(Aristocrates)在雅典出任执政,罗马选出六名军事护民官盖尤斯·塞维留斯(Gaius Servilius)、卢契乌斯·维吉纽斯(Lucius Verginius)、奎因都斯·苏尔庇修斯(Quintus Sulpicius)、奥卢斯·缪蒂留斯(Aulus Mutilius)和马纽斯·塞吉乌斯(Manius Sergius)④取代执政官的职责。就是这些官员的任职期间(前399年),拉斯地蒙当局判定瑟比隆从事战争没有成效,派遣德西利达斯(Derclidas)到亚细亚出任将领,接收瑟比隆交给他的部队,进军特罗德

---

① 城市的得名来自亚德拉努斯,这位神明的膜拜遍及整个西西里,从他的旗帜和章纹来看,像是后来经常提到的战神马尔斯,他的庙宇用很多条猛犬守卫。参阅本书第十一章第88—89节,以及普鲁塔克《希腊罗马名人传》第7篇第1章"泰摩利昂"第12节。

② 阿奇劳斯的在位是前413—前399年,本文的7年不知有何依据。

③ 这样的叙述方式,就梅勒都斯后来的案情而言非常可疑,对于其他的指控者更是错得离谱。

④ 这里只有5个人的名字,而且与手抄本大不相同。利瓦伊《罗马史》第5卷第8节有一个名单:6位护民官是盖尤斯·塞维留斯·阿哈拉(Gaius Servilius Ahala)、奎因都斯·塞维留斯(Quintus Servilius)、卢契乌斯·维吉纽斯(Lucius Verginius)、奎因都斯·苏尔庇修斯(Quintus Sulpicius)、奥卢斯·曼留斯(Aulus Manlius)和马纽斯·塞吉乌斯(Manius Sergius)。

(Troad)去攻打那里的城市。

他在首次出击就夺取哈玛色克都斯(Hamaxitus)、科洛尼(Colonae)和亚里斯巴(Arisba),接着是伊利姆(Ilium)、西贝尼亚(Cerbenia)和特罗德其余的市镇,有些凭着谋略夺取,有的依靠武力攻占。过后他与法那巴苏斯签署一纸为期八个月的休战协定,前去讨伐那时居住在俾西尼亚的色雷斯土著。等到他将整个地区大肆劫掠一番,再率领部队进入冬营。

特拉契尼亚人(Tachinians)的城市赫拉克利(Heracleia)产生激烈的倾轧和内讧,拉斯地蒙当局派遣赫瑞披达斯(Herippidas)前去恢复秩序。赫瑞披达斯到达赫拉克利立即召开市民大会,运用重装步兵将他们包围起来,逮捕为首的倡乱分子加以处决,有五百人受到极刑。由于厄塔(Oeta)附近的居民开始叛变,他带着军队对他们开战,让他们吃尽苦头,逼得这些人只有离开这片土地。他们之中大多数带着自己的妻子儿女逃到帖沙利,五年以后在皮奥夏人协助之下,他们回到故国重建家园。

就在这些事件发生的时候,大量色雷斯士兵入侵克森尼苏斯,整个地区受到破坏,所有的城市处于遭到围攻的情况。克森尼苏斯的居民陷入战争的水深火热之中,请求拉斯地蒙的德西利达斯从亚细亚前来拯救他们。他率领军队渡过大海,将色雷斯的部队赶出受到蹂躏的国家,在两个海面之间①建一道城墙将克森尼苏斯围在当中。他用这项工程保障居民在未来不受色雷斯部族的侵犯,接受丰盛的礼物让居民表达感激之意,然后载运他的军队返回亚细亚。

39 法那巴苏斯与拉斯地蒙当局签订停战协议,返国晋见国王报告当前的情势,建议拟订计划整备一支舰队,以及指派雅典的

---

① 色诺芬《希腊史》第 3 卷第 2 节提到兴建城墙的位置,地峡的宽度是 37 斯塔德(大约 5 英里);可以参阅普里尼《自然史》第 4 卷第 43 节。

科农（Conon）出任水师提督。因为科农拥有丰富的战阵经验，特别是他与当前的敌人①曾经多次交手，虽然他在上次会战中落荒而逃，目前人在塞浦路斯（Cyprus）国王伊凡哥拉斯（Evagoras）的宫廷②。等到说服国王以后，法那巴苏斯获得五百泰伦银两，用来建立一支海上武力。

他乘船渡海来到塞浦路斯，命令塞浦路斯国王建造一百艘三层桨座战船，接着与科农讨论舰队的指挥事宜，指派他为海上作战最高统帅，然后用国王的名义对科农发出指示，务必达成他内心的期许和愿望。科农不仅希望拉斯地蒙的水师在战争中遭到击败，能够恢复本国在希腊的领导地位，同时还使自己赢得名扬四海的声誉，于是他接受波斯国王给予的职位和权力。就在整个舰队完成整备之前，他率领四十艘立即可用的船只，渡过大海航向西里西亚，要在那里进行战争的准备工作。

法那巴苏斯和泰萨菲尼斯在他们管辖的省区集结人马，开拔以后向着以弗所前进，因为敌人的部队都驻扎在那座城市。入侵的兵力是两万名步卒和一万名骑兵。拉斯地蒙的指挥官德西利达斯得知波斯大军迫近的信息，率领他的部队出城迎战，可用的兵力不超过七千人马。就在两军即将接触之际，他们签署一份休战协议，预留一个生效的期间；法那巴苏斯必须派人向国王报告，让他知道协议的条款，必须他愿意结束这场战争；德西利达斯也要向斯巴达当局解释整个事件的始末和应对之策。双方的指挥官基于这种认知，开始分散部署他们的军队。

40 雷朱姆是卡尔西斯的移民建立的殖民地，他们看到狄奥尼修斯的势力日益壮大，感到无比的愤怒。由于他将他们的亲戚

---

① 是指拉斯地蒙人。根据原文的校订，本文并未提到他对海战特别具有经验。

② 科农在伊哥斯波塔米会战失败以后，害怕回到雅典遭受重惩，于是在伊凡哥拉斯的宫廷找到庇护之地，参阅本书第十三章第106节。

纳克索斯和卡塔尼的市民当成奴隶出售①,对于雷朱姆的民众而言,这些不幸的人与他们同文同种②,暴虐的行为引起极不寻常的关切,因为他们全都害怕同样的灾难会落在自己的头上。他们下定决心要在僭主的地位更为稳固之前,组成军队与他在战场兵戎相见。他们要发动战争的决定受到为狄奥尼修斯放逐的叙拉古人强烈的支持,其中大多数在那个时候都居住在雷朱姆,当然会不断讨论这方面的事务,特别指出所有的叙拉古市民都会抓住这个机会,加入对僭主发起的攻击行动。

雷朱姆当局指定所需的将领,派出的兵力是六千名步卒,六百名骑兵和五十艘三层桨座战船。他们渡过海峡要引诱美西纳的将领参加作战的行列,宣称当前最可怕的事,莫过于大家坐视暴君将他们的邻居,那些希腊城市全部摧毁无遗。美西纳的将领为雷朱姆人说服,在没有获得市民大会投票通过的情况之下,出发的部队是四千名步卒,四百名骑兵和三十艘三层桨座战船。到上面提到的兵力前进来到美西纳的边界,由于美西纳的劳美敦(Loamedon)发表演说反对双方的士兵发生冲突,主张大家不要发动对付狄奥尼修斯的战争,因为僭主的所作所为并没有对不起大家的地方。美西纳的部队听得进他的劝告,就以没有获得人民批准这次作战为理由,抛弃他们的将领返回家园。雷朱姆的市民还没有强大到可以单独从事一场会战,看到美西纳当局解散他们的军队,迅速转身回到雷朱姆。

事件刚一发生,狄奥尼修斯率领军队来到叙拉古的边境,等待敌人的攻击,得知他们撤退的信息,也就领着部队返回叙拉古。后来雷朱姆和美西纳派遣使者前来商议谋和的条件,他认为现在中止对这些城邦的敌意,会让他获得更大的优势,因而愿意签署和平条约。

---

① 参阅本章第 15 节。
② 这句话可以说是"与他们面临同样的危险"。

41 狄奥尼修斯提到有些希腊的市民抛弃自己的祖国,带着他们的城市和财产投向迦太基的统治,他从而获得一个结论,就是只要他与迦太基保持和平的局面,他的臣民就会念念不忘参加起义的行动,让他无法拥有僭主的权势和地位,如果他与迦太基处于战争状态,所有受到对手奴役的民众都会叛变。他还听到利比亚的瘟疫流行,很多留在那里的迦太基人成为受害者。基于这些理由他认为这是发动战争的最佳时机,他决定当务之急是完成准备工作,由于他要与欧洲最有权势的民族决一高下,他推测这次战争不仅范围广泛而且拖延甚久。

他从自己控制之下的城市召集和征用技术高超的工匠,还用高薪吸引来自意大利、希腊和迦太基领地的人员。他的目标是制造大量兵器和各式各样的投射武器,以及四层桨座和五层桨座的战船,当时还没有人能够制造后面那种尺寸的船只①。等到聚集很多熟练的工匠以后,他按照他们的手艺区分为几个小组,对于发给士兵的铠甲分为几种不同的型号,因为他从很多国家招募所需的佣兵。他非常关切每一个士兵都要使用当地民众制造的武器,特别认为提供部队所有的装备让对手感到极大的恐慌,所持的理由是他麾下所有的士兵只要穿上他们惯用的铠甲,会战当中可以发挥最佳的战斗效果。叙拉古的市民热心支持狄奥尼修斯的政策,进而使得武器的制造激起高昂的竞争心理,不仅利用所有的空间,就是寺庙的前庭和后院以及体育馆和柱廊,都成为挤满匠人的工场,想要继续生产大量武器装备,就要离开公众的场所,建立设备最为齐全的厂房。

---

① 塔恩(W.W.Tarn)在《希腊民族军备发展史》(*Hellenistic Military and Naval Developments*)第130—131页,质疑五层桨座战船在那个时代的发展情况,直到亚历山大大帝开始东征,都没有听到这方面的消息。

42 事实上弩炮的发明就是在这个时候的叙拉古①,本领高强的工匠都从其他地区集中到这个弹丸之地。高额的薪资和无数的奖品会产生最有效率的激励作用,还有一个更为重要的因素,就是狄奥尼修斯的周围每天都有工匠,他与他们很和蔼地谈话,赏赐礼物给工作最热心的人员,邀请他们参加他的宴会。手艺高明的工匠带着无可超越的奉献精神用来发明很多的投射武器和攻城机具,更以他们的专业技术提供最为卓越的服务。他着手构建四层桨座和五层桨座的战船,成为在这方面首开先河的人物。他听说三层桨座战船最早是在科林斯建造出来的,叙拉古过去是科林斯人设立的殖民地,传承他们的造船技术也是顺理成章的事,他的打算是要发挥更大的成效。

等到获得特许从意大利输入木材,他派出一半的木匠前往伊特纳山,当时那个地方遍布高耸的森林,能够砍伐最为坚固耐用的枞树和松树,这时他将另一半再派到意大利,编成很多小组将木材搬到海上,加上征来的船只和水手,很快将经过加工的木材运回叙拉古。狄奥尼修斯在拥有大量供应的造船材料以后,他开始集中人力和物力,同时建造的船只超过两百艘,加上需要改装和修理现有船只一百一十艘。还在现在所称"大港"的四周,花费巨额款项兴建一百六十处码头船位和堆栈,大部分的船位可以容纳两艘船只的停泊,同时整修原有的一百五十处。

43 这么多的武器、装备和船只在一个地方制造,任何一个外来者看在眼里,都会充满惊奇和钦佩的感觉。他认为所有在西西里的希腊人都在全力造船,要是再让他参观制造兵器和械具的工场,他会

---

① 早在几个世纪以前,亚述人知道建造称为弩炮的机具,可以发射沉重投矢和标枪,运用的方法被迦太基人带到西方,希腊人是从他们那里学得这门技术的。

认为所有可用的劳工都已投入这方面的工作。尽管我们提到他们用无可
比拟的热情从事生产,数量更能证明他们的成就,须知他们已经造好十四
万个盾牌,加上同样数量的佩剑和头盔,还有精工制造的铠甲,每一类型的
设计都是华丽的艺术品,数量超过一万四千件之多。

狄奥尼修斯要将这些铠甲发给步兵的指挥官和所有的骑兵,还有组成
随身护卫的佣兵。他还有各种类型的弩炮和大量投射武器。一半的船只
完成备便,无论是舵手、领航、甲板军官和划桨手,全部征集市民充任,其他
的船只他招募外来的佣兵。等到船只的整备和武器的制造都已完成,狄奥
尼修斯将他的注意力转到士兵的征集,为了免予付出高额的费用,他认为
无须过早雇用较为有利。

在这一年,悲剧家阿斯提达玛斯(Astydamas)①上演他的第一个剧本,
后来他享年六十岁。

罗马的部队围攻维爱,守军从城内出击,有些罗马人被杀,其余人员四
散溃逃,使得城邦蒙受羞辱。

44 年度即将结束,埃提克利(Ithycles)成为雅典的执政,罗马选出
五位军事护民官卢契乌斯·尤利乌斯(Lucius Julius)、马可
斯·弗流斯(Marcus Furius)、马可斯·伊米留斯(Marcus Aemilius)、盖尤
斯·高乃留斯(Gaius Cornelius)和西索·费比乌斯(Caeso Fabius)取代执
政官的职位(前398年)。叙拉古的僭主狄奥尼修斯,就在制造兵器和编组
舰队的大部分工作完成之际,立即从事征集士兵的任务,他在叙拉古的市
民当中办理及龄男子的登记和入伍的作业,从那些受他统治的城市征召可
用的人员。他还从希腊各地招募佣兵,特别是能够帮助他巩固权力的拉斯

---

① 阿斯提达玛斯是公元前5—前4世纪的雅典悲剧家,平生的作品有240个剧本,赢
得15次的优胜。

地蒙当局,同意他尽其所需获得足够的外籍部队。总而言之,由于他强调要从很多国家招募佣兵,同意给予优渥的待遇,发现能够获得很好的响应。

　　狄奥尼修斯就要发起一场涉及范围很广的战争,因此他在讲话当中,对于西西里的城市表现出彬彬有礼的姿态,博得他们善意的支持。看到居住在海峡①两岸的雷朱姆人和美西纳人,能够很快动员一支强大的军队,等到迦太基的大军渡海来到西西里,他很害怕他们会加入迦太基的阵营。这两座城市在战争当中不论投入哪一边,都会产生举足轻重的影响力量。狄奥尼修斯基于这样的考虑,对于事态的发展感到极其关切,就将位于美西纳边界一大块领土当成礼物送给他们,用难以推却的恩典巩固彼此的感情;他派遣使者去见雷朱姆当局,要求用婚姻建立友好的关系,就是让他娶他们当中有市民身份的少女;因为他的发妻是赫摩拉克拉底(Hermocrates)的女儿,在骑兵叛变的时候遭到杀害②;现在他非常想要继承家业的子女,确认后裔的忠贞对于他拥有的专制统治权力是最强大的保障。

　　虽然如此,雷朱姆召开市民大会考虑狄奥尼修斯的请求,讨论以后经过投票的程序,雷朱姆的市民没有接受建立婚姻关系的提案③。狄奥尼修斯的计划已经落空,他又派使者为同样的目标前往洛克里(Locri)④。他们在市民大会投票通过结亲的要求,狄奥尼修斯能与色尼都斯的女儿多里斯订婚,色尼都斯(Xenetus)是洛克瑞斯人当中最受尊敬的市民。他派出一艘五层桨座战船,在举行结婚典礼之前来到洛克里,这艘船是同类型当中最早建好的船只,上面用各种金银制作的摆设装饰得富丽堂皇。他用这艘船载少女前往叙拉古,再引导她进入卫城。狄奥尼修斯还在统治的城市

---

① 是指墨西拿海峡。
② 参阅本书第十三章第 112 节。
③ 叙述的情况与本章第 107 节重复。
④ 伊庇捷菲里亚的洛克瑞斯人居住的区域位于意大利南端的足趾。

另外寻找一位适合的对象,身世显赫而且容貌出众的少女亚里斯托玛琪(Aristomache)①,他用四匹白马拖曳的车辆将她带回家中。

45 就在狄奥尼修斯用合法的婚姻娶回两位少女以后,举办一连串的喜宴款待士兵和大部分的市民。现在他放弃高压的手段,表现出更为公正的态度,统治臣民用富于人道的办法,不再动辄处以极刑或给予放逐。他在婚后过了一段平静的日子,然后在叙拉古召开市民大会,劝说大家要对迦太基发起战争,宣称他们始终对所有希腊城邦充满敌意,特别是对西西里的希裔人士,一直运用各种机会进行图谋和施加打击。他刻意指出目前迦太基所以没有采取积极的行动,那是因为受到瘟疫的荼毒,利比亚大部分居民丧生在这场浩劫当中,然而只要等到他们恢复实力,不会放弃对希裔西西里人的攻击,他们在很久以前就已心怀鬼胎。

他继续说下去,宁愿趁着他们虚弱的时候发起一场最后的战争,总比等他们强大以后再去一决胜负要好得多。同时他还强调最让人恐惧的事,莫过于允许希腊的城市接受蛮族的奴役统治,这些城市会竭尽所能参加我方的阵营,他们对于获得自由表现最大的热诚。等到讲完以后,为了表示支持他拟定的策略,很快获得叙拉古市民的同意。实在说,他们对于战争比他抱持更高的激情,首先是全体人民都痛恨迦太基的统治,在迫不得已的情况下只有接受僭主的命令;其次是他们希望狄奥尼修斯对待他们更加仁慈,因为他害怕敌人以及受他奴役的市民对他发起的攻击。总之,他们希望一旦拥有武器,就能致力于争取自由的奋斗,这些还得让命运女神把机会赐给他们。

---

① 她是海帕瑞努斯(Hipparinus)的女儿,也是知名之士狄昂的姊妹。

46 叙拉古当局召开市民大会以后获得狄奥尼修斯的允许,可以
掠劫腓尼基人的家财。迦太基的移民在叙拉古广置产业富有
资金者不在少数,他们还有很多商船在港口载运货物,这些全都成为叙拉
古人抢夺和强占的目标。其余的希裔西西里人如法炮制,将与他们杂居的
腓尼基移民全部强行驱离,从而据有遗留的房舍和田产。虽然他们痛恨狄
奥尼修斯的暴政,还是乐于加入对抗迦太基的战争,那是因为这个民族太
过于酷虐苛刻。

基于同样的理由,只要狄奥尼修斯当众扮演战争的角色,迦太基统治
之下希腊城市的居民,就会公开表达他们对腓尼基人的仇恨。不仅要用洗
劫的方式夺取他们的财产,还要将他们逮捕以后施以肉体的酷刑和精神的
凌辱,因为这些采取报复手段的人,始终记得当年成为俘虏的日子里,身受
刻骨铭心的痛苦。不管现在或以后,他们为了报仇雪耻就将怒气发泄在腓
尼基人身上,因为迦太基人让他们接受的痛苦经验,在于对待被征服的民
族完全违背法律的规范。命运女神在战争当中对于双方的战斗人员总是
公正无私,战败的一方都会遭到同样的下场,他们要是战胜对于不幸者绝
不会心慈手软。

狄奥尼修斯从事战争已做好万全的准备,决定派遣信差到迦太基发表
公开的声明:叙拉古要对迦太基宣战,为了免予落到亡国灭种的下场,迦太
基当局必须让所有受到奴役的希腊城市恢复自由的权利。

狄奥尼修斯所要处理的事务,我们已经有充分的讨论。

史家帖西阿斯(Ctesias)①的大著《波斯史》,开始于尼努斯(Ninus)和
塞美拉米斯(Semiramis),所有的事迹在这一年终止。这一年有几位神剧
作曲家到达创作的高峰期,那就是赛舍拉(Cythera)的斐洛克森努斯(Phi-

———————

① 尼多斯的帖西阿斯是公元前5—前4世纪的医生,后来在波斯的宫廷服务,成为阿
塔泽西兹的御医,给后世留下很多有关医学和历史的宝贵资料。

loxenus)①、米勒都斯的泰摩修斯(Timotheus)②和塞利努斯(Selinus)的特勒斯都斯(Telestus)③,此外波利伊杜斯(Polyeidus)④在绘画和音乐方面都是表现卓越的艺术家。

47 年度即将结束,黎昔阿德(Lysiades)⑤成为雅典的执政,罗马以六名军事护民官波披留斯·马留斯(Popilius Mallius)、巴布留斯·密留斯(Publius Maelius)、斯普流斯·弗流斯(Spurius Furius)和卢契乌斯·巴布留斯(Lucius Publius)⑥履行执政官的职责(前397年)。叙拉古的僭主狄奥尼修斯依据他的计划完成战争的准备工作,派遣一位传令官前往迦太基,将他的一封信送给元老院,陈述的内容是叙拉古决定要对迦太基发起战争,要想保持和平迦太基的军队必须撤离希腊的城市。传令官遵奉命令乘船航向利比亚,将信函递交给元老院。这封信先在会议厅宣读,接着在市民大会进行讨论,想起战争让迦太基人感到相当苦恼,因为黑死病使得大量人员丧失性命,何况他们对战争毫无准备。虽然如此,他们

---

① 斐洛克森努斯(前435—前380年)是一位擅长神剧与合唱的诗人,在狄奥尼修斯一世的宫廷服务;这位僭主对自己的剧本评价很高,世上一流的诗人都不放在眼里,斐洛克森努斯对他的作品说一些不入耳的批评,暴君恼羞成怒,派人押他到采石场做苦工;隔一天放回来仍旧重用。狄奥尼修斯将近作送给他过目,希望得到他的唱和与赞誉;这位诗人看过以后,转过头去对来人说道:"你还是把我押回采石场吧!"

② 泰摩修斯(前446—前357年)是著名的诗人和音乐家,他的剧作表现流畅和华丽的风格,在当时受到热烈的欢迎,对后世的影响深远。

③ 特勒斯都斯是公元前5—前4世纪享有大名的剧作家,赛翁尼的僭主亚里斯塔都斯(Aristatus)为他建立一座纪念碑。

④ 波利伊杜斯是公元前5—前4世纪的音乐家和神剧作家,据说他的歌曲最适合西塔琴的伴奏。

⑤ 这位执政的名字应该是苏尼阿德(Suniades),参阅基尔希纳(Kirchner)《阿提卡人物志》(*Prosopographia Attica*)No.12817.

⑥ 这里的军事护民官只提到四位,而且与利瓦伊《罗马史》第5卷第12节的名单完全不同。

只能等待叙拉古采取主动，派遣元老院的成员带着大批款项，到欧洲去招募佣兵①。

　　狄奥尼修斯带着叙拉古的部队、佣兵和盟友开始进军，他们的路线指向埃里克斯(Eryx)②，位于不远处的城市摩提伊(Motye)是迦太基的殖民地，在入侵西西里的行动当中成为主要的基地。狄奥尼修斯希望夺取这座城市，对于而后的作战就会占有很大的优势。他在行军途中一次又一次接受希腊各城市派来的部队，供应充分的粮食和各种物资。他们充满热情要参加他的作战行动，因为腓尼基的高压统治非常严苛让他们极其痛恨，同时对于未来的自由权利满怀希望。他最早获得的援军和粮草来自卡玛瑞纳，接着是杰拉和阿克拉加斯，后来他派人去见希米拉的市民，因为这些人的家园是在西西里的另一边，等到他经过塞利努斯的时候，又增加很多人员，他率领阵容强大的军队抵达摩提伊，总兵力是八万名步卒、三千名以上的骑兵以及将近两百艘战船，还有五百艘商船载运数量庞大的作战机具和所有其他必需的供应品。

48　　有关出征的兵力大小和军备情况在前面已有详尽的叙述；埃里克斯的民众对于强大的军队感到敬畏不已，由于他们痛恨迦太基人的所作所为，开城投向狄奥尼修斯的阵营。摩提伊的居民对于迦太基的帮助极具信心，即使狄奥尼修斯拥有绝对优势，他们还是不会表露出惊慌的神色，准备抵抗即将临头的围攻作战。他们深知叙拉古的僭主把摩提伊当作居于首位的洗劫目标，因为他们一直对迦太基当局忠心耿耿。城市位于一个离陆地六斯塔德的岛屿上面，无数美丽的房屋获得最大限度的人工装饰，这些都要感谢居民的富裕和生活的奢侈。有一条狭窄的人工

----

① 可能是到西班牙，汉尼拔过去在那里招募很多佣兵，参阅本书第十三章第 44 节。
② 参阅本书第四章第 83 节。

堤道通向西西里的海岸,这个时候摩提伊的市民已经将它摧毁,使得敌人无法用它当成攻击的接近路线。

狄奥尼修斯在勘察整个地区以后,将他的机具集中起来,开始构建一条通往摩提伊的土堤,在海港的进口将战船拖到岸上,用绳索将商船沿着沙滩系得非常牢固。完成规划就留下水师提督列普蒂尼斯(Leptines)①负责所有的工程,他自己率领所有的步兵前去讨伐与迦太基联盟的城市。现在西堪尼人②对阵容庞大的军队感到心惊胆寒,全都加入叙拉古人的阵营,只有五座城市仍旧忠于迦太基,就是哈利赛伊(Halicyae)、梭卢斯(Solus)、伊吉斯塔(Aegesta)、潘诺穆斯(Panomus)和英提拉(Entella)。狄奥尼修斯劫掠梭卢斯和潘诺穆斯的领地,并且将哈利赛伊境内所有树木砍伐一空,包围伊吉斯塔和英提拉,使用强大的部队发动连续不断的攻击,完全靠着武力达到控制两座城市为目标。这些是狄奥尼修斯在当前面临的情况。

49 迦太基的将领希米卡忙于兵力的集结和其他准备工作,派遣他的水师提督率领十艘三层桨座战船立即出航,奉到的命令是尽速在暗中对叙拉古人施加打击,要趁着黑夜的掩护进入他们的海港,摧毁留在后方的船只。期望运用一次牵制攻击迫使狄奥尼修斯派出舰队的一部分回防叙拉古。水师提督奉到命令快速执行,这时没有人知道会有这样的事情发生。攻击完全出人意料,他冲撞沿着海岸锚泊的船只,很多艘沉没带来相当的损失,然后他才返回迦太基。狄奥尼修斯在蹂躏迦太基控制的区域以后,迫使敌人要在城墙里面寻找庇护,这时他率领全军攻打摩提伊。他的意图是只要这座城市屈服于围攻之下,其他所有地方都会望

---

① 列普蒂尼斯是僭主的弟弟。

② 有关西堪尼人的起源,可以参阅本书第五章第6节。

风而降。因此,他立即动员庞大的人力,要将城市与海岸之间的海峡填上石块和泥土,随着堤道不断向前延伸,他的攻城机具慢慢向着城墙推进。

50 迦太基的水师提督希米卡听说狄奥尼修斯将战船拖到岸上,立即整备情况最佳的一百艘三层桨座战船。他认为他只要在敌人意料之外出现,可以很快成为控制海洋的主宰,非常容易夺取在海港里面已经拖上陆地的船只。他一旦在这方面获得成功,不仅可以解除摩提伊的围攻,还可以将战争转移到叙拉古这座城市。因此,一百艘船启碇出海,接近塞利努斯的区域是在入夜以后,绕过利列宾(Lilybaeum)的海岬,黎明时分抵达摩提伊。他的现身让敌人感到大为惊奇,冲撞战术使得沿着海岸锚泊的战船无力反抗,然后纵火烧毁其余的船只,这样一来狄奥尼修斯完全无法抵抗敌人的突击。完成港外的扫荡以后,他率领战船进入海港排成会战队形,接着要攻打敌军已经拖上海岸的船只。

狄奥尼修斯在海港的入口集结他的军队,看到敌人要留在港内的船只以逸待劳等他发起攻击,他不愿冒险让他的船只进入海港。因为他明了要通过这个狭窄的入口,必然迫使少数船只要与兵力大过多少倍的人接战①。因此,他运用数量众多的士兵,将船只拖过陆地没有什么困难,可以安全进入港口以外的海面。希米卡攻击首先下海的船只,如雨的投射武器逼得他后退。狄奥尼修斯在船只上面配置大量弓箭手和投石手,叙拉古的士兵在陆上用弩炮发射尖锐的长矢,杀死很多敌人。实在说这种武器引起敌人的惊慌,因为这是那个时代一种新的发明。结果使得希米卡无法达成所望的企图,只有离开回航利比亚。他认为这次海战所以成效不彰,在于敌人船只的数量是他的两倍。

---

① 窄狭的进口使得狄奥尼修斯不能发挥数量的优势。

51 狄奥尼修斯运用大量劳工完成土堤的工程①,就让各种攻城机
具向前推进好对城墙发起攻击,攻城冲车用来冲撞塔楼,弩炮
可以射杀位于雉堞的守军,六层楼高的木塔下面装着轮子,可以推向前去
以同样的高度与城墙上面的敌人交战。现在威胁已经迫在眉睫,虽然没有
盟邦给予援助,摩提伊的居民还是不动声色。渴望荣誉使得他们胜过围攻
者,所以才会将士兵安置在瞭望台,从最高的桅杆悬挂在桁架的终端,处于
居高临下的位置将轻型的火把,或者燃烧沥青的火炬,投掷在敌军的攻城
机具上面。火焰很快点燃木料,希裔西西里人冲出来将火扑灭,这时在攻
城锤不断打击之下,有一段城墙倒塌下来。双方不约而同冲向这个地方,
会战变得更加狂暴。

　　希裔西西里人相信城市要落到他们手里,他们对于过去遭受的伤害绝
不会放过报复的机会,这时城市的人民预想被俘的生活即将落到悲惨的命
运,看到目前无论是经由陆地或海上都不可能有逃走的机会,只有坚毅而
勇敢地面对死亡。发现自己已经无法守住城墙,就在狭窄的巷道设置路
障,使得最后一列房屋成为一道临时构筑的城墙。这对于狄奥尼修斯的部
队来说,强行通过会更加困难。因为他们突入城墙以后自认已经成为城市
的主人,现在却被占有优势阵地的敌人,发射浓密的箭雨给予迎头痛击。
虽然如此,他们将活动木塔推到第一列房屋的前面,放下跳板当成一个进
攻的通道②。由于攻城机具与住宅的高度大致相等,双方进行短兵相接的

---

　　① 　历史上经常出现类似的情况,像是亚历山大大帝在前332年为了攻打迦太基人的母
邦泰尔,兴建的海堤大约有半英里长,据说有200英尺宽,有关对泰尔长达7个月的围攻,可
以参阅本书第十七章第40—46节、阿瑞安《亚历山大远征记》第2卷第18—24节以及克尔
久斯《亚历山大战史》第4卷第2—4节。
　　② 　运用高耸的木塔攻击城墙是经常使用的方式,特别是城墙的前面有开阔的空间,使
得巨大的木塔在构建和推进方面都不会受到阻碍;现在要将木塔用在窄狭的城市里面攻打
成列的房屋,就会出现很难克服的问题。

肉搏战斗。

52 摩提伊的市民考虑到巨大的危险,他们的妻子儿女都在眼前,由于他们对命运的恐惧,激起更为坚韧不拔的战斗精神。这里有一些人他们的父母在旁边不断地恳求,不要向无法无天的胜利者投降,就某种程度而言他们已经将人命视若草芥。还有很多听到自己的妻子和无辜的子女发出悲哀的哭声,宁可像一个男子汉战死也不愿看到自己的家人成为俘虏。要想逃离城市是不可能的事,因为整个地区都为海洋围绕,全部在敌人的控制之下。站在腓尼基人的立场看目前的情势,最可怕而且让人最绝望的事,莫过于他们想起以往对待身为希腊人的俘虏,竟然是如此的残酷无情,现在就要遭到同样报应。

实在说已经没有选择的余地,即使英勇战斗,他们的下场除了被敌人征服就是死亡。等到被围者的内心充满负隅顽抗的情绪,希裔西西里人发现他们陷入极其艰困的处境。如同在悬空的木桥上面战斗,他们感到不满在于空间何其狭窄,还有就是对手同归于尽的抵抗,因为伊摩提的市民放弃活命的希望。结果是有些人丧生在肉搏战斗之中,相互砍杀引起重大的伤亡,还有人被摩提伊的市民从木桥上面推挤下去,摔死在地上。

总之,我们叙述的围城之战延续数日之久,狄奥尼修斯采用的做法是在黄昏之际吹起号角,召唤部队返回营地停止战斗。等到他让摩提伊人习惯这种作息,双方的战斗人员都已撤离战场,派遣休里埃的阿克卢斯率领一队精兵,趁着夜暗的掩护将云梯架在落到手中的房屋上面,攀登上去为狄奥尼修斯的部队占领有利的位置。摩提伊的市民发觉大事不妙,立即赶过去尽全力抢救,虽然已经到得太晚,仍旧奋斗到底。会战变得愈来愈激烈,大量援军不停利用云梯爬了上来,最后还是希裔西西里人拥有兵力优势打败对手。

53 狄奥尼修斯的大军直接冲进城市,有些部队顺着土堤登上城墙,现在每个地方都在大开杀戒,希裔西西里人展开"以眼还眼,以牙还牙"的报复行动,杀死每一个见到的市民,连老弱妇孺都不放过。狄奥尼修斯的考虑在于敛财,掳获的居民可以当成奴隶拍卖,从开始就禁止杀害俘虏,只是没有任何人理会他的话。这时他看到希裔西西里人的屠城行为已无法控制,派出传令官大声叫喊要摩提伊的市民进入寺庙避难,因为希腊人对于神明抱着敬畏的心理。等到采取的措施发生效果以后,士兵停止滥杀的暴行转变为财富的掠夺,抢劫者除了获得大量金银,还有昂贵的服饰和形形色色值钱的器具和物品。狄奥尼修斯将整座城市送给士兵去洗劫,为的是要刺激他们的贪念从事未来的战争。

他在这次大获成功以后,对于第一个登上城墙的阿克卢斯(Archylus)酬庸一百迈纳①,举凡作战英勇立下功勋的人员都受到他的奖赏和表扬。他将所有幸存的摩提伊市民当成战利品发售为奴,捉到的达米尼斯和其他的希腊佣兵,因为他们为迦太基效命投身战斗,犯下卖国的罪行被处以磔刑。所有的事务处理完毕,就在城市留下一支驻防军,全城接受叙拉古人毕顿的指挥,驻防军的成员大多是西西里的土著。他命令水师提督列普蒂尼斯率领一百二十艘船,以逸待劳应付迦太基的水师渡海来到西西里的任何企图,同时他要列普蒂尼斯围攻伊吉斯塔和英提拉,按照原订计划要将它们洗劫一空。现在夏季即将来临,他率领全军班师叙拉古。

雅典的索福克勒斯(Sophocles)是索福克勒斯之子②,开始上演他的悲剧,赢得一生当中十二次优胜的第一次。

---

① 虽然注释说100迈纳等于1800美元。公元前4世纪一个熟练工匠的日薪约为1德拉克马,助手则减半,1迈纳为100德拉克马,所以100迈纳相当10000名工人的日薪,可见这是很高的赏赐。

② 这位索福克勒斯应该是公元前5世纪雅典伟大悲剧家索福克勒斯的孙子。

54 年度即将结束,福米昂(Phormion)成为雅典的执政,罗马选出
六位军事护民官格耐乌斯·吉努修斯(Graeus Genucius)、卢
契乌斯·阿蒂留斯(Lucius Atilius)、马可斯·庞坡纽斯(Marcus
Pomponius)、盖尤斯·杜伊留斯(Gaius Duilius)、马可斯·维图留斯
(Marcus Veturius)和华勒流斯·巴布利留斯(Valerius Publilius)取代执政
官的职责;举行第九十六届奥林匹亚运动会,伊利斯的优波里斯(Eupolis)
成为优胜者①。这一年(前396年)的官员就任以后,叙拉古的僭主狄奥尼
修斯率领全军出征入侵迦太基的领域。就在他纵兵掠夺四乡的时候,哈
利赛伊人在惊慌之余派遣使者与他签订结盟协定。伊吉斯塔的守军利用
夜间出其不意袭击围攻者,纵火烧毁营地的帐篷使得对方陷入混乱之中,
由于火势蔓延很大的面积而且失去控制,不少前来救援的士兵丧失性命,
大部分的马匹连同帐篷全部付之一炬。现在狄奥尼修斯蹂躏迦太基的疆
域没有遇到抵抗,水师提督列普蒂尼斯从他在摩提伊的驻地,提高警觉要
击退来自海上的敌军。

　　迦太基当局深知狄奥尼修斯的军威正盛,决定加强准备工作从各方面
取得优势。因此,希米卡拥有合法的统治权力②,他们从整个利比亚和伊
比里亚(Iberia)征召兵员,有些来自盟邦的派遣,以及接受招募的佣兵部
队。最后他们集结的兵力大约有三十万名步卒、四千名骑兵加上四百辆战
车,四百艘战船,以及六百艘装载粮食、装备和各种供应品的运输船。埃弗
鲁斯提到这些数字。泰密乌斯(Timaeus)③的记载从利比亚运送的部队没
有超过十万人,后来增加在西西里征召的三万兵员。

---

① 获得"赛跑"的优胜。

② 严格说,希米卡已经当选迦太基年度两位最高行政长官(suffete)之一,这个职位相
当于罗马的执政官,只是他负起指挥战争的重大责任。

③ 泰密乌斯(前356—前260年)是知名的历史学家,生于西西里的陶罗米尼姆,受到
放逐在雅典生活50年之久,作品有《西西里史》38卷。

55

希米卡给所有的舵手每人一分密封的命令，要求他们在出海以后才能开启，并且要遵照命令的指示办理。他采用这种方式是不让间谍得到消息，向狄奥尼修斯报告他们的行踪，给舵手的命令是要他们的船只航向潘诺穆斯。等到刮起一阵顺风，所有的船只解开缆绳，运输船直接向着大海行驶，三层桨座战船要经过利比亚海（Libyan Sea）接着绕过右方的陆地①。风向仍旧有利航行，很快那些领先的运输船可以看见西西里，狄奥尼修斯派列普蒂尼斯率领三十艘三层桨座战船出海，奉到命令是要撞沉所有拦截到的船只。列普蒂尼斯迅速出航，他击沉第一艘遭遇的船只连带上面载运的人员，迦太基的船只将船上所有的帆都张开来吃满了风，能够很容易地脱逃。虽然如此，还是损失五十艘船加上五千名士兵和两百辆战车。

希米卡抵达潘诺穆斯以后，部队下船向着敌军前进，命令三层桨座战船沿着海岸在他的一侧航行，埃里克斯在他经过的时候，城内发生叛变使他兵不血刃加以占领，他的大军停留在摩提伊的前面不再前进。这个时候狄奥尼修斯和他的军队在伊吉斯塔，希米卡用围攻夺取摩提伊。虽然希裔西西里人很想与对方决一死战，狄奥尼修斯考虑到联盟的城市过于分散，目前粮草的运输和供应有不济的现象，认为较佳的策略是在其他地区另外开辟战场。因此，下定决心撤收营地，他的构想是西西里人目前弃守他们的城市，全力加入他的作战行动。答应给予的回报是面积相当而且更为富裕的地区，等到战争结束以后，任何人想要返回土生土长的城市都能如其所愿。只有少数西西里土著接受狄奥尼修斯的建议，因为他们害怕拒绝的

---

① 三层桨座战船航行的方向与运输船没有保持一致，由于偏向东方的关系，让狄奥尼修斯派出的细作看在眼里，以为他们要去攻打叙拉古，等到狄奥尼修斯得到这个消息，就会做出撤军的打算。至于他们到达潘诺穆斯而能避开列普蒂尼斯的舰队，并没有做出明确的交代。

结果，会引起士兵的大肆抢劫。哈利赛伊人脱离他的阵营，派遣使者前往迦太基的营地，双方缔结同盟关系。狄奥尼修斯领军返回叙拉古，凡是部队经过的城镇都变成一片废墟。

56 希米卡目前的进展都很顺利，率领军队前去攻打美西纳要先完成准备工作，这座城市拥有合适的设施，抱着焦虑的心情要尽快加以控制；当地有一个形势优良的海港，可以容纳所有的船只，现在的数量已超过六百艘；希米卡很想拥有整个海峡，阻止来自希裔意大利人的援军，以及用来拦截伯罗奔尼撒的舰队。他的心里有这样的打算，要与希米拉和在西法利迪姆（Cephaloedium）①的堡垒当中居住的人员建立友好的关系，他夺取名叫黎帕拉（Lipara）的城市以后，接着向岛②上的居民强索三十泰伦的贡金。他亲率大军向着美西纳前进，船只沿着海岸在他的一侧航行。不费多大工夫即将抵达目的地，他在距离美西纳约一百斯塔德的庇洛瑞斯（Peloris）扎下营寨。

这座城市的居民得知敌军就在眼前，对于自己陷入这场战争抱着不予苟同的态度。有一部分人听到传来的消息说是敌军声势浩大，反观自己没有可以来援的盟友，何况他们的骑兵都在叙拉古，确信城市要被敌人攻占，没有任何获救的机会。更让人感到绝望的地方是他们的城墙都已倒塌，目前的情势使得他们没有时间修复。因此，他们将妻子儿女和值钱的东西送往邻近的城市。另外一批美西纳人听过流传已久的古老神谶，说是"迦太基人在美西纳成为运水者"，经过解释认为绝对有利，就是迦太基的俘虏在美西纳会像奴隶一样服侍他们。因此他们不仅抱着充满希望的心情，还为争取自由以更为热烈的态度展开行动。他们立即从年轻人当中挑选出一

---

① 这个地方大约在希米拉的东方 15 英里。
② 岛屿与城市同名都叫黎帕拉，参阅本书第五章第 10 节。

支骁勇的部队,奉到派遣前往庇洛瑞斯阻止敌人进入他们的疆域。

57 就在美西纳当局忙着安排这些工作的时候,希米卡看到对方从陆上向他蜂拥而来,派出两百艘船前去攻占城市,他希望士兵一心想要阻止他登陆,这时船上的水手就能轻易夺取美西纳,让防守者完全丧失作用。一阵北风的吹送之下,船只都在满帆的情况下进入海港,这时美西纳的部队正在庇洛瑞斯加强守备,虽然不顾一切赶了回来,还是没有办法先于船只抵达。因此迦太基入侵美西纳,强行通过倒塌的城墙成为城市的主人。

有些美西纳的士兵在英勇的战斗当中被杀,有些人逃到距离最近的城市,还有大批民众逃到四周的山区,或是在散布四处的堡垒找到栖身之地;其余的市民有些成为敌人的俘虏,有些在海港附近地区被切断退路,就投身在大海之中游过横亘其间的海峡。最后这类人士有两百多位,大部分被海流冲走,只有五十余人安全到达意大利。希米卡现在带领全军进入城市,首先要做的工作是扫荡遍布四野的堡垒,由于这些据点的位置非常险要,逃到里面的人进行英勇的战斗,他只有退回城中,发现自己无法控制这个地区。接着他让部队获得整顿和休息,着手进军叙拉古的准备工作。

58 西西利人长久以来痛恨狄奥尼修斯,现在有了叛变的机会,除了阿索鲁斯(Assorus)的民众,成群结队前去投效迦太基的阵营。狄奥尼修斯在叙拉古让奴隶获得自由为条件,从而增加的人力可以配置六十艘船,他还从拉斯地蒙招募一千名佣兵,对于分布在国境之内的堡垒,派人去加强防务同时储备足够的粮食。他对于李昂蒂尼的守军加强城堡的防务特别关心,田地里面收成的谷物储存在里面。他说服居住在卡塔纳的康帕尼亚的移民搬到现在所称的伊特拉,因为这是一个防卫森严的要塞。等到完成这些工作以后,他率领全军离开叙拉古约一百六十斯塔德,在靠近陶鲁斯(Taurus)的险要位置开设营地。

他在这个时候的总兵力是三万名步卒,三千多名骑兵和一百八十艘作战船只,其中只有少数三层桨座战船。希米卡拆除美西纳的城墙,对士兵下令将所有的房屋夷为平地,不留下一片砖瓦或一根木头,不是打碎就是烧毁。这么多的士兵一齐动手很快完成任务,没有人发觉这里曾有人居住。虽然西西里有很多城市是他的盟友,这个地方即使与这些城市处于遥远的分离情况,仍旧是这个岛屿最具战略位置的要点,他所做的决定是他想要它保持无人居住的荒废状态,即使要重建也是一件困难而又费时的工作。

59 希米卡用加在美西纳人身上的灾祸表现出他对希腊城市的恨意,接着他派遣水师提督玛果(Mago)率领舰队出海,奉到的命令是航向现在的陶鲁斯海岬①。西西利人凭借数量的优势据有这个地区,他们没有领导人物只是一群乌合之众。狄奥尼修斯过去将纳克索斯整个岛屿送给他们②,现在他们受到希米卡的煽动和鼓励,占领这个形势险要的海岬。无论是这个时候或就后来的战争而言,此地始终是一个坚固的要点,自从他们定居下来就建起一道城墙,由于这是一群幸存者(menein)聚集在陶鲁斯,所以他们将这座城市称为陶罗米尼姆(Tauromenium)③。

希米卡率领地面部队快速进军,与玛果的海上兵力同时到达的地方,位于上面所提纳克索斯人的区域。由于最近伊特纳山有一场极其剧烈的

① 这不是上面提到靠近叙拉古的陶鲁斯岬角,它的位置离后面的陶罗米尼姆不远。

② 参阅本章第15节。

③ 陶罗米尼姆在叙拉古的北方约100公里,濒临西西里的东海岸,是优卑亚人建立的殖民地。

火山爆发,波及的地区直到附近的海面,地面部队前进的时候,船只不可能陪伴他们在一侧航行。据说沿海地区受到火山岩浆的破坏,所以地面部队使用的道路只能绕过伊特纳的海岬。因此他命令玛果前往位于卡塔纳的港口,他自己加快进军的速度通过内陆的腹地,打算与他的舰队在卡塔纳的海岸会合。这样做免得处于兵力分散的情况下,玛果要与希裔西西里人在海上打一个会战。

实际上就会发生这种局面,因为狄奥尼修斯知道玛果的海上航程很短,地面部队行经的道路很长而且辛苦,所以他必须火速赶到卡塔纳,要在希米纳抵达之前从海面对玛果发起攻击。他希望地面部队能沿着海岸排成接战队形,不仅给自己的舰队壮胆也让敌人感到畏惧,其实最重要的考虑在于一旦受到挫败或发生逆转,大难临头的船只还可以在地面部队的营寨获得庇护。他的心中抱持这样的观念,派出列普蒂尼斯带着整个舰队,奉到的命令是在接战时船只排出密集队形,不要让战线断裂开来,免得因为敌军占有数量的优势而陷入危险之中。包括运输船和安装青铜撞角使用划桨的战船在内,玛果拥有的船只不少于五百艘。

60 迦太基的水师看到岸上挤满步兵,希腊的船只逐渐逼近,他们感到一阵惊慌,开始向着陆地移动。后来他们知道要是这样做,就会冒着同时与舰队和步兵接战的危险,更容易被敌人击毁到片甲不留的地步。因此,他们很快改变心意,决定要面对海上的会战,就将船只排列妥当,等待敌军的来临。列普蒂尼斯亲自带着三十艘情况最好的船只猛冲过来,远在整个舰队的前面开始投入战斗,这种方式是标准的有勇无谋。他们攻击迦太基的水师位于前列的船只,开始对方遭到撞沉的三层桨座战船为数不少,玛果集中兵力让三十艘战船编成密集队形,使得列普蒂尼斯的部队凭着作战英勇占了上风,迦太基的优势在于船只的数量。

因此,会战变得更加激烈,舵手操纵他们的船只使得舷侧向敌进行战斗,就是对陆上的一面也采取同样的作战方式。如果他们无法将对抗的船只逼得退后一段距离好实施冲撞战术,这时双方就会纠缠在一起只有进行肉搏战斗。有些人想要跳上敌船不幸跌落海中,即使达成企图还要继续鏖战不息。最后列普蒂尼斯遭到击退,被迫逃向开阔的大海,其余的船只发起的攻击变得零乱不堪,都被迦太基人一一歼灭。水师提督吃了败仗使得腓尼基人的士气大振,希裔西西里人感到无比的沮丧。

　　会战终止在我们描述的方式之后,迦太基的水师充满信心对溃败之敌发起追击,摧毁对方的船只在一百艘以上,沿着海岸配置小艇,杀死想要游到岸上好获得地面部队庇护的水手。消灭的人数远超过陆地进行的搜捕,这时狄奥尼修斯的部队无法对他们提供任何帮助,整个地区遍布尸体和损毁的船只。迦太基人在海战中阵亡的人员不在少数,相比之下希裔西西里人的总损失却超过一百艘船和两万人。会战结束腓尼基的三层桨座战船锚泊在卡塔纳的港口,还有掳获以后拖在后面的船只,他们对于损毁的部位进行修理。他们赢得伟大的胜利,不仅成为流传四方的故事,也为迦太基的部队目睹①。

61 　希裔西西里人只有夺路回到叙拉古,想到他们即将面临困兽之斗,被迫忍受痛苦不堪的围攻,于是他们劝狄奥尼修斯不要气馁,应该趁着希米卡新胜之余,寻找机会立即给他施加打击。他们认为要是在出其不意的情况下现身,会让蛮族惊慌失措,可以洗雪上次的挫败。狄奥尼修斯开始为他们的规劝所说服,准备率领军队前去迎击希米卡。这时他的朋友对他进言,要是玛果率领整个舰队趁机前来攻打,他就要冒着

---

①　这些目击者是希米卡的军队。

失去叙拉古的危险。他即刻改变自己的心意，其实他知道美西纳因为同样的缘故落在蛮族手中①。要是将驻防军抽调一空会让城市失去安全，因此他要军队再回到叙拉古。大多数希裔西西里人对他不愿前去迎击敌军感到恼怒不已，为了抛弃狄奥尼修斯，有些人告别自己的家园，有些人进入邻近地区的城堡。

希米卡经过两天的行军来到卡塔纳的海滨，突然刮起一阵强风，他将所有船只拖到岸上，他让部队休息几天，派遣使者到据有伊特纳的康帕尼亚人那里，唆使他们背叛狄奥尼修斯。他答应给他们一块面积广阔的疆域，同时可以分享战争的掠夺品；他还让他们知道居住在英提拉的康帕尼亚移民，没有做出对不起迦太基的事情，可以参加他的阵营去对付希裔西西里人；他还特别指出一般而言希腊人是一个仇视其他民族的群体。由于康帕尼亚人交付人质给狄奥尼修斯，而且他们最精锐的部队奉派到拉古，虽然他们现在很乐意加入迦太基的队伍，却不得不与狄奥尼修斯维持同盟关系。

62 狄奥尼修斯知道这件事情以后，对于迦太基感到极其忌惮，就要他的连襟波利克森努斯（Polyxenus）担任使者，奉派到意大利、拉斯地蒙和科林斯等地，请求他们给予救援，不能听任西西里的希腊城市遭到绝灭的命运。他还派员送给伯罗奔尼撒人大笔钱财用来招募佣兵，数量愈多愈好不要考虑费用的问题。希米卡用得自敌军的战利品装饰他的船只，驶进叙拉古的大港，让城市的居民看到以后引起无比的惊慌。进入海港的船只是两百五十艘战船，整齐的划桨激起阵阵水花，每艘船都用战利品打扮得富丽堂皇；接着是三千余艘运输船，装载五百；整个舰队的兵

---

① 参阅本章第 57 节。

力大约是两千艘船只①。结果是叙拉古的海港虽然面积辽阔，还是被船只挤得水泄不通，升起的船帆完全遮往视线。

就在船只下锚的时候，地面部队来到城市的另一面，据报道总兵力三十万名步卒和三千名骑兵。大军的统帅希米卡用宙斯神庙当他的行辕，其余部队在邻近地区扎营，距离城市只有十二斯塔德。希米卡率领全军在城墙前面排成会战队形，接着向叙拉古的守军搦战。他为了打击城内居民的士气营造恐惧的气氛，下令一百艘威风凛凛的战船驶进港湾，迫得对方承认即使海上作战仍旧居于劣势。等到没有人胆敢出来应战，他只有鸣金归营，然后他在三十天内蹂躏整个乡村区域，砍倒栽种的果树将房舍化为一片焦土，不仅要满足士兵抢劫的意图，还要使被围者陷入绝望的处境。

63 希米卡占领阿克拉迪纳（Achradina）的郊区，纵兵洗劫德米特（Demeter）和科里（Core）的庙宇，亵渎神圣的行为很快得到报应。他的运道很快变得愈来愈坏，狄奥尼修斯采取大胆出击，在很多地方进行小规模的战斗，叙拉古的士兵总是占到上风。有天夜晚营地无缘无故发生一阵骚动，士兵全副武装冲了出去，认为敌人正在攻击防栅。

希米卡绕着营地筑起一道木墙，他还毁弃地区内所有的坟茔，包括杰洛和其妻笛玛里塔（Demareta）极其华丽的墓园②。他沿着海岸建造三个堡垒，一个在普莱迈里姆（Plemmyrium）③，一个在海港的中央，另一个在宙斯神庙，里面存有酒、谷物和各种补给品，使得围攻可以延续很长一段时间。他派遣运输船到萨丁尼亚（Sardinia）和利比亚，确保粮草和各种食物的供

---

① 狄奥多罗斯提到这段文字和数据，没有任何人知道。

② 参阅本书第十一章第 38 节。

③ 普莱迈里姆是一个突出的海角，形成大港出口的南边海岸，使得航道变得非常窄狭，参阅修昔底德《伯罗奔尼撒战争史》第 7 卷第 4 节。

应无缺。狄奥尼修斯的连襟波利克森努斯从伯罗奔尼撒和意大利返回,盟邦提供的支持是三十艘战船,拉斯地蒙的法拉赛达斯(Phaacidas)①担任水师提督。

64 接着发生的情况,狄奥尼修斯和列普蒂尼斯派遣战船,确保粮食的供应能够安全无虞。留下来的叙拉古守军凑巧看到一艘载运食物的船快要来到,五艘船出海拦截,将它捕获要带进城市。迦太基的将领派出四十艘战船前去救援,因此叙拉古派出所有船只发起一场会战,俘虏对方的旗舰以及击毁二十四艘,追击逃走的船只直到敌人的泊地,向迦太基叫阵要他们出来应战。迦太基的水师在这时因为事情发生出乎意料的转变陷入混乱之中,所以不愿采取任何行动,叙拉古人拖着捕获的船只回到城市。他们为大获成功而欣喜若狂,想起狄奥尼修斯何以常吃败仗,现在没有他在场,他们与迦太基的战斗反而赢得胜利,难免表现出骄傲的神色。

他们在聚会的时候经常谈起为何他们没有采取行动,用来终结狄奥尼修斯的奴役统治,甚至他们还有机会让他受到罢黜。问题所在是他们没有掌握武力②,现在因为战争的关系,除了兵器在手还有部队接受他们的指挥。就在大家议论纷纷的时候,狄奥尼修斯已经乘船进入海港,召开市民大会赞誉叙拉古守军作战的勇气,承诺要尽快结束战争,他正要宣布散会,有一个叙拉古人名叫狄奥多鲁斯(Theodorus),大家知道这个人的言行合一,在骑兵部队拥有很高的声望,现在抱着大无畏的精神,就有关他们的自由权利发表下面的演说。

---

① 卡尔·贝洛克(Karl Beloch)认为法拉赛达斯这个人,就是色诺芬《希腊史》第3卷第2章第12节提到的法拉克斯(Pharax),前397年担任斯巴达的水师提督。

② 参阅本章第10节。

65 "虽然狄奥尼修斯满口谎言,最后总算说了一句真心话:他会尽快结束战争。他过去经常被敌人打败,现在只要不担任我们的指挥官就可以达成他的承诺,还能将祖先享受的自由权利归还市民。只要胜利与失败带来不同的待遇,没有人能像我们那样勇敢面对会战。事实上是胜是败与我们又有什么关系,如果我们战败就得服从迦太基的命令,即使我们是胜利者还有一位比迦太基人更为蛮横的主子。甚至就是迦太基赢得战争的胜利,他们仅仅向我们征收大笔贡金,不会不让我们按照古老的法律去管理我们的城市。这个人却会洗劫我们的庙宇,他夺走平民的财产连带他们的性命,当成工资付给手下的走狗确保主子能够奴役所有的市民。

"他在平时就给人们带来恐怖的酷刑而且犯下十恶不赦的罪行,现在却要向大家提出保证,他会结束与迦太基之间的战争。各位市民同胞,我们理应如此,不仅要结束腓尼基的战争,更要终止城市里面的暴政。那一座被手执武器的奴隶所守护的卫城就是充满敌意的堡垒,招募一群佣兵要使叙拉古人接受奴役的统治,他在这座城市里面作威作福,不像一位秉公处理事务的官员,倒像一位独裁者所有的决定都是为了维护自己的利益。敌人因为时间的关系只能拥有我们国土的小部分,狄奥尼修斯却将一切据为己有,还让那些为虎作伥的家伙能分一杯羹。

" 一个勇士宁可死亡也不愿经历可耻的羞辱,我们遭受独夫的凌虐又要忍耐多久呢?我们在战场与迦太基的交锋能够面对最后的牺牲,但是为了自由和我们的祖国,现在面对一位残酷的僭主,甚至发言都不敢提高声音。我们参加的会战要对抗数以万计的敌人,但是我们却极其畏惧一位独夫,一个没有男子汉气概而又傲慢的奴隶。

66 "真没有人想拿狄奥尼修斯与年迈的杰洛①做一比较。杰洛基于高尚的品格，能与叙拉古的市民一起加上其余的希裔西西里人，要为整个西西里争取自由，然而这个人发现这些城市拥有自由的权力，除了他要奴役自己的祖国，还将其余的人置于仇敌的专制统治之下。杰洛的战斗都是为了西西里的利益，从未让他的盟友留在敌人视线所及的城市，然而这个人从摩提伊逃走，穿越整个岛屿这样长的退却路程，将自己关在我们的城墙里面不敢应战，对付他的市民同胞倒是充满信心，对于敌人注视他的眼光却无法忍受。杰洛拥有高贵的情操和伟大的功勋，授予领导的权力完全出于叙拉古人和希裔西西里人的自由意志，然而这个人所自诩的将道，却导致盟友的毁灭和同胞的奴役，凭良心说他又怎能逃过大家对他的痛恨？

"他不仅不够资格担任领导者，正确地说他让一万人白白送死。完全因为他的缘故，杰拉和卡玛瑞纳才会陷落，美西纳遭到绝灭的命运，两万名盟军的士兵在海战中牺牲。总之，我们只能安全留在一座城市里面，整个西西里所有的希腊城市全都摧残殆尽。还可以细述他其他的恶行，诸如他将卡塔纳和纳克索斯两座城市的居民出售为奴，他让盟友的城市成为没有人烟的废墟，举凡城市能够生存完全要碰运气。他与迦太基打了两次会战都以溃败告终，市民只有一次相信他的将道，他却很快剥夺大家的自由权利，那些公开拥护法律尊严的人都遭到杀害，那些家财较为富有的人都遭到放逐；他将流亡人士的妻子嫁给奴隶或是没有出息的家伙；他将市民手里的武器交给蛮族和外国人。啊！神明在上，这些行为就是一个公仆的工作，也是一个独夫的工作。

---

① 参阅本书第十一章第 21—26 节。

67 "那么,叙拉古人喜爱的自由在何处?我们的祖先建立的功勋在哪里?我所说的不是三十万名迦太基人全部葬身在希米拉(Himera)①,那些跟在杰洛后面遭到推翻的僭主②我略而不提。我叙述的情况仅不过是昨天的事,雅典人用如此庞大的兵力攻击叙拉古,我们的祖先不让他们有一个人逃回去报告全军覆灭的灾难。我们要是拿英勇的祖先当作榜样,还会听从狄奥尼修斯的命令?我们要是手里始终保有武器,还会如此屈从僭主的恶行?完全出于天意才使我们聚集在一起,当前的盟友都在四周,武器也都在手中,所要达成的目标是恢复我们的自由权利,这一天是在我们的掌握之中,要展现身为勇士的部分功能,大家一致同意解除所负沉重的枷锁。

"从过去的情况来看,我们只要解除武装或者没有盟友或者受到大批佣兵的保护,我敢说我们就会屈从环境的压力。然而现在有了变化,我们将武器拿在手里有了盟邦的帮助,甚至还能证明我们的勇敢,让我们不要妄自菲薄而是澄清事实,完全是环境使然并非怯懦逼得我们顺服奴役的统治。我们在发生战事的时候担任指挥官,却让一个人抢劫我们城市的寺庙,我们当选代表要讨论如此重大的军国问题,竟然没有一点常识会去相信这样一个人,任凭他把这些问题当成私人事务去处理,我们这样做难道都不会感到羞辱?所有其他民族在战时因为要面对巨大的危险,对于恪遵神明的义务都会小心翼翼不容有半点差错,难道我们期望亵渎神圣的邪恶之徒能够终结这场战事?

68 "事实上一个人只要稍微留神一点,他会发现狄奥尼修斯无论在平时或战时同样用尽心机。因为他始终抱持一种想法,事

---

① 参阅本书第十一章第 22 节。
② 参阅本书第十一章第 67—68 节。

实也的确如此，就是叙拉古人对敌人的畏惧，所以不会对他有任何反抗，一旦迦太基人被打败以后，他们就会要求自由权利，那是武器已经在他们的手里，特别是他们为建立的功劳感到无比的骄傲。就我个人的观点，完全是出于这方面的顾虑，所以才会在第一次的作战，就会产生出卖杰拉和卡玛瑞纳①的行为，让这两座城市落到家破人亡的结局，所以才会在谈判的过程当中，同意将大部分的希腊城市交给敌人。等到这方面的事务处理完毕，算好时机毁弃与纳克索斯和卡塔纳签订的和平协议，将他们的居民出售为奴，将城市的一部分夷为平地，留下一部分让康帕尼亚人从意大利迁移过来居住。看到这两个地方的人民遭到惨无人道的打击，其余的西西里人想出很多办法推翻暴政，他的对策是再度对迦太基宣战。虽然他对违背誓言去破坏协定有所顾虑，比较起来他还是更害怕希裔西西里人的东山再起。

"再者，可以明显看出他始终关心一件事，不让希裔西西里人逃脱他的毒手。最早出现这种情况是在潘诺穆斯，敌人正在下船，经过暴风雨的航程他们的身体还很虚弱，他应该乘机与这样的对手进行会战，只是他的选择是不为此图。接着就是美西纳出现的情况，这是一座据有战略地位而且面积辽阔的城市，他无所事事站在一旁不给任何援助，任凭敌人把它夷为平地。不仅借用这个机会消灭大量希裔西西里人，迦太基还可以帮助他截断来自意大利的援军和来自伯奔尼撒的舰队。

"最后，他要在卡塔纳的外海与敌人会战，情愿放弃靠近城市发起会战所能获得的好处，就是一旦战败可以在自己的港口获得安全的庇护。会战发起以后，刮起一阵强风迫使迦太基的水师要将他们的船只全部拖到岸上，他掌握最有利的时机可以赢得胜利，因为这时敌人的地面部队尚未抵

———————————

① 参阅本书第十三章第 111 节。

达,而且敌人在岸边的船只正遭到暴风雨的吹袭。那个时候我们要是尽全力在陆地发起进攻,敌人遭遇的下场都很凄惨,如果他们离开船只就很容易被我们捕获,如果他们花很大的力气去与惊涛骇浪奋斗,就会随着船只沉没在海岸。

69 "对于狄奥尼修斯提出控诉,根据我个人的判断,就某种程度而言很多叙拉古的市民认为没有这方面的需要。要是这些人因为他的关系造成无法复原的摧残,还能毫无怒意,那么更不会受到几句话的感动就要对他进行报复。如果我们换一个角度来考虑,人们是否将他的行为看成出自一位最差劲的市民,一位最严厉的暴君抑或一个最无知的将领?我们排成战线通常是在他的指挥之下,也是出于这个原因才会被敌人打败,现在可以看出,只要我们独立作战不受牵制,就能用几艘船只击溃敌人整个舰队。

"因此,我们需要找出另外的领导者,避免在这样一位将领的指挥下作战,这位将领只会抢劫神明的庙宇,就会发现自己在从事与神明之间的战争,因而可以明显看出,上天为了惩罚这些人,所以选择宗教上面最恶劣的仇敌出任他们的指挥官。否则的话,他率领的军队拥有强大的实力何至于会吃败仗,然而只要他不在场,甚至一支小小的分遣部队都能击败迦太基的大军。所有看到这件事的人,心中都会有共同的想法,难道不是神明显灵就会有这样的成效?

"各位市民同胞,如果他愿意自动放弃现有的职位,那么我们让他带着财产离开城市,要是他还是不愿这样做,目前是最好的机会可以让我们维护应有的自由权利。我们已经团结起来,武器都在我们的手中,盟友都在我们的四周,都是来自意大利和伯罗奔尼撒的希腊人。按照法律的规定,主将应该是市民或者是来自祖国(Mother-city)的科林斯人或者是希腊人当中最有权势的斯巴达人。"

70 叙拉古的市民狄奥多鲁斯用大无畏的气概发表演说以后,坚定的眼光注视前来的盟友。拉斯地蒙的法拉赛达斯身为盟军的水师提督,步上讲台,大家期望他能为争取自由权利美言几句。他对僭主说话的语气很友善,宣称拉斯地蒙当局派他前来帮助叙拉古的市民和狄奥尼修斯对抗迦太基的入侵,不是为了推翻狄奥尼修斯的统治。这番话完全有违他们的期望,佣兵聚集在狄奥尼修斯的四周,叙拉古的市民懊恼之余没有任何表示,虽然他们私下不断咒骂斯巴达的将领。

拉斯地蒙的阿里底(Aretes)①在先前的某个场合,力言叙拉古的市民有争取自由的权利,现在由于法拉赛达斯否决叙拉古人的意见,所以他见风转舵背弃自己的信念。当时狄奥尼修斯感到忧心忡忡,马上解散市民大会,后来他用和蔼的谈吐赢得大家的爱戴,对一些人就用礼物表示他的感激,并且邀请一些人参加他的宴会。

迦太基人占领郊区抢劫祭祀德米特和科里的庙宇以后,军队受到一场瘟疫的打击。除了灾难来自神明的威严所给予的惩罚,还要加上促成此事的成因:数以万计的民众聚集在一起,这是一年当中最适合传染瘟疫的季节,特别是今年的夏季出现不寻常的高温天气。看来地方的本身也要为灾难的极其严重难辞其咎,雅典的远征军过去遭到类似的情况,当时他们在同一个位置开设营地,瘟疫所以会带来大量人员的死亡②,就是这里靠近沼泽而且地势低凹。首先,在日出之前,水面上漂浮着冰冷的空气,身体会感受到寒意的刺激,到了中午就会闷热,那是大量人员聚集在一个狭小范围所致。

---

① 参阅本章第 10 节,他在那里的名字是亚里斯都斯。
② 参阅本书第十三章第 12 节。

71 现在瘟疫首先让利比亚人遭殃,很多人员丧生,开始他们还埋葬死者,后来由于尸体太多,加上任何人只要接触病人就会受到感染,没有人敢接近受苦难折磨的患者①。甚至连看护的工作都可以省略,因为这是不治的绝症。完全在于未埋葬尸体产生的恶臭以及来自沼泽的瘴气,瘟疫开始的症状是感冒,然后引起喉咙的肿胀,逐渐出现发烧的感觉,背部的肌肉疼痛起来,四肢变得非常沉重,接着产生痢疾之类的并发症,身体的表面长满脓包。这是发病的过程当中常见的症状,还有一些人变得疯狂而且完全丧失记忆。他们在营地里面到处游荡,在神志不清的情况,碰到任何人都会出手攻击。

总之,只要判定确实得病,医生已经束手无策,因为症状险恶而且很快死亡。暴毙是在第五天或最迟第六天,发病的过程像是遭受可怕的酷刑,看到这种情况的人认为在作战中阵亡还是一种福气。事实上所有留在患者身边照料的人员都会感染到瘟疫,因此病人的命运非常悲惨,没有人会自愿看护这些遭到遗弃的人。不仅那些没有亲戚关系的人会对患者置之不理,就是手足都会视若路人,朋友的情谊再深也不愿冒丧命的危险②。

72 狄奥尼修斯听到迦太基的阵营遭到灾难的打击,他派出八十艘战船,命令两位水师提督法拉赛达斯和列普蒂尼斯在清晨前去攻打敌人的船只。他自己利用没有月亮的夜晚,领导部队经由一条迂回路线,从赛阿妮(Cyane)神庙的旁边通过③,在黎明之前敌人无法察知的

---

① 或许本文在患者后面要加上"以及死者"。

② 汉斯·津塞(Hans Zinsser)《鼠、虱和历史》(*Rats, Lice and History*)第124—127页,提及这种瘟疫是"传染性强而且死亡率高的天花,从患者毫无例外都在第5或第6天丧命可以得知",然而大部分学者认为这种说法与事实不符,因为古代的希腊人和罗马人还不知道有天花这种疾病的存在。

③ 参阅本书第五章第4节。

情况下，抵达靠近他们营地的位置。骑兵和佣兵部队的一千名步兵奉到派遣，前去攻打正在宿营的迦太基人，位置是向着内陆延伸的部分。这些佣兵对狄奥尼修斯最具敌意，而且远超过其他单位，过去一再参与派系的内讧和暴动。

因此狄奥尼修斯下达给骑兵的命令，一旦他们与敌人开始接战就得赶紧脱离，留下佣兵陷入危险之中不予理会；等到命令确实奉行，佣兵被敌人杀得一个不剩；狄奥尼修斯这时才对营地和堡垒进行围攻作战。这时蛮族对于意料之外的攻击感到胆战心惊，派来的增援部队都是一群乌合之众，狄奥尼修斯在他那边用突击的方式夺取称为波利克尼（Polichne）的堡垒，在另外一边的骑兵部队，得到若干艘三层桨座战船的协力，扫荡达斯康（Dascon）的周边地区。不到片刻工夫，所有的战船加入攻击的行列，军队夺取堡垒发出胜利的呐喊，蛮族全部陷入震惊的情况。开始他们还能成群结队向着地面部队冲杀，想要保卫营地不要被敌军占领，等到他们看见舰队发起攻击，立即转身前往水师的位置给予援助。

不过，情势的发展极其迅速超过他们所能采取的行动，蛮族即使反应再快还是无济于事。甚至他们已经登上甲板开始操纵三层桨座战船，敌方的船只在划桨手的齐心合力之下，迅速前进很多次从它的侧面加以打击，最后只要一次位置正确的冲撞就会使一艘原已受损的船只沉没；然而一再用船头的撞角给予冲击，船身钉得很牢固的木板破裂开来，对手听到以后真是吓得魂飞魄散。所有体积最大的船只全都撞得粉碎，撕裂船身的毁灭性打击产生巨大的声响，会战的场面沿着海岸向外延伸，到处满布双方阵亡士兵的尸体。

73 叙拉古的市民通力合作获得成功，他们抱着强烈的竞争心理要抢先登上敌人的船只，包围那些面对危险吓得不知所措的蛮族,将他们全部屠杀殆尽。步兵攻击水师的基地比起其他人还要士气高昂,狄奥尼修斯骑在马背上面,就在达斯康周边地区督战。发现四十艘配备五十名划桨手的船只已经拖上沙滩,旁边还有一些抛锚停泊的运输船和三层桨座战船,他们开始纵火。很快火焰在天空跳跃,蔓延到很大的地区。凡是受到波及的船只,由于火势极其猛烈,无论是从运输船上面赶来的人员和本船的水手,都没有能力进行抢救。

现在刮起一阵强风,使得大火从拖到岸上的船只吹向已经下锚的运输船,水手怕被火烧死跳到海中,系锚的绳索烧断以后,汹涌的海浪使得船只相互碰撞,有些就这样地沉没,还有一些被风吹走,绝大多数都成为大火的牺牲者。因此,火焰蔓延到运输船的船帆,连带桁架和桅杆全都燃烧起来,对于城市的居民而言,这些就像剧院当中舞台出现的场面,蛮族遭遇毁灭如同一个人不敬神明,为上天降下的雷电击毙。

74 不过片刻工夫,叙拉古的市民大获成功使得他们感到得意扬扬,无论是年轻人或是老年人,不能说他们因为年龄的关系就不能操作轻型船只,没有奉到命令就聚集起来,在港湾里面搜寻无主的船只;他们洗劫受到大火烧毁的战船和运输船,任何留下的物品都被他们搬走,举凡没有损坏的船只都被他们拖到城市的岸边。就是那些过于年长豁免战争责任的长者都无法抑制过分的激情,他们表现的欢乐和喜悦已经超过年龄的限制。

胜利的信息传遍全市,全家大小都登上城墙,上面是黑压压一片观众。很多人向上高举双手在那里感谢神明的保佑,还有人认为蛮族因为抢劫庙宇受到上天的惩罚。从一段距离看过去像是蛮族与神明之间的战争,大量的船只正在燃烧,船帆的火焰向着上空不停地跳动。希腊人对他们的成功发出响亮的喝彩和鼓掌,蛮族面临重大的灾祸就不停地吵闹连带乱成一团的哭声。等到夜幕低垂,激烈的战斗暂时停息下来,狄奥尼修斯还在战场上与蛮族保持接触,他在靠近宙斯神庙的位置开设营地。

75 现在迦太基的阵营在陆地和海上都吃了败仗,就在不让叙拉古的市民知情之下与狄奥尼修斯进行谈判。他们提出要求让剩余的部队返回利比亚,承诺送给他在营地的三百泰伦。狄奥尼修斯的答复是他无法让全部军队安然逃走,但是他同意让迦太基的市民组成的部队,趁着黑夜的掩护暗中单独从海上撤离,因为他知道无论是叙拉古当局还是盟邦,不会允许他与敌军达成这样的协议。狄奥尼修斯的打算是不能让迦太基遭到全军覆灭的下场,只要叙拉古人始终对迦太基存有畏惧之心,就不容易找到机会去争取他们的自由权利。因此狄奥尼修斯同意迦太基人的逃走选在第四天的夜晚,那时他已率领军队回到城市。

希米卡在晚上运送三百泰伦到卫城,交给僭主留在岛上的亲信,然后他等双方同意的时间来到,乘着夜暗将迦太基的市民装在四十艘三层桨座战船上面,放弃其他的部队任他们自生自灭,立即发航开始逃走。出海的路线要横越海港,有些科林斯人发现敌人的行动,火速报告狄奥尼修斯。狄奥尼修斯的时间花在下令士兵全副武装和召集指挥官,科林斯人不等他的来到,很快出海前去攻打迦太基人,彼此竞争加速划桨要拦截位置在后面的腓尼基船只,运用撞角的冲击让它们沉到海底。等到这件事结束以后,狄奥尼修斯率领军队出战,投效迦太基军队的西西利人,比起叙拉古的市民抢先采取行动,几乎每个人都经由内陆地区,从那里安全逃回自己的家乡。

狄奥尼修斯沿着道路按照间隔设置警卫,然后命令军队前去攻打敌军的营地,这时已经到了夜晚。那些被他们的将领、迦太基人和西西利人遗弃的蛮族,处于惊慌失措的情况丧失斗志一心想要逃走。有些人在道路上面落到警卫手中成为俘虏,绝大多数放下武器投降,唯一的乞求是饶了他们的性命。只有伊比里亚的佣兵全副武装非常团结,派遣一位传令官去见狄奥尼修斯,说是愿意为他服务。狄奥尼修斯就与伊比里亚人谈和,将他们编入他的佣兵部队①,但是其余的蛮族都成为他的俘虏,留下的行李和辎重任凭手下的士兵大肆抢劫。

76 命运女神的工作是如此敏捷,迦太基的事务很快产生剧烈的变化,应该对人类有所启示,就是任何人不要过分得意忘形,带来的结果只能证明他是如此的软弱。他们就在叙拉古即将夺取而西西里所有城市都已落在手里的时候,谁知突然传来的信息逼得他们要为自己的祖国担忧害怕。他们挖掘叙拉古人的坟墓,谁知竟会看到黑死病造成十五万死者只能堆在那里无法埋葬;他们在叙拉古的领地之内大肆烧杀掳掠,谁知现在竟然看到自己的舰队全部笼罩在大火之中;他们用浩大的阵容驶进港口所表现的神情是如此傲慢,光荣的成就使得他们在叙拉古人的面前耀武扬威,谁知他们会趁着黑夜偷偷溜走,留下他们的盟友任凭敌人的宰割。

就拿身为将领的希米卡本人来说,他用宙斯的庙宇充当行辕,掠夺圣地的财富为私人据有,竟然只带少数幸存者极其羞辱地逃回迦太基,无须在叙拉古用死亡支付他所欠的债务,亵渎神明的行为还能毛发无损地离开,那是他必须在家乡让他的一生变得声名狼藉,受到谴责成为千夫所指的对象。实在说,希米卡的运道是如此悲惨,穿上质地最低劣的装束来到城市的寺庙,指控自己不信和邪恶的言行,犯下亵渎神明的罪孽愿意接受上苍降下的天谴。最后他对自己通过死刑的判决成为一个倒毙在地的饿

---

① 这些伊比里亚人后来随着部队,被狄奥尼修斯派去援助拉斯地蒙人,然而这是前369年出现的情况,参阅本书第十五章第70节,以及色诺芬《希腊史》第7卷第1节。

孱。命运女神直接将战争的灾祸堆积在他们身上,他等于留下遗言给他的市民同胞,就是对宗教要有虔诚的敬畏之心。

77 迦太基的大军遭遇灾难的信息传遍整个利比亚,盟邦长久以来痛恨迦太基当局的高压统治,甚至就是处于一个很特殊的时期,当年士兵在叙拉古发起的背叛行动,面临的情况亦复如此,现在受到鼓舞要群起反抗。因此,部分出于愤怒部分出于藐视,他们过去曾经遭遇同样的惨剧,现在努力维护自己的自由权利。盟邦彼此之间交换意见以后成立一支军队,向前运动到旷野开设营地。他们所以能快速地编组在于成员不仅有自由人还有奴隶,能在短期内聚集成为人数多达二十万的团体。夺取泰尼斯(Tynes)这个位置离迦太基不远的城市,他们把它当作支持作战线的基地,使得更有利以后的战斗;进而将腓尼基人封锁在城墙之内,使得他们无法前去救援。

迦太基的市民认为这一切都是神明与他们作对,开始的时候只聚集成很小的团体,彼此意见不合造成很大的混乱,他们只有恳求上天中止对他们的震怒。整座城市陷入迷信的恐惧和惊慌之中,每个人的脑海都存着一种想象,认为这座城市要落到敌人手中,面临接受奴役的命运。因此,他们想尽办法要去安抚那些受到他们谴责的神明。他们的祭祀仪式当中原来没有科里和德米特的名字,于是指派地位最为显赫的市民充当这两位女神的祭司,供奉她们的雕像极其庄严隆重,比照希腊的方式制定适用的典礼。有很多希腊人与他们住在一起,从中选出声望最高的人士前去服侍女神。等到宗教问题解决以后,他们开始为战争建造船只和准备粮草,都用非常审慎的态度全力以赴。

提到叛乱分子都是乌合之众,找不到一个能力高强的指挥官,关键在于他们的人数太多造成粮食的短缺,迦太基人这时经由海上从萨丁尼亚获得供应。再者,他们之间为了争夺最高的指挥权发生争执,还有一些人被迦太基当局花钱买通,抛弃他们原来的理念。他们无法获得粮草加上部分人士的背叛,整个团体瓦解,最后散布在家乡的土地上面,从而解除迦太基最大的忧患。

以上就是利比亚在那时的情势。

78 狄奥尼修斯看到佣兵对他最具敌意,生怕他们会逼他下台,为了先发制人逮捕他们的指挥官亚里士多德(Aristotle)。等到事情发生以后,佣兵全副武装聚集起来,用激烈的言辞要求付给他们薪资,狄奥尼修斯宣布他已经将亚里士多德遣返斯巴达,让他在市民同胞的面前接受公正的审判,由于佣兵的人数高达一万人,就把李昂蒂尼人的城市和整个区域,当作支付给他们的酬庸。由于这个地区非常富裕,所以他们很高兴地同意,等到按照额度分配土地,他们就会在此安家定居下来。狄奥尼修斯然后再招募其他来源的佣兵,对他们信任备至,同时他让获得自由人身份的奴隶,负责政府的施政和日常的工作。

迦太基人遭到重大的灾难以后,那些在西西里各城市幸存的人员,全部聚集在一起过着奴役的生活,付出赎金回到祖国,使得他们能够逐渐恢复原有的实力。狄奥尼修斯让外来的移民到美西纳定居,其中有一千名洛克瑞斯人、四千名米德玛人(Medmaeans)①以及六百名来自伯罗奔尼撒的梅西尼人,他们是在札辛苏斯和瑙帕克都斯两座城市遭到放逐的人员。等到他得知这件事会冒犯拉斯地蒙当局,因为这些梅西尼人受到他们的驱离,现在他竟然将放逐者安置在一座知名的城市,所以他又要梅西尼人从美西纳迁移出来,将一个濒海的地方送给他们,同时在阿巴西纳

---

① 米德玛这座城市位于布鲁提姆地区,洛克瑞斯人建立的殖民地,参阅斯特拉波《地理学》第 6 卷第 1 节。

(Abacaena)地区割让一些土地,合并到他们现有的疆域。梅西尼的流亡者将这座城市命名为坦达瑞斯,他们非常融洽生活在一起,同意很多外来的移民拥有市民权,因此很快他们的市民就有五千多人。

后来狄奥尼修斯对西西利人的内陆地区,发起很多次征伐的行动,他占领麦尼隆(Menaenum)和摩根提隆(Morgantinum),同时与阿捷里姆的僭主阿捷瑞斯、森托里帕的君主达蒙(Damon)加上赫毕塔人和阿索鲁斯人签订一项条约。他因为当地人士的出卖行为,获得西法利迪姆、梭卢斯和英纳这三座城市,除此以外还与赫贝西尼人签署和平协议。

以上是西西里在这个时候发生的情况。

79 希腊的拉斯地蒙当局预判会与波斯发生大规模的战争[1],就让两个国王之一的亚杰西劳斯(Agesilaus)[2]负起指挥的责任。接着他征召六千名士兵,选择三十位声名显赫的市民组成一个咨询会议[3],他将这支大军从奥利斯(Aulis)[4]经由海上运到以弗所。他在该地再招募四千名士兵,使得进入战场的总兵力是一万名步卒和四百名骑兵。他们的周围还随伴同样数量的群众,让人很明确地得知他们的打算是要从事掠夺。他越过凯斯特(Cayster)平原将波斯控制的地区化为一片焦土,直到他抵达麦赛才停止烧杀掳掠的行为。他用这座城市作为基地,整个夏季大

---

① 这一段的文字要接续第 39 节的叙述。

② 亚杰西劳斯二世(前 444—前 360 年)是出自优里庞帝系的斯巴达国王,在位时期有 40 年(前 399—前 360 年)之久,虽然脚有残疾,却能东征北伐建立战无不胜的功勋,最后出于个人的固执和恶意,引发皮奥夏战争才给拉斯地蒙酿成大祸。

③ 这些人是主要的行政官员,帮助他从事战争指导的工作,可以参阅色诺芬《希腊史》第 3 卷第 4 节。

④ 亚杰西劳斯幻想自己是阿格曼侬,领导希腊人发起新的特洛伊战争,就像过去那样在奥利斯向神明奉献牺牲。参阅普鲁塔克《希腊罗马名人传》第 16 篇第 1 章"亚杰西劳斯"第 6 节,以及色诺芬《希腊史》第 3 卷第 4 节。

部分的时间都用来蹂躏弗里基亚和相邻的区域,等到满足军队杀人越货的胃口,他在秋初回到以弗所。

就在这些事情发生的时候,拉斯地蒙当局派遣使者去与埃及国王尼菲流斯(Nephereus)①签署联盟条约,他为了能够获得所需的援助,送给斯巴达人的礼物相当于一百艘三层桨座战船和五十万担谷物。拉斯地蒙的水师提督法拉克斯(Pharax)率领一百二十艘船从罗得岛发航,停泊在卡里亚(Caria)的萨桑斯(Sasanda),这个城堡距离高努斯(Caunus)一百五十斯塔德。法拉克斯从这个基地展开对高努斯的围攻,科农(Conon)指挥波斯国王的舰队,带着五十艘船驻防高努斯,法拉克斯将他封锁在海港里面。阿塔弗尼斯(Artaphernes)和法那巴苏斯统率实力强大的部队前来救援,法拉克斯解围而去,整个舰队返回罗得岛。

后来科农集结八十艘三层桨座战船航向克森尼苏斯,等到他赶走伯罗奔尼撒人的舰队,罗得岛的市民反叛拉斯地蒙②,接受科农与他的舰队进入他们的城市。拉斯地蒙的船只从埃及带回作为礼品的谷物,由于不知道罗得岛已经变节,接近这个岛屿没有任何防范的念头。罗得岛和波斯的水师提督科农让所有船只进入海港,还在城市储存谷物。这时又有九十艘三层桨座战船来到科农的麾下,分别是来自西里西亚的十艘和腓尼基的八十艘,这些都由西顿的领主负责指挥。

80 后来亚杰西劳斯率领他的军队进入凯斯特平原和夕庇卢斯(Sipylus)周边地区,抢劫居民的财富和所有的物品。泰萨菲

---

① 马尼索(Manecho)是公元前3世纪的埃及史家,他说这位埃及国王的名字是尼菲瑞底(Nepherites)。

② 鲍萨尼阿斯《希腊风土志》第6卷第7节,提到罗得岛的叛变是受到科农的怂恿和游说。

尼斯集结一万名骑兵和五万名步卒,紧紧跟随在拉斯地蒙部队的后面,任何与本队分离出来掠夺的队伍,都被他们切断退路加以歼灭。亚杰西劳斯将士兵编成一个方阵,紧守在夕庇卢斯山的山麓,等待有利的时机对敌人发起攻击。他入侵的区域最远抵达萨迪斯,毁坏属于泰萨菲尼斯的果林和花园,里面使用人工的方式栽培价值昂贵的植物,还有很多奢华的建筑和设施,主人在平时可以享受最美好的生活。

他转身顺着来路向后撤退,来到萨迪斯和昔巴尼(Thybarnae)之间的半途,趁着黑夜的掩护他派斯巴达的色诺克利(Xenocles)带着一千四百名士兵,部署在密林之中要对蛮族实施伏击。亚杰西劳斯天明以后率领军队沿着道路继续行进。等到他通过设伏的地方以后,蛮族追赶上来不等完成接战部署,就开始袭击他的后卫,这时他的军队突然转身面对波斯的追兵,倒是令对方大吃一惊。接着发生一场激战,他对埋伏的部队发出信号,于是他们高声呐喊向着敌人冲杀过去。波斯人发现他们受到首尾夹击,感到胆寒不敢恋战立即转身逃走。亚杰西劳斯追击一段距离,杀死敌军六千余人,抓住大批俘虏,抢劫他们的营地获得大宗储存的物质。拉斯地蒙的大胆进攻使泰萨菲尼斯吓得目瞪口呆,他立即从萨迪斯的战场撤退。亚杰西劳斯攻打波斯省区更为遥远的内陆,等到从奉献的牺牲获得凶恶的征兆,就率领军队退回海岸地区。

亚细亚国王阿塔泽尔西兹得知他的军队连续溃败,对于与希腊城邦的战争感到惊慌,他授权泰萨菲尼斯指挥这场战事,现在未能善尽职责令他深为愤怒。何况他的母亲帕里萨蒂斯(Parysatis)①提出要求,于是答应她

---

① 帕里萨蒂斯是阿塔泽尔西兹一世的女儿,很可能与大流士二世是同父异母的兄妹,后来成为大流士二世的妻子,生下四个儿子,以阿塔泽尔西兹二世居长,居鲁士是次子,另外两位幼子是欧斯塔尼斯(Ostanes)和欧萨克里斯(Oxathres)。由于帕里萨蒂斯极其溺爱居鲁士,所以才引起骨肉相残的阋墙之争。

对泰萨菲尼斯进行报复，因为她恨这位臣属竟敢公然抨击他的儿子居鲁士，虽然居鲁士在当年要与他的兄长争夺王位①。阿塔泽尔西兹指派泰什劳斯底（Tithraustes）担任指挥官，奉到命令去逮捕泰萨菲尼斯，同时发函给接受他指挥的城市和省区。泰什劳斯底抵达弗里基亚的科洛西（Colossae），得到一位省长阿里伊乌斯（Ariaeus）的协助，派兵前去捉拿泰萨菲尼斯，趁着他沐浴之际砍下他的头颅，送到国王那里验明正身。然后他说服亚杰西劳斯进行磋商，签署一纸为期六个月的休战协定。

81 我们提到亚细亚的事务都已妥善地处理，福西斯和皮奥夏之间爆发战争，完全是积怨已深的缘故，前者说服拉斯地蒙加入他们的阵营对付皮奥夏。首先是赖山德带着少数士兵进入福西斯，组成一支军队，后来拉斯地蒙当局派鲍萨尼阿斯（Pausanias）王率领六千名士兵前往增援。皮奥夏人说服雅典当局加入他们的阵营，在只有他们单独进入战场的时候，得知哈利阿都斯（Haliartus）已经受到赖山德和福西斯的围攻。在随后发生的会战当中，赖山德和很多拉斯地蒙的部队以及盟军都被对手打败。皮奥夏的将领发起追击的主力很快撤收，却有两百底比斯人过于轻敌，进入崎岖难行的地区遭到杀害。拉斯地蒙国王鲍萨尼阿斯得知战败的信息，就与皮奥夏签订停战协议②，率领他的军队回到伯罗奔尼撒。

波斯的水师提督科农将舰队交给雅典的海罗尼穆斯（Hieronymus）和奈柯迪穆斯（Nicodemus）负责指挥，自己启程去见波斯国王期望能当面商议。他沿着西里西亚海岸航行，进入叙利亚拜访萨普沙库斯（Thapsacus），随后乘船在幼发拉底河顺流而下到达巴比伦。他与国王会商给予承诺要

---

① 参阅本章第 19 节和后续各节。

② 根据普鲁塔克《希腊罗马名人传》第 12 篇第 1 章"赖山德"第 29 节的叙述，这样做是为了让对方送回赖山德的遗体。

摧毁拉斯地蒙的水师,提出要求要国王支付大笔经费,供应计划所需的补给品。阿塔泽尔西兹批准科农的提案,赠送贵重的物品表示礼遇和优容,指派一位主计长支付科农所需费用,无论金额大小都能如他所愿,授权给他选择一位波斯将领成为他的同僚。科农的人选是担任省长的法那巴苏斯,然后再回到滨海的省区,对于达成任务做适当的安排。

82 这个年度开始之前,雅典的执政由戴奥芳都斯(Diophantus)接替,罗马选出六名军事护民官卢契乌斯·华勒流斯(Lucius Valerius)、马可斯·弗流斯(Marcus Furius)、奎因都斯·塞维留斯(Quintus Servilius)和奎因都斯·苏尔庇修斯(Quintus Sulpicius)①取代执政官的职位。就在这些人就职的期间(前395年),皮奥夏、雅典、科林斯和亚哥斯签订联盟条约。他们抱着一种想法,由于拉斯地蒙当局极其粗暴的领导方式,让他们的盟友心中充满恨意,只要几个最强的城邦通力合作,推翻拉斯地蒙的霸权将是轻而易举之事。首先他们在科林斯设立一个委员会,派出代表拟订各种计划,主要工作是妥善安排战争有关的事务。然后派遣使者前往各个城市,使得拉斯地蒙有很多盟邦要与他们断绝关系,首先是整个优卑亚(Euboea)地区以及琉卡斯,还有阿卡纳尼亚、安布拉西亚和色雷斯的卡尔西斯。他们很想说服伯罗奔尼撒的居民背弃拉斯地蒙,然而没有人听从教唆之言。斯巴达的位置由于居于伯罗奔尼撒半岛的一侧,易守难攻成为整个地区的金城汤池。

帖沙利地区有个名叫拉立沙的城市,君王米狄斯(Medius)与莱柯弗朗(Lycophron)的僭主菲里(Pherae)发生战事,提出给予帮助的要求,委员会派去两千名士兵。米狄斯待援军到达,立即夺取驻有拉斯地蒙驻防军的法

---

① 这里只有四名军事护民官的名字,利瓦伊《罗马史》第5卷第14节,得知另外两位是马可斯·华勒流斯(M.Valerius)和卢契乌斯·弗流斯(L.Furius)。

尔色拉斯(Pharsalus),将居民当成战利品发售为奴。接着有一部分皮奥夏和亚哥斯的部队参加米狄斯的行动,他们攻占位于特拉契斯(Trachis)地区的赫拉克利。由于他们获得某些人士的内应,趁着黑夜的掩护越过城墙,他们夺取整座城市,杀死城内的拉斯地蒙驻防军,允许其余的伯罗奔尼撒人带着他们的家私离开。然后他们将特拉契斯的市民召回赫拉克利,将这座城市交给他们当作居住的地方,他们原来就被拉斯地蒙当局从此地赶走①,实在说他们是这个地区最古老的定居者。

过后皮奥夏的首领伊斯门尼阿斯(Ismenias)留下亚哥斯的部队负责城市的防务,说服伊尼亚(Aenia)和阿萨玛斯(Athamas)背叛拉斯地蒙,从他们和其他的盟邦那里获得士兵。最后他招募的队伍不少于六千人,带着他们进入战场去攻打福西斯。等到他在洛克瑞斯的纳里克斯设下营寨,据说此处是埃杰克斯(Ajax)②的出生地,全副武装的福西斯民众在拉柯尼亚人亚西昔尼斯(Alcisthenes)的指挥之下前来迎敌。接着发生一场激烈而又冗长的会战,皮奥夏的阵营成为胜利者。追击败逃的敌人直到夜幕低垂,他们杀死对手达一千余人,本身的损失大约是五百士兵。决定性的会战结束以后,双方解散军队让他们回到自己的家园,科林斯委员会的成员看到局势的发展正合他们的心意,从各城市召集所有的科林斯士兵,总数超过一万五千名步卒和大约一百名骑兵。

83 拉斯地蒙当局有鉴于希腊最大几座城市联合起来对他们用兵,投票通过议案要从亚细亚召回亚杰西劳斯和他的军队。这时他们经由自己的征兵和盟邦的援军,集结一支两万三千名步卒和五百

---

① 参阅本章第 38 节。
② 参加特洛伊战争的希腊联军当中,特拉蒙(Telamon)之子埃杰克斯是仅次于阿基里斯的勇士,阿基里斯被射中脚踝战死以后,他的铠甲送给奥德修斯,埃杰克斯愤而自杀。

名骑兵的大军,前去迎战来犯的敌人。

沿着尼米亚(Nemea)河①发起的会战,一直延续到夜晚,两军各有部分单位获得优势,拉斯地蒙和他们的盟邦阵亡一千一百人,皮奥夏阵营的损失高达两千八百人。

亚杰西劳斯将他的军队从亚细亚渡海运到欧罗巴以后,首先面对某个色雷斯部族②派出强大的兵力,他在会战当中击败敌军,使得无数的蛮族惨遭杀害。然后他取道马其顿,如同当年泽尔西斯通过的地区,可以将战争带到希腊的疆域。等到亚杰西劳斯越过马其顿和帖沙利,前进的路线是经由色摩匹雷的隘道,接着继续③。

雅典的科农和法那巴苏斯指挥波斯国王的舰队④,所属共有九十艘三层桨座战船,逗留在克森尼苏斯的洛里玛(Loryma)⑤没有出动。他们察知敌人的水师位于尼多斯(Cnidus),开始着手会战的准备工作。拉斯地蒙的水师提督派桑德(Peisander)率领八十五艘三层桨座战船从尼多斯发航,前往克森尼苏斯的菲斯库斯(Physcus)。航行途中偶然遭遇国王的舰队,领先的船只开始接战,由于先发制人占了上风。波斯的水师赶来救援⑥,他们的三层桨座战船编成密集队形,所有的盟军全部逃到陆地上面。派桑德拼死不退继续战斗下去,认为不光彩的逃走除了玷污斯巴达的名声没有一点好处,经过英勇的战斗和杀死很多敌人,最后他还是光荣地阵亡,能为祖国博得响亮的名声。科农追击拉斯地蒙的残余兵力直到滨海的陆地,被

---

① 这条河流形成西赛昂和科林斯的边界,参阅斯特拉波《地理学》第8卷第6节。

② 根据普鲁塔克《希腊罗马名人传》第16篇第1章"亚杰西劳斯"第16节的记载,所谓色雷斯的某个部族就是利底亚的特拉勒斯人(Trallians)。

③ 下面的文字有脱落,可以联想到叙述的内容,诸如"经过福西斯""用强行军的方式"和其他相关的事项。

④ 参阅本章第81节。

⑤ 位于小亚细亚的西南顶端。

⑥ 舰队这一部分听从法那巴苏斯的指挥,参阅色诺芬《希腊史》第4卷第3节。

他掳获五十艘三层桨座战船。大部分船员跳进海里逃到岸上，大约有五百人成为俘虏。其余的三层桨座战船安全回到尼多斯。

84 亚杰西劳斯的士兵大部分从伯罗奔尼撒征集，然后进军前去攻打皮奥夏，因此皮奥夏和他们的盟军，立即开拔要到科罗尼亚（Coroneia）迎击入侵的敌人。底比斯的将领在随后发生的会战当中，打败当面敌军追击直到他们的营地，其他方面只能支撑很短的时间，接着被亚杰西劳斯率领的部队打得大败而逃。因此拉斯地蒙认为自己是战胜的征服者，设立一座战胜纪念牌坊，签署一份停战协议，将阵亡者的尸体还给敌人。皮奥夏和盟友损失超过六百人，拉斯地蒙阵营有三百五十人阵亡。亚杰西劳斯遍身都是作战带来的创伤，前往他所喜爱的德尔斐，根据身体的需要接受治疗和照料①。

海战之后法那巴苏斯和科农带着所有的船只出航，前去对付拉斯地蒙的盟邦。最先采取的步骤是诱使考斯（Cos）的民众与拉斯地蒙断绝关系，接着是奈西罗斯（Nisyros）和提奥斯（Teos）两个岛屿。随后开俄斯的市民驱逐进扎的驻防军，愿意加入科农的队伍，米蒂勒尼、以弗所和埃里什里都要做另外选择。很多事项如同改变用类似的热情感染所有的城市，有些驱逐拉斯地蒙的驻防军维持他们的自由权利，还有一些要投效科农的阵营。这时的拉斯地蒙失去统治海洋的权势。科农决定整个舰队航向阿提卡，出海以后要让赛克拉德（Cyclades）群岛全部归顺，先去对付名为赛舍拉（Cythera）的岛屿，他集中兵力立即发动第一次突击，签订协议将赛舍拉的居民送回拉柯尼亚，留下足够的驻防军在城市里面，然后才航向科林斯。亲自与委员会的成员讨论很多问题，都能如他们所愿，再留下大笔钱财给联盟，

---

① 科罗尼亚会战更为精确和详尽的记载，可以参阅色诺芬《希腊史》第4卷第3节，以及普鲁塔克《希腊罗马名人传》第16篇第1章"亚杰西劳斯"第18节。

然后率领舰队向亚细亚返航①。

就在这个时候,马其顿国王伊罗帕斯在位六年以后病故,他的儿子鲍萨尼阿斯继承宝座,统治的时间不过一年的工夫。开俄斯的狄奥庞帕斯(Theopompus)所著《希腊史》共有十二卷,全书终结于这一年的尼多斯会战。这位史家以赛诺西玛(Cynossema)会战拉开序幕②,修昔底德(Thucydides)却用来结束他的著述,这部《希腊史》涵盖的期间是十七年③。

85 这个年度的岁末,优布利德(Eubulides)成为雅典的执政,罗马选出六名军事护民官卢契乌斯·塞吉乌斯(Lucius Sergius)、奥卢斯·波斯都缪斯(Aulus Postumius)、巴布留斯·高乃留斯(Publius Cornelius)和奎因都斯·曼留斯(Quintus Manlius)④负起执政官的职责(前394年)。这时科农仍旧指挥国王的舰队,率领八十艘三层桨座战船停泊派里犹斯,答应市民的要求重建城市的防卫工程。因为雅典人在伯罗奔尼撒战争中一蹶不振,根据他们与拉斯地蒙人签署的和平协议,按照条款的规范要拆除派里犹斯的城墙和与雅典相连的两道长墙。

现在科农雇用大批熟练的工匠,加上他麾下的水手非常卖力,很快建好大部分的城墙和工事。底比斯当局派来五百名手艺高明的工人和石匠,还有其他的城市给予帮助。泰瑞巴苏斯(Tiribazus)负责指挥亚细亚的地面部队,对于科农的成就抱着嫉妒的心理⑤,借口科农利用国王的部队,赢

---

① 这里提到的签订协议和集会讨论,事实上都是法那巴苏斯的工作,因为他是舰队的最高指挥官,也只有他能向波斯国王报告所有的情况,参阅色诺芬《希腊史》第4卷第8节。

② 参阅本书第十三章第40节和相关的注释。

③ 这段期间是前410—前394年。

④ 这里只提到4位军护民官,利瓦伊《罗马史》第5卷第16节的名单上面没有列入这几位人士。

⑤ 他是受到拉斯地蒙人的挑拨才会与科农作对,参阅色诺芬《希腊史》第4卷第8节。

得雅典人的城市对他的感恩图报,因此泰瑞巴苏斯诱骗他前往萨迪斯,随即将他逮捕用铁链锁住,在重兵押解之下送入监牢。

86 科林斯有些人士偏爱民主政体,联合起来在剧院不断发生争执,他们着手一次大屠杀要让城市陷入倾轧之中,亚哥斯人愿意支持他们的冒险行动,结果是一百二十名市民毙命刀下,五百名市民遭到放逐。这时拉斯地蒙当局准备收容流亡人士和集结一支军队,雅典和皮奥夏前来帮助这群谋杀市民的凶手,为了巩固这座城市对他们的向心力。流亡人士结合拉斯地蒙和他们的盟邦,趁着黑夜的掩护攻打李契姆(Lechaeum)①和造船厂,在一次突击之下将它们占领。到了第二天,城市的部队在伊斐克拉底(Iphicrates)的指挥之下,要收复失去的港口,接着发生一场会战,拉斯地蒙的部队获得胜利,杀死为数不少的对手。

经过这次失利,皮奥夏、雅典加上亚哥斯和科林斯,将所有的部队派到李契姆,从开始就将这个地方包围得水泄不通,同时逼使他们的攻击路线要经过城墙之间的通道。后来拉斯地蒙的守军和流亡人士进行英勇的战斗,将皮奥夏和所有进入的部队驱赶出去。他们在损失一千士兵以后只有返回科林斯。海峡运动会即将举行,对于由谁主办发生争执,经过一番折冲拉斯地蒙人总算参与盛事,还让他们知道整个节庆的负责人是流亡人士。这次战争当中伤亡最惨重的战斗大部分发生在科林斯周边地区,所以称之为科林斯战争,延续的时间达八年之久。

87 这个时候的西西里②,雷朱姆的人民指控狄奥尼修斯加强美西纳的防务,都是为了要攻打他们所做的准备工作。因此他们

---

① 这个港口位于科林斯湾,与科林斯建有相连的长墙可以结成一体。
② 这一节的文字接续第 78 节的叙述。

要为受到狄奥尼修斯驱离的人员提供栖身之地,准备对他采取积极的反击行动,同时将幸存的纳克索斯和卡塔纳的市民安置在迈立(Mylae),编成一支军队接受希洛瑞斯(Heloris)①这位将领的指挥,奉命前去围攻美西纳。希洛瑞斯对着卫城发起极其莽撞的攻击,美西纳的市民和狄奥尼修斯派来掌握这座城市的佣兵,编成密集的队形出城迎敌。在随之而来的会战当中,美西纳成为获胜的赢家,杀死对手超过五百人。接着向迈立进军夺取这座城市,依据签订的协议让定居下来的纳克索斯人可以自由离去。

这些流亡人员告别西西利人和希腊城市,将他们的居处分散在几个地方。狄奥尼修斯现在已经与海峡周边地区建立友好关系,计划率领军队前去讨伐雷朱姆,但是拥有陶罗米尼姆的西西利人又与他发生冲突。他的决定是首先攻打后者更容易发挥占有的优势,率领军队出发前去征讨,设置营地在朝向纳克索斯这一边,甚至到了冬季还坚持围攻不肯撤走,因为他认为西西利人在当地居住的时间不长,很快就会弃守据有的山丘。

88 西西利人的祖先留下一个古老的传说,岛屿的这一部分为他们所拥有,希腊的移民开始在这里登陆和建立纳克索斯,就将西西利人从居住的山丘逐赶出去。因此他们始终维持这种观点,就是他们只是收复原来属于祖先的疆域,让过去在希腊人那里所受的委屈得以平反,他们要尽最大努力来保有这个山丘。双方还要接受更为严格的考验,冬季已经来到,风暴不断吹袭之下卫城四周的地区积满白雪。

狄奥尼修斯发现西西利人用极其慎重的态度保护卫城,不仅它有森严的防务,还加上它突出在城墙之上的高度,于是在一个没有月亮又刮起风雪的夜晚,他要突击这个巍然高耸的建筑物。需要克服的困难在于

①　希洛瑞斯遭到狄奥尼修斯的放逐,离开叙拉古流亡国外,参阅本章第 103 节。

绝壁形成的障碍和积雪的深度，最后还是占领一个制高点，虽然他的面孔冻结起来，视力因严寒受到损坏。后来他突破城墙的阻隔，引导他的军队进入城市。就在西西利人列成阵势向前逼近的时候，狄奥尼修斯的部队冲杀出去，他本人都是一身披挂加入肉搏，最后形成一场混战，只有逃走才能保住性命。西西利人凭着有利的地形一直紧追不放，最后狄奥尼修斯的部队有六百余人被杀，其他的士兵大多丧失他们的武器装备，狄奥尼修斯靠着坚固的铠甲才没有阵亡。出现这场灾难以后，阿克拉加斯和美西纳放逐狄奥尼修斯的党羽，断言他们有自由的权利，否认与僭主的同盟关系。

89 拉斯地蒙国王鲍萨尼阿斯登基已有十四年，遭受市民的指控落到放逐的下场，他的儿子亚杰西波里斯继承王位，与他的父亲有相等长度的统治时间。马其顿国王鲍萨尼阿斯遭到阿明塔斯（Amyntas）的暗杀，亡故于在位一年之后，阿明塔斯篡夺王位，统治的时间长达二十四年之久。

90 年度即将结束，笛摩斯特拉都斯（Demostratus）在雅典接替执政的职位，罗马选出六位军事护民官卢契乌斯·泰特纽斯（Lucius Titinius）、巴布留斯·黎西纽斯（Publius Licinius）、巴布留斯·密利乌斯（Publius Melaeus）、奎因都斯·马留斯（Quintus mallius）、格耐乌斯·珍尼修斯（Gnaeus Genycius）和卢契乌斯·阿蒂留斯（Lucius Atilius）分担执政官的权责。等到年度（前393年）开始官员就职，迦太基的将领玛果已经派到西西里。他深刻体认迦太基遭受的重大灾难立刻采取补救的措施，对于隶属的城市表示友好的态度，安葬狄奥尼修斯战争的阵亡人员并且赎回成为奴隶的战俘。他与大部分西西利人的城市建立联盟关系，等到集结相当数量的兵力，对于美西纳的领地发起入侵行动。他在美西纳的乡间大肆掠夺获得很多战利品，继续行军在靠近一个名叫阿巴西纳的城市，开设营地进行整补，阿巴西纳是与他结盟的城邦。狄奥尼修斯率领军队前来迎击，双方发起一场激烈的会战，狄奥尼修斯获胜利，迦太基人损失八百多位士兵以后逃进城内，狄奥尼修斯班师返回叙拉古。

过了数日他派出一百艘三层桨座战船，发航前去讨伐雷朱姆。他出乎城市意料之外在夜间到达，纵火焚烧城门同时架起云梯要攻上城墙。开始的时候只有少数雷朱姆的守军赶来防卫，立即尽力扑灭城门的火焰，后来等到身为将领的希洛瑞斯到达，劝他们要反其道而行，结果他们能够拯救城市于危亡之际。要是他们先让大火熄灭，由于兵力过少无法阻止狄奥尼修斯挥军进入，只有将邻近房屋里面的木头和燃料带来，丢进去使得火势更为强烈，直到部队的主力全副武装赶来实施防御。狄奥尼修斯由于计谋无法得逞，仅能在四乡烧杀掳掠，将果园的树木全部砍倒在地，然后与对手签订一年的休战协定，返航回到叙拉古。

91 那些在意大利境内安身立命的希腊居民，他们看到狄奥尼修斯侵略的矛头，远远指向他们拥有的陆地，促成他们之间建立联盟的关系，同时设置一个处理战争事务的委员会，他们抱持的希望是使防卫的工作更加容易，同时可以用来抗拒邻近的琉堪尼人（Leucani），因为后者此时正与他们处于战争的状态。

李契姆位于科林斯的领域之内，拥有这个港口的流亡人士获准在夜间进入城市，他们费很大力气能够占领城墙，等到伊斐克拉底的部队前来攻打他们，在损失三百多人以后，逃回船只停泊的地方。数日以后拉斯地蒙的军队有一个分遣单位通过科林斯的领地，伊斐克拉底和一些在科林斯的盟军，对他们进行截击，大部分人员遭到杀害。伊斐克拉底率领轻步兵入侵弗留斯(Phlius)①的疆域,与城市的居民发生激战,杀死对方三百多人。然后向着西赛昂(Sicyon)进军,西赛昂的军队在城墙的前面列队接战,损失五百余人躲在城中闭门不出。

92 就在发生这些事件的时候,亚哥斯出动大军前去攻打科林斯,等到夺取卫城确保整座城市都在掌握之中,再将科林斯的领地并吞到亚哥斯的疆域。雅典的伊斐克拉底企图据有这座城市,从而有利于控制整个希腊,雅典的市民大会反对他的谋略,使得他愤而辞去授予的职位。雅典当局指定查布瑞阿斯出任将领,接替伊斐克拉底留下的权责,派他前往科林斯。

伊里利亚的蛮族入侵马其顿,菲利浦的父亲阿明塔斯被赶出自己的国家,放弃重登王位的希望,就把邻接奥林苏斯(Olynthus)的区域,当成礼物送给奥林苏斯的市民。之所以这样做是因为他已经失去整个王国,但是没过多久获得帖沙利的支持,再度成为国君,在位的时期长达二十四年。据说阿明塔斯遭到驱逐以后,马其顿接受阿吉乌斯(Argaeus)的统治,为期不过两年,后来才有阿明塔斯的恢复国土。

93 就在同一年博斯波鲁斯(Bosporus)国王斯巴达卡斯(Spartacus)之子萨特鲁斯(Satyrus)在位四十年崩殂,他的儿子琉康(Leucon)继承宝座统治的时间亦为四十年。

意大利的情况是罗马对维爱的围攻已经延续十一年,他们选出马可斯·弗流斯(Marcus Furius)为狄克推多,巴布留斯·高乃留斯(Publius

---

① 这座城市位于科林斯西南方10英里。

Cornelius)为骑士团团长,恢复部队的士气,用挖掘地道的方式攻占维爱[1],整座城市受到高压统治,居民当成战利品发售为奴。他们为狄克推多举行凯旋式,罗马拿出十分之一的掠夺物,制作一个金碗为了感谢神谶指点迷津,奉献给德尔斐的阿波罗神庙。使者连带携带的物品在黎帕里(Lipari)群岛附近落到海盗手中,他们成为俘虏押到黎帕拉(Lipara)。

泰玛西修斯(Timasitheus)是黎帕拉人的将领,得知发生的事件立即救出使者,归还运送金器的船只,护送他们安全到达德尔斐。使者将奉献的金碗放在马萨利亚人(Massalians)所建宝库[2],然后回到罗马。因此罗马的人民知悉泰玛西修斯慷慨的义行,立即加以奖励授予特权对外负责城邦的接待任务。等到一百三十七年以后,他们从迦太基的手里夺取黎帕拉,对于泰玛西修斯的后裔,免除他们欠缴的税金,让他们获得自由无须出卖为奴。

94 年度即将结束,斐洛克利(Philocles)成为雅典的执政,罗马却让六位军事护民官巴布留斯和高乃留斯、西索·费比乌斯(Caeso Fabius)、卢契乌斯·弗流斯(Lucius Furius)、奎因都斯·塞维留斯(Quintus Servilius)和马可斯·华勒流斯(Marcus Valerius)[3]负起执政官的职责;这一年(前392年)举行第九十七届奥林匹亚运动会,特瑞里斯

---

① 利瓦伊《罗马史》第5卷第19节及后续各节,详细叙述罗马经过10年的围攻以后,终于夺取这座城市。

② 德尔斐这座城市有很多这种类型的建筑物,个别的希腊城市在获得神谶以后,兴建这些宝库用来储藏还愿的奉献品。

③ 这些名字错得离谱,利瓦伊《罗马史》第5卷第24节提到6位军事护民官,他们是巴布留斯·高乃留斯·科苏斯(P. Cornelius Cossus)、巴布留斯·高乃留斯·西庇阿(P. Cornelius Scipio)、马可斯·华勒流斯·麦克西缪斯(M. Valerius Maximus)、西索·费比乌斯·安布斯都斯(Caeso Fabius Ambustus)、卢契乌斯·弗流斯·梅度利努斯(L. Furius Medulinus)和奎因都斯·塞维留斯(Quintus Servilius)。

(Terires)成为优胜者。雅典选出色拉西布卢斯(Thrasybulus)担任将领，派他率领四十艘三层桨座战船出海。他驶往爱奥尼亚，在那里接收盟邦缴纳的贡金，接着按计划继续巡航的行动。他在克森尼苏斯停留期间，与色雷斯两位国王梅多库斯(Medocus)和修则斯(Seuthes)建立联盟关系。

过了一段期间他从海伦斯坡(Hellespont)航向列士波斯(Lesbos)，在伊里苏斯(Eresus)的岸边下锚停泊。刮起一阵风暴损失二十三艘三层桨座战船。他不顾本身的安全带其他的船只前去讨伐列士波斯的城市，其实他的意图是将他们争取过来，因为这个时候除了米蒂勒尼(Mitylene)，所有原来的盟邦全都背叛雅典。他首先采取的行动是出现在梅提姆纳(Methymna)的城墙前面，接着就与城里的居民开战，对手听从斯巴达人色瑞玛克斯(Therimachus)的指挥。经过英勇的战斗他不仅杀死色瑞玛克斯，还有为数不少的梅提姆纳人跟着送命，最后将他们封锁在城墙里面。他蹂躏梅提姆纳整个地区，接受伊里苏斯和安蒂莎(Antissa)的投降。结束此一事件以后，他从身为盟邦的开俄斯和米蒂勒尼那里，集结他们提供的船只，向着罗得岛开航。

95 迦太基人在叙拉古遭遇损失惨重的灾难①，现在已经慢慢恢复元气，举凡西西里的事务不应置身局外，这是上下一致共同的看法。等到决定从事战争，他们渡海而来虽然只有少数战船，上面装载来自利比亚和萨丁尼亚的部队，以及从意大利招募的蛮族。玛果指挥之下的兵力达到八万人，带到西西里以后，他用非常审慎的做法，供应他们惯用的武器和装备。指挥官行进的路线直接通过西西利人的区域，使得大多数城市要与狄奥尼修斯分道扬镳，进入设在阿捷里姆②附近的营地，位于克里

———————

① 参阅本章第75节。
② 阿捷里姆是狄奥多罗斯的故乡。

萨斯（Chrysas）河畔靠着一条通往摩根提纳（Morgantina）的大道。他无法与阿捷里姆建立联盟关系，一旦得到敌人已从叙拉古开拔的信息，马上停止深入敌境的行动。

狄奥尼修斯知悉迦太基的大军取道通过内陆地区，很快尽其所能集结更多的叙拉古役男和佣兵，出发之际他的兵力不少于两万人。他进军快要接触敌人，派遣一个使者去见阿捷里姆的领主阿捷瑞斯。那个时候在西西里所有的僭主当中，他仅次于狄奥尼修斯拥有极其强大的武力，实际上他管辖所有邻近防务良好的小区，以及统治阿捷瑞姆这座城市，该城在那个时候人烟稠密，市民的人数不少于两万。阿捷瑞斯为了敛财谋杀那些最有钱的市民，大量搜刮来的金银财宝储藏在卫城。

狄奥尼修斯在少数随护伴同之下进入城市，说服阿捷瑞斯与他联合起来成为忠诚的盟友，如果他们能够制服敌人结束战争，给予的承诺是将边境一大片土地当成礼物赠送给他。开始的时候，阿捷瑞斯如实供应狄奥尼修斯麾下所有军队需要的粮草和物质，率领他的部队加入狄奥尼修斯的战斗部署，同心协力对迦太基发起攻势行动。

96 玛果在充满敌意的地区设置他的营地，所有的补给品愈来愈感到缺乏，可以说已经陷入相当不利的处境。阿捷瑞斯的部队熟悉当地的情况，拥有的优势在于用埋伏袭击敌人以及持续切断他们的粮草供应。叙拉古人下定决心要尽快发起会战，狄奥尼修斯反对他们的意见，认为时间再拖延下去，匮乏的情况更加严重，无须战斗蛮族就会绝灭殆尽。叙拉古的市民为这种论点所激怒，对他完全丧失信心。狄奥尼修斯最为关切的事项是奴隶获得自由，过后迦太基的将领派遣使者前来议和，经过磋商将奴隶发还主人,再与迦太基签署和平协议。双方同意的条件与上次①没有多大不同,增加的款项是西西利人臣属于狄奥尼修斯,并且将陶罗米尼姆交到他的手中。等到这件处理完毕,玛果开航返回利比亚,狄奥尼修斯接收陶罗米尼姆以后,大部分西西利人被他驱离,从他的佣兵部队当中选择适当的人数,让他们在这里定居下来。

以上是西西里的情势和处理的情况。意大利的罗马士兵洗劫法利西(Falisci)部族的城市法利斯库斯(Faliscus)。

97 年度即将结束,奈柯特勒斯(Nicoteles)成为雅典的执政,罗马让三位军事护民官马可斯·弗流斯(Marcus Furius)和盖尤斯·伊米留斯(Gaius Aemilius)②取代执政官的职责。就在这些官员任职期间(前391年),"亲拉斯地蒙"的人士在罗得岛的势力大增,他们在市民大会反对现有的政策,原来有一个党派是由拥护雅典的市民所组成,就将"亲拉斯地蒙"的人士逐出城市。这帮人武装起来就尽力维护自己的利益,等到拉斯地蒙的盟友占了上风,很多"亲雅典"的人士遭到杀害,乘机逃走的党徒被施以放逐的处分。他们立即派出使者向拉斯地蒙当局要求给予援助,害怕有些市民要煽起叛乱的行动。

拉斯地蒙派遣七艘三层桨座战船,以及优多西穆斯(Eudocimus)③、斐洛多库斯(Philodocus)和迪菲拉斯(Diphilas)这三位负责政务的人员。他们首先抵达萨摩斯,说服这座城市与雅典分手,然后航向罗得岛要对当地政府进行督导。目前看来拉斯地蒙当局对于国外事务的处理非常顺手,下定决心要控制海洋,等到建立强大的水师,对于他的盟邦逐渐占有更大的

---

① 参阅本书第十三章第114节。
② 利瓦伊《罗马史》第5卷第26节提到6任军事护民官,包括这三位当中的两位。
③ 色诺芬《希腊史》第4卷第8节,把这个人叫成伊克迪库斯(Ecdicus)。

优势。因此他们航向萨摩斯、尼多斯和罗得岛,聚集当地的船只和征召经过挑选的水手,最后完成二十七艘三层桨座战船的整备,大幅增强他们的战力。

拉斯地蒙国王亚杰西劳斯①听到亚哥斯已经攻下科林斯,除了留下一个团的兵力,率领所有的部队入侵对方的国土。他纵兵抢劫整个哥亚利斯(Argolis)各地,就连乡野的树木都遭到砍伐,然后全军返回斯巴达。

98 塞浦路斯(Cyprus)这个岛屿上面,萨拉密斯的伊凡哥拉斯(Evagoras)有高贵的家世,因为这座城市的奠基者是他的祖先②。往昔他为派系的倾轧受到放逐,最近在一小群人士的陪同之下,回到岛上赶走泰尔(Tyre)的阿布迪蒙(Abdemon),后者是城市的领主也是波斯国王的朋友。等到他能控制塞浦路斯面积最大而又实力雄厚的城市,开始的时候只是萨拉密斯的国王,等到他获得大量财源以及动员一支军队,立即出兵使得全岛落到他的手中。有些城市的降服要运用武力,还有一些城市的归顺要靠着说服。

就在他轻易获得这些城市的统治权力之际,阿玛苏斯(Amathus)、索利(Soli)和西蒂姆(Citium)的民众编组军队,抗拒他那并吞的企图,同时派遣使者前去晋见波斯国王阿塔泽尔西兹,请求给予援手。来使控诉伊凡哥拉斯杀害波斯的盟友阿捷瑞斯,愿意加入波斯的阵营让他们能够获得这个岛屿。国王不仅不愿伊凡哥拉斯的势力更加强大,同时还重视塞浦路斯的战

---

① 这位是优里庞帝系的亚杰西劳斯二世(前399—前360年),色诺芬认为应该是埃杰斯帝系的亚杰西波里斯一世(前395—前380年),参阅《希腊史》第4卷第7节。

② 伊凡哥拉斯一脉相传自萨拉密斯的奠基者图瑟(Teucer),参阅鲍萨尼阿斯《希腊风土志》第1卷第3节。伊索克拉底在前365年为他写了一篇颂词,使得他在希腊成为如雷贯耳的人物;狄奥多罗斯在本章第110节以及本书第五章,用很多篇幅描述这位伟大的国王和雅典忠实的朋友。

略位置和它的水师拥有相当的实力,可以成为保护亚细亚的屏障,因此决定接受这个盟友。他派出使者带着他亲笔的信函,交给滨海地区的城市以及负责政军事务的省长,建造三层桨座战船并且尽快准备舰队所需人员、装备和物质,他命令卡里亚的统治者赫卡托姆努斯(Hecatomnus)对伊凡哥拉斯发起战争。赫卡托姆努斯率领一支大军,经由上面几个行省的城市,渡海前往塞浦路斯。

以上是亚细亚当时的情势。意大利的罗马与法利西签订和平协议,发起对伊奎人第四次的战争。他们成立一个名叫苏特里姆(Sutrium)的殖民地,后来被名叫维鲁果(Verrugo)的城市派出部队将迁来的移民全部赶走。

99 年度即将结束,笛摩斯特拉都斯(Demostratus)成为雅典的执政,罗马选出卢契乌斯·卢克里久斯(Lucius Lucretius)和塞维留斯(Servilius)①担任执政官(前390年)。阿塔泽尔西兹指派斯特鲁萨斯(Struthas)为将领,率领军队前往海岸地区对拉斯地蒙的结盟城市发起战争,斯巴达当局得知他要到达的信息,瑟比隆(Thibron)出任将领奉命赶赴亚细亚。瑟比隆夺取艾昂达(Ionda)的要塞,占领离开以弗所四十斯塔德一座名叫高尼苏斯(Cornissus)的山岭②。然后他带着八千名士兵加上在亚细亚征召的部队一起进军,前去蹂躏国王的疆域。斯特鲁萨斯的麾下有强大的蛮族骑兵部队,加上五千名重装步兵和二万名轻装部队,在距离拉斯地蒙人不远的地方设置营地。最后还是难逃一劫,有次瑟比隆派出一支特遣部队抢回很多战利品,斯特鲁萨斯发起攻击在激战当中把他杀死,他

———————

① 利瓦伊《罗马史》第5卷第29节,说他的名字是塞维留斯·苏尔庇修斯·卡米瑞努斯(Servilius Sulpicius Camerinus)。

② 这里的艾昂达应该是艾森达(Isinda),高尼苏斯山要改为索尔米苏斯(Solmissus)山;参阅默里特(B.D.Meritt)《雅典的进贡物品表》(*Athenian Tribute Lists*)第493页。

的部队有不少士兵阵亡,很多人成为俘虏,仅有少数安全逃到尼迪尼姆(Cnidinium),在那里设置一个前哨阵地。

雅典的将领色拉西布卢斯率领舰队从列士波斯航向阿斯朋杜斯(Aspendus),所有三层桨座战船全部停泊在优里米敦(Eurymedon)河。虽然他接受阿斯朋杜斯的市民奉献的财物,还有少数士兵在城外杀人越货。阿斯朋杜斯当局对于不守信义的暴行极其愤怒,他们在夜间发起攻击,色拉西布卢斯和很多人被杀,雅典的船长全都惊慌不知所措,很快驾驶船只航向罗得岛。由于岛上的城市已经叛变,他们与放逐者占领一个前哨据点,与拥有城市的叛徒展开战斗。雅典当局得知他们的将领色拉西布卢斯被害,派遣阿捷流斯(Agyrius)接替遗留的职位。

以上是亚细亚发生的情况。

100

谈到西西里的局势,叙拉古的僭主狄奥尼修斯对于意大利的希腊城市,野心勃勃抱着并吞的打算,如同他用专制的手段掌握这个岛屿,延长彼此之间的战争到另一个时期。他经过分析认为首先攻击雷朱姆是一个有利的策略,因为这座城市是意大利位于最前面的要塞,于是他的军队从叙拉古开拔前进,兵力是两万名步卒,一千名骑兵和一百二十艘战船。他率领部队渡过海洋来到洛克瑞斯的边界,取道内陆地区朝向雷朱姆进军,到处砍倒树木可以说是烧杀掳掠无恶不作。他的舰队出海以后沿着其他地区①向前航行,最后全军在濒临海峡的位置开设营地。

意大利的希腊城市得到狄奥尼修斯渡过大海攻击雷朱姆的信息,就从克罗顿派遣六十艘船,意图将这些援军交给雷朱姆当局。正当舰队在汹涌的大海缓慢航行的时候,狄奥尼修斯有五十艘船奉命前去迎击,舰队不敌

---

① 这里的意思是指狄奥尼修斯通过海峡的内侧向前航行,并没有入侵雷朱姆的疆域,希腊人认为这种说法很有问题。

向着陆地逃走,他发起极其英勇的强袭,要将留在岸边的船只用绳索绑牢以后拖走。六十艘三层桨座战船面临被敌人捕获的危险,雷朱姆出动所有人马给予救援,他们发射阵阵箭雨不让狄奥尼修斯的部队冲上海岸。等到发生一次强烈的暴风雨,雷朱姆的市民将船只拖上干燥的陆地,狄奥尼修斯的水师因为飓风的吹袭,损失七艘船连带上面配备的一千五百人。这些水手与他们的船只分散在附近的海岸地带,大多数都成为雷朱姆的俘虏。

狄奥尼修斯自己在一艘五层桨座战船上面,有几次都在千钧一发之际逃过敌人的追捕,到了午夜方始安全进入美西纳的港口。冬季即将来到,他与琉堪尼人谈妥建立同盟关系的条件,率领全军返回叙拉古。

101 此一事件过后不久,琉堪尼的部队入侵休里埃(Thurii)的疆域,休里埃当局传话给盟邦,要他们尽快征集人马立即出兵。因为意大利的希腊城市签订一份协议,任何一座城市的领地受到琉堪尼人的掠夺,大家都要前来援救,无论哪一座城市的军队未能按规定进入指定的位置,这座城市的将领面临的惩罚是处死。因此,休里埃派出信差到所有的城市,报告敌军即将来到,他们全都着手军队的开拔事宜。只是休里埃在开始就违背规定擅自行动,不待盟邦军队的到达,派出一万四千名步卒和一千名骑兵前去迎击。琉堪尼人听到敌军接近的信息,向着自己的国土撤退,休里埃的士兵争先恐后抢着进入琉卡尼亚(Leucania),攻占当面的前哨阵地获得很多战利品,他们中了诱敌之计招致全军覆灭的后果。

琉堪尼人为目前的成就感到骄傲而且扬扬得意,为了要包围富裕的城市劳斯(Laus),进军的时候根本不考虑要通过狭窄和险要的隘道。他们来到一个平原,四周都是高耸的山岭和陡峭的悬崖,琉堪尼人让全部兵力出战,开始就切断休里埃人的退路。他们在高地上面现身,不仅出乎意料,同时还不隐瞒自己的意图,所以会让希腊人为之惊慌不已,一方面是敌军的兵力数量极其庞大，一方面是所处的位置地形崎岖难行，因为这时琉堪尼的兵力有三万名步卒和不少于四千人的骑兵部队。

102 等到希腊的部队陷入毫无希望的险境，如同上面所述，现在全都感到不知所措，蛮族从高处来到平原。接着与希裔意大利人发起一场会战，琉堪尼人拥有兵力的优势比起对手多了一万余人，所以他们才下令不留一个活口。若干幸存者逃到海中一块高地上面，还有一些看到战船朝着他们行驶过来，以为这些船是雷朱姆人派来的援军，成群结队跳下海向这些三层桨座战船泅泳。这支逐渐接近的舰队是僭主狄奥尼修斯所属兵力的一部，在他的兄弟列普蒂尼斯的指挥之下，奉命前来援助琉堪尼的军队。列普蒂尼斯对于海上获救的士兵非常仁慈，将他们安置在陆地上面，得知被俘的人数在一千以上，他劝琉堪尼人接受每位俘虏一迈纳银币的代价将他们释放。列普蒂尼斯保证赎金的支付，愿意调停意大利的希腊城市和琉堪尼之间的纠纷，说服他们签署和平协议。

他对于战争的解决态度获得希裔西西里人对他的赞誉，这种方式为了让自己获得好处，然而狄奥尼修斯却无利可图。因为狄奥尼修斯所希望的情况，就是意大利的希腊城市一直与琉堪尼鏖斗不休，他的出面很快使得自己成为决定意大利事务的主人，要是他们能从这场危险的战争中脱身，会给他的成功带来更大的困难。因此，他解除列普蒂尼斯的职位①，指派另一位兄弟瑟瑞德(Thearides)出任舰队的指挥官。

上述事件处理完毕，罗马击败维爱获得大量的土地，按照分配的额度

---

① 后来列普蒂尼斯受到放逐就与休里埃人生活在一起，当然会对他极其礼遇，参阅本书第十五章第7节。

发给市民,每位拥有者得到的面积是四普列什拉(plethra)①,有的记载说是前面这个数量的七倍②。罗马对伊奎人开战以后,一鼓作气占领这座名叫黎弗卢斯(Liphlus)③的城市。维利特里(Velitrae)的民众发生叛乱,罗马又与这座城市重启战端。萨特里孔(Satricum)对罗马高举起义的旗帜,他们将一个殖民区分配给色西伊人(Cercii)。

103 年度快要结束,安蒂佩特(Antipater)成为雅典的执政,卢契乌斯·华勒流斯(Lucius Valerius)和奥卢斯·曼留斯(Aulus Mallius)成为罗马出任执政官的职位。叙拉古的君王狄奥尼修斯在这一年(前389年)公开宣布他要攻打意大利,率领一支战无不胜的军队向着战场前进,兵力是两万多名步卒,三千名骑兵,四十艘战船和三百艘载运粮食和补给品的运输船。开拔后第五天抵达美西纳,部队留在城内休息,派遣他的兄弟瑟瑞德带着三十艘船只航向黎帕拉人居住的岛屿,因为他得到信息是雷朱姆派出十艘船在那个水域。瑟瑞德立刻前往有利他达成任务的地方进行扫荡,捕获这些船只连带所有的水手,很快返回美西纳好向狄奥尼修斯交差。狄奥尼修斯将这些俘虏用铁链锁住,将他们交给美西纳人看管,然后他运送军队到考洛尼亚(Caulonia),对于城市展开围攻作战,攻城机具向前推进用来支持不断的攻击。

意大利的希腊城市得知狄奥尼修斯的大军即将渡过分隔其间的海峡,他们马上征召人马编成军队。克罗顿这座城市有稠密的人口,叙拉古的流亡人士数量非常庞大,就让他们负责这一次的战事,同时克罗顿的人民从各个城

---

① 1普列什拉为边长为100英尺的正方形面积,等于10000平方英尺,略少于1英亩的1/4;所以4普列什拉的土地面积约为1英亩。

② 4普列什拉的土地不到1英亩,这个面积用来耕种是小一点,要是这数字的7倍将近3公顷,就很合理。

③ 这座城市除了名字其他一无所挡。

区招来役男集结部队，他们选择叙拉古的希洛瑞斯(Heloris)出任将领。这位流亡人士遭到狄奥尼修斯的放逐，所以才会深受大家的信任，认为他痛恨狄奥尼修斯到不共戴天的程度，会尽其所能采取行动和运用谋略去对付这位僭主。等到所有的盟军在克罗顿集结，他用合乎自己心意的方式处理所有的问题，率领全军向考洛尼亚前进。他经过考虑知道在他现身的同时，可以用来解围以及与敌军进行战斗，须知当面的敌军因为每天要发起攻击已经变得疲惫不堪。他手中的兵力是两万五千名步卒和两千名骑兵。

104 意大利的希腊城市编成大军，主力开拔已经完成接敌运动，将营地设置在埃里波鲁斯(Eleporus)河的河畔，狄奥尼修斯下令部队开出城市，要去迎战来袭的援军。希洛瑞斯亲率精锐的部队，共有五百人担任前锋，这时狄奥尼修斯已经进入营地，离开敌军还有四十斯塔德。他从探子那里得知敌军接近的消息，就在天亮之前叫醒军队率领他们列队出击，日出之际遭遇希洛瑞斯的部队，看到对手的人数不多，要与他们进行未曾意料的会战，由于他的军队已完成作战的准备，不让敌人有片刻喘息的时间。虽然希洛瑞斯处于前后分离的困境，还是用这支部队抵抗兵力优势的攻击者，派遣他的朋友返回营地，要求主力部队立即赶过来。

他的命令很快传送，等到希裔意大利人知道他们的将领和士兵面临危险，全都尽快地奔跑也未能及时给予援助。狄奥尼修斯的部队使用密集队形将希洛瑞斯的人马包围得水泄不通，虽然他们的抵抗极其英勇，最后还是被杀得一个不留。希腊城市的队伍在分散的情况下，非常急促地投入战争，希裔西西里人却能保持完整的阵线，打败敌人像是没有多大的困难。希裔意大利人虽然看到他们的同胞大量地死亡，还是持续战斗一段时间。等到传来他们的将领遇害的信息，像是遭受无法抗拒的打击，全都陷入混乱之中，最后丧失战斗的勇气转身四散奔逃。

105 很多人在溃败之中越过平原的时候遭到追杀,主力还能安全撤离退到一座小山上面,临时构成的坚固阵地经得起围攻,欠缺水源很容易被敌人一网打尽。狄奥尼修斯将敌军围得水泄不通,宿营的时候无论日夜都不卸下身穿的铠甲,提高警觉保持戒备。次日被围的人员因为炎热和口渴感受极大的痛苦。他们派出一位传令官去见狄奥尼修斯,乞求他接受赎金好放他们一条生路,不过,他并没有因为成功变得更为谦虚,命令他们要放下武器听候征服者的处置。他们对于严厉的回答还是坚持一段时间,最后实在熬不过本能的需要,在第八个时辰开营投降,他们的身体都已萎靡不堪。

狄奥尼修斯拿着一根手杖在敲打地面,这时他的下属在计算从小山上面走来的俘虏,最后得到的总数是超过一万人。所有投降的士兵对于他的残酷都感到惊惶不已,反而是他对大家表现出仁慈的态度。他让俘虏成为他的臣民经过授权免予缴纳赎金,与大多数的城市签订和平协议,同意他们拥有自由权利。那些受到恩惠的城邦为了回报他的慷慨,通过议案用金冠推崇他的厚爱,人们确信这是他一生当中最为光明磊落的义举。

106 狄奥尼修斯因为提亲①受到侮辱,现在进军前去攻打雷朱姆,准备对这座城市进行围攻作战。雷朱姆陷入国破家亡的苦恼之中,因为他们既没有盟邦给予所需的支持,也没有能与敌人在战场上决一胜负的军队,大家都知道一旦城池被打破,得不到同情和怜悯只能面对悲惨的结局。因此,他们决定派出使者向他提出恳求,即使他怀恨在心还是希望获得合乎人道的待遇。狄奥尼修斯提出的条件是三百泰伦的赔款,带走所有的船只总数是七十艘,以及交出一百名人质。等到这些事

---

① 参阅本章第 44 节和第 107 节。

务处理完毕以后,他出发前去讨伐考洛尼亚。他将整座城市的居民迁到叙拉古让他们获得市民权,豁免五年的赋税,然后将城市夷为平地,将原来属于考洛尼亚的地区交给洛克瑞斯的市民。

罗马从伊奎人的手里得到黎菲考(Liphoecua)这座城市,为了履行执政官的还愿誓言,举行盛大的竞赛用来推崇宙斯赐予他们的恩典。

107 年度即将结束,派吉昂(Pyrgion)成为雅典的执政,罗马选出四位军事护民官取代执政官的职位,他们是卢契乌斯·卢克里久斯(Lucius Lucretius)、塞维乌斯·苏尔庇修斯(Servius Sulpicius)、盖尤斯·伊米留斯(Gaius Aemilius)和盖尤斯·鲁弗斯(Gaius Rufus)[①];举行第九十八届奥林匹亚运动会,雅典的索西帕斯(Sosippus)成为优胜者。就在这些官员任职的期间(前388年),叙拉古的君王狄奥尼修斯率领军队前去攻打希波尼姆(Hipponium),将居民迁移到叙拉古,全城夷为平地,整个区域转让给洛克瑞斯的市民。由于洛克瑞斯人答应他的婚事,所以他不断尽量让他们获得很大的好处。

与雷朱姆的人民建立亲戚关系一事让他感到极其难堪,觉得自己受到很大的羞辱,愤怒之余要尽一切手段加以报复。起因在于他派出使者去向雷朱姆当局提亲,同意他娶当地的少女为妻,据说他们对使者的答复是经过市民大会核准,能够与他结婚的对象是刽子手的女儿。虽然他与雷朱姆在上一年已经签订和平协议,现在他根本不愿保持友好的关系,即使雷朱姆还有七十艘三层桨座战船,他要想尽办法不让对方发挥水师的战力。他认为只要切断这座城市从海上可以获得的援军,就能很容易用围攻作战夺取。因此,这时的意大利处于平静无事的局面,他必须找一个适合的借口

---

① 盖尤斯·鲁弗斯这个名字在很多手抄本都遭到删除,很可能出于误植。

用来撕毁和平协议,而又不致损害他应该坚持的立场。

108 狄奥尼修斯率领军队来到海峡完成渡海的准备工作,首先向雷朱姆当局提出要求,他愿意用购买的方式获得所需的供应品,任何从他们那里得到的东西答应尽快从叙拉古运来还给他们。他的做法是为了使得人们的心中产生这样的念头,如果他们不愿供应粮食,他就可以名正言顺夺取城市,同时他相信他们的粮食这样消耗下去,只要他还留在城市的前面,带来的饥馑使他很快成为城市的主人。雷朱姆的主事者对这件事一点都没有猜疑之心,开始很大方供应他们几天的食物,等到他继续停留不走,有一次是说他生病,另外一次用其他的借口,他们怀疑他存心要让城市陷入缺粮的困境,于是不再运送物资给军队。狄奥尼修斯现在装出气冲斗牛的模样,将人质送还雷朱姆当局,开始对城市进行围攻作战,每天发起持续的攻势作为。他还制造很多攻城机具,体积之庞大真是让人难以置信,一旦他下定决心采取强攻的方式夺取城市,就会运用这些机具使城墙不能发挥阻拦的功能。

雷朱姆的人民选择菲顿(Phyton)出任将领,将能够上战场的人员全部武装起来,找到机会就从城中出击,烧毁敌人攻城的机具。同仇敌忾的心理使得士气激昂,他们为了保家卫国多次在城墙外面与敌人进行惨烈的战斗,虽然他们丧失不少的部队,仍旧有很多希裔西西里人死在他们手里。狄奥尼修斯被一根长矛刺穿他的大腿上方鼠蹊部位,可以说是千钧一发逃过死亡的打击,而且伤势的复原非常困难。雷朱姆为了维护他们的自由权利,用无可匹敌的炽热情绪,抗拒敌人的攻击使得困兽之斗持续下去;狄奥尼修斯掌握兵力的优势每日采取攻击作为,不愿放弃原订计划所要达成的目标。

109 奥林匹亚运动会即将开幕,狄奥尼修斯派出几组四匹马的车
驾参加比赛,其他的参赛队伍在速度方面远不是他的对手;
还有用于宴会的大型帐篷,全是用金线编织而成,上面装饰贵重的帷幕,绣
着各种彩色鲜明的图案。狄奥尼修斯对于诗艺的喜爱已到如痴如狂的程
度,所以他派出优秀而又专业的名角,他们在会场当众高声朗诵他的作品,
要为狄奥尼修斯带来桂冠诗人的荣誉。他要他的兄弟瑟瑞德为这次参赛
负起所有的责任。瑟瑞德到达会场因为美丽的帐幕和众多参赛的马匹,成
为受到观众注目的中心人物。等到朗诵者开始将狄奥尼修斯所写的诗献
给大家,首先群众听到演员令人愉悦的声音,当然会感到非常的惊奇;其次
要考虑一件事,就是他们提到他的诗内容贫乏了无新意,嘲笑狄奥尼修斯
对他们的拒绝表示轻视,愤怒之余竟然前去抢劫他的帐篷。

演说家黎昔阿斯(Lysias)①那个时候就在奥林匹亚,向着群众提出呼
吁,不能让亵渎神明的暴君派遣代表前来参加无比崇高的赛会,同时他还
发表应景的作品《奥林匹亚库斯》(Olympiacus)②。赛车比赛的过程当中机
运主宰一切,狄奥尼修斯那些用四匹马拖曳的战车,有的能够留在跑道上
面,有的彼此撞得四分五裂。还有就是一艘载运人员和装备从运动会返回
西西里的船只,就在意大利的塔拉斯(Taras)③附近遭到强风的吹袭而沉
没。获救的船员回到叙拉古,就将这些故事流传到整座城市。我们后来还

---

① 黎昔阿斯(前459—前376年)是雅典名望很高的演说家,现有425篇演讲词留传下
来,可以参阅普鲁塔克《道德论丛》第58章"十位演说家的传记"第3篇。

② 黎昔阿斯留下很多的演讲词,从而得知他在大声疾呼希腊人要团结起来,共同对付
两个主要敌人,就是波斯国王和狄奥尼修斯,参阅黎昔阿斯《演说词集》第33篇。普鲁塔克
《希腊罗马名人传》第4篇第1章"提米斯托克利"第25节,引用狄奥弗拉斯都斯在他的作品
《论君主政体》(On Rayalty)的记载,提到一个发生在前470年非常类似的故事,说是海罗派
遣赛车参加奥林匹亚运动会,搭盖一个极其华丽的天篷,提米斯托克利对希腊人发表演说,
煽动他们去拆除僭主的帐幕,还不许他的马匹出赛。可以看出狄奥多罗斯在这里叙述的情
节,完全出于杜撰,参阅华克(Walker)在《剑桥古代史》第5卷第36页的评论。

③ 就是后来的塔伦屯(Tarentum)。

听说,文辞低劣的诗篇还会带来厄运,不仅是那几位不幸的朗诵者,就连参赛的马匹和整艘船只莫不如此。狄奥尼修斯得知他的作品受到大众的嘲笑,这时他身边那些奉承的文士,就说传世的名著在开始成为嫉妒的目标,要过一段时间才会受到世人的赞誉。他受到这些鼓励才没有放弃写作的热情。

罗马在古拉西姆(Gurasium)与弗尔西人打了一场会战,杀死大量敌军。

110 这些事项告一段落,年度接近尾声,狄奥多都斯(Theodotus)成为雅典的执政,罗马选出六位军事护民官奎因都斯·西索·苏尔庇修斯(Quintus Caeso Sulpicius),伊努斯·西索·费比乌斯(Aenus Caeso Fabius)、奎因都斯·塞维留斯(Quintus Servilius)和巴布留斯·高乃留斯(Publius Cornelius)①负起执政官的职责。就在这些官员任职期间(前387年),拉斯地蒙很难维持两面作战的局势,派遣他们的水师提督安塔赛达斯(Antalcidas)去见阿塔泽尔西兹磋商议和事项。安塔赛达斯就他达成使命所面临的艰困环境进行讨论,国王同意双方的和平协议必须依据下面的条件:"亚细亚的希腊城市臣属于波斯国王,但是其他所有的希腊市民都能独立拥有自由权利;如果有任何人拒绝听从命令或者不愿接受这些条件,我在认同这项文件的城邦给予的协助之下对他们发起战争。"②

现在拉斯地蒙当局同意这些条款,没有任何反对的意愿,但是雅典、底

———

① 无论是利瓦伊的《罗马史》或《职官志》的记载,与这里提到的名字都不相同,何况还有缺漏的地方。

② 经过安塔赛达斯的斡旋能够签订著名的和平协议,色诺芬《希腊史》第5卷第1节,记载的情况要比这里详尽得多。

比斯和其他的城邦都感到忧心忡忡，要是他们对亚细亚的希腊城市置之不理，落到蛮族手中要过暗无天日的生活。然而他们单独从事战争已经力有不逮，基于目前的需要只有接受和平协议。

波斯国王与希腊城邦的争执获得解决，准备运用武力前去攻打塞浦路斯。因为阿塔泽尔西兹原来一直用战争对付希腊这个大敌，伊凡哥拉斯趁着他分心无法兼顾之际，几乎据有塞浦路斯全岛而且已经集结一支强大的军队。

111 狄奥尼修斯对雷朱姆的围攻已经进行十一个月，从各方面可能获得的救援全都遭到切断，城市的居民面临最恐惧的情势，就是缺少维持生命的必需品。据说那个时候的雷朱姆，一斗小麦要卖到五迈纳①。缺乏粮食的情况更加恶化，开始他们吃掉马匹和所有的驮兽，接着将生皮和皮革煮熟吃进肚中，最后走到城外像一群牛去吃长在城墙旁边的青草。本能的需要竟然会到达这样的程度，迫使人类要拿动物的秣料满足他们的食欲。

狄奥尼修斯知道当前发生的情况，对于他们遭到人类无法忍受的痛苦，毫无一点同情之心，反而将牛带来此地将所有的绿色植物一扫而空，所要达成的结果是剥夺对方能够生存的机会。因此，雷朱姆人败在极端困苦的匮乏，只有打开城门投降，将他们的性命交到暴君手里任凭处置。狄奥尼修斯进入城内发现成堆的饿殍，就是活着的俘虏都已奄奄待毙，他们的身体虚弱到无法支撑的地步。他将幸存者六千多人运到叙拉古，给予的命令凡是俘虏只要付出一迈纳银币的赎金可以获得自由，否则就要当成奴隶出售。

---

① 大约是1蒲式耳的小麦要值60美元（就那个时代的农产品价格而言，可能涨了100倍都不止）。

112

狄奥尼修斯抓住雷朱姆的将领菲顿,准备将他的儿子淹死在海中,菲顿被绑在最高的攻城机具上面,对他的报复是要他看到发生悲剧的场面。他还派了一个奴仆去告诉他说是这一天要先在海中淹死他的儿子,对这件事菲顿回答道:"虽然死在同一天,看来他要比他的父亲更加幸运。"接着狄奥尼修斯让他游街示众,鞭笞以后施加各种侮辱,还有一个传令官陪在旁边大声宣布,说是狄奥尼修斯对这个人进行非比寻常的报复,因为他是引起战争的罪魁祸首。菲顿在受到围攻这段期间证明自己是一位勇敢的将领,不屈不挠的精神赢得大家的认同,用高尚的情操忍受令人发指的惩罚,感到委屈的地方在于他之所以落到这种下场,完全是他不愿将城市出卖给狄奥尼修斯的缘故,看来上天很快会让狄奥尼修斯遭到报应。

狄奥尼修斯的士兵甚至都对将领的勇气表示同情,还有人为此提出抗议。狄奥尼修斯生怕有些士兵胆大妄为,将菲顿从他的手中劫走,立即停止对他施以肉体的惩罚,将这位不幸的受害者和他的家人,一起投入海中溺毙。这个人就他的功勋而言不应受到惨无人道的酷刑。他在那时赢得无数希腊人对他的同情和怜悯,很多诗歌用哀怨的文字叙述悲伤的往事和命运的无常。

113

正在狄奥尼修斯围攻雷朱姆之际,原来活动范围是在阿尔卑斯山那一边的凯尔特人(Celts)①,集结成为强大的部族蜂拥而来,通过险要的隘道来到阿平宁(Apennine)山和阿尔卑斯(Alps)山之间

---

① 提到凯尔特人入侵罗马,还可以找到其他两种数据,就是利瓦伊《罗马史》第5卷第34—49节,以及普鲁塔克《希腊罗马名人传》第4篇第2章"卡米拉斯"第16—29节。狄奥多罗斯的叙述,从可信度来看大有问题,参阅贝洛克《罗马史》(*Romische Geschichte*)第311页的评论。

的地区,赶走居住在那里的第勒尼亚人(Tyrrhenians)。根据某些记载显示,那里的居民是从十二个第勒尼亚城市搬迁过来的移民,还有其他的说法,特洛伊战争之前,佩拉斯基亚人(Pelasgians)为了逃避丢卡利翁(Deucalion)时期的大洪水,离开帖沙利来到这个地区定居。当前的情况是塞尔特按照部落的大小瓜分整片国土,有一个名叫森诺尼斯(Sennones)的部落得到的辖地,沿着海岸直达远方的山脉。由于这个区域像烧灼一样炎热,他们受不了天气带来的痛苦,急着想要搬离此地,就将他们的年轻人武装起来,派他们出去寻找一个适宜安身立命的乐土。现在他们入侵第勒尼亚,人数到达三万之众,洗劫克禄西尼(Clusini)四周的乡间。

就在这个时候,罗马当局派遣使者①前往第勒尼亚,可以暗中伺探凯尔特人的军队,了解他们具有的实力。罗马的使者抵达克禄西姆(Clusium),看到双方在打一场会战,凭着英勇而非智能加入守军与围攻者对阵,其中一位使者②甚至杀死对方一位主将。等到凯尔特人得知此事,派遣使者前往罗马,指责城邦的使节不能严守中立,竟然从事违背正义的战争。元老院起初想要说服凯尔特人接受金钱,用来弥补所受的伤害,来使对提出的条件不予考虑,他们只有投票用通过议案的方式,将被告交给对方处以极刑。当事人的父亲是一位拥有执政官权力的军事护民官,上诉市民大会③给予最后的裁定,由于他在民众当中可以发挥最大的影响力,说服大家推翻元老院的判决。罗马在以前的时代,人民无论任何事务全都听从元老院的意见,出现这种情况是他们首次让议会团体的决定不能产生效用。

---

① 一共有3位都是费比乌斯家族的成员。
② 这位是奎因都斯·费比乌斯·安布斯都斯(Quintus Fabius Ambustus)。
③ 这是"向人民诉愿"最著名的案例。

114 凯尔特人的使者返回营地报告罗马当局的答复。他们对于不公正的处理方式深表愤怒，就从追随前进的部族当中，征召人员新编一支军队，迅速向着罗马推进，兵力超过七万人马。罗马的军事护民官听到凯尔特人进军的信息，立即执行赋予的特定权力，将所有兵役年龄的男子全部武装起来。然后他们全军出战，渡过台伯河①沿着河岸向前走八十斯塔德的距离。等到获得盖拉夏人（Galatians）趋近的情报，他们将军队排列成为会战的部署，精锐的部队有两万四千人，组成的战线从河流抵达山丘的下方，小山的顶部配置战力最弱的单位。凯尔特人将他们的部队排成很长的战线，战谋、战力最强的选锋部署在小山的上面。

两军的号角手同时发出进击的信号，部队的接战响起惊天动地的声音。凯尔特人的精锐部队面对罗马军队当中战斗力最弱的士兵，很容易从山丘的顶部将他们驱离。因此，这一大群溃散的罗马人到了平原，使得他们的战线陷入混乱之中，不等当面的凯尔特人与他们短兵相接，在惊慌失措的情况下转身逃走。大群罗马人沿着河岸狂奔，丧失秩序以后彼此挤成一团，凯尔特人对于无法保持战线的士兵大开杀戒一点都不手软，直到罗马人尸横遍野。那些逃到河边的人员当中，最勇敢的家伙打算全副武装游到对岸，他们珍视自己的铠甲胜过性命。由于水流非常的湍急，有些人因为全身披挂的重量淹死在河中，也有人穿着走很长的距离，最后还是靠着护身的装备保住性命。敌军一直紧跟着他们穷追猛打，沿着河流大肆屠杀，大部分的幸存者靠着抛弃他们的武器和装备，才能徒手游过台伯河。

115 凯尔特人虽然在河流的岸边杀死很多敌人，由于投掷无数的标枪和发射阵阵箭雨，河里到处都是逃命的士兵正在泅渡，

---

① 在所有的古代作者当中，只有狄奥多罗斯认为阿利亚（Allia）会战，发生在台伯河的右岸而非左岸。

所以不会失手以至于没有命中目标,这种方式即使谈不上光荣,倒是发挥很大的功效。有的人受到致命一击立即死亡,还有一些人仅仅受伤,由于失血过多加上湍急的激流,在神志昏迷情况下被河水冲走。等到灾难临头,很大一部分罗马人逃往新近占领的城市维爱,虽然已经夷为平地,现在他们又尽可能加强防务,收容溃败以后的幸存者。只有少数人游过河流,赤手空拳来到罗马,报告当局全军已经覆灭。

如同我们所述不幸的消息让留在城市的人员得知,大家都陷入绝望的深渊。现在所有的年轻人都已战死,已经预见没有抵抗的可能,带着妻子儿女逃走在敌人即将接近的情况下,迫得要冒着巨大危险。还是有很多平民带着家人逃到邻近的城市,但是罗马的官员为了鼓舞民众的士气,发布命令要他们尽快将谷物和各种必需品搬到卡庇多林(Capitoline)①。这样一来卫城和卡庇多林不仅储存食物还有金银和昂贵的衣服,要将全城所有值钱的东西集中在一个地方。

他们所以完成这些工作还能加强守备的设施和能力,在于敌人有三天的时间对他们置之不理。因为凯尔特人按照他们的习俗,第一天的时间要花在砍下死者的头颅②上面,接着的两天用来在城市的前面开设营地,因为他们看到罗马的市民弃守城墙,同时听到传来的嘈杂声音,其实是把最有用的物品运进卫城,他们却怀疑罗马人设置陷阱好让他们上当。到了第四天他们总算弄清楚当前真实的情况,打开城门开始洗劫全城,只放过帕拉廷(Palatine)少数几座建筑物。过后他们对坚固的据点发起每日的攻击,对于敌手没有带来多大的伤害,自己却损失不少的部队。虽然如此,他

---

① 卡庇多林山位于台伯河的东岸,向西一面全部是悬崖绝壁,成为形势最为险要的山丘。山顶建有朱庇特神殿,罗马最神圣和最伟大的庙宇,一共有8组建筑物,中央位置的两侧是三层的科林多式柱廊,大殿有巨大的朱庇特神像。到了共和国时期,此地不仅是宗教的圣地更是坚强的城堡,从高卢人入侵开始,曾经多次焚毁重建。

② 参阅本书第五章第29节。

们还是一点都不松弛，即使不能用武力加以征服，期望拿时间来消耗敌人的资源，等到生存的必需品全部告罄，防守的士兵就会放弃顽抗的意愿。

116 罗马的市民正在挣扎求生的时候，邻近的第勒尼亚人派出一支军队，进入罗马人的区域趁火打劫，捕获很多俘虏以及不少的战利品。那些逃往维爱的罗马人，出其不意攻击第勒尼亚人，打得他们大败而逃，夺回所有的战利品还占领他们的营地。获得大量兵器和铠甲分发给没有武装的人员，同时从四乡征集及龄的壮丁施加军事训练，他们的打算是派出援军去解卡庇多林之围，因为有很多士兵留在那个坚固的据点里面避难。这时凯尔特人用强大的兵力将宙斯神庙的所在地围得水泄不通，他们不知道怎样才能将计划透露给里面的人员，有一个人名叫科米纽斯·潘久斯(Cominius Pontius)，愿意将这个令人振奋的信息带到神圣的地方。他独自出发趁着黑夜游过河流，在伸手不见五指的情况下来到卡庇多林的悬崖下面，克服困难终于爬上山顶，告诉负责的官员说是集结在维爱的部队，正要寻找机会去攻击凯尔特人。然后他沿着原路下山，游过台伯河回到维爱。

次日凯尔特人看到一个地方留下新近攀登的痕迹，计划在夜间爬上同一处悬崖。因此，午夜时候的哨兵忽略他们的警戒，特别是这个地方极其险要，一些凯尔特人开始通过难以立足的绝壁。他们虽然躲过哨兵的察看，但是有一群奉献给赫拉(Hera)的圣鹅留在那里，它们注意到来袭的敌人立刻发出嘎嘎的叫声。哨兵冲了过去受到凯尔特人的拦阻不敢向前攻击。马可斯·马留斯(Marcus Mallius)是一位名声很响亮的勇士，飞奔过去防守这个险要的位置，挥剑砍断攀登者的手，拿起盾牌猛击对手的胸膛，凯尔特人从悬崖上面滚了下去。他用同样的手法杀死接着爬上来的敌人，使得其余的蛮族停止行动赶快逃走。由于这里的悬崖非常陡峭，相互碰撞从高处落下摔死在当地。这件事发生以后，罗马当局派出使者前去议和，经过说服愿意接受一千磅黄金，退出城市离开罗马的疆域。

这时的罗马由于居住的区域被夷为平地，大量市民遭到杀害，同意任何人都可以在他选定的地方兴建房屋，用公定价格供应砖瓦，直到今天这些房舍都称"瓦屋"。每个人都可以随心所欲盖自己的住宅，造成的结果是市内的街道不仅狭窄而且曲折；因此，等到人口增加到目前的情况，已经不可能将街道变得宽敞和平直。有人提到罗马的贵夫人为了城邦的安全捐出金饰，人民给予的回报是拥有在市内乘坐马车的权利。

117 我们在前面提到罗马由于时运不济，现在处于国势衰弱的情况，弗尔西人出兵要去攻打他们。罗马的军事护民官征召士兵，编组军队进入战场，就在离开罗马两百斯塔德的战神原野（Campus Martius）设置营地。弗尔西人派出的部队实力强大要对营地发起攻击，罗马的市民害怕处于不利情况之下安全堪虞，指派马可斯·弗流斯（Marcus Furius）出任大权独揽的狄克推多①。所有兵役及龄的男子全都武装起来，连夜出发前去救援，黎明之际弗尔西人正在攻击营地，他们突然出现在敌人的后方，很容易就将弗尔西人打得大败。这时营地的部队趁势出击，将敌人夹在中间让他们无路可逃，最后被杀得几乎不留一兵一卒。强大的民族遭遇带来毁灭的灾难以后，在邻近的部落当中变得最为弱小，只能将光荣的战绩留在遗忘的昔日。

---

① 罗马共和政体的狄克推多制度，是一个负责处理危机的职位，其于紧急情况或特定需要，由元老院指派，有权召集"百人团"大会，选举下任执政官，即使平民护民官也不能对狄克推多行使否决权，任期通常为 6 个月。这次出任狄克推多的知名之士是马可斯·弗流斯·卡米拉斯（Marcus Furius Camillus），由于本文的脱漏，从李淮《罗马史》第 6 卷第 2 节，得知盖尤斯·塞维留斯·阿哈拉（Gaius Servilius Ahala）出任骑士团团长。

这场会战结束以后,狄克推多听到波拉(Bola)被伊库拉尼人(Aecula-ni)①围攻,这个部族现在的称呼是伊奎柯利人(Aequicoli),率领部队前去救援,有很多围攻的士兵被他们杀死。他接着向苏特里姆的辖区进军,这座城市原来是罗马的殖民地,现在第勒尼亚人要用武力夺取。他对第勒尼亚人发起出其不意的攻击,杀死很多入侵的敌人,将城市的主权还给苏特里姆的人民。

高卢人离开罗马前去围攻罗马的盟邦魏昔姆(Veascium)。狄克推多向他们发起攻击,很多高卢人遭到杀害,将他们的辎重和行李全部据为己有,包括他们从罗马退兵所得到的黄金,以及他们洗劫城市掠夺的战利品。虽然马可斯·弗流斯为城邦建立莫大的功勋,有些军事护民官出于嫉妒的心理,始终不让他举行凯旋式。不过,有人提到他为了战胜突斯康人(Tus-cans)举行第一次凯旋式②,乘坐一辆由四匹白马拖曳的战车,两年以后市民大会出于这个原因,对他处以大笔的罚锾。我们会在适当的时期再谈一谈这件事③。这些进入伊阿披基亚(Iapygia)的凯尔特人,回转过来经由罗马的疆域,西里伊人在黑夜的掩护之下,对他们发起极富战斗技巧的攻击,只有残缺不全的尸体留在特劳西亚(Trausian)平原上面。

史家凯利昔尼斯(Callisthenes)④的著作开始于希腊和波斯国王阿塔泽

---

① 还有人认为这是伊奎人(Aequi)。

② 根据罗马共和时期的惯例,军队出征获得重大胜利以后,元老院按照所立战功,授予将领和部队凯旋式的荣誉。分为大凯旋式(triumph)和小凯旋式(ovatia)两种:前者是将领乘四匹白马拖曳的战车,身穿紫袍头戴金质桂冠;后者是将领步行,穿镶紫边的白袍,戴普通桂冠;凯旋式举行时,以战利品和战俘前导,接着是部队和祭品的行列,最后是胜利的将领,进入罗马城游行,前往朱庇特神庙献俘和祭祀。

③ 后面的章节没有提到这件事。

④ 凯利昔尼斯(前370—前327年)出生于奥林苏斯,亚里士多德的外甥,是当代的历史学家和哲学家,陪同亚历山大大帝东征,因为涉及"侍卫叛案"在前327年遭到处死,他除了记录亚历山大的功勋,还写出一部希腊的编年史,涵盖的时期是前387—前357年。

尔西兹谈和的一年,这本书共有十卷涵盖的时间是三十年,最后一卷结束于福西斯的斐洛米卢斯(Philomelus)洗劫德尔斐的阿波罗神庙。然而就我们这部书而言,叙述的内容到达阿塔泽尔西兹与希腊人的和平相处,以及高卢人对罗马带来的威胁,所以我们要在此告一个段落,早在本卷开始的时候就有这样的考虑。

第十五章
底比斯的崛起

1 我们立定志向从事历史这一类书籍的写作，始终保持不偏不倚的立场，强调言论的自由，举凡正人君子的善行会受到表扬和赞誉，邪恶小人的过失当然要给予批判和谴责。我们相信这种方式可以鼓励世人要能从善如流，对于那些即将失足的人士可以产生悬崖勒马的作用。现在着手撰写这段时期的历史，拉斯地蒙的大军在琉克特拉出乎意料地败北，整个城邦陷入深刻的苦恼之中，还有就是他们在曼蒂尼突如其来遭到击退，因而失去在希腊拥有已久的霸权，我们必须坚持原则使得撰写务求客观公正，就事论事对拉斯地蒙当局做出适度的指责。

拉斯地蒙的市民从祖先的手里接受基础稳固的

霸权,保持祖先遗留大无畏的精神超过五百年,现在因为自己的好大喜功以致丧师辱国,他们受到的指控难道不是咎由自取?有关这方面的问题很容易理解。那些生活在过去世代的人靠着辛劳的工作和不断的奋斗,才能赢得应有的光荣,他们对待属下的臣民不仅公正无私而且合乎人道;然而他们的继承人拿出粗鲁的言辞和苛刻的手段利用盟邦,对于同文同种的希腊人激起不义和傲慢的战争,从而得知完全是愚蠢的行为使得他们丧失统治的地位。

希腊的城邦产生恨意在于他们所受的委屈和压迫,现在拉斯地蒙大难临头使得他们有机会可以报复侵略者,须知这座伟大的城市从古代开始从未被人征服,他们的祖先靠着武德塑造的民族特性已经抹除殆尽,当然就会受到其他城邦的藐视和羞辱。这可以解释下面的现象,多少世代以来的底比斯,一直屈从较他们更占优势的城邦,等到他们打败对方让众人感到无比的惊讶,就在希腊人当中崛起受到大家的景仰,然而拉斯地蒙一旦丧失霸权,从此再也未能恢复他们的祖先所能享有高高在上的地位。

我们对于拉斯地蒙已有够多的指责,现在的叙述要回归历史发展的主要路线,首先必须定出这个阶段的期限。前面的第十四章,终结于雷朱姆受到狄奥尼修斯的奴役和高卢的蛮族占领罗马等重大事件,接下来的一年就是波斯征讨塞浦路斯国王伊凡哥拉斯。所以我们在本章以这次战争作为开始,结束于阿明塔斯之子菲利浦接位的前一年①。

2 雅典的执政是迈斯蒂奇德(Mystichides),罗马选出三名军事护民官马可斯·弗流斯(Marcus Furius)、盖尤斯(Gaius)和伊米留斯(Aemilius)取代执政官的职位。这一年(前386年)波斯国王阿塔泽尔西

---

① 本章涵盖的时期是前386—前361年共16年。

兹和塞浦路斯国王伊凡哥拉斯之间发生战争。阿塔泽尔西兹忙了很长一段时间从事战争的准备工作，无论是海上或陆地都已征召强大的兵力，地面部队包括骑兵有三十万人马，还有三百艘三层桨座战船完成整备。他选择妹婿奥龙特斯(Orontes)出任地面部队指挥官，水师提督则是波斯人当中名望很高的泰瑞巴苏斯(Tiribazus)。他们将福西亚(Phocaea)和赛麦(Cyme)的驻防军纳入指挥体制，接着赶赴西里西亚，渡海前往塞浦路斯，用无比的英勇进行战争。

埃及国王阿科瑞斯(Acoris)①与波斯人有深仇大恨，伊凡哥拉斯与他建立联盟关系，从他那里接受一支实力强大的军队。卡里亚的领主赫卡托姆努斯(Hecatomnus)暗中与伊凡哥拉斯合作，愿意支付大笔金钱让塞浦路斯国王用来维持佣兵部队。伊凡哥拉斯唆使其他的城邦参加对抗波斯的战争，这些城邦无论是公开或私下，都与波斯发生争执而且怀恨在心。实际上伊凡哥拉斯已经成为塞浦路斯所有城市的主人，还拥有泰尔和腓尼基其他的城市。他还有九十艘三层桨座战船，其中二十艘来自泰尔，七十艘是塞浦路斯自行建造，六千名士兵都是他的臣民，盟邦派来的部队数量要更多一些。他的经费非常充足可以额外招募很多佣兵。阿拉伯国王派来不少的士兵，还有其他一些地方让波斯国王感到疑惑不已。

3 伊凡哥拉斯很多地方占有优势，所以他充满信心进入战场。他可以像海盗一样使用的船只不在少数，等待敌人运送补给品的船队，不是被他们击沉就是被他们赶走，还有一些遭到捕获。因此运输船不敢载运粮食来到塞浦路斯，目前大量兵力集中在这个岛屿，波斯的军队饱受缺粮的痛苦，情况严重到引起叛乱的程度，波斯的佣兵攻击他们的长官，

---

① 国王的名字应该是哈科瑞(Hacori)。

很多人被他们杀死,整个营地陷入混乱和抢夺之中。波斯的将领和水师的提督像是格洛斯(Glos),克服很大的困难才能镇压叛变的队伍。

整个舰队开了出来,他们从西里西亚运来大批谷物,食物的供应变得非常充足。至于伊凡哥拉斯有阿科瑞斯王从埃及给予的支持,无论是粮食、金钱和所有补给品从无匮乏的顾虑。伊凡哥拉斯有鉴于水师的实力居于劣势,除了自己再多建造六十艘,还从埃及的阿科瑞斯获得五十艘船只的增援,使得他的舰队拥有两百艘三层桨座战船。他始终抱着审慎恐惧的心理,要将所有的船只配备齐全才发起会战,用继续不断的测试和演练做好海上接战的准备工作。

因此,等到国王的舰队朝着西蒂姆(Citium)航行,就对他们发起未曾预料的攻击,在很多方面都比波斯更占优势。伊凡哥拉斯的舰队排成整齐的队形攻击对方零乱不堪的船只,搭载的士兵按照计划对抗毫无防备的敌人。他在第一次遭遇就能赢得胜券在握的大捷。他麾下的三层桨座战船排成密集队形,攻击敌人分散而且混乱的三层桨座战船,有些被他撞沉,有些被他俘虏。波斯的水师提督和各级指挥官奋勇抵抗,展开一场激战,开始时伊凡哥拉斯稳占上风。不过,格洛斯用强大的战力发起攻击加上英勇的战斗,结果是伊凡哥拉斯转身逃走,损失很多艘三层桨座战船。

4 波斯就在海战获得胜利以后,抵达西蒂姆集结海上和地面部队。利用当地的海港当成基地着手萨拉密斯(Salamis)的围攻作战,要从海上和陆地将整座城市围得水泄不通。泰瑞巴苏斯会战之后渡海来到西里西亚,继续行程前去觐见国王,报告获得大捷的信息,带回两千泰伦用于后续的战事。海战之前的伊凡哥拉斯,偶然在沿海一带遇到对方的陆上部队,将他们打败以后就对赢得胜利满怀信心,等到在海战吃了败仗又被敌人围攻,他感到万念俱灰。

虽然如此,还是决心继续战争,让他的儿子普尼塔哥拉斯(Pnytagoras)留在塞浦路斯担任最高指挥官,他自己率领十艘三层桨座战船逃过敌人的监视,离开萨拉密斯。抵达埃及与国王会面,表现出活力充沛的姿态力劝他不能半途而废,要把征讨波斯的战争当成共同的事业和责任。

5　就在发生这些事件的时候,拉斯地蒙当局决定出兵攻打曼蒂尼,他们所以毫不考虑应该遵守条约的规定①,完全基于下面的理由。希腊的人民所以乐于接受安塔赛达斯(Antalcidas)的和平,在于所有的城市可以免除外来的驻防军,经过彼此的协议恢复他们的自治权。不过,拉斯地蒙的市民天性爱好发号施令,从事战争是既定的政策,无法容忍和平并且将它视为沉重的负担,对于过去能够支配希腊的权势始终渴望不已,所以他们保持警觉待命发起新的行动。拉斯地蒙当局很快要煽动那些不满的市民,以他们为中心成立党派团体,用来帮助他们的朋友,对于一些城市供给说得通的理由加以干涉。

那些城市在恢复自治权以后,要求在拉斯地蒙最高权力控制之下的人士提交一分账目清册。这种程序过于粗暴而严厉,对于受过伤害或遭到放逐的人士,一般大众难免要忍受他们的敌意,拉斯地蒙的权贵把这些事都揽在自己身上,支持在政坛已经挫败的派系。他们接受投奔而来的人士,派出一支武力共同为他们收复失去的家园,开始只会奴役那些实力弱小的城市,后来用战争的手段迫使更为重要的城市归顺,能够保持和平的局面不到两年的时间。

拉斯地蒙当局看到边界相邻的曼蒂尼拥有英勇的人民,对于他们靠着和平获得的成长产生猜忌之心,就要抑制该城的市民表现在外的傲慢言

---

① 参阅本书第十四章第110节安塔赛达斯的和平协议。

行。因此,首先他们派遣使者前往曼蒂尼,命令他们拆除城墙,要求所有居民要迁回原来的五个村庄,古老的时代就是这些村民的结合才组成曼蒂尼这座城市。当时的曼蒂尼没有人理会他们的威胁,于是他们派出一支军队着手围攻城市。曼蒂尼当局派出使者到雅典请求出兵援助。雅典的选择是不愿破坏整个希腊世界的和平,尽管如此,曼蒂尼人还是不屈不挠忍受围城带来的痛苦,负隅顽抗敌人持续不断的攻击。这样使得希腊又产生一波新的战争。

6 西西里的局势是叙拉古的僭主狄奥尼修斯,已经与迦太基解除战争的状态,可以享受和平与闲暇的时光。他让自己从事一本正经的工作就是写诗,从各地召来出名的文人雅士,受到特别的礼遇和最佳的款待,让他们对他的诗加以考证和校对。这些人为了回报他的知遇之恩,奉承和恭维的文字使得他心花怒放,狄奥尼修斯经常吹嘘他写的诗篇较之从事战争有更大的成就。他的同伴有很多诗人,其中有一位是神剧作者名叫斐洛克森努斯(Philoxenus)①,在文艺界享有很高的名声。有次在宴会结束以后,僭主的作品拿来朗诵,听起来真是不堪入耳,狄奥尼修斯要他对这首诗提出评论。由于他的回答过于坦诚,僭主感到深受冒犯,拿出抹黑的手法说他心生嫉妒,运用毒恶的言辞妄加批评,指使他的奴仆将他拖到采石场去做苦工。

次日斐洛克森努斯的朋友提出陈情请求原谅他的过失,狄奥尼修斯将他放了出来,要他再与同一批人参加午餐以后的聚会。狄奥尼修斯可能是饮酒过量,又对自己的诗篇大加赞誉,引用几段大家公认的佳作,然后问道:"你认为我这首诗如何?"斐洛克森努斯对此没有说一句话,只是把狄

① 斐洛森努斯(前435—前380年)生于赛舍拉(Cythera),是一位擅长神剧和合唱的诗人,在叙拉古为狄奥尼修斯的宫廷服务。

奥尼修斯的奴仆叫过来,要求现在就将他押回采石场。狄奥尼修斯当场为这句话所表现的机智笑了起来,诙谐可以除去谴责伤人的刃锋,从而能够容忍自由的言论。

过了一些时候他的好友和狄奥尼修斯,都劝他说话不要太过耿直,斐洛克森努斯提出充满诡辩和自圆其说的论点。他说他的回答一贯保持真诚而且会让狄奥尼修斯感到高兴。他不会犯下只说好听的话这种错误。有次僭主写一首诗用来描述悲惨的事件,同时问道:"表达的方式是否会让你深受感动?"他的回答:"可怜!"就是用模棱两可的词句保持两种不同的含义。因为狄奥尼修斯认为"可怜"是指这件事和他的感受,一首佳作所能达成的效果,可以视为对他表示钦佩,其他人也能掌握它的原意,知道"可怜"这个字是针对僭主不入流的作品。

7 发生很多类似的事件与哲学家柏拉图有很深的关系。狄奥尼修斯敦请这位学者来到他的宫廷,开始他对来客表示极高的礼遇,特别是看到哲学使得僭主有资格获得言论的自由,后来僭主为柏拉图某些声明感觉受到冒犯,就将他押到市场当成奴隶出卖价格是十迈纳。不过,当时一些哲学家聚在一起花钱将柏拉图买下来,然后送他返回希腊,给予友善的规劝就是一位智者尽可能少与暴君做伴,否则一旦惹祸上身就要自求多福①。

狄奥尼修斯从未放弃他对诗的热情,为了参加奥林匹亚赛会的诗艺竞赛②,派出数字道白最佳的演员,在众人面前像音乐演奏一样朗诵他的作品,开始的时候悦耳的声音让听者为之赞誉不已,后来仔细回味诗篇的内涵,朗诵者当场受到大家的藐视,他们获得的响应是嘲笑和戏弄。狄奥尼

---

① 有人认为这番话是伊索所说,参阅本书第 9 章第 28 节。
② 参阅本书第十四章第 109 节。

修斯得知他的诗受到羞辱,像是坠入忧郁的深渊之中①,情况变得更加恶劣像是整个人要发狂一样,不断诉说他是遭人嫉妒的受害者,怀疑这一切都是身边人为了反对他而安排的阴谋诡计。

他的执迷不悟变本加厉到疯狂的程度,运用不实的指控使得很多朋友遭到杀害,不少人面临放逐的处分,其中包括菲利斯都斯(Philistus)和他的兄弟列普蒂尼斯(Leptines),这两位都具备大无畏的勇气,何况他们在他引起的战争当中,对他有卓越的服务和重大的贡献。这些人都在意大利的休里埃过着流放的岁月,他们受到希裔意大利人热烈的欢迎。后来在狄奥尼修斯的恳求之下,抛弃前嫌让他们返回叙拉古,为了表示善意他把女儿嫁给列普蒂尼斯为妻。

这些都是当年发生的事件。

8 笛克西修斯(Dexitheus)成为雅典的执政,卢契乌斯·卢克里久斯(Lucius Lucretius)和塞尔维斯·苏尔庇修斯(Servius Sulpicius)当选罗马的执政官。这一年(前385年)萨拉密斯国王伊凡哥拉斯从埃及回到塞浦路斯,带着埃及国王阿科瑞斯支助的钱财,只是金额没有预料那样多。等到他发现萨拉密斯受到层层包围,所有的盟友全都弃他而去,逼得要与对方商讨定居的有关事项。泰瑞巴苏斯拥有最高指挥权,同意他留在塞浦路斯,条件是他从这个岛上所有的城市撤离,只能用萨拉密斯国王的名义向波斯国王每年支付定额的贡金,同时伊凡哥拉斯要像奴隶一样听从主子的命令。虽然提出的条件非常严苛,伊凡哥拉斯除了拒绝成为奴隶,认为自己可以像国王一样,服从另一位权势更高的国王,其余的要求他全

---

① 事实上狄奥尼修斯参加勒尼亚祭典的戏剧竞赛,他的作品《赫克托的赎金》(*Ramson of Hector*)赢得优胜。

部接受。

泰瑞巴苏斯对他的答复不很同意，另外一位将领奥龙特斯对泰瑞巴苏斯的高位有取而代之的野心，暗中写信给国王对于最高指挥官的处理不当表示反对，首先提出的指控是他有能力夺取萨拉密斯却加以放弃，接见伊凡哥拉斯派来的使者，就给予支持相关的问题进行商议与他商谈；他把拉斯地蒙当成朋友缔结私下的同盟；他派人去见阿波罗女祭司①为他的叛变计划求得神明的认可；其中最关紧要的是他用仁慈的态度，以及职位、礼物和承诺赢得部队指挥官的效忠。国王读过书信以后相信控诉正确无误，发文给奥龙特斯逮捕泰瑞巴苏斯押解到都城。命令迅速执行，泰瑞巴苏斯带到国王面前，提出交由法院审判的要求，准备期间先关在监狱里面。国王正在指挥与卡杜西人（Cadusians）之间的战争，审判的过程延后举行，法律的行动暂时搁置下去。

9 奥龙特斯接替统领在塞浦路斯的兵力，看到伊凡哥拉斯勇敢抵抗围攻作战，再则士兵对他逮捕泰瑞巴苏斯极其恼怒，不愿听从他的指挥更不会为他卖命，奥龙特斯对于情势的突然产生变化已经提高警觉。他派人去见伊凡哥拉斯讨论留下定居的问题，要求他接受泰瑞巴苏斯同样的条件签订和平协议。伊凡哥拉斯对于解除被俘的威胁感到不可思议，同意和平的条件是承认他是塞浦路斯的国王，每年支付固定额度的贡金，拥有国王的身份听命于波斯国王。塞浦路斯战争延续已有十年之久，虽然大部分时间都用在准备工作上面，真正的征战交锋只有两年，现在如同我们叙述的那样宣告结束②。

格洛斯是指挥舰队的水师提督，由于他娶了泰瑞巴苏斯的女儿，害怕

---

① 在德尔斐求取神谶。
② 这场战争是在前380年结束。

被人认为他与泰瑞巴苏斯合作有所图谋,受到株连难逃国王的惩处,决定采取新的行动计划用来保障自己的地位。他立即派遣使者去见埃及国王阿科瑞斯,建立联盟关系共同对付波斯国王。他写信给拉斯地蒙当局劝他参与对波斯国王的战争,承诺送给他们大笔金钱以及提出更诱人的条件。他立下誓言要与拉斯地蒙全力合作,帮助他们恢复祖先在希腊建立的霸权。

甚至就在出现这种情况之前,斯巴达已经怀有野心勃勃的念头,这个时候他已经准备就绪,要让敌对的城市陷入混乱之中,便于他的奴役和利用,须知所有的城邦对他们的图谋早已昭然若揭。再者,他们与波斯国王签署的协议①,等于出卖亚细亚的希腊人民,落得的结果是城市的声名狼藉,懊恼之余想要找出能够自圆其说的理由,发起战争对付阿塔泽尔西兹。因此他们乐于加入格洛斯的联盟。

10 阿塔泽尔西兹结束与卡杜西亚人的战争以后,他将泰瑞巴苏斯交付审判,指派三名德高望重的波斯贵族担任法官。当时的波斯有这样的规定,任何法官只要收受贿赂造成风气的败坏,就会活活将犯者的皮剥下来紧紧蒙在法庭的座椅上面。法官要坐在这个位置宣读拟定的判决,在他们的眼前出现让他们警惕的实例,做出受贿的判决得到令人发指的惩罚。现在起诉者宣读奥龙特斯送来的信件,接着陈述仅仅靠着这个证据,就能为起诉构成足够的成因。由于指控的项目与伊凡哥拉斯的态度有很大的关系,泰瑞巴苏斯提到这份协议已经由奥龙特斯拟定,伊凡哥拉斯会以一个国王的身份服从波斯国王,鉴于他让自己基于某些特定条件所同意的协议,伊凡哥拉斯就会服从波斯国王如同奴隶服从他的

---

① 参阅本书第十四章第110节安塔赛达斯的和平协议。

主人。

有关神谶他的说法是神明只对一般事务指点迷津,对于死亡①的问题不会回答,要是论及这方面的正确与否,他认为所有的希腊人都可以出面为他做证。至于问到他与拉斯地蒙的友谊关系,答辩之词是这样做不是为要谋求个人的好处,而是在于维护国王的利益。他特别指出亚细亚的希腊人民因而会与拉斯地蒙离心离德,就把捕获的俘虏解送给国王。他在答辩结束的时候,提醒法官他对国王的服务一直有卓越的绩效。

提及泰瑞巴苏斯指出他对国王的效命,一件比一件更为重要,最后他受到肯定成为非常得力的朋友②。有一次在出猎的时候,国王乘坐一辆战车,来了两只狮子,拖车的四匹马其中有两匹被它们咬死,接着冲向国王,泰瑞巴苏斯在紧要的关头现身,杀死两只猛兽,拯救国王脱离危险。人们都说他在战时骁勇无比,会议当中表现卓越的判断能力,国王只要听从他的劝告就不会发生错误。泰瑞巴苏斯运用这样的辩护方式,经过法官投票一致通过,可以洗清受控的罪名。

11 国王召唤法官一个一个前来询问,他们根据那些司法的原则,可以洗刷被告受到控诉的罪名。第一位的陈述是他认为指控可疑,同时被告的善行无可争辩。第二位说他即使同意指控真实无虚,然而泰瑞巴苏斯的义举超越所犯的罪孽。第三位表示他不考虑被告有卓越的绩效和贡献,泰瑞巴苏斯已经很多次从国王手中接受高官厚禄,仅就指控的项目经过他们分别审查,被告不像是犯下原告列举的罪行。国王赞许

① 他不可能为了叛变之事去求取神谶,如果起义获得成功,就会让波斯国王难逃被杀的命运。

② 希罗多德《历史》第 8 卷第 85 节,提到有两个萨摩斯人立下很大的功勋,称为"国王的恩人",就是波斯语的欧洛桑迦(orasangae)。

三位法官做出公正的判决,将最高的官位授予泰瑞巴苏斯,这些都是当时的惯例。不过,他谴责奥龙特斯犯下诬告之罪,友人名册上面将他的名字画去,受到免职降至最低等的位阶。

上面是亚细亚发生的情况。

12 这时希腊面临的局势,拉斯地蒙的军队继续围攻曼蒂尼,整个夏季曼蒂尼的市民维持英勇的抵抗,用来阻挡敌人的攻击。他们认为就作战的骁勇而言,除了阿卡狄亚以外要较其他城邦的人士为优,基于这个缘故拉斯地蒙将他们视为最有价值的盟邦,会战的时候将他们部署在自己的侧翼。冬天来到,从曼蒂尼附近流过的河川,因为下雨使得水位高涨,拉斯地蒙的将领下令构筑巨大的堤坝,使得洪流冲向城市,附近地区成为一片泽国。因此,等到房屋开始倒塌,曼蒂尼的市民在绝望之余,被迫开城向拉斯地蒙当局投降。战胜者在接受曼蒂尼人的归顺以后,比起指挥他们回到原来的村庄,其他方面的处理没有多大困难。因此他们被迫将自己的城市夷为平地,然后搬回以往居住的乡村。

13 就在发生这些事件的时候,西西里的情况是叙拉古的僭主狄奥尼修斯,决定在亚得里亚海的海滨建立殖民的城市。他的着眼是要将爱奥尼亚海①置于控制之下,为使到达伊庇鲁斯的通路获得安全,有了自己的城市让船只有港口可以停泊,他的打算是用大量部队出乎对方意料,袭击伊庇鲁斯周边的地区,还要在德尔斐洗劫存放大量财富的神庙。同时他与伊利里亚缔结联盟,摩洛西亚的阿尔西塔斯(Alcetas)遭到放逐,留在叙拉古整日无所事事,狄奥尼修斯获得他的大力相助。

---

① 希腊人将这个海域称为"爱奥尼亚的通衢大道",因为这里位于亚得里亚海的南部,成为希腊和意大利之间最近的海上路线。

等到伊利里亚与邻国发生战事，狄奥尼修斯以身为盟邦的成员，派出一支拥有两千士兵的部队，还送给盟友五百副希腊制造的铠甲。伊利里亚的将领将披挂分配给经过挑选的战士，让自己的部队与派来的士兵合作无间。他们集结成为一支大军，入侵伊庇鲁斯并且帮助阿尔西塔斯，使他重新登上摩洛西亚国王的宝座。当地没有人认为真会出现这种情况，于是入侵的军队开始蹂躏整个国度，摩洛西亚的市民列队出来抵抗。接着发生一场激烈的会战，伊利里亚获得胜利，杀死摩洛西亚的市民多达一万五千人。像这样一场重大的灾难落在伊庇鲁斯居民的头上之后，拉斯地蒙明了事实的真相，立即派出一支部队援助摩洛西亚，这样一来他们对于蛮族的胆大妄为，可以有效产生抑制作用。

就在发生这些事件的时候，帕罗斯的人民遵照神谶的指示，要在亚得里亚海域设置殖民区，据称在与僭主狄奥尼修斯合作之后，将它建立在法罗斯(Pharos)这个岛屿上面。他们在没有多少年之前早已经派遣移民来到亚得里亚海地区，成立一座名叫黎苏斯(Lissus)的城市，狄奥尼修斯用这里作为基地①，他趁着国内没有事故，设立一个建造能力为两百艘三层桨座战船的造船厂，同时绕着城市修筑一道城墙，它的长度和高度都是其他希腊城市无法相比拟的。他沿着安纳帕斯(Anapus)河②兴建一座巨大的体育馆，此外还有祭祀神明的庙宇，对于促进城市的成长和提升响亮的名声都有很大的贡献。

14 年度即将结束，戴奥特里菲斯(Diotrephes)成为雅典的执政，卢契乌斯·华勒流斯(Lucius Valerius)和奥卢斯·马留斯

---

① 这里有很长一段文字的脱落，因为后面的叙述与黎苏斯无关，都是叙拉古当时的情况。

② 这条河流注入叙拉古的大港。

(Aulus Manllius)当选罗马的执政官;伊利斯举行第九十九届奥林匹亚运动会,叙拉古的狄康(Dicon)赢得赛跑的优胜。这一年(前384年)定居在法罗斯的帕罗斯人,允许原来的蛮族居民不受伤害留在此地,并且将他们安置在一个防卫极其森严的地方,他们自己在海边兴建一座城市,用一道城墙将其围绕起来。后来,岛上古老的蛮族居民对于希腊人的来临感到深受冒犯,邀请居住在对岸大陆的伊利里亚人给予援助。有一万多人乘坐小船渡海来到法罗斯,进行各种破坏活动,杀死很多希腊的移民。狄奥尼修斯任命的黎苏斯总督,率领很多艘三层桨座战船前去讨伐乘坐轻型小艇的伊利里亚入侵者,有些被他们撞沉还有更多被他们掳获,大约有五千名蛮族被杀,此外两千名成为俘虏。

狄奥尼修斯需要金钱作为战争的经费,率领六十艘三层桨座战船入侵第勒尼亚(Tyrrhenia),借口是要镇压海盗的活动,事实上他要抢劫奉献物极其丰盛的神圣庙宇,坐落在第勒尼亚的城市阿捷拉(Agylle),位置在名为派吉(Pyrgi)的港口①附近。他们按照计划在夜间到达,立即下船拂晓发起攻击,制服少数当地的警卫以后开始洗劫整个神庙,得到的财物价值不下于一千泰伦。等到阿捷拉的民众前来救援,被他击溃捕获很多俘虏,在整个地区大肆烧杀掠夺然后回到叙拉古。他出售战利品得到的金额超过五百泰伦。狄奥尼修斯现在手头非常宽裕,可以从各地招募大量佣兵,组成一支战斗力很强的部队,准备对迦太基发起战争。

这些都是本年度的主要事件。

15 费诺斯特拉都斯(Phanostratus)成为雅典的执政,罗马选出四名军事护民官卢契乌斯·卢克里久斯(Lucius Lucretius)、森久

---

① 派吉位于奥斯夏上方的海岸,距离大约有15英里,提到的庙宇供奉生育女神艾利昔娅(Eileithyia);参阅斯特拉波《地理学》第5卷第2节。

斯·苏尔庇修斯(Sentius Sulpicius)、卢契乌斯·伊米留斯(Lucius Aemilius)和卢契乌斯·弗流斯(Lucius Furius)取代执政官的职责。这一年(前383年)叙拉古的僭主狄奥尼修斯准备对迦太基用兵,为了动武要找出一个合理的借口。看到隶属于迦太基的城市经常发生叛变,他认为这种情况对他有利,就与这些城市建立联盟关系,对待他们基于平等互惠的立场。迦太基当局派遣使者来见统治者要求归还他们的城市,狄奥尼修斯根本置之不理,战争就会一触而发。

迦太基当局与希裔意大利人缔结盟约,共同对僭主发起战争。事先就获得承认一定是大规模的行动,他们从市民当中征召及龄的年轻人入营服役,此外还花了大笔钱财雇佣一支人数众多的佣兵部队。他们推选身为国王的玛果(Mago)①担任将领,出动数以万计的士兵渡海前往西西里和意大利,计划在两个战区采取攻势行动。狄奥尼修斯同样区分兵力,在一方面是与希裔意大利人作战,另一方面的对手则是腓尼基的水师。两个阵营的部队在海上和陆地发生很多次会战,还有规模较小而又不断出现的冲突,结果是双方都没有任何成就可言。

总算出现两场较为重要的决战:第一场据说是在卡巴拉(Cabala)②附近,狄奥尼修斯进行备受赞誉的战斗最后获得胜利,杀死一万多名蛮族士兵,俘虏的数目不会少于五千人。他迫使其余的军队在一座小山上面避难,虽然有坚固的工事却缺乏饮用的水源。他们的国王玛果经过激烈的战斗阵亡在沙场。腓尼基人面临严重的灾祸感到胆战心惊,立即派遣使者讨论议和的条件。狄奥尼修斯宣称他仅有的要求,迦太基的军队必须撤离西西里的城市,以及支付战争的费用。

---

① 玛果已经当选年度两位最高行政长官之一,这个职位相当罗马的执政官。狄奥多罗斯应该知道迦太基没有"国王";或许是将就读者使用他们熟悉的用语。

② 没有人知道卡巴拉位在何处。

16 迦太基的将领认为给予的答复过于粗鲁而且傲慢,奸诈的天性会在谋略方面胜过狄奥尼修斯。他们装出对提出的条件感到满意的模样,只是说明他们没有权力可以交出城市,为了使他们能与政府当局讨论这个问题,要求狄奥尼修斯同意一段期间的休战。获得君王的同意协议开始生效,狄奥尼修斯感到无比欢欣,认为整个西西里已是囊中之物。迦太基的军队这个时候为他们的国王玛果举行隆重的葬礼,让他的儿子出任将领接替他的职位,虽然他的年纪很轻却充满抱负,英勇的表现受到大家的钦佩。

他将整个休战期间用在增强部队的训练和演习,加上勤劳的工作,鼓励的演说和实兵的对抗,培养军队服从他的命令和善尽本身的职责。等到同意的期限终止,双方展开部署都以高昂的士气进入战场。据说克罗尼姆(Cronium)发生一场激烈的决战,神明的矫枉过正使得快要失败的迦太基赢得胜利。须知趾高气扬的胜利者吹嘘他们的军事成就,一时大意竟会失足,看起来垂头丧气的失败者赢得最为重要的大捷。

17 列普蒂尼斯(Leptines)素以冲锋陷阵著称于世,这次会战负责一翼的指挥,骁勇善战杀死很多迦太基的士兵,在耀眼生辉的光荣当中终结生命。他的阵亡使得腓尼基的士气大振,冲向敌人强攻猛打毫不松弛,对手力有不逮只有转身逃走。狄奥尼修斯指挥的部队都是精锐的选锋,进击之初与当面的敌军交战占了上风,等到列普蒂尼斯被杀和另外一翼溃败的信息传来,他的手下惊惶之余闻风而逃。一旦战线全部崩溃,迦太基发起势不可当的追击,他们相互叫喊不要留下活口,所有被捉住的人全都遭到杀害,附近整个地区堆满死者的尸体。腓尼基的士兵想起过去经历的痛苦,才会发生大规模的屠杀事件,据说受害的希裔西西里人多达一万四千余人。幸存者因为夜晚来临才保住性命,能够安全留在营地。

迦太基在一场决战获得重大胜利以后班师返回潘诺穆斯(Panormus)①。

迦太基的将领如同一般人那样,对于这场胜利有所启发,派遣使者去见狄奥尼修斯,让他有机会结束战争。僭主乐于接受对方的提议,同意的和平条件是彼此保有先前获得的疆域,唯一例外是将塞利努斯和阿克拉加斯交还迦太基,连带拥有的领地直到阿利库斯河为止。狄奥尼修斯支付迦太基一千泰伦作为战争的赔偿费用。

以上是西西里发生的情况和处理的过程。

18 亚细亚的局势,波斯水师提督格洛斯用兵塞浦路斯,背叛国王联系拉斯地蒙和埃及国王对波斯发起战争②,后来遭到暗杀使得此事胎死腹中。塔乔斯(Tachos)接替遗留的职位继续奋斗,在他的身边集结一支部队,选择靠海的悬崖上面建立一座名叫琉卡(Leuca)的城市,以及城内的阿波罗神庙。没过多久在他死后,克拉卓美尼(Clazomenae)和赛麦(Cymae)的居民为了拥有这座城市引起争执。最初两者打算用战争来解决这方面的问题,后来有人认为神明可以回答谁是琉卡的统治者。

阿波罗女祭司的决定是谁能先到琉卡向神庙奉献牺牲,双方选定一个日子在太阳升起之际从自己的城市出发。等到日期选好以后,赛麦认为自己的位置较近可以说是稳赢不输,克拉卓美尼的距离虽然要远一点,他们想出另外的办法获得胜利。他们从自己的城市选出一批移民,在靠近琉卡的地方建立一座城市,太阳升起从那里出发会更早奉上祭品。克拉卓美尼拥有琉卡以后,为了纪念这件事要举办一个年度的赛会取名为普罗弗萨西亚(Prophthaseia)。从此亚细亚的叛变事件宣告终止。

---

① 就是现在的西西里首府巴勒摩。
② 参阅本章第9节。

19 格洛斯和塔乔斯亡故以后,拉斯地蒙不再插手亚细亚的事务,为了自己的利益继续在希腊兴风作浪,凭借说服的能力赢得很多城市加入他们的阵营,还有一些城市会落到他们的手里,完全靠着逼使这些城市同意流亡人士返国。他们从这方面着手开始公开争夺希腊的霸权,这与安塔赛德斯时代经由波斯国王的仲裁,全面的和平协议为大家接受的情况完全背道而驰。马其顿国王阿明塔斯被伊利里亚打败以后,现在已经重新建立他的权势,由于他当初放弃政治的权力,就将位于边界的大片土地授予奥林苏斯的民众。开始的时候奥林苏斯乐于从给予的土地得到田赋,等到后来国王出乎意料恢复实力,亟待收回失地成为统一的王国,等到他提出要求而奥林苏斯当局没有归还的意愿。

阿明塔斯从自己的人民当中征召士兵组成一支军队,他与拉斯地蒙缔结同盟关系,说服他们派出将领和强大的兵力前去攻打奥林苏斯。拉斯地蒙决定要扩展他们的势力范围到色雷斯周边地区,从本国和盟邦集结的军队已经超过一万人马。他们指派斯巴达的菲比达斯(Phoebidas)出任将领,奉到的命令是与阿明塔斯的军队会合以后,共同对奥林苏斯发起战争。当局还派另外一支军队去讨伐弗留斯的人民,击败敌手迫使他们接受拉斯地蒙的统治。

这时拉斯地蒙两位国王对于国家的政策有不同的意见。亚杰西波里斯(Agesipolis)爱好和平与正义而且智慧过人,认为他们必须接受誓言的约束,不得违背共同的协议奴役希腊的城邦。他还指出斯巴达犯了很大的错误以致声名狼藉,竟然将亚细亚的希腊人民置于波斯的统治之下,为了本身的利益要去控制希腊的城市,既然斯巴达已经发誓要遵守共同的协议,就应该保留这些城市的自治权。亚杰西劳斯是一位积极进取的强人,喜爱战争而且渴望统治整个希腊。

20 伊凡德(Evander)成为雅典的执政,罗马选出六位军事护民
官①奎因都斯·苏尔庇修斯(Quintus Sulpicius)、盖尤斯·费
比乌斯(Gaius Fabius)、奎因都斯·塞维留斯(Quintus Servilius)、巴布留
斯·高乃留斯(Publius Cornelius)服行执政官的职责。就在这些官员在职
期间(前382年),拉斯地蒙出于下述理由,将底比斯的卡德密(Cadmeia)
据为己有。鉴于皮奥夏现在有很多重要的城市,居民都是骁勇善战的勇
士,底比斯②能够维持自古以来的名声,一般而言它是皮奥夏的金城汤池,
对于危险的局面始终谨慎恐惧,一旦等到适当的时运来临,底比斯就会当
众宣布自己是希腊的领导者。因此斯巴达当局在暗中叮嘱③他们的指挥
官,只要抓住机会就要占领卡德密。

斯巴达的菲比达斯为了执行指示,奉命率领一支远征军队前去讨伐奥
林苏斯,进军途中乘机夺取这个坚固的要塞④。底比斯市市民义愤填膺,
全副武装列队出战,吃了败仗以后三百名地位显赫的市民遭到放逐。菲比
达斯用威胁的手段对付其他的市民,把一支强有力的驻防军留置在卡德
密,然后离开前去执行原来的任务。这种不守信义的伎俩看在希腊民众的
眼里,说明拉斯地蒙已经完全丧失信用⑤,当局为了平息众怒对菲比达斯

---

① 这里只提到4个军事护民官的名字,狄奥多罗斯经常犯这样的错误。

② 斯巴达在与波斯国王签订和平协议以后,为了削弱底比斯在皮奥夏的实力,运用各
种手段解散皮奥夏同盟。斯巴达虽然用计谋占领卡德密,等到后来出兵攻打奥林苏斯,底比
斯在没有外力帮助之下,还能光复卡德密再度重建强大的军队,参阅色诺芬《希腊史》第5卷
第2节。

③ 只有狄奥多罗斯提到"暗中叮嘱"这回事,色诺芬《希腊史》见不到这方面的叙述,我
们要知道色诺芬一直对斯巴达多方偏袒;普鲁塔克《希腊罗马名人传》第16篇第1章"亚杰
西劳斯"第23—24节,对于亚杰西劳斯犯下共谋的罪行,还是极力给予赞誉。

④ 参阅色诺芬《希腊史》第5卷第2节。

⑤ 伊索克拉底《颂词》(Panegyricus)第126节;色诺芬《希腊史》第5卷第4节;普鲁塔
克《希腊罗马名人传》第8篇第1章"佩洛披达斯"第6节和《道德论丛》第47章"论苏格拉底
的保护神及其征兆"第34节;尼波斯(Nepos)《佩洛披达斯传》第1章以及波利比乌斯《历
史》第4卷第27节;全都提到希腊世界的反应和菲比达斯的惩处。

施以罚锾的处分,并没有撤回进扎在底比斯的驻防军。底比斯处于这种情况之下不是一个独立的城邦,被迫要遵奉拉斯地蒙当局的命令。奥林苏斯继续与马其顿国王阿明达斯进行战事①,菲比达斯的指挥官职位受到撤换,他的兄弟优达米达斯(Eudamidas)接替出任将领。率领三千重装步兵前去攻打奥林苏斯。

21 优达米达斯②入侵奥林苏斯的疆域,在与阿明达斯会师以后持续原来的攻势行动。奥林苏斯当局征召一支强大的部队,在数量方较敌人占有优势,拉斯地蒙准备更多的兵员,指派特琉蒂阿斯(Teleutias)负责这场战事。特琉蒂阿斯是亚杰西劳斯的兄弟,以骁勇善战在城邦拥有很高的声誉。他率领一支军队从伯罗奔尼撒出发,到达靠近奥林苏斯的疆域,接收优达米达斯麾下的士兵,等到双方势均力敌,他开始在奥林苏斯的领地大肆抢劫,将得到的战利品分给部队。

等到奥林苏斯的市民和盟军全部进入战场,他要与对手打一场会战。起初在相等条件的对抗之下将部队拉开,后来还是忍不住要拼个你死我活。特琉蒂阿斯在激烈的战斗中丧生,拉斯地蒙有一千两百名士兵阵亡③。奥林苏斯赢得一场重大的胜利以后,拉斯地蒙为了弥补作战损失,准备派遣更多的部队,奥林苏斯当局预判斯巴达不会善罢甘休,战事延续很长一段时间,开始储藏大量谷物,从盟邦那里获得更多的援军。

---

① 这位马其顿国王是阿明达斯三世(在位期间:前393—前369年),受到觊觎王位者阿吉乌斯的掣肘和伊利里亚人经常的入侵,使得他的统治局限于很小的区域。后来他获得帖沙利人的鼎力相助能将阿吉乌斯赶走,现在寻求斯巴达的援军要恢复王国失去的疆域,参阅色诺芬《希腊史》第5卷第2节以及本章第19节。

② 按照色诺芬《希腊史》第5卷第2节的叙述,优达米达斯在占领卡德密之前,就已率领军队去攻打奥林苏斯。

③ 参阅色诺芬《希腊史》第5卷第2—3节。

22 笛摩菲卢斯（Demophilus）出任雅典的执政，罗马选出军事护民官巴布留斯·高乃留斯（Publius Cornelius）、卢契乌斯·维吉纽斯（Lucius Verginius）、卢契乌斯·帕皮流斯（Lucius Papirius）、马可斯·弗流斯（Marcus Furius）、华勒流斯（Valerius）、奥卢斯·曼留斯（Aulus Manlius）和卢契乌斯·波斯都缪斯（Lucius Postumius）负起执政官的职责。就在这些官员的任职期间（前381年），拉斯地蒙当局指派国王亚杰西波里斯担任将领，命他率领一支大军，投票通过议案要对奥林苏斯发起一场战争①。等他来到奥林苏斯的领地，接管原来在此地扎营驻守的士兵，继续对居民展开作战行动。不过，奥林苏斯在这一年并未从事重大的战役，由于畏惧国王的部队拥有的实力，直到最后双方的战事不过是放放冷箭或是前哨的局部冲突。

23 年度即将结束，皮提阿斯（Pythias）成为雅典的执政，罗马选出六位军事护民官提图斯·奎因克久斯（Titus Quinctius）、卢契乌斯·塞维留斯（Lucius Servilius）、卢契乌斯·尤利乌斯（Lucius Julius）、阿奎留斯（Aquilius）、卢契乌斯·卢克里久斯（Lucius Lucretius）和塞维乌斯·苏尔庇修斯（Servius Sulpicius）负起执政官的职责；伊利斯在这一年举行第一百届奥林匹亚运动会，塔伦屯（Taretum）的戴奥尼索多鲁斯（Diony-sodorus）赢得赛跑的优胜。在这些官员的任职期间（前380年），拉斯地蒙国王亚杰西波利斯因病亡故②，在位已有十四年。他的兄弟克里奥布罗都斯（Cleombrotus）接位，统治时期只有九年③。

拉斯地蒙当局指派波利拜阿达斯（Polybiadas）出任将领，负责继续与

---

① 参阅色诺芬《希腊史》第5卷第3节。
② 参阅色诺芬《希腊史》第5卷第3节。
③ 参阅本章第55节。

奥林苏斯之间的战事。他接收移交给他的部队还能经常维持优势,发挥积极进取的精神进行战争,运用经验丰富的技巧指挥部队,靠着顺遂的运道赢得几次胜利,打击奥林苏斯阵营的士气,让他们陷入遭到围攻的困境。最后他对敌人运用威胁的手段,迫使他们成为拉斯地蒙的顺民①。奥林苏斯的市民只要接受征召就成为斯巴达的盟军,很多其他的城邦乐于在斯巴达的旗帜下面作战。结果使得拉斯地蒙能在关键时刻到达势力的顶点,无论在陆地还是海洋都能赢得希腊的领导权②。

他们的驻防军已经将底比斯牢牢掌握在手里,最近这次战争的结果使得科林斯和亚哥斯为了安全只有低声下气。雅典的政策对于降服的移民,要将他们的土地据为己有③,以至于在希腊的城邦当中变得声名狼藉。不过,拉斯地蒙对于确保大量人口和练习使用武器,始终给予注意和重视,从而能够拥有强大的实力,在所有城邦的眼里成为令人感到畏惧的目标。因此那个时代最有势力的统治者,像是波斯国王和西西里的僭主狄奥尼修斯④,都要寻求斯巴达的霸权给予支持,能够建立联盟的关系。

24 奈康(Nicon)成为雅典的执政,罗马选出六位军事护民官卢契乌斯·帕皮流斯(Lucius Papirius)、盖尤斯·塞维留斯(Gaius Servilius)、卢契乌斯·奎因克久斯(Lucius Quinctius)、卢契乌斯·高乃留斯(Lucius Cornelius)、卢契乌斯·华勒流斯(Lucius Valerius)和奥卢斯·曼留斯(Aulus Manlius)负起执政官的职责。就在这些官员任职期间(前

---

① 参阅色诺芬《希腊史》第5卷第3节。

② 参阅色诺芬《希腊史》第5卷第3节。

③ 雅典派出市民到属地去定居,他们担任驻防军或是成为拥有庄园的地主,公元前5世纪的雅典帝国,看在大家的眼里确实让人痛恨不已。

④ 参阅伊索克拉底的著作,诸如《颂词》第126节、《论和平》(On the Peace)第99节以及《致阿契达穆斯》(To Archidamus)第63节。

379年），迦太基的军队入侵意大利，为被逐离的希波尼姆人（Hipponiatae）光复原有的城市①，流亡在外的人士集结起来，对于这场战事抱着关怀和期盼的情绪。接着在迦太基的居民当中爆发一场瘟疫，情况严重到夺去很多迦太基人的性命，现在他们要冒着失去领导地位的危险。

利比亚的民众在低估这场灾难的影响力的情况下撒手不管，萨丁尼亚却抓住反对迦太基的机会发起叛变，在获得支持以后攻击迦太基留下的守军。大约在相同的时候，一场超自然的灾难降临迦太基，整座城市在难以解释的情况下，经常发生骚动、恐惧和惊慌。很多人带着武器从自己的房屋里面冲出来，给人的印象是敌人已经攻破城市，他们之间相互战斗如同与对手拼命一样，引起很大的伤亡。最后要用奉献牺牲重新获得神明的宠爱，以及克服困难排除所有的不幸，他们很快征讨利比亚的蛮族使之归顺，同时恢复对萨丁尼亚整个岛屿的控制。

25 瑙西尼库斯（Nausinicus）成为雅典的执政，罗马选出四位军事护民官马可斯·高乃留斯（Marcus Cornelius）、奎因都斯·塞维留斯（Quintus Servilius）、马可斯·弗流斯（Marcus Furius）和卢契乌斯·奎因克久斯（Lucius Quinctius）负起执政官的职责。就在这些官员任职期间（前378年），拉斯地蒙和皮奥夏之间因为下述的理由，爆发众所周知的皮奥夏战争。拉斯地蒙用不守信义的手段，在卡德密进扎一支驻防军，很多重要的市民遭到放逐的惩处，这些流亡人士聚集起来，获得雅典当局的大力支持，在夜间回到自己的城市。他们首先在自己的家庭里面，杀死那些对拉斯地蒙表示好感的亲友，都是趁着这些人在睡梦之中加以袭击，他

———————

① 希波尼姆这座城市在意大利位于布鲁提姆西边的海岸，狄奥尼修斯攻占以后将市民迁移到叙拉古，将土地送给洛克瑞斯人，参阅本书第十四章第107节。看来迦太基想要煽动这座城市流亡在外的人员，结成盟友在意大利对狄奥尼修斯发起攻击。

们接着要为争取自由权利下令市民列阵出战，积极的行动获得底比斯市民一致的支持和配合①。

民众很快全副武装排成队伍，拂晓就对卡德密展开攻击。拉斯地蒙在要塞的驻防军加上盟邦的部队，兵力超过一千五百人，派人前往斯巴达报告底比斯反叛的信息，要求尽快出兵前来救援。守军仗着地形之利，杀死很多来攻的市民，伤势严重者不在少数。一支大军从希腊各地前来援助拉斯地蒙的守军，底比斯当局抢在敌人到达之前，派遣者赶赴雅典，提醒他们不要忘记往事，想当年雅典人遭到三十僭主奴役的时候，底比斯曾经帮助他们恢复民主体制②。现在底比斯要求雅典当局派出所有的部队，帮助他们在拉斯地蒙的援军到达之前，先行攻占卡德密。

26 雅典的人民在市民大会听取使者的诉求，投票通过议案要为底比斯的独立自主③，尽快派遣一支实力强大的部队，尽心尽力用来报答过去所接受的效劳，同时可以完成梦寐以求的愿望，赢得皮奥夏的感激加入他们的阵营，成为一个强有力的伙伴，共同对抗拉斯地蒙的霸权。特别是皮奥夏在希腊的城邦当中，以人口众多和作战英勇知名于

① 色诺芬《希腊史》第5卷第4节；尼波斯《佩洛披达斯传》第3章；普鲁塔克《希腊罗马名人传》第8篇第1章"佩洛披达斯"第7—12节及《道德论丛》第47章"论苏格拉底的保护神及其征兆"第34节：全都对起义的行动有详尽的记载。贝洛克《希腊史》第3章第2节第234页，认为这个日期是公元前379年12月。

② 前404年雅典降服于斯巴达以后，赖山德将雅典的民主体制改为寡头政体，三十僭主的为首人物是克瑞蒂阿斯和瑟拉米尼斯，后者受到不实的指控，经过审判为克瑞蒂阿斯谋害。民主党派的流亡人士接受底比斯的协助，最后推翻僭主的专制统治。

③ 只有戴纳克斯（Deinarchus）《控诉笛摩昔尼斯》（Against Demosthenes）第39节，曾经提到这次投票。大多数的历史学家诸如贝洛克《希腊史》第3章第1节第146页，以及凯利（Cary）《剑桥古代史》第6章第67节，接受色诺芬《希腊史》第5卷第4节的记载，认为底比斯只能从雅典得到私下的援助，市民大会对于过于冲动立即出兵的两位将领，给予的惩罚是一位处死一位放逐。

世。最后是由笛摩奉（Demophon）出任将领,立即征召一支军队拥有五千名重装步兵和五百名骑兵,次日清晨从城市开拔,快速前进达成在各方面制压拉斯地蒙的效果。尽管雅典为了进入皮奥夏准备从事远征行动,万一有需要可以运用所有的部队。

笛摩奉采用越野行军的方式,出乎意料来到底比斯的城外。还有很多士兵急忙从皮奥夏其他城市赶了过来,很快编成为一支大军支持底比斯的作战。集结的部队有一万两千名重装步兵和两千名骑兵。因为他们全都热衷于围攻作战,于是将部队区分开来,一方面可以确保轮番的突击使得敌人疲于奔命,一方面不论日夜在所有时间都能维持持久的攻势行动。

27 卡德密的驻防军遵奉指挥官的指示,击退敌人的攻击确保要塞的安全,等待拉斯地蒙的援军在短期之内抵达。由于目前有充足的粮食,他们能够顽强抵抗,凭借坚固的要塞工事作为支撑,让围攻者受到很大的伤亡。等到供应开始缺乏,拉斯地蒙的大军还是姗姗来迟,占领要塞的点阅部队是一群乌合之众,彼此的意见不合就会蔓延开来。拉斯地蒙当局始终认为守军会固守到死为止,当时这些在战争中的伙伴来自联盟的城市,数量比拉斯地蒙的士兵多出很多倍,他们的主张是开城将卡德密还给底比斯。

处于强迫的局势之下,即使是居于少数的斯巴达人,同样愿意撤离遭到围攻的要塞。商议好条件以后签订降约安全回到伯罗奔尼撒,拉斯地蒙派出颇具实力的部队向着底比斯进军,到达的时间太晚,所有的攻势行动不能产生任何成果①。他们将驻防军的三位官员交付审判,两位遭到死刑

---

① 参阅色诺芬《希腊史》第5卷第4节,以及普鲁塔克《希腊罗马名人传》第8篇第1章"佩洛披达斯"第13节,说是撤出卡德密的部队,返乡的途中在麦加拉,遇到克利奥布罗都斯率领一支大军向底比斯前进。

的宣告,第三位处以高额的罚锾,即使变卖家产都无法全数支付。雅典的援军返回自己的城市,底比斯出兵攻打帖司庇伊(Thespiae)没有获得进展。

就在希腊发生这些事件的时候,罗马派遣五百名移民到萨丁尼亚(Sardinia)①,他们获得免征税赋的优待。

28 凯勒阿斯(Calleas)出任雅典的执政,罗马选出四位军事护民官卢契乌斯·帕皮流斯(Lucius Papirius)、马可斯·巴布留斯(Marcus Publius)、提图斯·高乃留斯(Titus Cornelius)和奎因都斯·卢契乌斯(Quintus Lucius)拥有执政官的权责。在这些官员的任职期间(前377年),随着拉斯地蒙在底比斯的举措乖张,皮奥夏的城邦竟敢不畏强权联合起来,组成同盟集结一支数量可观的军队,预判拉斯地蒙仗着强大的实力进入皮奥夏地区。雅典当局任命最具有名望的市民为使者,奉派前往归顺拉斯地蒙的城市,游说他们要参与争取自由权利的盛举。

拉斯地蒙依靠受他们支配的军事力量,统治隶属他们的民族不仅严厉而且冷酷无情,很多在斯巴达影响范围之内的城邦,现在都要倒向雅典的阵营。开俄斯和拜占庭的人民最早受到游说的吸引,愿意与拉斯地蒙断绝关系;接着是罗得岛和迈蒂勒尼(Mytilene)以及其他的岛民;如同一种活动能从整个希腊世界稳固聚集改革的力量,许多城市对雅典产生深厚的感情②。大多数希腊的城市本着忠诚的心理乐于接受民主体制,所有的盟邦

---

① 罗马在第一次布匿战争之前,对于萨丁尼亚并没有什么兴趣,拉丁姆有一座名叫萨特里孔(Satricum)的城市,可能因而发生笔误;参阅本书的订正数据,以及利瓦伊《罗马史》第6卷第16节的叙述。

② 这是雅典第二次成立海上联盟,目标是要推翻斯巴达在希腊拥有的霸权。这里和色诺芬《希腊史》第5卷第4—6节的记载,都是诉诸文字最重要的数据,可以发现几件有关的铭文还留存于世。可能是司福德瑞阿斯企图用奇袭方式夺取派里犹斯之后,雅典主导的海上联盟才正式组成。

组成一个议会,每位身为成员的城邦都派出代表。大家全都同意设立在雅典的议会要定期召开,举凡城市不论大小在平等的基础上拥有一票的投票权,所有的成员保持独立自主,接受雅典成为领导者。

拉斯地蒙发觉这些城市的脱离行动已经无法阻止,尽管用外交的折冲樽俎当作手段大力争取,友善的言辞和承诺的利益还能赢回变得疏远的民族。他们非常努力从事战争的准备工作,经过分析知道皮奥夏之战是极其艰巨而又冗长的任务,因为参加同盟议会的雅典和其他的希腊城邦,都是底比斯的盟友。

29 就在这些事情陆续发生的时候,埃及国王阿科瑞斯与波斯国王的关系变得极其敌视,因此前者开始招募大量佣兵部队。对于服过兵役的人员支付很高的酬劳,对于带来很多人马的头目给予适当的官职,他很快吸引很多希腊的职业军人到他的麾下服务,要在战场上面赢得胜利①。国王的军队由于缺乏能力高强的将领,延请行事审慎且又精通兵法的雅典人查布瑞阿斯,况且这位名将以骁勇善战备受各方的赞誉。只是查布瑞阿斯没有报备市民大会给予同意,接受任命的职位指挥埃及所有的部队,要尽速完成整备要与波斯的军队接战②。

阿塔泽尔西兹指派法那巴苏斯出任波斯军队的将领,储备大量战争所需的物质,派遣使者前往雅典,首先公开抨击查布瑞阿斯成为埃及的将领,

---

① 有关波斯和埃及之间的战争,可以参阅伊索克拉底《颂词》140 节,笛摩昔尼斯《全集》第 20 章第 76 节以及尼波斯《查布瑞阿斯传》第 2 卷第 1 节;根据霍尔(Hall)《剑桥古代史》第 6 章第 145 页的评论,认为这场战争发生在更早的年代,那是前 385—前 383 年的事。尼克塔尼布斯(Nectanebos)继承阿科瑞斯成为埃及国王是在前 378 年。

② 雅典当局将查布瑞阿斯从塞浦路斯召回,让他负责与波斯的战争,这段时间是在前 386—前 384 年,参阅霍尔《剑桥古代史》第 6 章第 146 页。查布瑞阿斯没过多久就率领军队到埃及,还有人说他奉诏回到雅典,立即赶赴埃及那是前 377 年。至于我们的论点可以参阅下面的注释。看来霍尔所说的年代与其他史家并不一致,就连希腊人提出的证据,都无法让他信服。

就法那巴苏斯的说法是会离间国王对雅典人民的感情,其次是他向雅典当局提出要求,邀请伊斐克拉底出任国王的将领。雅典的市民大会讨好波斯国王非常热衷,同时要拉拢法那巴苏斯,很快将查布瑞阿斯从埃及召回①,指派伊斐克拉底②出任将领与波斯建立联盟关系。

拉斯地蒙与雅典早先签订的协议③,这个时候还未废止仍旧发生效用。斯巴达的司福德瑞阿德(Sphodriades)担任指挥官的职位,个性好大喜功而且轻率冲动,接受拉斯地蒙国王克里奥布罗都斯④的教唆,在未曾获得民选五长官的同意之下,竟然要出兵占领派里犹斯(Peiraeus)。司福德瑞阿德率领一万士兵,在黑夜的掩护之下前去偷袭这个重要的港口⑤,等到企图为雅典的守军发觉,未能达成目的只有无功而返。他在斯巴达的议会前面受到擅权的指控,获得国王的支持免予惩处,完全是干涉司法造成审判的不公⑥。

---

① 查布瑞阿斯的召回可能在前380—前379年的冬季,因为次年的冬天他在雅典的边界对抗克里奥布罗都斯的攻势,参阅色诺芬《希腊史》第5卷第4节;他在前378年的初夏援助底比斯的防御,击退亚杰西劳斯的围攻作战。他当选雅典的将领可能是在前379年的春季,参阅贝洛克《希腊史》第3章第2节第229—230页。查布瑞阿斯有良好的家世和庞大的产业,始终维持一队出赛的马匹,他本人更是能力高强的佣兵首领。

② 伊斐克拉底在查布瑞阿斯当选将领的时候,奉派出使波斯,参阅尼波斯《伊斐克拉底传》第2卷第4节。科林斯战争期间,伊斐克拉底在色雷斯,帮助身为国王的科特斯(Cotys)恢复对奥德瑞西(odrysiae)的统治,后来他娶科特斯的女儿为妻。他从波斯返回雅典为祖国服务是在前373年。他改进轻装步兵的作战效能,能够击败斯巴达重装步兵的方阵,赢得举世的赞誉,参阅本章第44节。

③ 参阅本书第十四章第110节。

④ 狄奥多罗斯提到这件事如同菲比达斯面对的情况,对于斯巴达的政策产生怀疑的心理;色诺芬和普鲁塔克认为这一次的突袭行动,根本就是底比斯人在幕后煽动,使得雅典和斯巴达之间造成决裂的后果,看来的确能够达成所望的目标。

⑤ 狄奥多罗斯记载前377年这一年的战事,从司福德瑞阿斯的袭击到纳克索斯的会战。司福瑞阿斯的袭击可能发生在前378年的春天,这是底比斯在获得自由(公元前379年12月)之后,克里奥布罗都斯率领军队在皮奥夏从事镇压的行动。

⑥ 克里奥布罗都斯和亚杰西劳斯之子阿契达穆斯,发挥他们的影响力拯救司福瑞阿斯,使他免予惩处,可以参阅普鲁塔克《希腊罗马名人传》第8篇第1章“佩洛披达斯”第25节和色诺芬《希腊史》第5卷第4节。

结果使得雅典人民对发生的情况感到忧虑不安,经过投票一致认为拉斯地蒙破坏和平协议①。他们决定要向拉斯地蒙当局宣战,选出三位声名远播的市民泰摩修斯②、查布瑞阿斯和凯利斯特拉都斯(Callistratus)③担任将领。他们投票通过议案要征召二万名重装步兵和五百名骑兵,装备两百艘船只。他们允许底比斯在与各方条件相等的情况下进入同盟议会④,同时投票通过提案要将移民占据的土地⑤归还原来的主人。雅典的市民大会制定一条法律即雅典的市民不得耕种阿提卡地区以外的土地⑥。由于这些宽宏大量的行动,使他们赢得其他希腊城邦的好感和善意,更能巩固居于领导地位所拥有的权力。

30 许多城邦因为上述的缘故很快投向雅典的阵营,优卑亚(Euboea)的城市当中除了赫斯提亚(Hestia)⑦,全都怀抱很大的热诚最早与雅典建立联盟。因为早年的赫斯提亚与雅典发生战事,他们的伤亡惨重而且饱尝流离的痛苦,得到拉斯地蒙的帮助才能渡过难关,从此

---

① 参阅色诺芬《希腊史》第5卷第4节以及普鲁塔克《希腊罗马名人传》第8篇第1章"佩洛披达斯"第15节。

② 泰摩修斯能继承他的父亲西蒙,成为优秀的将领和政治家,从这个时候直到他在前354年逝世为止。

③ 阿菲德拉区(Aphidna)的凯利斯特拉都斯,虽然反对与波斯国王签订和平协议(参阅本书第十四章第110节),后来看到雅典没有选择的余地也只有让步。他是那个时代声名显赫的演说家,表现优异的政治家和精通财务的行政官员。

④ 参阅色诺芬《希腊史》第5卷第4节以及普鲁塔克《希腊罗马名人传》第8篇第1章"佩洛披达斯"第15节。有关皮奥夏同盟参阅本章第28节。

⑤ 参阅本章第23节。

⑥ 数以千计的雅典市民要想恢复位于阿提卡地区以外的土地,已经完全没有希望,这使他们或他们的父执辈在前404年大灾难中丧失殆尽。等到发生科林斯战争,好像他们又看到前途出现一线曙光。

⑦ 雅典还保存一份铭文上面刻着这些城市的名字,赫斯提亚加入联盟看起来要比其他优卑亚的城市要晚一些,那是伯里克利对赫斯提亚的居民处置过于严厉的关系,参阅本书第十二章第7节。

他们对雅典抱着无法消除的敌意,同时更不愿违犯对斯巴达立下的誓言。虽然如此,还是有七十多座城市与雅典缔结盟约,都能以平等的立场参加同盟的议会。雅典不断增强实力反之拉斯地蒙逐渐削弱权势,使得两个城邦形成势均力敌的局面。雅典当局看到情况的发展如同他们预料那样顺利,立即派遣一支军队前往优卑亚,用来保护自己的盟友和镇压反对的势力。

优卑亚在不久之前,有一位名叫尼奥吉尼斯(Neogenes)的人物,获得菲里的贾森给予的帮助,占领赫斯提亚的城堡①,就让自己成为这个地区以及奥留斯(Oreus)的僭主。他的统治傲慢而又残暴,拉斯地蒙当局指派色瑞庇德(Theripides)前去征讨。色瑞庇德开始与僭主讲理劝他离开城堡,他根本不予理会,于是色瑞庇德号召民众起义,用突击的方式夺取城堡,使得奥留斯的人民重新获得自由权利。赫斯提亚地区的民众始终对斯巴达怀有忠诚之心,他们之间的友谊历久弥新。

查布瑞阿斯奉到雅典当局的派遣②,指挥一支军队前去蹂躏赫斯提亚伊蒂斯(Hestiaeotis),加强梅特罗波里斯(Metropolis)的防务,这座城市位于一座陡峭小山的顶端,形势非常的险要,他在此留下驻防军,接着扬帆向着赛克拉德(Cyclades)群岛前进,赢得佩帕里索斯(Peparethos)、赛阿索斯(Sciathos)和其他一些岛屿的归顺,过去它们一直在拉斯地蒙的统治之下。

31 斯巴达当局得知盟邦要脱离的冲动无法阻止,只有终止以往过于严苛的行为,开始用仁慈的态度对待其他的城市。运用

---

① 赫斯提亚位于优卑亚这个岛屿的北海岸,下面有一个名叫奥留斯(Oreus)的德谟或行政区,位置在城市的西边数英里,伯里克利的时代接受2000名阉人在那里定居。

② 根据普鲁塔克《道德论丛》第26章"雅典人在战争抑或在智慧方面更为有名?"第8节的叙述,是泰摩修斯而非查布瑞阿斯让优卑亚获得自由。

这种方式以及增加福利促使他们的盟邦更为忠诚。现在他们看到战争的趋势已经变得极为严重，需要更加注意而后的发展。他们要抱着雄心壮志从事战争的各种准备工作，特别是对军事组织的重视和训练的加强，士兵分配的勤务更要力求尽善尽美。

事实上他们将城市和从那里征召的士兵区分为十个区部①：第一区部的成员来自拉斯地蒙，第二和第三区部是阿卡狄亚，第四区部是伊利斯，第五区部是亚该亚，第六区部由来自科林斯和麦加拉的成员组成，第七区部是西赛昂、弗留斯和阿克提（Acte）海岬②的居民，第八区部是阿卡纳尼亚的人民，第九区部是福西斯和洛克瑞斯，最后第十区部是所有奥林苏斯的居民和位于色雷斯的盟邦。他们计算的方式是一名重装步兵等于两名轻步兵，一名骑兵相当于四名重装步兵③。

斯巴达国王亚杰西劳斯指挥的部队，用这种编组投入战役的行动。他以作战英勇和精通用兵之道而闻名遐迩，以往这段时期真是所向无敌。他所参与的战事都能获得各方的赞誉，特别是拉斯地蒙与波斯的交锋，使他的名望达到如日中天的程度。他与兵力大过数倍的敌人进行会战还是获得胜利，征服很大部分的亚细亚成为辽阔国度的主人④。如果不是斯巴达当局基于政治的考虑将他召回，最后很可能抑制波斯帝国到极其悲惨的程度。他这个人充满活力，富于胆识而且聪明过人，喜欢从事冒险的行动。斯巴达当局有鉴于战争的规模极大需要第一流的领袖人物，指派他担任指挥官负起整个战事的成败之责。

---

① 有关这个同盟的其他成员，参阅贝洛克《希腊史》第 3 章第 1 节第 108 页及其注释。

② 这个海岬位于亚哥利德（Argolid）半岛，居住着来自伊庇道鲁斯、梅松尼和特里真的移民。

③ 色诺芬《希腊史》第 5 卷第 2 节也提到这种计算的方式，通常城邦不愿将正规部队派出去帮盟邦作战，所以要按照这种标准支付佣兵报酬。当时一个重装步兵的日薪是 3 伊吉纳奥波（或者 4.5 雅典奥波）。

④ 参阅本书第十四章第 79—80 节。

32 亚杰西劳斯率领一支大军来到皮奥夏,兵力的总数是一万八千人,其中包括拉斯地蒙的五个团,每个团的编制是五百人①。斯巴达的军队当中称为西瑞提(Sciritae)的连队②,不会与其他的部队排成阵线,通常分配的位置是与国王在一起,有时用来支持陷入苦战的战线。因为这个连队的组成分子都是精锐的选锋,堂堂正正的会战当中成为态势转变最主要的因素,也是决定胜利的关键所在。亚杰西劳斯还有一千五百名骑兵。然后向着帖司庇伊进军,这座城市有拉斯地蒙的驻防军进扎,他就在附近开设营地,在经过艰苦的行军以后,让手下的人员有几天休息的时间。

雅典当局得知拉斯地蒙的部队进入皮奥夏地区,立即派出五千名步卒和两百名骑兵前去底比斯助阵。等到兵力集中以后,底比斯的市民占领离城二十斯塔德一处山顶的椭圆形阵地,将这个阻碍变成一个坚固的要塞,然后静候敌军的攻击。他们对亚西杰劳斯的威名感到如此震惊,由于过于怯懦即使处于势均力敌的情况,在这个平坦的地区还是等待对方先行出手。亚杰西劳斯率领军队进入战场,排成会战队形与皮奥夏的主力对阵③,他看到双方的队伍快要短兵相接,首先让他的轻步兵部队向当面的敌人发起攻击,用来试探对方的作战部署。底比斯的守军拥有居高临下之利,很容易击退他的轻步兵,这时他带着整个军队出战,密集的部署让对方感到无比恐惧。

---

① 斯巴达军队的最基本单位是队(enomotia)有士兵 36 人,2 个队组成 1 个连(pentekostyes)有 72 人,2 个连组成一个营(lochos)有 144 人,4 个营组成一个团(mora)有 576 人,6 个团组成一个军团(army)有定员 3456 人。

② 拉柯尼亚北部边界是一个多山的区域,西瑞提人定居在此。这支经过特殊训练的部队以骁勇著称,进军的时候担任前锋,退却的不利情况下变成后卫,参阅修昔底德《伯罗奔尼撒战争史》第 5 卷第 67 节,特别提到他们在斯巴达的军队里面享有特权。

③ 这场会战发生的时间应该是前 378 年,参阅色诺芬《希腊史》第 5 卷第 4 节以及普鲁塔克《希腊罗马名人传》第 16 篇第 1 章"亚杰西劳斯"第 26 节。

不过,率领佣兵部队的雅典人查布瑞阿斯①,命令他的手下带着藐视的神色与对方对阵,力求保持战线和队形的完整,将盾牌靠在膝盖上面,双手紧握高举的长矛等待敌人的攻击。他们在一声令下全部遵命而行,使得亚杰西劳斯对于敌军的纪律严明和待敌无畏的态度大为惊讶,深深感到要在仰攻的情况之下打开一条通路,迫使对手要用肉搏战斗表现他们的英勇,这实在是极其不智的举动,经过尝试得知他们竟敢与他一决高下来争取胜利,迫得他只有在平原上面向敌人挑战。这时底比斯的部队还未主动迎击,亚杰西劳斯撤收重装步兵组成的方阵,派遣骑兵和轻步兵单位,劫掠没有设防的乡村地区,获得大量的战利品。

33 陪伴在亚杰西劳斯身边的斯巴达顾问以及他手下的军官,对于他素以主动积极获得的名声,拥有数量和战力占有优势的军队,竟然避免与敌军进行一场决定性的会战,无不感到诧异而且百思不解。亚杰西劳斯向他们说明,拉斯地蒙应该以无须冒险赢得胜利为上策;等到他们的国土受到洗劫,皮奥夏阵营的防御就受到挑战;要是敌人自认获得胜利,他会迫使大家忍受会战的危险,或许无法掌握的机运会使拉斯地蒙为拼斗的结果感到悲伤。那时他认为这种答复的方式在于他预判可能的结果会非常良好,后来鉴于整个事件的情况,他相信人言并不算数,完全在于受到天意感召的神谶。

拉斯地蒙用强大的军队在战场与底比斯的精锐交锋,迫使对方要为自由权利挺身而战,最后会带来大难临头的结局。所以才会在琉克特拉首次遭到击败,不仅很多身为市民的士兵丧生,就连他们的国王克里奥布罗都

---

① 查布瑞阿斯所扮演的角色,可以参阅波利努斯《谋略》第2卷第1节,以及尼波斯《查布瑞阿斯传》第1节。

斯都在该役阵亡。接着是在曼蒂尼的会战,全军覆灭以后失去长久掌握在手的霸权①。任何人只要对自己过分的吹嘘,这时机运会展现令人难忘的技巧,在无法预料的情况下让他落到下风,给他的教训是不要抱太大的希望。总之,亚杰西劳斯行事极其谨慎,满足于最初的成功,保全军队没有遭到任何损失。

等他率领军队返回伯罗奔尼撒,底比斯的得救完全靠着查布瑞阿斯高明的将道,他们对他熟悉战略的技巧大为惊讶。虽然他在战争当中表现很多英勇的行为,特别是不战而屈人之兵的谋略更让他感到骄傲,等到人民同意为他竖起雕像,更要将这种神情表现出来②。底比斯当局在亚杰西劳斯离去以后,立刻对帖司庇伊发起一次远征行动,摧毁他们的前哨据点③包括两百名守军,接着对城市进行不断的攻击,还是不能达成所望的目标,只有撤军返回底比斯。拉斯地蒙人菲比达斯率领一支颇具实力的驻防军保卫帖司庇伊,乘势从城中出击冲向正在退却的底比斯后卫,结果损失五百名士兵,自己虽然作战英勇,但还是全身被创十余处,如同一位英雄人物接受马革裹尸的命运④。

34 不久以后拉斯地蒙再度以同样兵力要在战场与底比斯一决高下⑤,这时底比斯的部队据有新到手的要点,虽然不敢在平原地区与强大的敌军面对面进行会战,却能阻止对方纵兵蹂躏他们的国土。

---

① 这是前 362 年发生的战事;底比斯在前 371 年的琉克特拉会战打败斯巴达建立霸权。

② 有关为他建立雕像一事,参阅尼波斯《查布瑞阿斯传》第 1 节。

③ 本章第 32 节提到这里是亚杰西劳斯的营地。

④ 参阅色诺芬《希腊史》第 5 卷第 4 节;普鲁塔克《希腊罗马名人传》第 8 篇第 1 章“佩洛披达斯”第 15 节,提到菲比达斯是在突击卡德密的战斗中被杀。

⑤ 这场会战发生在当年就是前 377 年,色诺芬《希腊史》第 5 卷第 4 节,以及普鲁塔克《希腊罗马名人传》第 16 篇第 1 章“亚杰西劳斯”第 26 节,都有详尽的记载。

亚杰西劳斯挥军前进发起攻击,他们逐次发兵出来迎战,一场苦斗延续很长的时间,开始之际亚杰西劳斯的手下占有优势,后来底比斯将全部军队从城中出击投入战场,亚杰西劳斯看到大量人马如潮水一样向他奔袭而来,吹起号角召唤士兵脱离战斗向后退却。这是底比斯首次击败拉斯地蒙,他们建起一座战胜纪念牌坊,从而得知自己在战场上能与强大的对手分庭抗礼,从此他们充满信心面对斯巴达的军队。

有关陆上部队的战斗如上所述。同个时候在纳克索斯(Naxos)和帕罗斯(Paros)之间发起一场大规模的海战,产生冲突的原因如下。拉斯地蒙的水师提督波利斯(Pollis),得知一些货船载运大量谷物前往雅典,率领船只在港口外面等待,寻找机会加以攻击。雅典当局得到消息派出一支护卫队,使得运输的谷物能够安全抵达派里犹斯。后来雅典的水师提督查布瑞阿斯,率领全部海上兵力扬帆前往纳克索斯,开始进行围攻作战。他带来攻城机具用来对付城墙,等到整个基座动摇发生崩塌,发起大举进击夺取整座城市。

就在出现这些情况的时候,拉斯地蒙的水师提督波利斯进入港口前来帮助纳克索斯人的守军。双方以高昂的敌对情绪从事海战,排成会战的队形相互发起攻击①。波利斯有六十五艘三层桨座战船,查布瑞阿斯的兵力是八十三艘。这些船只开始扬帆彼此迎头对进,波利斯指挥右翼,首先对当面的三层桨座战船进行攻击,这是雅典人西敦(Cedon)指挥的左翼。在英勇的战斗当中,他杀死西敦并且撞沉对手的座舰,运用同样的方式去与其余的船只接战,用船头的撞角将敌方的船舷撞得撕裂开来,结果有些遭到摧毁,还有一些被迫逃走。查布瑞阿斯看到发生的情况,派出一支分遣

---

① 纳克索斯海战发生在公元前 376 年 9 月,有关其他的记载可以参阅色诺芬《希腊史》第 5 卷第 4 节,以及普鲁塔克《希腊罗马名人传》第 18 篇第 1 章"福西昂"第 6 节,特别提到会战获胜的日子是 Boedromion 月第 16 天(9 月 16 日)。

舰队在他自己的指挥之下，前去支持受到敌人重击尽力挽回劣势的人，他自己以及舰队当中最强大的部分，经过激烈的战斗击沉很多艘三层桨座战船，捕获大量俘虏。

35 虽然查布瑞阿斯在海战当中已经稳操胜券，逼使所有的敌船逃走，他还是不愿发起追击。因为他想起阿金纽西（Arginusae）海战①的往事，胜利的将领建立莫大的功勋，归国以后竟然以未能安葬阵亡将士的罪名，受到市民大会判决死刑的惩处。他鉴于当前的情势是如此类似，不愿冒险以免落到同样的下场。他停止追击的行动，放弃很容易歼灭敌人整个舰队的任务，开始搜寻漂流在海面的市民同胞，生还者给予援救，阵亡者妥善安葬。

会战中雅典有十八艘三层桨座战船沉没，拉斯地蒙遭到击沉的船只是二十四艘，还有八艘连船员被敌人俘虏。查布瑞阿斯赢得光辉耀目的大捷，带着战利品回航派里犹斯，受到市民同胞热烈的欢迎。这是伯罗奔尼撒战争当中雅典获胜的第一场海战。他们在尼多斯（Cnidus）海战②没有使用自己的船只，靠着国王的舰队赢得胜利。

就在发生这些事件的时候，意大利出现的情况，马可斯·曼留斯（Marcus Manlius）③胸怀大志想要成为罗马的僭主，事败以后被杀。

36 查瑞山德（Charisander）成为雅典的执政，罗马选出四位军事护民官塞维乌斯·苏尔庇修斯（Servius Sulpicius）、卢契乌

---

① 发生在前406年，对雅典而言这是令人难忘的重大事件，参阅本书第十三章第99—101节。

② 发生在前394年，雅典的水师提督科农指挥波斯的舰队，海战的胜利威胁到斯巴达的霸权，参阅本书第十四章第83节。

③ 参阅利瓦伊《罗马史》第6卷第20节。

斯·帕皮流斯(Lucius Papirius)、提图斯·奎因克久斯(Titus Quinctius)拥有执政官的权责;伊利斯举办第一百零一届奥林匹亚运动会,休里埃(Thurii)的达蒙(Damon)赢得赛跑的优胜。就是这些官员在职的期间(前376年),居住在色雷斯的特瑞巴利亚人(Triballians)遭遇饥荒的灾害,大举迁移越过边界进入邻国的疆域,从不是自己的土地上面获得所需的食物。有三万多人入侵与色雷斯接壤的部分,毫不畏惧惩罚纵情劫掠阿布德拉(Abdera)的领地。等到获得大量掠夺物以后,他们摆出藐视一切的姿态,拿出极其散漫的方式开始返乡之路,这时阿布德拉的居民乘着这群乌合之众的轻敌,用全部兵力出击杀死两千多名特瑞巴利亚人①。

蛮族因为遭到惨败大为愤怒,为了要报复阿布德拉当局的屠杀行为,再度举兵侵犯对方的领土。上一次冲突的获胜者为他们的成就感到欣喜,完全是得力于邻居色雷斯人给予的援助,他们派出大批人马,共同结成一条战线与蛮族对阵。现在又发生一场激烈而持久的会战,色雷斯的队伍突然改变立场加入对方的队伍,留下阿布德拉的市民在战场单打独斗,就为人数占优势的蛮族围得水泄不通,所有参加战斗的人员,几乎被杀得一个不留。就在阿布德拉遭到巨大的灾难,城市正在蛮族加紧围攻之际,雅典的查布瑞阿斯带着部队突然出现,解救他们免予倒悬之苦。他将特瑞巴利亚人赶出边境,在城市里面留下一支实力可观的驻防军,后来他竟然遭到凶手的暗杀送掉性命②。

泰摩修斯接替他的职位成为水师提督,向着西法勒尼亚(Cephallenia)扬帆前进,赢得当地所有人民的输诚,接着说服阿卡纳尼亚的城市投向雅典的阵营。等到他成为摩洛西亚国王阿尔西塔斯的朋友,使得整个地区都

---

① 参阅埃涅阿斯·塔克蒂库斯(Aeneas Tacticus)《战术学》(*Tactics*)第15卷8—10节。

② 笛摩昔尼斯、尼波斯和狄奥多罗斯在本书第十六章第7节,都说查布瑞阿斯是18年以后死在开俄斯。

能让他长驱直入,发生在琉卡斯(Leucas)附近的一场海战①,能够击败拉斯地蒙的舰队。所有这些丰功伟业的建立是如此快速而容易,不仅在于他有口若悬河的辩才能够说服别人,还要加上他有过人的英勇和卓越的将道赢得会战的胜利。他在雅典的市民同胞当中以及整个希腊世界,都能获得喝彩和赞誉。这些完全靠着泰摩修斯的运道和机遇。

37 就在发生这些事件的时候,底比斯派出五百名精锐的选锋对于奥考麦努斯(Orchomenus)发起远征,英勇的行动在人们的记忆当中历久弥新。拉斯地蒙在奥考麦努斯维持一支驻防军,士兵的人数很多,就将他们的队伍拉出城外前去迎战来敌,双方开始打了一场硬战,底比斯的选锋击败数量多达两倍的拉斯地蒙守军②。实在说这种情况以前从未发生,因为通常都是优势兵力获得胜利。结果使得底比斯的人民备感骄傲和自负,他们的英勇带来更大的名气,明显看出他们要从一个战场到另一个战场去争夺希腊的霸权。

梅提姆纳(Methymna)的史家赫密阿斯(Hermeias)③著有十卷《西西里史》,记载的事迹终结于这一年,也有人将此书分为十二卷。

38 希波达玛斯(Hippodamas)成为雅典的执政,罗马选出四名军事护民官卢契乌斯·华勒流斯(Lucius Valerius)、卢契乌斯·

---

① 色诺芬《希腊史》第5卷第4节,对于泰摩修斯的行动有详尽的记载,可以参阅伊索克拉底《安蒂多西斯》(*Antidosis*)第109节,以及尼波斯《泰摩修斯传》第2卷第1节,这一年应该是前375年。

② 或许是下一年前375年发生的事,贝洛克《希腊史》第3章第1节第155页有这样的说法。参阅普鲁塔克《希腊罗马名人传》第8篇第1章"佩洛披达斯"第16节。

③ 赫密阿斯的《西西里史》仍有残留的片段出现其他的作品当中,参阅阿昔尼乌斯《知识的盛宴》第10卷438c。他这部著作主要内容是狄奥尼修斯一世的事迹,或许简短介绍西西里早期的史料,参阅贝洛克《希腊史》第3章第2节第42—43页。

曼留斯(Lucius Manlius)、塞维乌斯·苏尔庇修斯(Servius Sulpicius)和卢克里久斯(Lucretius)拥有执政官的权责。就在这些官员任职期间(前375年),波斯国王阿塔泽尔西兹打算对埃及发起作战行动,忙着组成一支阵容坚强的佣兵队伍,决心要为希腊继续不断的战争提供一种有效的和解方式。为了使用这种工具他特别抱着希望,一旦希腊的勇士能从国内战争脱身而出,就会接受他的招募担任佣兵提供军事方面的服务。

他派遣使者前往希腊,游说有关的城市经由双方的商议谋求全面的和平。这时希腊的人民对于没完没了的战事感到厌倦,听到波斯提出的建议表示欢迎之意,全都同意基于一种先决条件求得整体的和平,就是所有的城市都能独立自主以及免除外国派来的驻防军。按照规定成立大会任命公正的人士,前往巡视所有的地区,促使负责监控的驻防军撤回原来派遣的城邦。只有底比斯当局不同意和平条约的批准由个别的城市签署①,坚持所有皮奥夏的城市都已加入底比斯同盟,应该由这个组织代表他们进行协商。

雅典反对别具一格的做法引起很大的争议,拥有民意的政客凯利斯特拉都斯列举理由,完全着重底比斯的利益根本不理会其他城市的感受,伊巴密浓达在市民大会发表演说,促成他们的团结产生不可思议的效果,结果是和平的条件获得所有希腊城邦一致的认同,只有底比斯拒绝参加②。伊巴密浓达建立不世之功勋,激励市民同胞表现爱国精神,经由他发挥的影响力,使得大家勇敢站出来坚持自己的立场,反对所有其他城市所通过

① 即使签署的和平条约,双方保持相安无事没有多久的时间;参阅色诺芬《希腊史》第6卷第2节,以及伊索克拉底《安蒂多西斯》第109节。

② 贝洛克认为狄奥多罗斯将这一次的和平条约,与三年以后打完琉克特拉会战,使得伊比明诺达斯撤军的和平条约混淆在一起。不管怎么说,这时的底比斯仍旧是雅典同盟的成员之一,参阅伊索克拉底《普拉台库斯》(Plataicus)第21节以及笛摩昔尼斯《在泰摩修姆》(In Timotheum)第20卷第21节。

的决定。拉斯地蒙和雅典一直争夺领导权,现在彼此稍做让步,一个在陆地称霸,另一个在海洋扬威。他们不断为第三位竞争者的出线而备感苦恼,所以想尽办法要让皮奥夏的城市与底比斯同盟断绝关系①。

39 底比斯的民众身强力壮和骁勇善战使他们占有很大的优势,曾经在很多次会战当中击败拉斯地蒙的劲旅,鼓舞激昂的士气要争夺陆地的最高权力。现在他们虽然抱着希望却受到欺骗,不仅为了上述的缘故,还有就是在建立同盟那段期间,底比斯产生很多极其优秀的指挥官和将领。其中最著名的人物就是佩洛庇达斯、高吉达斯②和伊巴密浓达。

实在说伊巴密浓达的为将之道和用兵之法,不仅他的同侪甘拜下风,就是全希腊都没有人能与他相提并论。他接受范围广泛的通识教育,对于毕达哥拉斯的哲学③有深入的研究。除此以外,他拥有体能和战技方面的优点,对于建立丰功伟业自然有很大的贡献。当他迫不得已要用少数从市民当中征召的士兵,出战拉斯地蒙和盟邦组成的大军,他比起这些所向无敌的勇士更为优越,杀死斯巴达国王克里奥布罗都斯,几乎全歼数量极其庞大的敌军④。他出乎意料能够完成不可思议的功勋应该归功于精明过人,还有就是从他的教育获得崇高的武德。

---

① 底比斯在前394年重组地域性的皮奥夏同盟,只是从前387年到目前的前375年,同盟的事务没有起色也毫无作为。公元前371年底比斯的使者让皮奥夏的城邦知道他们所主张的权利,如同斯巴达对拉柯尼亚的城邦提出的要求,参阅色诺芬《希腊史》第6卷第3节。

② 虽然狄奥多罗斯在两个地方提到高吉阿斯(Gorgias),但是所有的作者在提到这个时期的底比斯将领,只有高吉达斯(Gorgidas)这个名字而不是高吉阿斯。

③ 他的导师是塔伦屯的黎昔斯,毕达哥拉斯学派的成员之一,参阅尼波斯《伊巴密浓达传》第2卷第2节。

④ 这是在琉克特拉会战,参阅本章第53节及后续各节。

不过,我们在后面①会用特定的一节,对这方面做出更为充实和具体的说明。现在让我们言归正传,接着叙述下去。

40 等到各个民族都能拥有自治权以后,所有的城市陷入巨大的动乱和内部的倾轧之中,特别是在伯罗奔尼撒地区。过去保持寡头政体的架构,现在落实民主制度带来的自由,所有的改革何其不智而愚蠢。他们放逐很多优秀的市民,或是用捏造的证据对他们提出指控和判刑。他们落到残酷的内争不能自拔,一切诉诸放逐政敌和籍没财产,特别要对付那些斯巴达霸权时期,城市里面土生土长的领导人物。实在说,原来是寡头政治运用权威控制他们的市民同胞,后来是民主的暴民获得自由难免心怀怨恨想要报复。

不过,首先是菲阿利亚(Phialeia)②的流亡人士集结兵力,光复据称是一个坚强要塞的赫里亚(Heraea)③。接着从那里进军对菲阿利亚发起奇袭④,那时正好举行狄俄尼索斯(Dionysus)的节庆,他们对剧院的观众进行出乎意料的屠杀,很多人遇害,还有不少人受到说服参加他们的愚行,事毕以后撤到斯巴达。科林斯有很多受到放逐的人士在亚哥斯安身,后来有些人想要返回家园,靠着亲戚和朋友的帮忙进入城市,遭到告发被派来的士兵包围,他们害怕落到对方的手里受尽凌虐,只有彼此相助求得了断。科林斯当局指控很多市民帮助流亡人士发起攻击,有些人遭到处死,还有一

---

① 参阅本章第88节。

② 菲阿利亚位于阿卡狄亚的西南角,古代的名字叫作菲加利亚(Phigaleia),后来又恢复使用。

③ 赫里亚是阿卡狄亚一个小镇,靠近伊利斯的边界,位于阿卡狄亚到奥林匹亚的大道上面。

④ 贝洛克特别指出琉克特拉会战以后,这个时期发生党派倾轧和内斗的例子,可以参阅伊索克拉底《阿契达穆斯》第64—69节。

些人被放逐。

再者，有一些麦加拉的市民竭尽全力想要推翻政府，受到民主派的镇压，很多人被杀就是受到放逐的人士也不在少数。同样情况发生在西赛昂，部分人士想要掀起一场革命，事败遭到杀害。很多弗留斯人受到放逐就在国内夺取一个城堡，招募相当数量的佣兵，就与城市的当权派发生一场会战，流亡人士赢得胜利，导致三百名弗留斯人遇难。后来，由于哨兵背叛放逐者，城内的弗留斯人还是稳占上风，结果是六百多位放逐者遭到处决。当局将其余的人驱逐出境，逼得他们只有在亚哥斯寻找栖身之地。以上是伯罗奔尼撒地区的城市所遭受的苦难。

41

苏格拉泰德(Socratides)担任雅典的执政，罗马选出四位军事护民官奎因都斯·塞维留斯(Quintus Servilius)、塞维乌斯·高乃留斯(Servius Cornelius)和斯普流斯·帕皮流斯(Spurius Papirius)负起执政官的职责。这些官员在位的期间(前374年)，波斯国王阿塔泽尔西兹由于埃及的反叛，派遣一支远征大军前去讨伐①。军队的统帅是法那巴苏斯，直接指挥蛮族组成的分遣单位，雅典的伊斐克拉底②负责兵力多达两万的佣兵部队。伊斐克拉底受到国王的邀请参与作战行动，因为他富于谋略和用兵界以重任。法那巴苏斯已经花费数年时间进行准备工作，伊斐克拉底发觉他的谈吐精明很有条理只是行动过于迟钝，坦诚告诉对方说是他感到非常惊讶，何以一个人的说话明快果断而动作拖泥带水。法那巴苏斯的答复是他讲出口的话自己可以做主，他要采取的行动必须听命于国王

---

① 其他的作品也有类似的记载，诸如尼波斯《伊斐克拉底传》第2卷第4节，普鲁塔克《希腊罗马名人传》第23篇第2章"阿塔泽尔西兹"第24节以及波利努斯《谋略》第3卷第9节。

② 参阅本章第29节，阿塔泽尔西兹需要伊斐克拉底的服务。

的指示。

　　波斯军队集结在阿卡（Aca）①这座城市，在法那巴苏斯指挥之下的蛮族有二十万人，伊斐克拉底统率两万希腊佣兵②。三层桨座战船的数量是两百艘，以及大型运输船两百艘。需要运送的粮食和其他供应品的数量极其庞大。国王的将领在夏初③下令全军撤营开拔，在舰队的陪伴之下沿着海岸向埃及进军。等到他们快要接近尼罗河，发现埃及当局对于战争有万全的准备。法那巴苏斯的行动缓慢，给敌人有充分的时间加强防务。实在说这是波斯指挥官常见的习性，他们对于战争的遂行没有自主的权力，所有的事务都要向国王报告，即使再细微的枝节也要等待他的旨意。

42　　埃及国王尼克塔尼布斯（Nectanebos）知道波斯军队的阵容极其庞大，所以能够让他毫无畏惧，主要在于国土的形势，就是埃及的接近和进入都极其困难；其次是所有可以入侵的地方，无论是从陆地或海上都很容易加以阻绝。尼罗河注入埃及海有七个河口④，每个河口有一座城市，沿着每一边的河岸建起高塔，以及一座木桥用来控制进出的通道。他特别增强佩卢西姆（Pelusiac）河口的防御工事和守备力量，这里是从叙利亚进军最早接触的位置，特别是敌人最喜欢运用这条接近路线。他挖掘渠道与此地连接起来，举凡河流的进入航道，都要找出最适合的地方加以拦截，不让敌方的船只进入。陆上的接近路线引水成为泛滥地区，海上的接近路线筑堤加以阻绝。这样一来使得船只无法扬帆而来，骑兵难以长驱直入，步卒不易大举进击。

---

　　①　就是后来的圣·珍、阿克（St.Jean d'Acre）或简阿克（Acre）。
　　②　尼波斯《伊斐克拉底传》第 2 卷第 4 节，提到的佣兵是 12000 人。
　　③　应该是公元前 373 年的春天，这时的尼罗河还未泛滥，参阅本章第 43 节。伊斐克拉底在秋天又回到雅典当选为将领。
　　④　参阅本书第一章第 33 节。

法那巴苏斯的幕僚发现佩卢西姆河口的防务是如此坚强,而且有重兵把守,反对按原订计划要从此地打开一条通路,决定用船只经由其他的河口发起入侵行动。因为他们航行在开阔的海洋,船只不会被敌人看见,直到进入门德(Mendesian)河口,该地有一个海滩向外延伸,留出很宽广的空间。他们在此登陆有三千人马,法那巴苏斯和伊斐克拉底向着河口筑有城墙的要塞推进,埃及守军以三千名骑兵和步卒冲出迎击,引起一场激烈的会战,很多人下船赶来增加波斯的兵力,直到最后埃及的部队遭到包围,很多人当场被杀,还有不少人成为俘虏留得性命,其余人在溃败之余逃进城市。伊斐克拉底的手下乘着混乱与守军同时进入城内,他们占领要塞将整座城市夷为平地,所有的居民出售为奴。

43 接着出现指挥官不和的情况,使得整个远征行动变得功败垂成。伊斐克拉底从俘虏那里得知,埃及最富于战略位置的城市是孟菲斯(Memphis)①,目前陷入没有设防的处境,提出建议要赶在埃及部队增援之前,尽快向孟菲斯发航一举夺取。法那巴苏斯认为他们应该等待整个波斯军队的抵达,唯有如此对孟菲斯的作战才会将危险减到最低限度。伊斐克拉底要求使用交给他指挥的佣兵,保证可以占领这座城市。法那巴苏斯对他的大胆进击和骁勇善战起了猜忌之心,生怕他会把埃及据为己有。因此法那巴苏斯没有答应他的用兵,伊斐克拉底抗议过于消极的作为,要是他们让大好的机会溜走,会使得整个战役以失败告终。

有些将领出于嫉妒对他极其不满,打算用不实的指控让他无法脱身。使得埃及有充分的时间,能从最初的打击和震惊当中复原,首先就是派遣一支具有相当实力的守备部队进驻孟菲斯,然后下令所有的部队,攻打位

---

① 参阅本书第一章第50节。

于尼罗河门德河口遭到毁损的要塞,他们的现在的部署可以掌握地形之利,使得他们占有很大的优势,不断与敌人进行接战。等到战力持续增长以后,他们杀死很多波斯的士兵,开始建立打败对手的信心。这个要塞四周的作战变得旷日持久,就在伊特西安季风刮起以后,尼罗河的水位高涨,洪流淹没整个地区①,使得埃及的安全愈来愈牢靠。波斯的指挥官鉴于恶化的情势未能好转,决定从埃及撤退。

因此,大军回到亚细亚以后,伊斐克拉底和法那巴苏斯之间发生争执,怀疑自己会落到雅典人科农(Conon)②同样的下场,就是遭到逮捕和处决,决定暗中离开营地逃走。安排妥当的船只利用夜暗开航抵达雅典附近的港口。法那巴苏斯派遣使者到雅典,指控伊斐克拉底要为埃及战事的失败负起责任。不过,雅典当局对波斯使者的答复,要是他们经过调查发现他犯下错误,一定对他施以应得的处分,然而没过多久,当局指派伊斐克拉底出任水师提督,负责指挥雅典的舰队。

44 我现在要是就我所知对伊斐克拉底极其出众的特质做一番描述,看来也不会离题太远。据说他的指挥有过人的技巧,处理事务极其精明,天赋创新的才华具备实用的特质。长期从事波斯战争在军事方面所获得的经验,他对作战的工具进行许多改革和发明,特别致力于武器和装备的制造与运用。诸如希腊人用的盾牌很大,因此难以紧握在手里,他抛弃旧有的形式制成面积较小的椭圆形盾牌。这样一来可以达成双

① 参阅本书第一章第39节。
② 斯巴达的安塔赛达斯在前392年去见爱奥尼亚的省长泰瑞巴苏斯,要求波斯给予协助用来抑制雅典日益增长的权势,于是泰瑞巴苏斯逮捕已获得法那巴苏斯信任的科农,参阅色诺芬《希腊史》第4卷第8节,以及本书第十四章第85节。根据某位权威人士的叙述,科农被波斯当局关进监狱接着处死;还有一种说法他到塞浦路斯获得伊凡哥拉斯的庇护,在该地因病逝世。

重目标,较小的盾牌还是可以对使用者的身体提供适当的防护,由于重量较轻,行动的时候不受拖累更为方便。经过试用发现新的盾牌容易操作乐于为众人采用。

步兵在过去称为重装步兵(hoplites)就是因为那面沉重的盾牌,后来他们携带轻盾(pelta),所以名字改为轻盾兵(peltasts)①。有关矛和剑的改进采取不同的看法,就是增加矛的长度是原来的一倍半,剑身加长到原来的两倍。这些武器在实战当中,肯定最初试用成功的经验使得将领创新的天才赢得很大的名气。他发给士兵的军靴很容易解开而且质地较轻,一直使用到现在所以用它的名字称为"伊氏军鞋"。还有其他在战争中可以运用的改进项目,要想一一介绍实在过于冗长。因而波斯大军对埃及的远征行动,虽然事先有充分的准备,由于人谋不臧最后还是无功而返。

45 就整个希腊而言现在所以会有几个城邦陷入混乱,完全在于出乎异常的政府形式,特别是无政府状态就会产生很多的叛变,有些城市想要建立寡头政体,拉斯地蒙当局必然给予有力的帮助,这时雅典人所支持的团体,仍旧紧紧依附民主政体不肯放手。两个主要的城邦只在短期内维持和约②,等到与他们关系很深的城市发起联合的行动,就会重新引起死灰复燃的战争,不再遵守原来同意的全面和平,就会陆续出现许多事件。

诸如札辛苏斯(Zacynthos)获得民意支持的党派,对于拉斯地蒙统治期

---

① 帕克(H.W.Parke)《希腊的佣兵》(*Greek Mercenary Soldiers*)第 79 页引用这段文字,支持狄奥多罗斯的论点,认为轻盾兵的装备经过改进,才会推荐到重装步兵的部队。可以参阅尼波斯《伊斐克拉底传》第 1 卷第 3—4 节。
② 参阅本章第 38 节。

间还能控制政府的人士,不仅气恼而且深为痛恨,就将这些人施以放逐的处置。① 由于雅典的泰摩修斯负责指挥舰队,所以受到放逐的札辛苏斯人就在他那里获得庇护,还加入他的队伍一起并肩作战。因此他们将他视为联盟的成员,接着泰摩修斯将他们运到岛上,经由海上去夺取一个名叫阿卡狄亚的坚强据点。他们用这里作为基地并且获得泰摩修斯的支持,就对城市造成难以忍受的破坏②。

等到札辛苏斯的市民要求拉斯地蒙当局给予援手,后者立即派遣使者到雅典对泰摩修斯大肆抨击,然而却看到雅典的市民大会对流亡人士表示好感,于是拉斯地蒙组成一支舰队,在亚里斯托克拉底③的指挥之下,拥有二十五艘三层桨座战船,奉命前往帮助留在城内的札辛苏斯居民。

46 就在发生这些事情的时候,科孚(Corcyra)有一个倾向拉斯地蒙的党派,为了反对民主政体开始叛乱,他们请求斯巴达当局派来一支舰队,答应的承诺是出卖科孚。拉斯地蒙渴求海权知道科孚的重要性,急着要能据有这座城市④。于是他们立即派遣二十二艘三层桨座战船前往科孚,亚西达斯(Alcidas)负责指挥这支分遣舰队。他们就以这次远征的目标是西西里做借口,为了让科孚的民众把他们当成朋友给予接待,然后再去帮助流亡人士占领这座城市。科孚当局发现斯巴达的意图,提高

_____

① 脱落这段文字的意思是"这些人后来获得拉斯地蒙的大力支持,不仅恢复原有的统治大权,反而转过来将他们的政敌全部逐出国门"。

② 参阅色诺芬《希腊史》第6卷第2节的记载,以及贝洛克《希腊史》第3章第1节第156页,提到前375年的秋天已经签订和平协议以后,才会发生这一次的攻击事件。凯利《剑桥古代史》第6章第77页,认为发生的时间是前374年。

③ 按照贝洛克《希腊史》第2章第2节第281页的记载,这个时候的亚里斯托克拉底可能是斯巴达的水师提督(nauarch)。

④ 有关拉斯地蒙的侵略行动,参阅凯利《剑桥古代史》第6章第77页,以及色诺芬《希腊史》第6卷第2节。注意本章第47节提到狄奥尼修斯出面调停。

警觉护卫城市的安全,并且派出使者到雅典要求帮助。雅典的市民大会投票通过议案,要对科孚和札辛苏斯的放逐者给予援手,帖西克利(Ctesicles)出任将领奉命前往札辛苏斯指挥流亡人士,准备派遣一支海上部队赶赴科孚。

就在发生这些事情的时候,皮奥夏的普拉提亚与雅典缔结同盟,要求派出士兵前来驻防,决心控制城市紧附雅典不再分离。皮奥夏称为皮奥塔克(Boeotarch)的"司令"①对于这件事公开谴责,采取先发制人的手段阻拦雅典派来的联盟队伍,立即派出一支颇具实力的军队前去攻打普拉提亚②。他们到达普拉提亚的邻近地区,发起让对方措手不及的攻击,大量普拉提亚的市民在战场遭到逮捕,被骑兵强行带走,其余的人逃进城市,他们在没有盟邦给予救援的情况下,被迫与敌人签订双方同意的契约,就是他们可以带着所有的动产和钱财离开这座城市,从此再也不踏上皮奥夏的土地。随后底比斯将这座城市夷为平地,同时对素来憎恶的帖司庇伊(Thespiae)③大肆劫掠。普拉提亚人带着妻子儿女逃到雅典,接受同等的市民权利可以证明雅典对他们的厚爱。

以上是皮奥夏发生的情况。

47

拉斯地蒙当局指派纳西帕斯(Mnasippus)出任将领,命令他率领六十五艘三层桨座战船前往科孚,他的部队还包括一千五百名士兵④。他在快要接近岛屿的时候,就遇到前来投效的流亡人士,扬

---

① 皮奥夏同盟每年选出 11 名司令(职权相当于雅典的将领),后来减为 7 名。

② 参阅色诺芬《希腊史》第 6 卷第 3 节,以及伊索克拉底《普拉台库斯》,提到普拉提亚的陷落是在前 373 年,雅典的执政是阿斯特乌斯(Asteius)。

③ 无论是本章第 51 节或色诺芬《希腊史》第 6 卷第 3 节,提到帖司庇伊的毁灭,发生在琉克特拉会战之后。

④ 贝洛克《希腊史》第 3 卷第 1 节,提到这件事发生在次一年(前 373 年)的夏季。参阅色诺芬《希腊史》第 6 卷第 2 节。

帆驶入海港捕获四艘船只,仍旧有三艘向岸边逃走,为了不要落到敌人手里,科孚人纵火将它们烧毁。他布兵在陆上击败对方的分遣部队,占领一座小山让科孚人感到惶恐不安。雅典当局早已派出科农之子泰摩修斯带着六十艘船援救科孚。不过,在受到他们的支持着手调停之前,他向着色雷斯地区开航。他到达以后召集很多城市参加联盟,还让他的舰队增加三十艘三层桨座战船的兵力。基于这种缘故他对科孚的协助过于迟缓,因而免除指挥官的职位,使得在众人的心目中丧失声誉,受到剥夺指挥权的处分。不过,后来他沿着阿提卡海岸回到雅典,从其他的城邦带来很多使者要与雅典签订同盟条约,让他的舰队增加三十艘三层桨座战船,对于战事可以获得更大的帮助,因此市民大会后悔他们的处置过于仓促,恢复他原有的职位①。

他们额外多建造四十艘三层桨座战船,使得他的舰队拥有的总数到达一百三十艘,他们供应大量粮食、装备、器械和战争所需各式各样的补给品。为了应付紧急情况,他们选出帖西克利担任将领②,派他率领五百名士兵前去援助科孚。他在暗夜的掩护之下到达该地,驶进科孚的港口没有让围攻者觉察。他发现城市的居民彼此倾轧不已,对于军事的问题处理极其不当,他尽力予以调停特别注意内部的事务,鼓舞被围守军的士气。首先他对围攻者发起出乎意料的攻击,让对方损失两百多人,后来在一场大规模的会战当中杀死纳西帕斯和不少士兵。最后他反而将围攻的部队包围得水泄不通,使他赢得大家的赞扬和钦佩③。

等到雅典的舰队带着担任将领的泰摩修斯④和伊斐克拉底一起来到,

---

① 泰摩修斯这时还未恢复罢黜的职位,所以他与这个重大的事件没有关系。参阅色诺芬《希腊史》第 6 卷第 2 节以及尼波斯《泰摩修斯传》第 4 节。

② 参阅本章第 46 节及色诺芬《希腊史》第 6 卷第 2 节。

③ 参阅色诺芬《希腊史》第 6 卷第 2 节,发生的时间是前 372 年。

④ 泰摩修斯并没有参加这一次的行动,参阅凯利《剑桥古代史》第 6 章 第 77 节。

为了夺取科孚所发动的战事宣告结束。关键时刻来得虽然迟缓，看来已经没有什么事值得一提，倒是狄奥尼修斯派来一些西西里的三层桨座战船①，在赛西德（Cissides）和克瑞尼帕斯（Crinippus）的指挥之下，前来帮助他们的盟友拉斯地蒙，结果全部九艘船连带所有的船员都被雅典的水师捕获。他们将俘虏出售为奴，加上其他来源一共得到六十泰伦，当成酬劳支付给部队②。

就在这些事情发生的时候，塞浦路斯有位名叫奈柯克利（Nicocles）的宦官③暗杀国王伊凡哥拉斯，让自己在萨拉密斯拥有皇家的权力。意大利的罗马与普里尼斯特（Praeneste）④发生一场会战，前者获胜以后几乎要杀光所有的敌手。

48 伊斯特乌斯（Asteius）出任雅典的执政，罗马选出六位军事护民官马可斯·弗流斯（Marcus Furius）、卢契乌斯·弗流斯（Lucius Furius）、奥卢斯·波斯都缪斯（Aulus Postumius）、卢契乌斯·卢克里久斯（Lucius Lucretius）、马可斯·费比乌斯（Marcus Fabius）和卢契乌斯·波斯都缪斯（Lucius Postumius）拥有执政官的权责。就在这些官员任职期间（前373年），伯罗奔尼撒发生了一次强烈地震，伴随着海啸用令人无法置信的方式，竟然淹没了濒海的区域和城市。从更早的年代算起没有这样的灾难落在希腊城市的头上，更不会说是整座城市连带居民全都消失不见，像是出于神明的力量使得人类遭到毁灭性的摧残。天灾发生的时间

---

① 或许在本书第十六章第57节偶然提到此事，狄奥尼修斯用这些船只运送礼物到德尔斐，全部在前373年的动乱毁于大火之中。

② 参阅色诺芬《希腊史》第6卷第2节，以及波利努斯《谋略》第3卷第9章第55节。

③ 狄奥庞帕斯的作品从留下的残卷得知，伊凡哥拉斯和他的儿子普尼塔哥拉斯，被一位名叫色拉西迪乌斯的宦官所谋杀，伊凡哥拉斯的儿子和继承人奈柯克利可能没有涉及弑父的罪行。狄奥多罗斯只是简单交代几句，还张冠李戴让那位阉人用奈柯克利这个名字。

④ 参阅利瓦伊《罗马史》第6卷第27节。

使得毁灭的效应增加到极其严重的程度,地震要是在白天受害者可以自力救济,等到夜晚来到的打击,这时人们都在室内,强烈的摇晃使得房屋倒塌,带来惨重的伤亡,人们在黑暗中更为惊慌和恐惧,甚至丧失求生的勇气。等到白昼来临幸存者认为已经逃脱危险,却遭遇更为严重且又不可思议的灾难。

海面升到很大的高度,巨浪扫过陆地将所有的居民全部淹死。亚该亚的两座城市赫利卡(Helica)和布拉(Bura)①受害最烈,前者在地震发生之前,在亚该亚所有的城市当中名列首位。这些灾难成为大家争相讨论的题目。自然科学家努力提出说明,不把这种成因的责任归之于天意,提到某些自然环境要由需要做出决定,那些倾向崇拜神明权力的人,对于发生的事项诉诸某些言之有理的因素。宣称神明对人们犯下亵渎神圣的罪行,极其愤怒才会降下这样重大的灾祸。我在本书当中特别用一节的篇幅叙述有关的详情②。

49 爱奥尼亚的九座城市③,根据传统习俗要为所有的居民维持一个时常举行的集会,靠近迈卡里(Mycale)这个地方有一个与世隔绝的区域,他们为波塞冬(Poseidon)提供大量的祭品和牺牲,就古代的标准来说已到极其丰盛的程度。不过,后来由于邻近地区爆发战争,无法继续举办泛爱奥尼亚祭典(Panionia),就将集会改到靠近以弗所更为安全的位置。他们派遣使者前往德尔斐,获得神谶的指示是要仿造一个位于赫利卡的古代祖先的祭坛,过去赫利卡所在的地方名字叫作爱奥尼亚,现

---

① 斯特拉波《地理学》第1卷第3章,提到布拉和赫利卡两座城市,然而布拉被地面的裂隙吞噬消失不见,赫利卡为海啸引起的巨浪全部卷走。

② 参阅本书第十六章第61—64节,对于这个重大的灾难有详尽的叙述。

③ 希罗多德《历史》第1卷第145节列举12座爱奥尼亚城市,还让亚该亚与爱奥尼亚有了关联。特别提到布拉和赫利卡,收容在亚该亚战败的爱奥尼亚人。

在称为亚该亚。

爱奥尼亚的居民听从神谶指点迷津,派人到亚该亚照原有的尺寸和样式加以仿制,先在亚该亚的会议上面说服对方答应他们提出的要求。不过,赫利卡流传一个古老的格言,只要爱奥尼亚的居民在波塞冬的祭坛前面奉献牺牲,就会给整座城市带来危险,虽然来者拿出神谶作为借口,还是拒绝爱奥尼亚的居民有关仿制的行动,还说这处圣地不是亚该亚人共有的财产,完全属于他们所有不容外人置喙。同时布拉的居民就此事对赫利卡加以声援。亚该亚当局发布同意的敕令,爱奥尼亚的居民遵奉神谶的指示在波塞冬的祭坛前面献祭,赫利卡的民众将祭祀的法器丢在地上,逮捕在场行礼的代表团①,犯下亵渎神圣的罪行,不敬的举动使得波塞冬大动肝火,对于冒犯的城市要用地震和洪水加以毁灭。

他们对于这种说法认为具备充分的理由:首先,确认波塞冬拥有权力过于地震和洪水②,从古代开始大家就相信伯罗奔尼撒就是这位神明的居留之地,在这个地区与他有关的事物都视为神圣不可侵犯。总之,伯罗奔尼撒所有的城市对海神波塞冬较之其他任何神明更为推崇和恭敬。再者,这个半岛的地表之下有巨大的洞窟和宽广的通道,可以储存和排放高涨的洪流。明确得知有两条河川出现地下的伏流,其中一条离开菲尼乌斯(Pheneus)不远,所有的水量为地下洞穴所吞没,过去有段时间完全消失不见,

---

① 参阅鲍萨尼阿斯《希腊风土志》第 7 卷第 24 节。法兰兹(Franzer)《论鲍萨尼阿斯》第 4 章第 165 节,提到这个故事有其他的情节。

② 宙斯和他的兄弟是新一代的神明,推翻父辈的统治以后,就将整个宇宙的管辖权做一个分配,宙斯拥有天空和陆地,波塞冬得到海洋和水域,哈迪斯主宰地下世界。所以手执三叉戟的海神统治广大的水域,要是发怒用武器击打地面就会产生地震。

另外一条在斯特姆法拉斯（Stymphalus）①附近，突然陷入一条裂隙之中，隐藏在地下流了两百斯塔德的距离，从亚哥斯的旁边注入大海。还有一种更为虔诚的说法，除了那些犯下亵渎神圣罪行的人，便没有人在这场灾难当中丧失性命②。有关发生地震和洪水的问题，我们叙述的情节当可满足大家的好奇。

50 亚西昔尼斯（Alcisthenes）成为雅典的执政，罗马选出八位军事护民官卢契乌斯·华勒流斯（Lucius Valerius）、巴布留斯·华勒流斯（Publius Valerius）、盖尤斯·特伦久斯（Gaius Terentius）、卢契乌斯·麦内纽斯（Lucius Menenius）、盖尤斯·苏尔庇修斯（Gaius Sulpicius）、提图斯·帕皮流斯（Titus Papirius）和卢契乌斯·伊米留斯（Lucius Aemilius）负起执政官的职责，伊利斯举办第一百零二届奥林匹亚运动会，休里埃的达蒙赢得赛跑的优胜。就在这些官员任职期间（前372年），拉斯地蒙在希腊拥有霸权达五百年之久，上苍的征兆预告他们要丧失整个帝国，有段时期很多夜晚可以看到天空显现明亮的火炬，从它的形状称之为"燃烧的光柱"。

过后不久发生令大家震惊的事，斯巴达在一场大规模的会战当中吃了败仗，丧失的霸权再也无法挽回。有些学者认为火炬的来源出于自然的成因，提出的见解是诸如此类幻觉或异象，基于需要在指定的时代经常发生，巴比伦的迦勒底人（Chaldeans）和其他的占星家对这方面的事项都能提出

----

① 前面所指那条河流是阿尔菲乌斯（Alpheus）河的支流拉敦河，流过菲尼乌斯，后面那条就是斯特姆法拉斯河。参阅斯特拉波《地理学》第8卷第8章第4节。提到两个城镇都在阿卡狄亚，维吉尔在《埃涅伊德》第8卷第165行，提到菲尼乌斯是伊凡德（Evander）的出生之地。

② 斯巴达有十艘船停泊在赫利卡被海啸引起的巨浪摧毁，请问船上的水手又犯了什么大罪。

准确的预言。他们说这些人即使没有任何表示，对于发生类似的现象都不会感到惊讶，因为每一个星座都有特定的周期，会在指定的轨道上面用年代久远的运动完成它的循环。不管怎么说这种火炬是如此明亮，据说可以发出强烈的光线，就像满月的时候会在地球投下阴影。

这个时候的波斯国王阿塔泽尔西兹看到希腊世界再度陷入动乱之中，派出使者①呼吁希腊的城邦要解决兄弟阋墙的战争，如同过去那样签订一致认同的誓约建立全面的和平②。全体希腊人民乐于接受他的建议，除了底比斯③所有的城市全都同意"和平"；只有底比斯用积极的行动将整个皮奥夏纳入单一的同盟组织④，这样做得不到所有城邦的认可，有关誓约和协议要以城市对城市⑤的对等关系，做出大家可以接受的决定。底比斯仍然像从前一样置身于和平协议之外，继续保持整个皮奥夏地区为自己拥有的联盟。

拉斯地蒙为自私的做法所激怒，要把他们当成希腊人民的公敌，决定率领一支大军前往征讨，须知他们对于底比斯的权势日增投以极其嫉妒的眼神，生怕这位对手拥有皮奥夏的领导地位，就会获得有利的机会可以终结斯巴达的霸权。他们不断从事各种训练养成强健的体魄，天性喜爱战

---

① 提到波斯国王关心此事，参阅哈利卡纳苏斯的狄奥尼修斯《论黎昔阿斯》第 12 节，以及色诺芬《希腊史》第 6 卷第 3 章第 12 节。

② 参阅本章第 38 节。

③ 参阅色诺芬《希腊史》第 6 卷第 3 节，普鲁塔克《希腊罗马名人传》第 16 篇第 1 章"亚杰西劳斯"第 28 节，提到和平条约的签署是在 Scirophorion 月第 14 天(6 月 14 日)，底比斯在琉克特拉会战大获全胜是在 Hecatombaeon 月第 5 天(7 月 5 日)，只不过相隔 20 多天而已。

④ 皮奥夏同盟是在安塔赛达斯呼吁和平之前，新成立没有多久，已经基于民主的原则要将权力集中，所以同盟的司令从所有皮奥夏的市民当中选出，而且将原来的 11 位减到 7 位，决定的权力在于同盟大会，通常在底比斯集会，大家都能同心合力要完成共同的目标。

⑤ 要是以城市为单位签署和平条约，皮奥夏同盟就会变得有名无实，底比斯人当然会拒绝从命；参阅色诺芬《希腊史》第 6 卷第 3 节。

争,英勇的行为绝不输于任何希腊城邦。他们的领导人物素以武德知名于世,尤以伊巴密浓达、高吉达斯和佩洛披达斯①为其中之佼佼者。他们的祖先在英雄时代获得的荣耀,使得底比斯这座城市满怀骄傲的气势,激励市民要建立丰功伟业。就在这一年,拉斯地蒙当局准备发起战争,从他的市民和盟邦正在征召一支军队。

51 弗拉西克利德(Phrasicleides)成为雅典的执政,罗马选出八名军事护民官巴布留斯·马纽斯(Publius Manius)、盖尤斯·伊里纽修斯(Gaius Erenucius)、盖尤斯·色克都斯(Gaius Sextus)、提比流斯·尤利乌斯(Tiberius Julius)、卢契乌斯·拉维纽斯(Lucius Lavinius)、巴布留斯·特瑞朋纽斯(Publius Tribonius)、盖尤斯、曼留斯(Gaius Manlius)和卢契乌斯·安塞斯久斯(Lucius Anthestius)②履行执政官的职责。就在这些官员任职期间(前371年),由于底比斯没有缔结和平协议,被迫独自与拉斯地蒙交战,因为所有的城市都同意签署,只要加入底比斯的阵营就是违法的行为。底比斯处于独木难支的困境,拉斯地蒙当局决定进行讨伐,使得所有的底比斯人成为丧失市民权利的奴隶。

由于拉斯地蒙对于准备工作丝毫不加掩饰,底比斯已经没有可以给予援助的盟邦,每个人都认为他们很容易为斯巴达击败。有些希腊人看到底比斯难逃败亡的命运,基于同情的心理对他们非常友善,还有很多人因为憎恶底比斯,看到他们再次落到奴役的处境感到心满意足。等到拉斯地蒙

---

① 参阅本章第 39 节。
② 盖尤斯·伊里纽修斯不知是何等人物。利瓦伊《罗马史》第 6 卷第 30 节提到 6 位护民官的名字:巴布留斯·曼留斯(Publius Manlius)、盖尤斯·曼留斯(Gaius Manlius)、卢契乌斯·尤利乌斯(Lucius Julius)、盖尤斯·色克蒂留斯(Gaius Sextilius)、马可斯·阿比纽斯(Marcus Albinius)和卢契乌斯·安蒂斯久斯(Lucius Antistius)。

的大军即将出征,身为国王的克里奥布罗都斯①负责指挥,派出使者首途底比斯下达最后通牒,提出的要求是皮奥夏所有的城市独立自主,让普拉提亚和帖司庇伊②流亡在外的民众返回家园,将土地归还原来的主人。

底比斯当局的答复是他们从未干涉拉柯尼亚的事务,斯巴达无权对皮奥夏的城邦指指点点,拉斯地蒙当局对底比斯的不知好歹极其恼怒,下令克里奥布罗都斯立即进军攻打底比斯。斯巴达的盟邦采取积极的行动,自认可以兵不血刃就能拥有皮奥夏的主权。

52 斯巴达的大军前进抵达科罗尼亚(Coroneia),等待行动迟缓的盟邦开始宿营。底比斯看到敌军已经入侵,通过提案为了安全将妻子儿女送到雅典,选出伊巴密浓达出任将领,授予指挥作战的权力,六位皮奥塔克即"司令"成为他的顾问。伊巴密浓达征召底比斯所有兵役年龄的男子,以及皮奥夏的居民当中自愿的合格人士,组成的军队数量超过六千人。就在部队开拔离开城市的时候,似乎对这次出兵显示很多不利的朕兆。伊巴密浓达在城门遇到一位瞎眼的传令官,如同通常的做法要找寻逃走的奴隶③,在那里大声提出警告,不要将他们从底比斯带走,更不能用拐骗的方式加以引诱,得让他们安全回到家中。

他们当中那些有了年纪的人,听到这位传令官所说的话,认为这是对未来的境遇提出的预告,倒是年轻人用平常心看待此事,没有表现怯懦的神色要求伊巴密浓达停止远征行动。况且伊巴密浓达对问到此事的人给

---

① 克里奥布罗都斯已经在福西斯完成作战准备,参阅凯利《剑桥古代史》第6章第80页。他派到那里是前375年的事,贝洛克认为他在前371年再度派往该地。

② 参阅本章第46节。

③ 底比斯最近受到斯巴达的奴役,只要从这座城市出发,等于向大家宣称已经预知他们的毁灭,这种解释基于一种设想,就是宣达者通报逃走奴隶的姓名和容貌,他的主人要将他找回来,连带提出警告不能将他运走或藏匿起来,要求将他逮捕,安全送返给他的主人。

予回答：

"保卫我们的国家就是唯一的吉兆。"①

虽然大家为他率直的口吻还能小心谨慎感到惊奇不已,看来第二个朕兆较之前者更难以接受。有位"执事"携带一根长矛行军,矛上绑着一条布带,上面有最高当局授予的部队番号,一阵风将矛上的布带刮走,缠住坟地的祭台,这里埋葬一些拉斯地蒙和伯罗奔尼撒的士兵,死者属于亚杰西劳斯指挥下的远征部队。

有些老者借着这个机会更是振振有词,说是不能违背神明极其确切的反对,非要率领军队离开城市。伊巴密浓达对他们的态度非常尊敬却没有任何答复,仍旧率领部队开拔前进,他认为要是考虑到问题的高贵性质和正当做法,宁愿看成要去讨论朕兆的动机。伊巴密浓达在这个重要时刻面临广泛的质疑,由于他接受哲学的教育,能够理性运用他所熟悉的原则,一一化解于无形。后来他的成功得力于优越的军事素养,为谋求国家的福利做出极大的贡献。他立即领军出战,抢先占领位于科罗尼亚的隘道,在那里开设营地。

53 克里奥布罗都斯得知敌人已经据有隘道,决定不要强攻而是取道福西斯,穿越滨海的小径行进相当困难,进入皮奥夏却不会发生危险。他在进军途中夺取一些碉堡,捕获对方十艘三层桨座战船②。后来他抵达一个名叫琉克特拉的地方,开设营地让士兵恢复行军的劳累。皮奥夏的前锋快要接近敌军,登上山岭突然看到琉克特拉平原上面设置的营

---

① 荷马《伊利亚特》第 12 卷第 243 行。这是赫克托对特洛伊的将领波利达马斯(Poly-damas)所说的话。

② 参阅色诺芬《希腊史》第 6 卷第 4 节。

地,为这支庞大的军队感到惊愕不已。六位司令开会①要做出决定,按照原订计划前去攻打兵力占有数倍优势的敌军,抑或全军退到一个居高临下的位置再与敌人发起会战,投票的结果居然是双方人数相等,也就是六位司令当中,有三位认为他们必须撤退,另外三位坚持他们应该出击,伊巴密浓达要算在后者之中。现在陷入相持不下的僵局,等到第七位司令前来投票,经过伊巴明诺达的说服给予支持,那天他的决定获得通过。

伊巴密浓达看到士兵受到预兆的影响产生迷信的心理,很想借着自己的智慧和谋略解除他们的不安和焦虑。等到相当数量的人马从底比斯来到,他为了说服他们提到赫拉克勒斯神庙里面放置的兵器,在令人感到惊讶的情况下消失不见,这个消息已经广泛在底比斯流传,古代的英雄要全身披挂前来帮助皮奥夏的人民。有个人刚从特罗弗纽斯(Trophonius)②的洞窟来到地面,伊巴密浓达将他叫到大家的面前,这个人说起他在洞中得到神明的指示,等到他们在琉克特拉获胜以后,为了向天国的君王宙斯致敬,设立一个竞赛项目用桂冠当作优胜的奖品。直到现在皮奥夏的民众在勒贝迪(Lebadeia)举行的祭典,便源于此。

54 鼓励从事谋略的帮手是斯巴达的勒安德瑞阿斯(Leandrias)③,这个人被拉斯地蒙当局放逐,投效底比斯的远征行动有很大的贡献。他出席军事会议提到斯巴达有一个古老的传说,他们会在琉克特拉被底比斯打败丧失霸权。还有一些当地靠神谶为生的人来见伊巴密浓达,说是命中注定拉斯地蒙要遭到灾难,因为琉克特鲁斯(Leuctrus)和西达

① 参阅普鲁塔克《希腊罗马名人传》第8篇第1章"佩洛披达斯"第20节,这里的皮奥塔克即"司令"是一种军队指挥的职位,相当于一般所称的"将领"。
② 这个洞窟在当时极其出名,用"托梦"的方式获得神谶,可以预知未来的事务,它的位置在勒贝迪(Lebadeia)附近。有关这个故事参阅波利努斯《谋略》第2卷第3节。
③ 不知此人是何方神圣,可能是捷利帕斯之子克伦德瑞达斯(Cleandridas)的笔误。

苏斯(Scedasus)所生的几位女儿,她们死后埋葬的坟墓带来非同小可的影响,整个来龙去脉有如下述。当地的平原取名来自这位琉克特鲁斯。他和西达苏斯所养育的几个女儿,正当及笄的年纪遭到一群拉斯地蒙使者的强暴。受到侵犯的女郎无法忍受身心的摧残,诅咒那个竟然派出禽兽充当使者的城邦,然后自裁了结性命①。

根据报道还有很多其他与此相类似的事件,伊巴密浓达召集一次全军大会,用诚恳的语气教导士兵看待这些问题,他们全都改变心意不受迷信的影响,提起奋励无前的士气要与敌人会战。此刻底比斯还从帖沙利获得一支盟军分遣部队的援助,贾森②指挥的部队有一千五百名步卒和五百名骑兵。他说服皮奥夏和拉斯地蒙暂时休战,可以防备命运女神的反复无常。

等到双方的协议生效,克里奥布罗都斯率领他的军队离开皮奥夏,前去与另外一支大军会师,这支军队是由拉斯地蒙和盟邦组成,接受亚杰西劳斯之子阿契达穆斯③的指挥。斯巴达当局看到皮奥夏已有万全的准备,判断会战当中要遭遇骁勇善战的劲旅,派遣第二支大军对于无所畏惧的敌人能够确保兵力的优势。一旦他们的军队会师以后,拉斯地蒙认为再要忌惮皮奥夏士兵的英勇实在过于怯懦。他们毁弃休战协议的约束,全军士气高昂返回琉克特拉。皮奥夏的军队完成会战准备,双方开始部署他们的队伍。

---

① 普鲁塔克《希腊罗马名人传》第8篇第1章"佩洛披达斯"第20节叙述同样的故事,只是情节方面有些差别。鲍萨尼阿斯《希腊风土志》第9卷第13节,提到这件事的说法与狄奥多罗斯相近。

② 按照色诺芬《希腊史》第6卷第4节的记载,贾森率领的援军是琉克特拉会战结束以后才来到战场,同时也没有提到休战协议。

③ 从而得知阿契达穆斯的派遣,同样是在会战以后而非会战之前,所以他根本没有参加琉克特拉会战。

55

拉斯地蒙的国王安排的会战部署,赫拉克勒斯的后裔担任两翼的指挥官,就是克里奥布罗都斯王和亚杰西劳斯王的儿子阿契达穆斯①。至于在皮奥夏的阵营,伊巴密浓达按照自己的见解运用非比寻常的部署方式,这种策略会使他们赢得举世赞誉的大捷。他从全军挑选最勇敢的士兵配置在一翼,打算自己要与他们一起战到最后,绝不放弃坚守的战线。他将战力最弱的部队配置在另一翼,告诫他们要避免会战,受到敌人的攻击要逐渐向后退却。他把方阵部署成斜行配置,按照计划要把精锐的选锋集中一翼,形成绝对优势用来决定会战的胜负②。

双方的号角手吹响进攻的信号,军队同时发出嘹亮的战斗呐喊,拉斯地蒙的方阵摆出新月队形攻击对方的两翼,这时皮奥夏的一翼开始后撤,另外一翼用快步向着敌人进击。两军短兵相接以后开始肉搏战斗,激烈的厮杀使得局势摇摆不定。伊巴密浓达的部队靠着英勇的战斗和密集的队形,能够发挥最大的优势向前进进,很多伯罗奔尼撒的士兵开始支持不住,他们没有办法忍受精锐的选锋英勇战斗带来的压力,继续抵抗的人不是被杀就是受伤,前列的士兵全都陷入苦战。

只要拉斯地蒙国王克里奥布罗都斯仍然活在世上,很多军中袍泽愿意为保护他的安全以身殉主,这时胜利的天平倾向哪一边仍旧难以取决。虽然他面对危险不会逃避,已经证实他无法击败当面的敌手,像一个英雄人物展现壮烈的牺牲,遭到无数重创以后阵亡在沙场,因为大群士兵聚集在他的周围,堆积的尸首如同巨大的土堤。

---

① 色诺芬之所以在琉克特拉会战中没有提伊巴密浓达的名字,还说打完仗以后阿契达穆斯另有任用,就是为了让他的朋友亚杰西劳斯能够保持颜面,不要因为自己的儿子被伊巴密浓达打得大败,给他带来莫大的羞辱。

② 马其顿和波斯在前 331 年的阿贝拉会战,两军开始前进接敌的时候,亚历山大不直接向波斯的战线进攻,而是向他们的左翼采取斜形运动,逼得波斯军改变作战的方向,以致战线出现缺口,亚历山大率领骑兵向中央的大流士冲过去,使得波斯国王败逃,造成全线的崩溃。所以亚历山大赢得胜利,主要是师法伊巴密浓达的战术运用。

56 拉斯地蒙的一翼在无人指挥的情况下，伊巴密浓达以强有力的纵队压制拉斯地蒙的方阵，等到全部兵力发生作用立即引起敌人战线的崩溃，然而拉斯地蒙的勇士在他们的国王周边奋勇战斗，为了保护他的身体不受到伤害，至于整体的战力已经不足以争取胜利。因为皮奥夏精锐的选锋就作战的英勇而言较他们更胜一筹，伊巴密浓达的武德和教导对赢得胜利做出更大的贡献，拉斯地蒙的阵营很难扭转失败的局面。开始的时候无法攻破敌人的斜行队形只有退却，最后因为很多人阵亡而且指挥官被杀，不能重新整顿发起逆袭，军队转身逃走形成全面的溃败。伊巴密浓达的部队发起追击①，很多反抗的人遭到杀害，他们赢得一场最光荣的大捷。

他们不仅要迎战全希腊最勇敢的战士，而且以一支兵力较小的部队，如同出现奇迹一样制服数量要大很多倍的敌人，他们的作战骁勇和奋不顾身赢得很高的声誉。最高的荣耀落在身为将领的伊巴密浓达身上，主要在于他作战的英勇和指挥的才华，会战当中打败希腊世界所向无敌的领袖人物。四千多名拉斯地蒙的士兵在会战中丧生②，皮奥夏的阵亡官兵约为三百人，会战以后他们签订休战协议，允许取回阵亡人员的尸体，同意拉斯地蒙的败军离开战场返回伯罗奔尼撒地区。

上面叙述琉克特拉会战的来龙去脉和相关事项。

57 年度即将结束，雅典的狄斯尼西都斯（Dysnicetus）成为执政，罗马选出四位军事护民官奎因都斯·塞维留斯（Quintus Servilius）、卢契乌斯·弗流斯（Lucius Furius）、盖尤斯·黎西纽斯（Gaius

---

① 狄奥多罗斯的叙述最失策的地方，在于没有提到骑兵部队的行动，根据色诺芬《希腊史》第6卷第4节的记载，他们与底比斯精锐的先锋合作无间，能够快速向前挺进，奠定这次大捷的基础。后来马其顿根据底比斯这次会战的胜利，发展出步骑配合、密集方阵和梯形部署的新战术，使得亚历山大的东征获得辉煌的成就。

② 这个数字可能过分夸大，色诺芬的记载是"大约1000人"。

Licinius)和巴布留斯·西留斯(Publius Coelius)拥有执政官的权责。就是这些官员在职期间(前370年),底比斯派出一支大军前去攻打奥考麦努斯,目标是要剥夺他们自主的权利,让全城接受奴役统治,等到伊巴密浓达对他们提出谏言,任何人要想在希腊的城邦当中拥有最高的权势,那么他应该用善意对待他人作为保护自己的手段,过去他们所以能够英勇作战,就是为了要在这一方面有所建树,他们听从他的劝告从而改变心意。

他们看待奥考麦努斯的民众,如同盟邦一样拥有原来所属的疆域,后来他们与福西斯、艾托利亚和洛克瑞斯建立友谊,让这几个城邦重新返回皮奥夏的阵营①。菲里的僭主贾森由于权势日增,率兵入侵洛克瑞斯,获得内应的情况下,首先夺取特拉契尼亚(Trachinia)的赫拉克利(Heracleia),纵兵大肆洗劫以后,就将这片国土送给厄塔人(Oetaeans)和马利斯人(Malians),接着他进入佩里比亚(Perrhaebia),慷慨的承诺获得一些城市的归顺,或是运用武力征服另外的城市。他的职位因为建立功勋可以发挥更大的影响力,帖沙利的居民难免会用猜疑的眼光,注视他的权势日增和对外的武力侵略。

就是发生这些事情的时候,亚哥斯这个城市爆发内争,随伴大量人员遭到屠杀,即使希腊过去出现类似的情况,就悲惨的程度而言与这次还是无法相比。希腊人将这种革命活动称"私刑法(Club-law)",获得这样的称呼来自行刑的方式。

58 爆发内争出于下面的缘故:亚哥斯②这座城市的政府形态是民主体制,某些民意领袖煽动群众反对拥有财产和名声因而地

---

① 提到这几座城市在前370年的时候,已经是底比斯的盟邦,参阅色诺芬《希腊史》第6卷第5节。

② 普鲁塔克《道德论丛》第55章"为政之道的原则和教训"第17节,提到雅典听说亚哥斯发生内讧,有1500名市民被自己的同胞杀死,于是通过议案将赎罪的牺牲送到该城的市民大会;参阅哈利卡纳苏斯的狄奥尼修斯《罗马古代史》第7卷第6节。

位显赫的市民。恶意指控的受害者聚集起来,决定推翻由暴民把持的民主政体。等到事情泄露这些人认为涉及叛乱会受到逮捕,大家畏惧酷刑拷问带来的痛苦,除了一人以外全都自杀身亡。这个人在酷刑的威胁之下愿意吐实,接受给予赦免的保证,担任告密者出首三十位最为卓越的市民。民主党派的人士没有经过全面的调查,对于所有受到起诉的被告处以死刑,并且籍没他们的财产。

还有很多其他的涉嫌人士,这些民意领袖支持捏造的不实指控,暴民得以全力施展残酷的手段,所有的被告全部判处死刑,不仅人数众多而且家庭富有。不过,有一千两百多位具影响力的人士迁走,群众也就不会饶恕这些民意领袖。无中生有引起这样一场巨大的灾难,民意领袖生怕运道发生无法预料的转变,到时候自己也会涉入其中难以脱身,当前只有停止莫须有的指控。暴民认为这些人置身事外让他们去顶罪,怒气大发就将所有的民意领袖一网打尽加以处决。这些人接受适合他们的罪行所给予的惩罚,真可以说是天网恢恢疏而不漏。人民缓和疯狂的愤恨情绪,逐渐恢复他们的理性和神智。

59 大约在同个时候,特基亚的黎科米德(Lycomedes)①说服阿卡狄亚的人民成立单独的联盟②,设置一个共同的议会包含一万名成员,有权做出宣战与谋和的最终裁决。阿卡狄亚爆发大规模的内战,发生争执的党派要用武力一决高下,很多人被杀,一千四百多人逃亡在外,

---

① 很多阿卡狄亚人愿意担任佣兵,受到招募为其他的城邦服务,色诺芬提到曼蒂尼的黎科米德说服他们,献身自己的城市加强向外发展的力量。

② 有关阿卡狄亚同盟的情况,参阅《剑桥古代史》第 6 章第 88 页,以及弗里曼(Freeman)《联邦政府史》(*History of Federal Government*)第 154 页。

有些人前往斯巴达获得安全，还有人在帕兰丁姆（Pallantium）①寻找庇护。鉴于那些在斯巴达的流亡人士，竟然游说拉斯地蒙当局入侵阿卡狄亚②，因而帕兰丁姆的市民将那些获得庇护的人包围起来，胜利的党派把他们屠杀殆尽。斯巴达国王亚杰西劳斯率领一支军队加上流亡人士的队伍，入侵特基亚的领土，大家都把居民视为暴动和叛乱的罪魁祸首。他对阿卡狄亚的反对党派，用蹂躏他们的国度和攻打他们的城市当成威胁的手段。

60 就在发生这些事情的时候，菲里的僭主贾森由于担任将领有卓越的才华，能够吸引很多邻近的城市成立联盟，说服帖沙利的民众公开宣称拥有希腊的霸权。就那些势力强大能够参加竞争的人来说，对于他们的英勇这是一种适合的奖品。目前发生的情况真是不可思议，要是分别加以说明：在于拉斯地蒙在琉克特拉遭受一场重大的灾难；在于雅典仅仅宣称他们是海洋的主人；在于底比斯还不够资格列入第一流的国家；在于亚哥斯由于内战和两败俱伤的杀戮使得国势陵夷。帖沙利推举贾森成为整个地区的领导者③，授予他战时的最高指挥权。贾森接受这些重责大任，赢得邻近一些部族加入他的阵营，能与马其顿国王阿明塔斯缔结联盟关系。

这一年出现非常特殊的巧合事件，三位拥有权势的人几乎在同一时间离开人世。马其顿国王阿里迪乌斯（Arrhidaeus）之子阿明塔斯，在位二十四年以后崩殂，留下三个儿子亚历山大、帕迪卡斯（Perciccas）和菲利浦，亚

---

① 阿卡狄亚的市镇位于特基亚的西边，据说它是伊凡德（Evander）的故乡，最早的名字叫作帕拉廷（Palatine）；参阅维吉尔《埃涅伊德》第8卷第51—54行。

② 参阅色诺芬《希腊史》第6卷第5节。

③ 贾森有开疆辟土的雄心壮志，他的作为参阅《剑桥古代史》第6章第83页，等到他逝世以后，统一的局面立即瓦解，帖沙利敞开大门任由底比斯人的入侵。

历山大①继位成为国王,统治的时间只有一年。还有拉斯地蒙国王亚杰西波里斯的统治仅有一年,逝世以后由他的兄弟克里奥米尼斯(Cleomenes)继承王位,统治的时间长达三十四年②。第三位是菲里的贾森,受到推举成为帖沙利的统治者,管理所属臣民素以温和仁慈著称于世,他的亡故出于暗杀③,一种说法是埃弗鲁斯的记载,七个年轻人为了获得名声所进行的阴谋活动,还有一些史家说是他的兄弟波利多鲁斯(Polydorus)下的毒手。这位波利多鲁斯后来继承领导者位置,统治的时间只有一年。萨摩斯的史家杜瑞斯(Duris)④就这一方面开始撰写他的《希腊史》。

以上是这一年发生的事件。

61 黎昔斯特拉都斯(Lysistratus)成为雅典的执政,罗马发生内讧,一派认为要维持执政官的职位,另一派要选出军事护民官取代,接着内部的倾轧陷入无政府状态,后来他们决定选出六名军事护民官卢契乌斯·伊米留斯(Lucius Aemilius)、盖尤斯·维吉纽斯(Gaius Verginius)、塞维乌斯·苏尔庇修斯(Servius Sulpicius)、卢契乌斯·奎因都斯(Lucius Quintus)、盖尤斯·高乃留斯(Gaius Cornelius)和盖尤斯·华勒流斯(Gaius Valerius),负起执政官的职责。这些官员在职的期间(前369

---

① 近代学者经过考证,认为他是弗拉西克利德出任执政那年即前371年,即位开始统治;参阅本章第67节。

② 克里奥米尼斯在位的时间长达60年零10个月;参阅贝洛克《希腊史》第4章第2节。

③ 参阅色诺芬《希腊史》第6卷第4节。

④ 萨摩斯的杜瑞斯(前340—前270年)是狄奥弗拉斯都斯的学生,当代知名的历史学家和学者,曾任萨摩斯的僭主达22年之久,平生著述甚丰,包括文学、音乐、法律和历史等范畴;他撰写的《希腊史》终结于黎西玛克斯的逝世。

年),菲里的波利多鲁斯是帖沙利的统治者,在酒宴当中为他的外甥亚历山大①毒毙,继承领主的职务在位的期间有十一年。

亚历山大用武力获得合法的统治,继续沿用持续不变的政策。在他之前的统治者对待民众仁慈而友善,能够获得大家的爱戴,然而他的统治极其残暴而酷虐受到民众的痛恨②。因此,拉立沙某些阿琉阿斯家族(Aleua-dae)③的成员,他们的出身非常高贵,害怕亚历山大无法无天的行径,暗中图谋要颠覆他的统治。他们从拉立沙前往马其顿,说服国王亚历山大支持推翻僭主的行动。就在他们忙着这些事情的时候,菲里的亚历山大得知准备攻打他的消息,集中一些驻地适合进军的部队,打算要与马其顿兵戎相见。

马其顿国王在流亡者的追随之下,对于敌人采取先发制人的行动,率领军队入侵拉立沙,暗中获得当地人士的接应突破守备森严的工事,夺取除了卫城以外整座城市。后来他用围攻的方式占领卫城,接着是克朗侬(Crannon)的归顺,开始的时候他与大家立下誓约要把城市归还给帖沙利,后来他却蔑视公众的意见,为了将城市据为己有进驻拥有相当实力的驻防军。菲里的亚历山大败退以后被敌人紧追不放,惊恐之余只有返回菲里以策安全。

以上是帖沙利发生的情况。

---

① 色诺芬《希腊史》第6卷第4节,提到贾森遭到暗杀以后,由他的弟弟波利多鲁斯和波利弗朗(Polyphron)继承遗留的职位。后来波利弗朗杀害波利多鲁斯,自己也在次年被波利多鲁斯之子亚历山大下手除去。至于亚历山大还是难逃同样的命运,参阅本书第十六章第14节。

② 色诺芬《希腊史》第6卷第4节,证实亚历山大有草菅人命的性格。

③ 阿琉阿斯的先世是赫拉克勒斯家族,他的后代子孙形成的阿琉阿斯家有两个分支,一个是拉立沙的阿琉阿斯家族,另一个是克朗侬(Cronnon)的史科帕斯家族(Scopadae)。他们的成员在帖沙利社会是地位最高的贵族阶级。

62 这时的伯罗奔尼撒地区,拉斯地蒙当局指派波利特罗帕斯(Polytropus)担任将领,率领一千名市民充当重装步兵,以及五百名获得庇护的亚哥斯和皮奥夏的流亡人士前往阿卡狄亚。他抵达阿卡狄亚的奥考麦努斯以后,由于该城与斯巴达建立良好的关系①,于是安排非常严密的保护措施。曼蒂尼的黎科米德是阿卡狄亚的将领,带着五千名精锐的选锋②来到奥考麦努斯。拉斯地蒙的军队出城列成阵线,发生一场大规模的会战,使得斯巴达的将领和两百名士兵阵亡,余众被赶进城中。

阿卡狄亚的阵营尽管赢得胜利,对于斯巴达拥有的实力觉得仍以审慎从事为上策,他们认为自己没有足够的力量应付这位敌手。因此他们结合亚哥斯和伊利斯,首次一同派遣使者到雅典,邀请对方参加对抗斯巴达的联盟,但是没有人理会这件事,他们只有派遣一位使者前往底比斯,要说服这个城邦加入联盟与拉斯地蒙为敌③。

皮奥夏的城邦立即派出他们的军队,只有一些洛克瑞斯和福西斯的市民是他们的盟友。这些人在身为司令的伊巴密浓达和佩洛披达斯指挥之下,进军前去攻打伯罗奔尼撒,因为其他的司令自愿放弃他们的指挥权,交给公认善于用兵和勇敢进取的佼佼者。等到他们抵达阿卡狄亚,无论是阿卡狄亚、伊利斯、亚哥斯和其他的盟邦,都以最大的兵力加入他们的阵营,集结的部队超过一万五千人,所有的领导人物召开会议,决定直取斯巴达以及蹂躏整个拉柯尼亚地区。

---

① 奥考麦努斯不愿加入亚卡狄亚同盟,那是他们对曼蒂尼始终抱持敌对态度的缘故。

② 这里提到的精锐部队有一个专用的称呼 eparitoi 即"选锋"。

③ 克洛舍(Cloche)《雅典的外交政策》(*La Politique etrangere d' Athens*)第97—99页,认为雅典只要愿意帮助底比斯加入这场战争,结果会让他的友邦底比斯和他的大敌斯巴达两败俱伤,雅典就有机会扩张他的帝国,不至于受到有力的阻碍。

63 拉斯地蒙在琉克特拉的灾祸当中牺牲很多年轻人,接着是一连串的败绩带来不少的损失,受到命运的打击所以能够集中的部队,仅限于从市民里面征召役男编组而成。再者他们的盟邦当中有些已经脱离关系,有些同样面临人力短缺的困境,使得他们陷入国势陵夷的状态。现在被迫只有要求雅典给予援助,须知过去为了对付这些人要为他们设置三十僭主,禁止他们重建城市遭到拆除的城墙,把他们的城市当成要彻底毁灭的目标,希望将他们位于阿提卡地区的农田变成放养牛羊的牧场。然而,不管怎么说,世上没有比需要和命运更为强大的东西,时势逼人之下得让他们的死对头向他们伸出援手。

虽然如此,他们还是没有完全感到失望,因为雅典的人民心胸开阔而且个性慷慨,对于底比斯的权势毫无畏惧之心,投票通过议案要全力帮助现在已陷入遭受奴役危险的拉斯地蒙。他们立即任命伊斐克拉底为将领,在同一天指派他率领一万两千名年轻人出兵①。伊斐克拉底的行动非常积极,援军以最高速度前进。敌人已经出现在拉柯尼亚的边境,拉斯地蒙的将领立即下令部队开拔,进军前去接战,兵力虽然稍嫌微弱,士气高昂展现雄壮的军容。伊巴密浓达和其他的领导人物,发觉拉斯地蒙这个国度很难入侵,认为他们用这样一支大军集中发起攻势并不能取得多大的优势,决定兵分四路从不同的地方,采取分进合击的策略歼灭敌军②。

64 第一分遣部队由皮奥夏的城邦组成,采取中央路线向着塞拉西亚(Sellasia)③这座城市进攻,要让该地的居民反叛拉斯

---

① 狄奥多罗斯太性急一点,这次出兵是拉柯尼亚战役以后,发生在公元前369年春天的事。

② 色诺芬《希腊史》第6卷第5节,对这次入侵行动有详尽的叙述,时间应该是在公元前370年的冬季。

③ 这座城市位于斯巴达的北面,已经非常深入拉柯尼亚的国境。

地蒙。

第二分遣部队亚哥斯从特基亚①的边界进军,与防卫隘道的守军发生会战,杀死身为首领的亚历山大以及将近两百名士兵,其中大多数是在斯巴达获得庇护的流亡人士。

第三分遣部队是由阿卡狄亚的士兵组成而且数量最多,进犯一个叫西瑞蒂斯(Sciritis)②的地区,此地有一支实力很强的驻防军,指挥官伊斯考拉斯(Ischolas)作战英勇而且精通兵法。他自己就是享有盛名的士兵,所以能够完成富于英雄色彩而又永垂不朽的功勋,当他看到敌军以压倒的数量出现在眼前,所有参加会战的人员难逃被杀的命运。他的决定是要保存这些人供国家以后所用,可以放弃在隘道上面的岗位,无须为了保持斯巴达的尊严而牺牲性命。他为了达成两个目标采用令人感到惊讶的方式,鼓励大家效法李奥尼达斯王在色摩匹雷③的英勇战绩。他选出年轻人派他们返回斯巴达,使得城市面临最后关头还有生力军可以运用。他自己以及这些年纪较大的人固守阵地,杀死很多敌人,最后被阿卡狄亚的部队包围,全部光荣阵亡。

伊利斯组成第四分遣部队,经过其他未设防的地区抵达塞拉西亚,这是当地用来指定集会的城市,等到所有的部队都在塞拉西亚集结,他们再向斯巴达进军,整个乡村地区都遭到洗劫,所有的房舍都被烧毁。

65 拉柯尼亚地区五百年来没有受到战火的摧毁,拉斯地蒙的居民看到敌人的大肆劫掠无法忍耐,愤怒之余要从城中冲杀出

---

① 这座城市位于阿卡狄亚的东南角,靠近亚哥利亚的边界。
② 这里是拉柯尼亚位于北边的高原区域,斯巴达有一条道路经过此地通往特基亚。
③ 这是希腊历史的重大事件,前 480 年斯巴达国王李奥尼达斯率领 300 勇士,固守色摩匹雷这个要点,阻止泽尔西斯的波斯大军入侵的行动,结果全部壮烈成仁。

去,受到元老的制止要求他们不要前进太远,免得在途中遭到攻击,他们最后只有从命安静等待机会,同时保护城市得到安全。伊巴密浓达通过台吉都斯(Taygetus)山①进入优罗塔斯(Eurotas)山谷,这时正是冬季要渡过水流急湍的河川,守军有鉴于敌人因为困难地渡河陷入混乱之中,抓住这个有利的机会发起攻击。留下老弱妇孺在城中防守,他们集结全部由及龄役男组成的队伍,川流不息向着敌人猛冲过去,要乘对方在半渡之际进行大肆杀戮。皮奥夏和阿卡狄亚的分遣部队发起逆袭,靠着兵力的优势开始包围对手,斯巴达的出击在斩获甚多的情况下退回城中,已经展现出过人的勇气。

紧接着这个情况,伊巴密浓达以全部兵力对城市发起声势浩大的攻击,斯巴达的守军得到地形之利有助于增强防御的力量,杀死很多冒险犯难冲上来的人员,最后围攻的部队施加最大的压力,认为他们可以运用兵力的优势夺取斯巴达,不断试着要打开一条通路,结果是有些人被杀,有些人受伤,伊巴密浓达下令吹起号角召回士兵,还是有些人不由自主走向城市,向斯巴达人挑衅要打一场决定性的会战,否则就得承认自己不如来犯的敌军。斯巴达的答复是只要有适当的时机,总要大打一场来赌个胜负,他们听到以后只有离开。皮奥夏人蹂躏整个拉柯尼亚地区和搜刮大量掠夺物以后,向着阿卡狄亚撤退。

雅典的援军到达现场太迟以致无法采取任何行动②,在毫无建树之下只有返回阿提卡,其他的盟邦派出四千人马增援拉斯地蒙。除此以外,还有新近获得自由权利的一千名希洛特的农奴,加上两百名皮奥夏的流亡人士,以及邻近城市受到召唤的人员不在少数,因此他们组成一支能与敌人相比不分轩轾的军队。他们将这些人当成一个紧密合作的

---

① 这是斯巴达城区上方沿着优罗达斯河的一道山岭,形势险要,成为城市的屏障。
② 参阅本章第63节,色诺芬认为斯巴达在受到攻击以后,才向雅典要求给予援助。

团体进行训练,使得大家愈来愈有信心,已经完成准备要投入最后的决战。

66 伊巴密浓达的目标自然是完成伟大的建树和渴望不朽的名声,在与阿卡狄亚和其他盟邦商议要重建梅西尼,原来的居民在很多年前被拉斯地蒙当局驱除一空,利用这座城市对斯巴达产生牵制和约束的作用。等到大家的意见一致,他要找出残余的梅西尼人,并且将其他愿意重建梅西尼的移民,经过登记全都拥有市民的身份,这样才能使它成为人烟稠密的城市。他将田地分给大家并且大兴土木,使能恢复知名希腊大城的原貌,广泛获得所有人士的极力赞誉①。

梅西尼经常被敌人占领以后夷为平地,从最早开始叙述它的历史②,我认为这样做可以知道来龙去脉未始不是一件好事。古老的时代尼琉斯(Neleus)和尼斯特(Nestor)③的世系一直保持到特洛伊战争,然后是阿格曼侬之子欧里斯底(Orestes)的后裔延续到赫拉克勒斯家族的返回④;接着是克里斯丰底(Cresphontes)⑤接受梅西尼当成分配给他的部分领地,他的世系统治一段时期;后来克里斯丰底的子孙丧失王位,拉斯地蒙的人民成为拥有这片土地的主人。

---

① 所有古代的史家都对这件事大书特书,只有色诺芬坚持"亲斯巴达"的立场,他的《希腊史》没有提到梅西尼的重建。
② 要想深入了解梅西尼和斯巴达的早期历史,可以参阅霍尔姆(Holm)《希腊史》第1章第193—201页,以及《剑桥古代史》第3章第537—560页。
③ 这两位是皮洛斯在海岸地区的酋长,参阅本书第四章第68节,以及鲍萨尼阿斯《希腊风土志》第4章第3节。
④ 他们是赫拉克勒斯的后裔子孙,形成多里斯人第二波对伯罗奔尼撒的入侵行动。
⑤ 克里斯丰底是赫拉克勒斯家族的成员,对于梅西尼的居民多方给予照应,后来为多里斯人杀害。鲍萨尼阿斯《希腊风土志》第4卷第27节,伊巴密浓达说是克里斯丰底赞扬他的儿子伊庇都斯(Aepytus)是一位英雄人物。

经过这些事情之后,拉斯地蒙的国王特勒克卢斯(Teleclus)①亡故,梅西尼在一场战争中被拉斯地蒙打败。据说这场战争延续达二十年之久,因为拉斯地蒙人立下誓言,除非占领梅西尼否则不会返回斯巴达。因此大家就说那时生下的儿童称为 partheniae②,还为此建立一座名叫塔伦屯(Tarentum)的城市。

后来梅西尼的居民受到拉斯地蒙人的奴役,亚里斯托米尼斯(Aristomenes)③说服大家起义反抗暴虐的主子,等到身为诗人的特提乌斯(Tyrtaecus)④被雅典派到斯巴达担任首领,从那时起亚里斯托米尼斯就多次打败斯巴达的军队。有人说亚里斯托米尼斯的一生经历二十年的战争。双方最后一次战争⑤期间发生大地震,实在说斯巴达全遭摧毁只留下身无长物的人民,残余的梅西尼人受到参加叛变的希洛特农奴给予的帮助,迁移到伊索姆以后长期处于孤苦无依的状态。等到他们参加所有的战争都无法获得胜利,最后就会被赶出家园,迁移到瑙帕克都斯(Naupactus)⑥,这座城市是雅典供给他们居住的。

再者,还有一些人被放逐到西法勒尼亚,或是搬到西西里的墨撒纳(Messana)⑦,从这个名字可以看到双方的关系。最后这段时间用来探讨

---

① 特勒克卢斯是埃杰斯帝系的国王,在位期间约为前 760—前 740 年。第一梅西尼战争发生在前 730—前 710 年,参阅鲍萨尼阿斯《希腊风土志》第 3 卷第 2 节。

② 意为斯巴达的女子与留守人员生下的子女,因为大多数斯巴达男子都在梅西尼作战。塔伦屯的建立是在前 708 年。

③ 亚里斯托米尼斯是第二次梅西尼战争(前 685—前 668 年)的英雄人物。

④ 特提乌斯是公元前 7 世纪的挽歌体诗人,很可能是雅典学院的教师,第二次梅西尼战争发生的时候住在斯巴达,写出很多诗歌用来鼓舞作战的士气。

⑤ 这个时期是前 464—前 455 年;参阅本书第十一章第 63 节。

⑥ 这座城市位于科林斯湾北岸一个海岬上面,伯罗奔尼撒战争期间是雅典一个极其重要的盟邦。

⑦ 这座城市过去的名称是占克利(Zancle),可能是西库卢斯人(Siculians)来此居住,后来成为卡尔西斯的殖民地。

底比斯的作为,在伊巴密浓达的教唆之下,散布希腊各地的梅西尼人聚集起来,使得他们恢复古老的疆域,能够定居在重建起来的梅西尼这个古城当中。

以上是梅西尼的人民长期经历变幻莫测的命运。

67 底比斯完成八十五天①的征战如同上面所述,梅西尼留下一支实力可观的驻防军,然后班师返回自己的家园。拉斯地蒙出乎意料能够摆脱敌军的进犯,派遣一个代表团由地位最显赫的人士组成前往雅典,签署一个协议使得雅典和拉斯地蒙分别在海上和陆地拥有最高的权力,然后两座城市对他们的军队实施共同指挥②。当前的阿卡狄亚指派黎科米德担任将领,授予一支精锐的选锋有五千之众,前去攻打位于拉柯尼亚的佩勒尼(Pallene)③。他用武力夺取城市,拉斯地蒙留下的驻防军有三百人被杀,将城里的市民出售为奴,整个地区受到洗劫,就在拉斯地蒙前来给予救援之前返回自己的城邦。

皮奥夏的城邦受到帖沙利的邀请前去解救他们的城市,推翻菲里的亚历山大残害无辜的暴虐统治,于是指派佩洛披达斯率领一支军队赶赴帖沙利,行前给予的指示有关处理帖沙利的事务要符合皮奥夏的利益。到达拉立沙发现卫城是由马其顿的亚历山大加以守备,他获得这个坚固的要塞在于对方的放弃。然后他进军马其顿能与该地的国王亚历山大建立联盟,得

---

① 普鲁塔克提到这场入侵斯巴达的作战已经延续3个月,底比斯人撤离的原因是冬天来临,加上阿卡狄亚的士兵开始解散,而且补给的供应非常困难。

② 色诺芬说是他们达成协议,每5天轮流指挥所有海上和地面的部队;参阅《希腊史》第7卷第1节。

③ 佩勒尼位于说拉柯尼亚方言的区域,位于优罗塔斯河畔,控制斯巴达通往阿卡狄亚的道路,是进入伯罗奔尼撒中部地区的门户。

到国王的兄弟菲利浦作为送到底比斯的人质①。等到他将帖沙利的事务安排妥当,认为都能照顾到皮奥夏的利益,这才打道回国。

68 等到这些事件处理完毕以后,阿卡狄亚、亚哥斯和伊利斯基于共同的成因,决定出兵前去攻打拉斯地蒙,派出一个代表团去见底比斯当局,说服他们加入战争的行列。他们从司令当中只指定伊巴密浓达担任指挥官,派出的兵力是七千名步卒和六百名骑兵。雅典当局听到皮奥夏的军队将要进入伯罗奔尼撒,选择查布瑞阿斯出任将领,率领一支军队前去拦阻。他抵达科林斯以后,加上麦加拉②、佩勒尼③和科林斯派来的盟军,集结的兵力有一万人。

后来,等到拉斯地蒙和其他盟邦的部队到达科林斯,大家的说法是这支大军已有两万人马。他们决定加强接近路线的守备,阻止皮奥夏的联军入侵伯罗奔尼撒半岛。从森克里伊(Cenchreae)④到李契姆(Lechaeum)他们用围栏和深壕防护整个地区,由于大量的人力和工作的热情使得整个任务很快完成,他们在皮奥夏的联军到达之前,已经加强每个地方的守备。

伊巴密浓达率领军队抵达以后,仔细探察当面敌人的防御工事,发现有一个地方很容易进入,这个地方的警卫正好交由拉斯地蒙人负责,首先他向敌人提出挑衅,双方进行一次决定性的会战,虽然对方的兵力就数量而言是他们的三倍,还是没有一个人胆敢踏出对垒线更进一步,所有的人

---

① 对于菲利浦有不同的记载,参阅本书第十六章第 2 节。《剑桥古代史》第 6 章第 86 页不同意狄奥多罗斯在这方面的叙述。参阅伊司契尼斯《论人的使节》第 28 节。

② 按照伊索克拉底《论和平》第 118 节的说法,麦加拉这个时候仍旧保持中立,看来它对两个阵营都在私通款曲。

③ 佩勒尼是亚该亚最东边的城市,它的北边和西边分别与科林斯和西赛昂接壤。

④ 这道防线从濒临沙罗尼克湾的森克里伊到科林斯湾的李契姆,在靠近伯罗奔尼撒半岛的地方,横断整个地峡的颈部,科林斯城正好在防线的后方受到严密的保护。

还是留在建有围栏的营地里面摆出防御的姿态,于是伊巴密浓达对他们发起猛烈的攻击。虽然整个地区都是要夺取的目标,对于拉斯地蒙更要成为重点,因为他们防卫的区域,就地形上看是难守易攻。两军之间发生剧烈的激战,伊巴密浓达率领最为骁勇的底比斯劲旅,使尽他们的全力击退拉斯地蒙的守军,突穿他们的防御体系,率领全军进入伯罗奔尼撒地区,这一次的成就比起过去的丰功伟业毫不逊色。

69 直接向着特里真(Troezen)和伊庇道鲁斯(Epidaurus)进军的途中,他只能蹂躏乡村地区却无法夺取城市,因为这些城市的驻防军都具有相当的实力,然而西赛昂①、弗留斯②和其他某些城市,他靠着威胁的手段使得对方投向他的阵营。等他进犯科林斯的疆域,科林斯的市民出城列队迎击,他在会战中打败他们,将他们全数赶回城内,皮奥夏的阵营因为成功激起高昂的士气,有些人不顾一切经过城门冲进城市,惊弓之鸟的科林斯市民就在自己的屋子里面寻找庇护。雅典的将领查布瑞阿斯进行明智带有决断的抵抗,接着将皮奥夏的士兵赶出城市,他们之中有很多人丧失性命。

在接下来的对阵当中,皮奥夏的阵营集中所有的兵力排出会战队形,冲向科林斯的战线施以可怕的打击,这时查布瑞阿斯带着雅典的援军出城迎战,他们的阵地占有居高临下的地形,能够抵挡敌人的攻击。皮奥夏的联军倚仗吃苦耐劳的体能和历经兵戎的经验,要使出全部战力重创当面的雅典军队,查布瑞阿斯的手下在激战当中拥有地形之利,从城市获得充足

---

① 波利努斯《谋略》第5卷第16节和鲍萨尼阿斯《希腊风土志》第6卷第3节,提到伊巴密浓达在西赛昂的作战。这时皮奥夏人仍然保持色诺芬在《希腊史》第7卷第2节所提到的立场。

② 按照色诺芬的记载,弗留斯仍旧对斯巴达保持忠诚。

的供应，杀死很多进攻的对手，或者让他们受到重伤。皮奥夏的联军遭到重大的损失已没有能力再战，被迫只有向后撤退。作战骁勇的查布瑞阿斯精通为将之道，击败强敌能够赢得众人的赞誉。

70 两千名凯尔特人和伊比里亚人从西西里乘船来到科林斯，奉到僭主奥尼休斯的派遣要与他的盟邦拉斯地蒙并肩作战，来人已经接受五个月的薪资作为酬庸。希腊的雇主为了测验他们的能力就率领他们出阵迎敌，结果证明他们的身价在于短兵相接的战斗，会战当中很多皮奥夏人和盟友被他们杀死。因此他们以优异的作战技巧和勇气赢得很大的名气，对于交付的任务都能有效完成，拉斯地蒙对他们给予很重的奖赏，夏季结束的时候打发他们返回在西西里①的家园。

接着就是波斯国王阿塔泽尔西兹派遣菲利斯库斯（Philiscus）来到希腊，劝所有的城邦停止内讧，同意全面的和平②。除了底比斯以外大家的反应都非常热烈，因为底比斯另有图谋，想要带着全部皮奥夏的城邦参加一个同盟，所以拒绝接受双方的协议。菲利斯库斯由于没有达成任务，就将两千名精选的佣兵给予丰硕的报酬，在交付给拉斯地蒙以后回到亚细亚。

就在发生这些事情的时候，西赛昂的优弗朗（Euphron）是一位个性冲动而又狂妄自大的家伙，从亚哥斯得到一些帮凶，企图改变西赛昂的政府成为专制政体③。等到他的计划得以完成，着手放逐最有钱的西赛昂市民，着眼在于籍没他们的财产，一旦搜刮大量金钱，他招募一支佣兵部队，

---

① 色诺芬《希腊史》第7卷第1节，对于处理凯尔特人和伊比利亚人的过程有很详尽的叙述。

② 色诺芬提到这一次的和平协议，发生的时间是前368年的春天，参阅《剑桥古代史》第6章第93页。

③ 色诺芬《希腊史》第7卷第1节提到这件事，看来狄奥多罗斯记载的时间有错误，应该发生在前367年。

成为城市的僭主。

71 雅典的执政换成瑙西吉尼斯（Nausigenes），罗马选出四名军事护民官卢契乌斯·帕皮流斯（Lucius Paririus）、卢契乌斯·麦内纽斯（Lucius Menenius）、塞维乌斯·高乃留斯（Servius Cornelius）和塞维乌斯·苏尔庇修斯（Servius Sulpicius）负起执政官的职责；伊利斯举办第一百零三届奥林匹亚运动会，雅典的皮索斯特拉都斯（Pythostratus）赢得赛跑的优胜。就是这些官员任职期间（前 368 年），阿明塔斯之子阿洛鲁斯（Alorus）的托勒密（Ptolemy）①谋害他的姐夫亚历山大，成为马其顿的国王在位只有三年。

皮奥夏的佩洛披达斯就军事的声誉而言，可以与伊巴密浓达相提并论，看到后者安排伯罗奔尼撒的事务在于有利皮奥夏为重点，因此他非常热衷于前往伯罗奔尼撒以外的地区，要为底比斯赢得那些城市的好感。佩洛披达斯有位名叫伊斯门尼阿斯（Ismenias）的朋友，是一位勇气十足的男子汉，在他的陪同之下进入帖沙利②。他们遇到菲里的僭主亚历山大，突如其来遭到逮捕，将他们置于卫队的看管之下。

底比斯对于侵犯的行动极其恼火，尽速派遣八千名重装步兵和六百名骑兵赶赴帖沙利，饱受威胁的亚历山大以盟邦的身份派遣使者前往雅典③。雅典当局立即派给他的援军是三十艘三层桨座战船和一千名士兵，全部听从奥托克利（Autocles）的指挥。就在奥托克利绕着优卑亚航行的时

---

① 阿洛鲁斯的托勒密娶阿明塔斯三世和优里迪丝的女儿优里诺伊（Eurynoe）为妻，参阅贾士丁《菲利浦王朝史》第 7 卷第 4 节。他可能是另外一位阿明塔斯的儿子，因为这个名字在马其顿极其普遍。等到亚历山大亡故以后，他接替帕迪卡斯成为摄政，后来又与寡后优里迪丝（应该是他的岳母）结婚。如果他是国王，没有见到用他的名字和头像发行的钱币。

② 有关这次冒险行动，可以参阅普鲁塔克《希腊罗马名人传》第 8 篇第 1 章"佩洛披达斯"第 27 节，他前往帖沙利是为了调停他们与僭主亚历山大之间的冲突。

③ 普鲁塔克提到雅典当局收下亚历山大付出的大笔款项，竖立他的铜像将他称为善士。

候,底比斯的大军已经进入帖沙利。

虽然亚历山大的步兵完成集结,而且骑兵的数量是对方的好几倍;皮奥夏的联军得到帖沙利给予的支持,从开始就决定发起会战;等到后者抛弃他们因而陷入危险之中,何况这时雅典和其他的盟邦部队已经与亚历山大会师,他们发现粮食、饮水和其他的补给品明显不足,负责的司令决定返回本国。等到他们撤收营地行军经过平坦的乡野,亚历山大派出大批骑兵尾随而至,开始攻击他们的后卫。不少皮奥夏的士兵死于有如阵雨的标枪,还有很多人受伤,最后他们无法停顿也不能前进,陷入得不到任何帮助的困境,自然就会发生粮食匮缺的现象。

就在他们放弃希望之际,那时的伊巴密浓达虽然身份是普通士兵,却被大家推举为将领。他很快选出轻步兵和骑兵,亲自领导他们来到后卫,获得援助以后阻止敌人的追兵,对于位置在前列的重装步兵提供安全的保障,然后他用轮番出击和发挥方阵的优势,拯救全军于危亡之际。他经由一再的成功能够提高自己的声望,在市民同胞和盟邦友人当中赢得热情洋溢的赞誉。底比斯人用公正的态度指责那天担任司令的人士,对他们的惩处是施以高额的罚锾。

72 要是有人问到这样重要的一位人物,派往帖沙利的远征行动当中,竟然把他当成普通士兵来使用,这到底是何缘故,我们必须拿出他自己作为辩护的说辞。伊巴密浓达在科林斯的会战当中,已经从外堡的攻取切断拉斯地蒙部队的退路,虽然他杀死很多敌人,已经满足于现有的优势,不再进行更多的战斗。因而引起严重的猜疑和诋毁,说他出于个人的偏爱要去饶恕和袒护敌人,那些嫉妒他拥有无上名望的人,找到机会对他加以莫须有的指控。他们用叛逆的罪名对他起诉,民众在愤怒之余将他从司令的职位除名,降为一位普通的士兵,派他随同其他人一起离开国门。

这一次的成就澄清所有对他不利的印象,民众恢复他原来的职位还能享有更高的名声。这件事过后不久,拉斯地蒙与阿卡狄亚爆发一场大战,后者将前者打得大败而逃。实在说这是他们在琉克特拉惨败以后第一次否极泰来,让人感到运道的变化真是不可思议,因为有一万名阿卡狄亚人丧生,拉斯地蒙却没有一位士兵阵亡①。

多多纳(Dodona)②的女祭司预言在先,说是拉斯地蒙参加这次战争,再无一个家庭流下哀悼的眼泪。阿卡狄亚在会战之后害怕拉斯地蒙的入侵,就在一个受到大家喜爱的位置,建立一座名叫麦加多波里斯(Megalopolis)即意为"伟大"的城市,还加上阿卡狄亚地区为密纳利亚人(Maenalians)和帕拉西亚人(Parrhasians)所有的二十个村庄③。

以上是这个时候发生在希腊的事件。

73 西西里的僭主狄奥尼修斯拥有一支庞大的军队,明了迦太基丧失从事战争的条件,那是因为黑死病的猖獗和利比亚的叛乱,决定发兵前去攻打这个死敌④。由于缺乏可以讨伐的合理借口,声称在迦太基帝国的腓尼基人进犯属于他的领域。这时他已整备一支大军包括三万名步卒、三千名骑兵、三百艘三层桨座战船以及充分供应所需的补给行列,入侵迦太基在西西里的属地。他立即获得塞利努斯和英提拉的归

---

① 普鲁塔克和色诺芬都提到亚杰西劳斯之子阿契达穆斯,得到西西里僭主狄奥尼修斯的援助,在"无泪之战"中大败阿卡狄亚的联军,杀死很多敌人本身却没有任何损失。

② 多多纳是位于伊庇鲁斯一个小镇,据说丢卡利翁和派拉费尽心机,将此处建成希腊最受重视的圣地,宏伟的宙斯庙以神谶的灵验知名于世。

③ 这二十个村庄和麦加多波里斯这座城市,都位于阿卡狄亚地区的南部,斯巴达的北方约40公里。

④ 有关瘟疫和叛乱可以参阅本章第6—7、13、14、15—17、24节。这里提到狄奥尼修斯的出兵,就是所谓"第三次迦太基战争",参阅贝洛克《希腊史》第2章第375页及《剑桥古代史》第6章第131页。

顺,蹂躏敌人的周边地区,占领埃里克斯(Eryx)这座城市,受到围攻的利列宾姆(Lilybaeum)①由于士兵众多而且城池坚固,只有放弃原来的意图解围而去。

听到迦太基人的造船厂遭到焚毁,认为整个舰队也会随之被歼,心里怀着藐视的念头,只派出一百三十艘情况最好的三层桨座战船前往埃里克斯的港口,命令其他的船只返回叙拉古。迦太基在他们料想不到的情况下准备两百艘船只,前去攻打在埃里克斯港口锚泊的舰队,由于前先没有察知敌人突击的行动,结果是大部分三层桨座战船都被迦太基的水师掳获。接着冬季来临,两个城邦签订休战协议以后相继离开,分别回到自己的城市。没有多久狄奥尼修斯因病亡故,在位的时间长达三十八年。他的儿子狄奥尼修斯二世登基成为僭主,统治叙拉古十二年。

74 我们对于他的逝世在叙述当中并没有记载成因,由于这件事使得君王走向生命的终点,应该说明事件的来龙去脉。狄奥尼修斯编制一出悲剧在雅典②的勒尼安(Lenaea)节庆③参加演出,获得比赛的优胜,合唱队有一位歌者,认为他要是成为第一个前去报信的人,必然得到丰盛的酬庸,于是先坐船到科林斯。他找到一条要航向西西里的船只,搭乘以后刮起一阵顺风,很快就在叙拉古登岸,向僭主报告获胜的消

---

① 塞利努斯位于西西里的南海岸靠近西端,英提拉在此地的内陆区域,埃里克斯却在岛屿的西北角,目前是名叫特拉帕尼(Trapani)的海港,利列宾姆在这段海岸靠南的位置。

② 这时候应该注意到雅典透过斯巴达,已经与狄奥尼修斯一世建立同盟关系。所以雅典在前369年用公开颁奖的方式,对于狄奥尼修斯和他的儿子大肆恭维一番。

③ 这是每年元月或二月举行的"酒神节",无论是喜剧或悲剧都有大规模的演出活动。大家都认为狄奥尼修斯的诗,格调很差而且枯燥乏味,但是他自视很高,认为文思如同泉涌,写出的作品已到神而明之的程度,无法容忍任何善意的批评和别有用心的挑剔,有关这方面的传闻逸事可以参阅本书第十四章第109节。他参加比赛获得优胜的悲剧是《赫克特的赎金》(*Ransom of Hector*),参阅瑙克《希腊悲剧残本》No.794。

息。狄奥尼修斯重赏来人,自己多年的心血受到推崇不禁欣喜若狂,除了向神明奉上牺牲作为祭品,同时大摆宴席举行庆祝活动。他拿出豪华的场面款待所有的朋友,兴高采烈之余痛饮美酒,最后因为过量导致身患疾病。

他从神明那里得到指点迷津的神谶,上面说他只要征服"较他为优者"就会丧命,他对神谶的解释把迦太基视为"较他为优者"。因为他在战争当中多次与对方交锋,习惯上总是在胜利的时刻撤兵,自愿担负战败之名,看来他完全是为了不愿证明自己较这个强敌更为优越。总之,他在命危之际应该不会用狡辩之词,哄骗对他主宰一切的命运女神。从另一方面来看,他虽然是一名很蹩脚的诗人,却有机会参加在雅典的竞赛,击败那些比他"更为优秀"的悲剧家[①],看来神谶有这样的说法倒也不是无的放矢。

狄奥尼修斯二世接位以后,首次召集民众举行市民大会,用谦和的言辞提到他继承父亲的专制政体,要求大家对他保持原有的忠诚,然后他要大家通过皇家的城门,在城堡上面为父王举行盛大的葬礼,确保自己能够掌握政府的施政工作。

75 波利捷卢斯(Polyzelus)成为雅典的执政,罗马因为内部的倾轧陷入无政府情况(前 367 年)。这时希腊的帖沙利,菲里的僭主亚历山大因为某些事务受到控诉,对于斯科图萨(Scotussa)[②]这座城市极其不满,召集他们的市民参加大会,派出佣兵将他们包围,全部杀死以后将尸体丢进城墙前面的壕沟,然后将城市洗劫一空。

---

① 即使狄奥尼修斯有自我膨胀的心态,但是那个时代的雅典在戏剧、文学、学术和艺术方面,在希腊世界拥有首屈一指的地位,他当然要承认自己居于劣势,何况他是一个业余的戏剧家,能够打败第一流的对手,更是得之不易的胜利。

② 斯科图萨这座城市位于菲里和法尔色拉斯之间。普鲁塔克和鲍萨尼阿斯的著作,都提到亚历山大种种残暴的行为,特别提到发生屠杀的事件是在前 371 年。

底比斯的伊巴密浓达率领一支军队进入伯罗奔尼撒地区①,除了赢得亚该亚和一些城市的投效,那些受到亚该亚当局派出驻防军控制的城市,诸如狄麦(Dyme)、瑙帕克都斯和卡利敦(Calydon)能够重获自由。皮奥夏的联军入侵帖沙利,菲里的僭主亚历山大只有释放遭到监禁的佩洛披达斯②。

弗留斯与亚哥斯之间发生战争,雅典当局派遣查里斯率领一支军队前去救援弗留斯③。查里斯在两次会战当中击败亚哥斯,让弗留斯的安全获得保障,然后班师返回雅典。

76 等到这个年度快要结束,西菲索多鲁斯(Cephisodorus)成为雅典的执政,罗马的人民选出四位军事护民官卢契乌斯·弗流斯(Lucius Furius)、包拉斯·曼留斯(Paulus Manlius)、塞维乌斯·苏尔庇修斯(Servius Sulpicius)和塞维乌斯·高乃留斯(Servius Cornelius)负起执政官的职责。就是这些官员任职期间(前366年),伊里特里亚(Eretria)的僭主提米森(Themison)夺取奥罗帕斯(Oropus)。这座城市原来属于雅典,现在的丧失完全出乎意料,雅典当局派出兵力占有优势的部队前去制裁提米森,底比斯派出军队前来救援,然后从提米森的手里接管这座城市,等到安全拥有再也没有将奥罗帕斯还给原来的统治者。

就在发生这些事情的时候,考斯的岛民将他们的家园迁往现在居住的城市,使得它成为一个广受众人注目的地方,因为有大量民众聚集在该地,建起费用高昂的城墙和面积宽阔的海港。从这时开始不管是公众的税收

---

① 色诺芬提到这一次的进军是在签订和平协议以后的事,可能他把时间算错了,参阅《剑桥古代史》第6章第94—95页。

② 参阅普鲁塔克《希腊罗马名人传》第8卷第1章"佩洛披达斯"第29节,佩洛披达斯获释以后,就被底比斯当局派到波斯的苏萨担任使者。

③ 色诺芬认为这是前366年发生的事。

还是私人的财富，都在持续不断地增加，多到使考斯成为希腊居于领导地位城市的竞争者。

就在发生这些事情的时候，波斯国王①派遣使者成功说服希腊的城邦停止战争，彼此建立全面的和平。才会提到斯巴达和皮奥夏之战在延续五年以后获得解决，须知这一次的对抗开始是琉克特拉会战。

这个时期有些人因为文化的传承和学术的兴起享有不朽的名声②，诸如演说家伊索克拉底(Isocrates)和他的弟子哲学家亚里士多德(Aristotle)，还有兰普萨库斯(Lampsacus)的安纳克西米尼斯(Anaximenes)和雅典的柏拉图(Plato)，最后是毕达哥拉斯学派的哲学家，以及史家色诺芬所撰写的著作，从极其遥远的古代直到伊巴密浓达的阵亡，这件事仅仅发生在数年之后③。还有苏格拉底学派的哲学家亚里斯蒂帕斯(Aristippus)④、安蒂昔尼斯(Antisthenes)⑤和司菲都斯区(Sphettus)的伊司契尼斯(Aeschines)⑥。

77 契昂(Chion)成为雅典的执政，罗马选出五名军事护民官奎因都斯·塞维留斯(Quintus Servilius)、盖尤斯·维图流斯

---

① 前面曾经提到阿塔泽尔西兹派出使者规劝希腊的城邦停止内讧，获得全面的和平，参阅本章第38、50和70节。这次也同前面一样，由于底比斯的作梗变得无功而返。

② 这个名单让人感到奇怪之处，将演说家兰普萨库斯的安纳克西米尼斯包括在内，却略去笛摩昔尼斯，要说毕达哥拉斯学派的知名之士，应该列入阿克塔斯(Archytas)、泰密乌斯、色诺菲卢斯、芬顿(Phanton)、爱契克拉底(Echecrates)、戴奥克利和波利姆纳斯都斯(Polymnastus)。

③ 伊巴密浓达的亡故是在4年后的前362年。

④ 亚里斯蒂帕斯是来自塞伦的哲学家，到雅典求学成为苏格拉底的门人，后来创立塞伦学派(Cyrenaic)；他的孙子与他同名，能将塞伦学派发扬光大，认为人生唯一的目标是追求快乐，言论较之伊壁鸠鲁学派更为偏激。

⑤ 安蒂昔尼斯(前445—前360年)是犬儒学派哲学家，他是苏格拉底的弟子，后来在雅典的城外赛诺萨吉斯(Cynosarges)建立一个学院。

⑥ 伊司契尼斯(前390—前322年)是雅典的市民，曾经追随伊索克拉底和柏拉图研究哲学，当代与笛摩昔尼斯齐名的演说家，也是政治上的敌手，现有3篇演讲词存世。

（Gaius Veturius）、奥卢斯·高乃留斯（Autus Cornelius）、马可斯·高乃留斯（Marcus Cornelius）和马可斯·费比乌斯（Marcus Fabius）负起执政官的职责。就是这些官员任职期间（前365年），虽然整个希腊弥漫着和平的气氛，但战争的阴影再度笼罩某些城市，爆发革命的事件更是令人感到惊讶。

诸如阿卡狄亚的流亡人士①从伊利斯出发，前往垂菲利亚（Triphylia）这个地方，占领一个名为拉西昂（Iasion）的坚强要塞。很多年来阿卡狄亚和伊利斯一直为拥有垂菲利亚的主权发生争执；经过协议让支配的权利在两个城邦之间转移，交互成为这个地区的主人；就在彼此尚可进行讨论的期间，垂菲利亚目前接受阿卡狄亚的统治，伊利斯却把那些受到庇护的流亡人士当成工具，从阿卡狄亚的手里将它夺走。

结果使得阿卡狄亚当局大发雷霆，派出使者要求归还这个地区。等到根本没有人加以理会，他们从雅典招来一支联盟的军队，接着对拉西昂发起攻击。伊利斯前来救援受到庇护的流亡人士，就在拉西昂附近发生一场会战，由于阿卡狄亚的兵力拥有很多倍的优势，伊利斯战败损失两百多人。等到战争用这种方式爆发开来，阿卡狄亚和伊利斯之间的冲突扩大范围，阿卡狄亚的市民受到战胜的激励，立即入侵伊利斯夺取马迦纳（Margana）、克罗尼昂（Cronion）②、塞帕瑞西亚（Cyparissia）和科里法西姆（Coryphasi-um）③这几座城市。

---

①　结成团体的流亡人士不可能出现在伊利斯，从本章第62、64及68节得知，伊利斯与阿卡狄亚缔结同盟关系。所以阿卡狄亚地区受到放逐的居民，他们应该成群结队前往斯巴达或帕兰丁姆。

②　马迦纳这个市镇位于伊利斯的比萨蒂斯区（Pisatis），伊利斯在前400年签订一个条约割让给拉斯地蒙，参阅色诺芬《希腊史》第3卷第2节。克罗尼昂的得名来自阿尔菲乌斯河流过比萨蒂斯区的克罗诺斯丘（Hill of Cronos）。

③　斯特拉波《地理学》第8卷第4节，提到塞帕瑞西亚和科里法西姆这两座城市的起源，坐落在同名的海岬上面。

就在发生这些事情的时候,马其顿的情况是阿洛鲁斯的托勒密在位三年以后,被他的妹夫帕迪卡斯暗杀,帕迪卡斯接位成为国王统治马其顿五年。

78 泰摩克拉底(Timocrates)成为雅典的执政,罗马的人民选出三位军事护民官提图斯·奎因克久斯(Titus Quinctius)、塞维乌斯·高乃留斯(Servius Cornelius)和塞维乌斯·苏尔庇修斯(Servius Sulpicius)负起执政官的职责;比萨和阿卡狄亚举办第一百零四届奥林匹亚运动会,雅典的福赛德(Phocides)赢得赛跑的优胜。在这些官员任职期间(前364年),比萨使得他们的城邦恢复古代的名声,诉诸历史悠久的神话作为证据,宣称他们拥有主办奥林匹亚祭典的荣誉和特权①。

他们经过判断认为现在举办运动会有最适合的机会,就与伊利斯的仇敌阿卡狄亚建立联盟关系,获得支持就去攻打采取行动维护主办权利的伊利斯,后者用尽全力抵抗发生一场激烈的会战,头上戴着桂冠参加赛会的希腊人当成观众,用平静的神色赞誉双方的英勇行为,这些战士对于危险一点都不放在心上。最后比萨赢得那一天的胜利,负起举办运动会的责任,后来伊利斯没有将这一次的比赛列入记录,因为他们认为被迫交出举办权是违背正义的行为。

就在发生这些事情的时候,底比斯的伊巴密浓达在他的同胞当中享有最为崇高的名声,有一次参加市民大会对全体人员发表长篇大论的演说,劝大家努力争取海上的优势力量。这篇演说词是他深思熟虑的结果,特别指出要实现目标不仅有利而且可行,尤其是在拥有陆地的霸权以后,成为海洋的主宰更是易如反掌。例如雅典在与泽尔西斯的战争当中,完成整备的船只有两百多艘,却要听命于拉斯地蒙主将的指挥,须知拉斯地蒙提供

① 色诺芬《希腊史》第7卷第4节,记载几个城邦为了主办奥林匹亚运动会,发生争执最后要兵戎相见。鲍萨尼阿斯《希腊风土志》第6卷第4节,提到伊利斯将第104届奥林匹亚运动会的记录全部删除。

的战船不过十艘。他还提出许多适合这个主题的论点，说服底比斯的市民愿意从事这方面的工作。

79 人民经由投票通过提案，要建造一百艘三层桨座战船和适合这个数量的造船厂①，同时促请罗得岛、开俄斯岛和拜占庭的人民，帮助他们完成这个庞大的计划②。伊巴密浓达本人奉到当局的派遣，率领一支军队到达上述的城市，虽然雅典的将领拉奇斯（Laches）带着实力大的舰队，发航前往上述地方阻止底比斯的计划，现在慑服于伊巴密浓达的威名，被迫只有扬帆逃遁，使得这些城市与底比斯建立友好的关系实在说要是这位伟人活在世上更加长久，底比斯赢得陆地的霸权以后，可以保证成为海洋的主宰。不过，没有多久以后，他在曼蒂尼会战为国家赢得最光荣的大捷，也为自己带来英雄的死亡，使得底比斯的权势趋向日薄西山的肇端。有关这部分的题材会在后面加以详尽的叙述。

底比斯当局在这个时候做出决定，因为下面的缘故要去攻打奥考麦努斯③。某些流亡在外的人士想要改变底比斯的政府成为民主体制，对于奥麦考努斯的骑士阶层给予利诱，结果有三百人加入他们的组织。这些骑士习惯在一个指定的日期，要与同阶层的底比斯人士相聚，大家全副武装举行阅兵的仪式。他们同意在这一天发起攻击，还有其他很多人参与这项活动，更可以增加奇袭的效果，于是双方决定要在指定的日期相见。原来要

---

① 笛摩昔尼斯《全集》第14章第22节，提到一个造船厂的容量是30艘船。

② 《剑桥古代史》第6章第105页，提到伊巴密浓达想从雅典的手里夺走海上的霸权。普鲁塔克说是伊巴密浓达打算建立水师，得到的结果使他大失所望。

③ 狄奥多罗斯记载奥考麦努斯的灭亡，完全依据事实；从伊索克拉底《阿契达穆斯》第27节叙述的内容，看来他根本不知道有这件事。普鲁塔克《希腊罗马名人传》第8篇第3章"佩洛披达斯与马塞拉斯的评述"第1节，伊巴密浓达和佩洛披达斯在大捷之后，从未纵兵滥杀一人，或者将市民发售为奴。大家到现在还对底比斯人赞不绝口，说他们没有剥夺奥考麦努斯人的自由。

发起这项阴谋的人现在改变心意,就向司令泄露计划的攻击行动,虽然出卖同谋的叛徒,提供的服务却为自己获得安全的保证。

官员从奥考麦努斯逮捕这些骑士,将他们带到市民大会的面前,民众通过议案将他们全数处决,奥考麦努斯的居民出售为奴,整座城市夷为平地。底比斯在英雄的年代要向米尼伊(Minyae)①缴纳贡金,后来获得赫拉克勒斯的解救才拥有自由,所以他们很早以来就对奥考麦努斯人怀有恶意。底比斯的市民认为他们有很好的机会,可以拿言之有理的借口去惩处对方,于是他们发兵前去攻打奥考麦努斯,占领城市以后杀死所有男性居民,妇女和儿童当成奴隶全部拍卖。

80 大约是这个时候,帖沙利的市民不断与菲里的僭主亚历山大发生战事,多数会战当中吃了败仗,损失大量战斗人员,派遣使者去见底比斯当局,请求给予援助并且要佩洛披达斯出任他们的将领。因为他们知道佩洛披达斯过去被亚历山大逮捕下狱,何况他对这位统治者的印象极其恶劣,除此以外,这个人骁勇善战且又精通用兵之道。皮奥夏的城邦召开同盟会议,使者前往说明事件的始末,皮奥夏当局同意帖沙利提出的建议,将七千人马交给佩洛披达斯,吩咐他根据帖沙利的需要尽快给予援助,就在佩洛披达斯急着率领军队离开②的时候,竟然出现日食③。很多人对这种现象产生迷信的传闻,还有一些占卜官说是士兵的撤退,使得城市的"太阳"丧失荣誉。虽然这种解释使得他们预言佩洛披达斯的死

---

① 这是一个史前时代的希腊民族,奥考麦努斯是他们的都城,统治广大的希腊中部地区。

② 按照普鲁塔克的说法,佩洛披达斯所以会留下自己的军队,因为出现日食使得人心惶惶,为了避免危及市民同胞的性命,只率领300名骑兵赶赴帖沙利,这些骑兵都是外乡人和志愿军。

③ 这次日食发生的时间是公元前364年7月13日。

亡,他还是义无反顾地进军,对于运道的枯荣置之不理。

等到他抵达帖沙利得知亚历山大采取先发制人的策略,率领两万人马①占领有利的位置。他面对敌军扎下营寨,帖沙利组成的盟军部队增强他的兵力,加入他与对手进行的会战。虽然亚历山大占有地形之利,骁勇无比的佩洛披达斯发起攻势向着亚历山大直冲过去。统治者身边有一支精选的队伍进行坚决的抵抗,接着发生激烈的战斗,佩洛披达斯奋勇杀敌,他的四周遍布死者的尸体,最后双方的冲突总算结束,他还是击败敌人赢得胜利,然而自己却已身受无数重创,这样一位盖世英雄马革裹尸阵亡在沙场。

后来亚历山大引起第二次会战,局势更加险恶导致全面的崩溃,举凡被他夺取的城市同意归还帖沙利人,还让马格尼西亚人(Magnesians)和弗昔奥蒂斯(Phthiotis)的亚该亚人归顺皮奥夏的阵营,从此以后这位统治者成为皮奥夏的盟友,只拥有菲里这一隅之地。

81 虽然底比斯赢得众所赞誉的大捷,由于佩洛披达斯的丧生,使得他们向全世界宣告自己是得不偿失的输家,折损一位闻名遐迩的人物,他们认为这样的胜利与佩洛披达斯的赫赫声威根本无法相比。实在说他对自己的国家立下很多汗马功劳,底比斯的崛起他比其他人做出更为重大的贡献。一群流亡人士返国夺取卡德密能够达成任务②,大家全都同意应该归功他对这件事怀着无比的信心,论及这一微不足道的好运产生无与伦比的力量,成为以后所有重大事件的成因,底比斯因此获得

---

① 过分夸大兵力的数量。这次会战的胜利并不重要,短期之内底比斯不会派遣大军进入帖沙利。有关赛诺西法立(Cynoscephalae)会战可以参阅《剑桥古代史》第6章第86—87页。

② 狄奥多罗斯在本章第25—26节当中,并未提到佩洛披达斯参与光复卡德密的行动。普鲁塔克说是佩洛披达斯当选皮奥夏的司令,要赶走斯巴达的驻防军,光复卡德密这座控制城市的要塞。

命运女神的青睐。

佩洛披达斯在特基拉（Tegyra）会战[1]当中，成为唯一战胜拉斯地蒙人的司令，须知当时的拉斯地蒙是希腊最有权势的城邦，这是底比斯首次打败这位坚强的对手，赢得建立战胜纪念牌坊的机会。他在琉克特拉会战指挥"神机营"[2]，最先向着斯巴达的战线发起冲锋，成为这次大捷最主要的原因。他在攻打拉斯地蒙的战役当中，指挥的兵力多达七万人，战胜拉斯地蒙就在斯巴达的国土上面竖起战胜纪念牌坊，须知拉斯地蒙的市民在过去从未让自己的疆域受到敌人的掠夺。

他担任使者前去觐见波斯国王，当面解决流亡在外的梅西尼人遣返和定居的问题，并且把这件任务当成自己主要的责任。虽然三百年来梅西尼没有一个居民，底比斯现在又把古老的城市重建起来[3]。这位名将即将走向生命的尽头，在与亚历山大一支兵力超过数倍的大军发生激战，他不仅赢得胜利还让英勇阵亡的事迹流传千秋万世。谈起佩洛披达斯与市民同胞的关系，他始终受到底比斯当局的礼遇，从他成为流亡人士返国到他逝世，这么多年一直授予司令的职位[4]，没有任何一位市民拥有这样的荣誉。佩洛披达斯的丰功伟业获得举世的赞誉，我们也在历史上给予他最高的评价。

就在这个时期，刻里克斯（Clearchus）是位于黑海之滨赫拉克利（Heracleia）的土著，开始进行建立专制政体，等到他达成企图，就拿叙拉古的僭主狄奥尼修斯作

---

① 特基拉是皮奥夏一个小村庄，位置很靠近奥考麦努斯。普鲁塔克认为特基拉的作战行动，是为琉克特拉会战拉开序幕，使得身为司令的佩洛披达斯赢得举世的赞誉。

② 神机营的编制虽小却是精锐的选锋，这支队伍忠于底比斯城邦，成员彼此非常友爱。有些传闻提到他们之间亲密的关系，须知希腊的同性恋极其普遍，后人看来很难想象。我们只能推论这些成员都是勇敢的年轻人，曾经立下生死与共的誓言。

③ 新建的梅西尼成为麦西尼亚地区的首府，这座城市是伊巴密浓达于前369年，兴建在埃索姆（Ithome）山的斜坡上面。

④ 普鲁塔克提到他的一生当中，出任皮奥夏的司令达13次之多。

为榜样,成为赫拉克利的僭主以后,大获成功的统治达十二年①。就在发生这些事情的时候,雅典的将领泰摩修斯一支包含步兵和战船的军队,经过围攻夺取托罗尼(Torone)和波蒂迪亚(Potidaea)②,然后前去解西兹库斯(Cyzicus)③之围。

82 这一年快要结束,雅典的执政变成查瑞克莱德(Charicleides),罗马选出卢契乌斯·伊米留斯·玛默库斯(Lucius Aemilius Mamercus)和卢契乌斯·色克久斯·拉特拉努斯(Lucius Sextius Lateranus)担任执政官。就是这些官员任职期间(前 363 年),阿卡狄亚和比萨联合举办奥林匹亚运动会,负责管理神庙和存放在那里的奉献和祭品④。曼蒂尼私下挪用大量值钱的供奉财物,所以才会延续与伊利斯之间的战争,就是违背国法都在所不惜,他们这样做是万一恢复和平,免得在支出方面留下明细的账目⑤。

阿卡狄亚其他的城邦都愿意讲和,他们煽动内讧用来反对自己的同胞。两个党派造成分裂,一派以特基亚领头聚众,另一派唯曼蒂尼马首是瞻。他们的争执竟然到达难以挽回的状态,就是诉诸武力做出最后的决

---

① 刻里克斯是伊索克拉底和柏拉图的学生,多年之前受到赫拉克利的放逐,等到前 364 年成为佣兵部队的指挥官,开始在波斯国王的麾下服务。后来赫拉克利发生内讧,他奉诏返乡打着民主党派的旗帜,推翻寡头政体,籍没敌手和富室的财产,让奴隶获得自由,依据叙拉古的狄奥尼修斯运用的模式,使自己成为执掌大权的僭主;参阅贾士丁《菲利浦王朝史》第 16 卷第 4—5 节。

② 有关夺取这两座城市的详情,参阅波利努斯《谋略》第 3 卷第 10 节。

③ 底比斯的舰队在伊巴密浓达的指挥之下,公元前 364 年的夏季进入玛摩拉(Marmora)海发起作战行动,立即使得拜占庭退出雅典联盟。等到泰摩修斯的水师抵达这个地区,伊巴密浓达本着审慎的用兵原则,不愿与敌会战开始撤离,拜占庭重新返回雅典的阵营,西兹库斯获得解围。

④ 有关财物的运用参阅《剑桥古代史》第 6 章第 98 页,金币的发行用比萨的名义。

⑤ 狄奥多罗斯对于奥林匹亚赛会的经费运用,完全弄错曼蒂尼所应扮演的角色,色诺芬《希腊史》第 7 卷第 4 节提到曼蒂尼抗议目前的做法,组成党派愿意与伊利斯讲和。

定,特基亚派出使者去与皮奥夏当局进行商议,赢得他们的大力帮忙,因为当局指派伊巴密浓达出任将领,授予一支大军的指挥权,奉命前去援助特基亚。曼蒂尼对于来自皮奥夏的军队和伊巴密浓达的名声极其畏惧,派遣使者去见皮奥夏的死敌雅典和拉斯地蒙,说服当局参与他们这边的战斗。

等到双方很快派人去找势力强大的后台,伯罗奔尼撒就会发生很多严重的冲突。拉斯地蒙确实与对手住得很近,立刻入侵阿卡狄亚,伊巴密浓达在这个紧要关头率领军队迅速前进,在离开曼蒂尼不远的地方,从居民那里得知拉斯地蒙的全军出动,正在特基亚的领地之内大肆掠夺。他认为斯巴达已经成为不设防的城市,计划给予最大的打击,谁知时运不济以致功败垂成。他亲自率领全军在夜间向着斯巴达前进,拉斯地蒙国王埃杰斯怀疑伊巴密浓达计谋百出,全靠精明的头脑猜出他的意图。

埃杰斯派出善跑的克里特人(Cretan),将预判伊巴密浓达有所行动的消息回报斯巴达当局,提到皮奥夏的联军即将出现在拉斯地蒙,并且要洗劫整座城市,他会尽快率领军队返回城邦①。因此他对斯巴达的留守人员下令要提高警觉,凡事不必慌张,他的援军兼程赶来护驾。

83 克里特人很快执行他的命令,拉斯地蒙能够免予国土的沦丧完全是奇迹出现。因为事先不会泄露攻击的行动,伊巴密浓达在无人发觉的情况下冲进斯巴达的城内。我们可以赞誉两位将领是同样的精明睿智,而且这位拉柯尼亚人更是诡计多端的谋略家。须知伊巴密浓达整夜都没有休息,用急行军走完这段距离,要在天明之际对斯巴达发

---

① 参阅色诺芬《希腊史》第7卷第5节,波利比乌斯《历史》第9卷第8节,以及普鲁塔克《希腊罗马名人传》第16篇第1章"亚杰西劳斯"第34节,可以看出这三个史家的叙述与狄奥多罗斯的说法并不一致,他们都说亚杰西劳斯已经出兵前去攻打曼蒂尼,现在逼得只有回师保护斯巴达。特别是克里奥米尼斯二世是克里奥布罗都斯一世的儿子,也是亚杰西波里斯二世的弟弟,他在前370年接替后者成为国王,斯巴达仍旧在他的统治之下。

起攻击。亚杰西劳斯留下来负责城市的防卫,从克里特人那里得知敌人的计划以后只有很短的时间可以运用,直接投入他的全副热情处理城市的防务。他将年岁较长的老人和儿童安置在屋顶上面,要是敌人打开一条进入城市的通路,教导他们要用居高临下的方式进行防御,同时他将正在壮年的男子排成接战的队伍,或者分配他们守备城市前面的障碍工事,以及阻绝所有敌人可用的接近路线,然后等待敌军的攻击。

伊巴密浓达将他的士兵分为几路纵队,立即从各处发起攻势行动,等他看到守军的部署,立刻知道他的企图已经泄露。纵然如此,他还是在各处以前仆后继的方式发起攻势,虽然因为障碍和工事使他处于不利的状态,双方在逼近以后进行肉搏战斗。无论他接受多少的打击或是对敌人施加多少的打击,都没有让他下令停止激烈的战斗,直到拉斯地蒙的军队重新进入斯巴达,才会使得情况完全改变。现在很多人要来援助被围者,加上黑夜带来的不便,使得他只有放弃对斯巴达的围攻。

84 他从俘虏那里得知曼蒂尼以全部兵力前来救援,伊巴密浓达撤离城市很短一段距离开始设置营地,下令部队完成用餐,留下一些骑兵要他们在营地燃起火堆直到拂晓的时刻,这时他率领大军兼程并进,对留在曼蒂尼的人员施以突如其来的打击。他在次日完成这段行程,出乎曼蒂尼的市民意料之外来到他们的面前。不过,他没有达成他的意图,虽然他的奔袭计划可以应付所有偶发事件,最后还是时运不济白白丧失胜利的机会。

正当他接近没有设防的城市,曼蒂尼的另一边到达雅典派来的援军,赫吉西勒斯(Hegesileos)①指挥之下的兵力有六千人,那个时候他在市民同

---

① 埃弗鲁斯和色诺芬都说这位雅典的指挥官名字叫作赫吉西勒斯,他是优布拉斯的叔父,到了前349年再度成为将领。

胞中间拥有很响亮的名声。他率领一支足敷使用的部队进入城市,部署其余的军队预期能打一次决定性的会战。目前除了拉斯地蒙和曼蒂尼的部队,其余的援军都已来到,为了准备在这次冲突当中获得解决问题的战果,他们从各方面招来更多的盟军。

参加曼蒂尼的阵营有伊利斯、拉斯地蒙、雅典和其他的城邦,据说兵力是两万多名步兵和大约两千名骑兵。特基亚的阵营当中,人数最多而且最为勇敢的盟友是已经排成战线的阿卡狄亚联军,还有来自亚该亚①、皮奥夏、亚哥斯的部队和一些伯罗奔尼撒的士兵,加上从海外来的盟军,集结的兵力大约三万名步兵和不少于三千名骑兵。

85 两军为了这次决定国家兴亡的战斗集结最大的兵力,他们的部队已经排成会战的队形。双方在奉献牺牲以后,占卜官全都宣称已经从神明那里获得胜利的预兆。有关兵力的部署,曼蒂尼和其他的阿卡狄亚城邦位于右翼,相邻的拉斯地蒙给予大力的支持,接着是伊利斯和亚该亚的部队,其余战力较弱的单位安置在中央,这时雅典负责左翼。底比斯的位置在左翼,受到阿卡狄亚联军的支持,这时他们将右翼交给亚哥斯的将领负责,还有大量部队位于战线的中央:像是来自优卑亚、洛克瑞斯、西赛昂、梅西尼、马利斯、伊尼亚,加上帖沙利的部队和其他的盟军。

双方都将骑兵编成联队分置在两翼。等到所有的部队排成战线,现在双方开始接敌,号角手发出冲锋前进的信号,战士用战斗呐喊激励士气,声音的洪亮可以预兆胜利的到来。他们首先在侧翼发起一场骑兵战斗,双方用奋不顾身的拼斗压制对手。雅典的骑兵攻击底比斯的骑兵所以吃了败仗,提起坐骑的素质、骑士的勇气或是战斗的经验,雅典的骑兵部队在这些

---

① 或许是帖沙利之误,表示本文尚未订正。参阅本章第85节,亚该亚的部队参加曼蒂尼的阵营。

项目，没有落到下风或是出现缺失之处，主要还是轻骑兵的数量和装备，以及他们的战术运用远不及对手所致。他们确实只有少数精于投掷本领的标枪兵，底比斯的投石手和标枪兵的数量是对手的三倍，全都来自帖沙利附近地区。当地的男子从孩提时期开始勤奋练习这门战斗技巧，掌握投射武器的经验使得他们在会战当中，可以发挥无往不利的优势。

雅典的步兵不断受到轻装骑兵的伤害，面对敌手带来的打击使得他们精疲力竭，全都转身逃走。等到离开侧翼以后，设法要从战败当中重新整顿恢复实力，因为他们即使向后撤退也没有冲散自己的步兵方阵，同时遭遇优卑亚的援军和一些佣兵，他们奉派前来占领附近一处高地，接战以后全部被杀。底比斯的骑兵没有追赶向后逃走的敌人，而是前去攻打当面的方阵，全力冲击步兵的外侧。

会战的情况变得更加激烈，雅典的士兵在疲惫之余向后逃走，这时位于后方的伊利斯骑兵指挥官，前来帮助战败的部队，击毙很多皮奥夏的选锋能够扭转不利的战局。就在伊利斯的骑兵部队用这种方式在左翼出现，使得他们的盟友挽回败绩的时候，在另外一个翼侧两支骑兵联队彼此纠缠在一起，会战有很短一段时间处于势均力敌的状态，接着由于皮奥夏和帖沙利的骑兵在数量和勇气上面占了上风，曼蒂尼这边的骑兵联队被迫后退，受到相当的损失之后从自己的方阵获得庇护。

86 骑兵部队的战斗产生上述的结果。等到步兵的方阵列队前进与敌人短兵相接，就会产生场面极其壮观的鏖斗。自古以来希腊的城邦彼此之间的战争，从来没有如此众多的人员在战线上面列阵，从来没有如此出名的将领指挥双方的部队，从来没有如此骁勇无敌的士兵在拼命苦战。那个时代战斗能力最强的步兵都是皮奥夏人和拉斯地蒙人，他们排成战线面对面展开战斗，将他们的性命暴露在每一种危险之中。经过接战开始的长矛交锋,如此密集的投掷兵器使得很多人倒地不起,接着是刀剑发挥杀敌的效果。虽然他们的身体彼此相互地缠斗,受到各种武器的伤害以致血肉横飞,然而他们坚守阵线不会退后一步。

他们持续面临恐怖的杀戮毫不动摇,由于双方都能发挥高昂的士气,使得会战出现悬而不决和难以预料的情况。每个人都不顾生命的安危,总要展现英勇的行为,把高贵的死亡当成荣誉的报酬。双方的激战已经拖延很长的时间,看不出哪一边拥有优势,伊巴密浓达得知获得胜利全靠自己的勇气,决定把自己当成解决问题的工具。因此他立即挑出最好的人员编成密集队形,冲进敌人的中间,他身先士卒在前列投出标枪,击中拉斯地蒙的指挥官。然后他手下的士兵全都冲向敌人,有些人被杀,让其他的人陷入惊慌,他们在难以抵挡之下突破敌人的方阵。拉斯地蒙的部队为伊巴密浓达的威望所慑服,对他领导的前锋部队产生的冲击力量难以抗拒,只有离开战场向后撤退,皮奥夏的联军还是保持攻击的压力,不断杀死任何位于后列的人员,使得无数的尸体堆积在一起。

87 拉斯地蒙的将领看到伊巴密浓达领军出战,对他们的进击丝毫不肯放松,于是全体战斗人员都把他当成击灭的对象。浓密而快速的投掷武器向他发射,有些他加以闪躲,有些他用盾牌挡住,有些他从自己的身体拔出来,用来回敬攻击他的人。就在发挥英雄的勇气为胜利而奋斗的时候,他的胸部受到致命的重伤。虽然命中目标的长矛已经折断,铁质的矛头仍旧留在体内,他突然倒在地上,充沛的活力因为受伤很快消失。

这时在他的周围发生更加惨烈的激战,双方都有很多人被杀,最后靠着体能的优势克服面临的困境,底比斯锐锋使得拉斯地蒙的士兵精疲力竭再也支撑不住。等到后者转身逃走,皮奥夏的联军在后面追赶,没有多大工夫就退了回去，认为现在最重要的事是拥有死者的尸体。这时号角手发出收兵的信号，所有的战士都离开战场回到营地，两军都宣称自己赢得会战搭起战胜纪念牌坊。事实上雅典的部队为了争夺高地打败优卑亚的援军和佣兵部队，同时还夺得阵亡者的遗尸，同时皮奥夏的联军将拉斯地蒙的部队赶出战场和拥有尸体，判定自己是得胜的一方。

很长一段时间两军都没有派出使者对清理战场进行磋商，为的是不愿表现认输的模样，等到拉斯地蒙首先派遣传令官提出归还死者的要求，双方开始埋葬自己的阵亡人员。不过伊巴密浓达带回营地的时候还有生命的迹象，已经将医生召来，经过查看伤势知道只要将矛头从胸部拔出来，很快就会丧命是毫无疑问的事，这时他用最大的勇气面对最后的时刻。他首先召来扈从问起他的盾牌，得到的回答是没有落到敌人手里，并且将它举起来让他看一眼，接着再问哪边打赢这一仗，他们带着好意给予的答复是皮奥夏获胜，他说道"死而无憾"，就要医生将矛头拔出来。在场的朋友哭着反对这样做，其中有个人噙着泪水说道："伊巴密浓达，你还没有留下后代，怎么就这样地走了。"他回答道："啊，宙斯，并非如此，我在世间留下两个女儿，就是琉克特拉和曼蒂尼的两次大捷。"[①]把矛头从胸膛拔出来以后，他安详地离开世间。

88

我们对于伟大人物的亡故，都会异口同声给予应得的赞扬，要是死者有极其出众的才华反倒是略过不提，我们认为这种做法并不得当。我个人的看法他所以超越当代的人物，不仅仅在于临阵用兵的技巧和经验，而是通情达理的性格和宽宏大量的气度。就伊巴密浓达这一代的知名之士而论：像是底比斯的佩洛披达

---

① 马其顿国王菲利浦的女儿提萨洛妮丝，提到她父亲一生最光荣的功勋就是"帖沙利会战的胜利"。

斯,雅典的泰摩修斯、科农、查布瑞阿斯和伊斐克拉底都有资格,至于斯巴达的亚杰西劳斯属于更老一辈。比这个更早是与米堤亚和波斯交战的时期,在雅典有梭伦、提米斯托克利、密提阿德、西蒙、迈隆尼德和伯里克利和其他人物,在西西里是戴诺米尼斯(Deinomenes)之子杰洛,此外无法一一列举。

提到上述些伟大人物的将道和声望,就具有的特质和内涵而言无法与伊巴密浓达相比,你可以发现其他每个人的出名在于某一个特定的优点,不过他却能综合所有的武德于一身:诸如强壮的体魄、出众的口才、高尚的心灵、简朴的生活、正直的人格,特别是骁勇善战和精通兵法,远超过所有的将领。他在世的时候使祖国获得希腊的霸权,却在他亡故以后丧失,情势逐渐不利变得更加恶化,由于领导人物的愚昧最后陷入奴役的处境,落到亡国灭种的下场。所有的人都会承认伊巴密浓达确实英勇,就是他的死亡同样让人感到是一大憾事。

89 希腊的城邦在会战以后出现的情况,大家为了自夸获得胜利而争吵不已,都在证明自己的英勇配得上应有的结果,还有就是这一系列毫无间断的会战,使得所有的敌对者都陷入山穷水尽的困境,彼此之间亟须进行协商获得解决。等到大家同意全面的和平和成立联盟,花了很多力气想要将梅西尼包括在条约之内。由于拉斯地蒙始终与对方存有无法和解的争执,梅西尼的选择是不参加停战协议,希腊的城邦当中只有他们可以置身事外①。

雅典史家色诺芬的《希腊史》(Greeks Affairs)②叙述的史实到这一年为

---

① 普鲁塔克提到希腊的城邦开始谈和,亚杰西劳斯和他的盟友将梅西尼人排斥在外,说这些人没有城市的组织,不让他们宣誓加入联盟。

② 这本书的原名是 Hellenica。

止,终结于伊巴密浓达的弃世。同时还有兰普萨库斯(Lampsacus)的安纳克西米尼斯(Anaximenes)①编纂《古代希腊史》(*First Inquiry of Greek Affairs*),开始于众神和第一代人类的降生,结束于曼蒂尼会战和伊巴密浓达的阵亡。他将希腊人和非希腊人的重大事迹写成十二卷的巨著。菲利斯都斯(Philistus)②为狄奥尼修斯二世撰写的传记,开始于这一年,用两卷的篇幅叙述五年的事件。

90 摩隆(Molon)在雅典成为执政,罗马选出卢契乌斯·吉努修斯(Lucius Genucius)和奎因都斯·塞维留斯(Quintus Servilius)担任执政官。就是这些官员在职期间(前362年),亚细亚海岸地区的居民发生起义要脱离波斯的统治,还有一些省长和将领背叛阿塔泽尔西兹引起一场战事③。同一时候埃及国王塔乔斯(Tachos)决定要向波斯人讨回公道,准备所需的船只集结步兵部队④。他从希腊的城市招募很多的佣兵,说服拉斯地蒙当局与他并肩作战。须知阿塔泽尔西兹就像其他的希腊城邦,对于全面和平所处的立场一样,要把梅西尼包括在相同的条件之中,这样一来使得斯巴达与国王的关系变得疏远和冷淡。

等到反叛波斯的态势到达无法善了的局面,国王对战争进行准备的工作。他在同一时间需要与不同的对手作战,包括埃及国王、亚细亚的希腊

---

① 兰普萨库斯的安纳克斯米尼斯(前380—前320年)是哲学家佐埃拉斯(Zoilus)的门人,雅典的历史学家和修辞学家,曾经陪伴亚历山大的东征,著有《希腊古代史》和《亚历山大大帝传》。

② 菲利斯都斯(前430—前356年)是叙拉古的历史学家和政治家,协助狄奥尼修斯一世掌权成为僭主,双方发生争执受到放逐,后来被狄奥尼修斯二世召回,放逐狄昂成为水师提督,最后在一次海战中被狄昂击败愤而自裁身亡。他的作品有《西西里史》38卷,为这个题材提供最原始和最重要的史料。

③ 这就是"波斯省长的叛变事件";参阅《剑桥古代史》第6章第20—21页,以及奥姆斯特德(Olmstead)《波斯帝国史》(*History of the Persian Empire*)第411及后续各页。

④ 波斯在这个之前已经发起入侵埃及的远征行动,可以参阅本章第29、41—43节。

城市、拉斯地蒙和他们的盟邦,还有出于同样缘故统治海岸地区的省长和将领。最后这批人当中以弗里基亚的省长亚里巴札尼斯(Aribarzanes)①的地位最为显赫,他在米塞瑞达底(Mithridates)过世以后拥有留下的王国;还有卡里亚的领主毛索卢斯(Mausolus)②,他拥有很多坚固的要塞和重要的城市,其中的哈利卡纳苏斯(Halicarnassus)是都城,成为政治中枢建有雄伟的卫城和皇家的宫殿;另外还要提到两位当权的人物,就是迈西亚的省长奥龙特斯(Orontes)③和利底亚的省长奥托弗拉达底(Autophradates)④。其他与爱奥尼亚人分开的民族,是吕西亚人、毕西迪亚人、庞菲利亚人和西里西亚人,同样还有叙利亚人和腓尼基人,特别是所有海岸地区的居民。叛乱的地区扩展开来,国王丧失半数的税收,剩余的部分不足以支付战争的费用。

---

① 亚里巴札尼斯和米塞瑞达底这两个人很难辨识清楚,主要在于下面几点:1.亚里巴札尼斯在前 407 年,是达锡勒昂(Dascyleion)省长法那巴苏斯的下属。2.前 387 年法那巴苏斯受召返回宫廷,娶阿塔泽尔西兹的女儿为妻,亚里巴札尼斯接替留下的职位。3.等到法那巴苏斯和国王女儿所生的儿子阿塔巴苏斯成年以后,亚里巴札尼斯拒绝交出他的职位给阿塔巴苏斯,使得他成为"省长叛变事件"的领导人物。4.亚里巴札尼斯被他的儿子米塞瑞达底出卖,押解到宫廷受到磔刑的惩处,这件事发生在前 362 年。5.亚里巴札尼斯继承米塞瑞达底遗留潘达斯国王的宝座。6.亚里巴札尼斯在统治 26 年以后亡故于前 337 年,遗下的职位由米塞瑞达底继承。上述第 1、2、3、4 点是指同一个人,至于第 5 和第 6 点是另外一位亚里巴札尼斯。如果米塞瑞达底一世是潘达斯国王,那么承继他的人是他的儿子亚里巴札尼斯,这个人还是亚里巴札尼斯省长的外甥。他的舅父是叛变的省长,可能有一位名叫米塞瑞达底的儿子,出卖他使他丧失性命。

② 迈拉萨(Mylasa)的赫卡托姆努斯(Hecatomnas)之子毛索卢斯,大约在前 390 年成为"卡里亚的统治者",后来在前 377 年继承父亲留下的宝座,娶他的姊妹阿提米西亚(Artemisia)为妻,等到他逝世以后由阿提米西亚接位;参阅本书第十六章第 36 节。开始的时候他反对亚里巴札尼斯的行动,后来加入起义的行列反叛波斯国王。

③ 奥龙特斯是阿塔苏拉斯(Artasuras)之子,也是国王的女儿罗多刚妮(Rhodogune)的丈夫。

④ 奥托弗拉达底在前 392 年可能是萨德斯(Sardes)的省长,到了前 388 年所有滨海的城市全都在他的统治之下,泰瑞巴苏斯亡故以后,他开始重建萨德斯这个受到蹂躏的行省,直到他去世为止。

91

这些民族所以背叛国王，如同身为将领的奥龙特斯所做的选择，政府的各个部门要负主要的责任。他接收部队的指挥权以及为招募佣兵设立的专款，总额可以支付两万人一年所需薪饷，后来的作为竟然辜负对他的信任。可以猜想得到，如果他将叛徒交到波斯官员的手里，那么他不仅获得国王的重赏，还能成为所有海岸地区的省长，然而他在开始只逮捕身带金钱的人士，将他们押送给阿塔泽尔西兹，到后来变本加厉放弃很多城市和士兵，这些士兵都是国王派来负责指挥的官员所雇佣。

卡帕多西亚同样发生叛乱，随着出现奇特和意外的事件。国王的将领阿塔巴苏斯（Artabazus）①率领大军入侵卡帕多西亚，该地的省长达塔密斯（Datames）②集结大量骑兵，还有两万名佣兵在麾下担任步卒，要在战场迎击来犯的敌人。达塔密斯的岳父指挥骑兵部队，想要获得更大的好处，同时他的着眼完全在于自己的安全，乘着黑夜的掩护率领骑兵部队投向敌军的阵营，他的出卖行为在白天已经与阿塔巴苏斯安排妥当。达塔密斯召集佣兵答应给予厚赏，对于叛逃的部队发起攻击。等到发现这些叛徒要与敌军会合的时候，达塔密斯正在攻击阿塔巴苏斯的卫队和骑兵，当前的情况是一片混乱。

阿塔巴苏斯在开始的时候并不明白真实的情况，怀疑这些背叛达塔密斯的人是假投降，下令手下的人员杀死所有接近的骑兵。米塞罗巴札尼斯

---

① 阿塔巴苏斯是法那巴苏斯和阿塔泽尔西兹之女阿帕美的儿子，大约是前387年出生，或者更晚一点。他在大约前362年的时候娶门侬和门托的姊妹为妻，参阅本书第十六章第52节。

② 达塔密斯是卡米萨里斯（Camisares）之子，后者曾经统治卡帕多西亚的部分地区。正当塔乔斯入侵叙利亚的时候，在那些发起攻势的省长当中，他是负指挥责任的领导人物；参阅波利努斯《谋略》第7卷第21节。阿塔巴苏斯可能是在前359年的夏天攻打卡帕多西亚，就在那一年的冬季达塔密斯被亚里巴札尼斯之子米塞瑞达底谋杀；参阅尼波斯《达塔密斯传》第10—11节。

（Mithrobarzanes）①正好落入两军当中而陷入困境，一边把他们当成叛徒要加以报复，另一边认为他们有阴谋要给予惩罚，当前的形势没有时间让他深入思考，只能借助自己的实力，与两边同时接战的结果引起惨重的屠杀，最后被害的人数超过一万人，达塔密斯迫使米塞罗巴札尼斯的人马逃走，还有很多人遭到杀害，然后吹起号角召回正在追击的士兵。

骑兵部队的幸存者当中，有些人回到达塔密斯的营地请求给予饶恕；残余的人员没有任何作为也无处可去，有五百人被达塔密斯包围以后一一用弓箭射杀。达塔密斯过去以善于指挥享有盛名，现在更以作战骁勇和智慧过人获得更高的声誉；阿塔泽尔西兹虽然知道达塔密斯以往立下大功，还是不愿赦免他的罪行，由于国王的教唆使得他遭到暗杀。

92 就在发生这些事情的时候，叛军派雷奥米塞里斯（Rheomithres）②到埃及去见国王塔乔斯，接受给予的五百泰伦银两和五十艘战船，扬帆前往亚细亚一座名叫琉卡（Leuca）③的城市。他在这里召来叛军很多名头目，逮捕以后用铁链锁起来，全部解往阿塔泽尔西兹，虽然他自己也是一名叛徒，由于他的出卖行为获得国王的优容，双方能够和平相处。埃及国王塔乔斯已经完成战争的准备工作，两百艘三层桨座战船上面都有价值不赀的装饰，一万名来自希腊加以精选的佣兵，除此以外还有八万名

---

① 米塞罗巴札尼斯是一个叛徒，在尼波斯《达塔密斯传》第 6 节，波利努斯《谋略》第 7卷第 21 节和弗隆蒂努斯（Frontinus）《兵略》（*Strategemata*）第 2 卷第 7 节这几本著作当中，叙述的故事都有不同的情节。

② 色诺芬《居鲁士的教育》（*Cyropaedia*）第 8 卷第 8 节，提到他把自己的妻子儿女和朋友的小孩，留在塔乔斯的手里当人质。后来他是波斯军队的将领参加格拉尼库斯会战和伊苏斯会战；参阅本书第十七章第 19 和 34 节。

③ 这座城市位于赫木斯河口一个海岬上面，参阅本章第 18 节。

埃及的步卒。他将佣兵交给斯巴达人亚杰西劳斯①指挥,亚杰西劳斯遵奉拉斯地蒙当局的派遣,带来一千名重装步兵以盟军的身份出战,此人拥有指挥大军的才华,不仅作战英勇深受部下的爱护,而且精通谋略和用兵之道。他将海上分遣舰队的指挥委托给雅典人查布瑞阿斯②,该员并非受到当局的派遣,经由国王私下的游说愿意参加远征行动。

国王自己指挥埃及的军队并且担任全军的统帅,不愿听从亚杰西劳斯的劝告留在埃及,通过将领的用命落实战争的指导,须知亚杰西劳斯的谏言极有见识而且合乎埃及的国情。事实上等到大军远赴战场,在靠近腓尼基的地方开设营地,留下来负责埃及防务的将领发生叛变,发函给他的儿子尼克塔尼布斯劝他到埃及争取王位,接着引发一场激烈的内战。因为尼克塔尼布斯奉到国王的命令指挥来自埃及的士兵,现在已离开腓尼基前去围攻叙利亚的城市,等到赞同对他的父亲进行篡夺,就用贿赂收买军官以及对士兵答应承诺,说服他们成为他的同谋。最后整个埃及被叛党据有,塔乔斯惊慌之余只有大着胆子取道阿拉伯前去投靠国王,请求原谅他过去所犯的错误。阿塔泽尔西兹不仅赦免他被控的罪名,甚至指派他出任将领负责对埃及的战争。

93 不久波斯国王在统治四十三年之后崩殂,渥克斯(Ochus)僭用新的名字阿塔泽尔西兹,继承整个王国在位的时间长达二十

---

① 亚杰西劳斯前往埃及是在曼蒂尼会战之后,可能是前 362 年的秋天或次年的春季。他所进行的战役发生在前 361 年的夏季,参阅普鲁塔克《希腊罗马名人传》第 16 篇第 1 章"亚杰西劳斯"第 37—38 节。他离开埃及是在前 361 年的岁末或前 360 年的年初,亡故在返回斯巴达的旅途当中。

② 查布瑞阿斯是战功彪炳的雅典名将,从前 392 年投身军旅开始,参加很多次会战未遇敌手,前 362 年的夏天以私人身份为埃及国王服务,前 357 年率领雅典军队围攻开俄斯光荣战死。

三年。由于阿塔泽尔西兹二世的政绩卓越,为了表示自己同样爱好和平和洪福齐天,波斯人认为继位者必须改名,同时规定他要使用前面这位国王的名字①。埃及国王塔乔斯回到亚杰西劳斯②的军队之际,尼克塔尼布斯集结的兵力已超过十万人,进军前来攻打塔乔斯,要为争夺王位决一胜负。亚杰西劳斯看到国王现出恐惧的神色,缺乏冒险犯难的勇气从事会战,不断劝告塔乔斯振奋积极进取的精神,他说道:"没有人能够靠着数量的优势赢得胜利,关键还是在于超越敌人的英勇。"

塔乔斯对亚杰西劳斯的谏言置之不理,逼得他只有带着国王退到一座很大的城市。一旦亚杰西劳斯的军队在城内闭门固守,埃及的叛军开始发起突击行动,就在攻打城墙的时候损失很多士兵,他们开始绕着城市建起一道高墙和挖掘一道壕沟。进行的工程因为投入大量的工人很快就要完成,加上城内的粮食即将耗尽,塔乔斯对他的安全感到绝望,亚杰西劳斯鼓舞大家的士气,利用夜暗的掩护攻击敌军,出乎意料的成功能让所有人安全地离开,埃及的叛军紧追在后面不放,加上整个地区是平坦的原野,认为他们用优势兵力将敌人围得水泄不通,很快会将对手完全歼灭,亚杰西劳斯占领一处阵地,两侧各有一条与河流相连的运河,可以用来阻挡敌人的攻击。他运用地形的特性以及运河对两侧的保护,将部队排成密集的方阵进行会战。埃及叛军的优势兵力不能发挥作用,希腊的佣兵部队靠着勇气占到上风,杀死很多叛军并且逼使余众四散逃走。后来塔乔斯很容易光复

---

① 阿塔泽尔西兹一世(前465—前423年)和阿塔泽尔西兹二世(前404—前358年)之间,还有两位国王就是泽尔西斯二世和大流士二世,他们并没有改用阿塔泽尔西兹这个名字,所以这种规定并不见得合理。就是阿塔泽尔西兹三世(前358—前338年)之后,还有阿希斯和大流士三世。

② 狄奥多罗斯对于亚杰西劳斯在埃及的情况,所做的记载与其他史家的叙述有很多地方大相径庭;特别提到亚杰西劳斯将盟友从塔乔斯改为尼克塔尼布斯。按照奥姆斯特德《波斯帝国史》第417页的记载,亚杰西劳斯在埃及服务的期限是从前360年到前358年。

整个王国①,全部是亚杰西劳斯建立的功勋,接受适合地位和身份的礼物。就在返回故乡的途中,亚杰西劳斯在塞伦(Cyrene)亡故,他的遗体用蜂蜜保存②运到斯巴达,接受国王的葬礼和荣誉。

这些发生在亚细亚的事件一直延续到年度结束。

94 仅就伯罗奔尼撒地区发生的情况而言,虽然阿卡狄亚的城邦在曼蒂尼会战以后,同意双方获得全面的和平,在他们重启战争之前,安宁的局面也不过一年的光景。他们在誓约当中明文规定,双方战后各自回到故乡,进入麦加洛波里斯③这座城市的人,应该都是邻近城市的居民,所以他们搬到新的家园,发现运输的能力无法负担。当他们回到过去属于他们的城市,麦加洛波里斯的市民试着要逼迫他们放弃自己的家园。

等到出于这个原因引起争执,当地的市民要求曼蒂尼和某些阿卡狄亚的城邦出面相助,还要加上伊利斯以及和曼蒂尼联盟的成员,这样一来返回麦加洛波里斯的人员,要求他的盟友底比斯参与战斗。底比斯当局火速派出三千名重装步兵和三百名骑兵,任命庞米尼斯(Pammenes)为这支部队的指挥官。他来到麦加洛波里斯,就用抢劫一些市镇作为手段来威胁其他的市镇,逼使他们的居民将房舍搬迁到麦加洛波里斯。因而城市合并产生的问题,原来已经陷入混乱之中,现在尽可能变得平静无事。

---

① 有关这方面的记载,与普鲁塔克《希腊罗马名人传》第 16 篇第 1 章"亚杰西劳斯"第38—40 节描述的情况大不相同,看来后者较为合理。塔乔斯流亡国外,他帮助尼克塔尼布斯统一埃及,接受给予的礼物 320 泰伦的银块返回斯巴达。

② 普鲁塔克提到亚杰西劳斯崩殂在北非一个名叫麦内劳斯(Menelaus)的港口,因为当地找不到蜂蜜,就用蜡将尸首封存起来,然后运返拉斯地蒙。

③ 有关麦加洛波里斯的建城,参阅本章第 72 节。

叙拉古的史家阿萨纳斯(Athanas)①写出十三卷著作,就以狄昂(Dion)的远征行动有关的要点和后续的情况,当成开宗明义的重要事件,他在其中一卷卷首的序文里面,提到有一段约为七年的期间,在菲利斯都斯的著作当中没有记载,他用摘要的方式将这些事件加以补充,使得整个历史的记录不致中断。

95 雅典的执政由奈柯费穆斯(Nicophemus)担任,罗马的执政官换成盖尤斯·苏尔庇修斯(Gaius Sulpicius)和盖尤斯·黎西纽斯(Gaius Licinius)。就是这些官员任职期间(前361年),菲里的僭主派出海盗船前去劫掠赛克拉德群岛,对一些岛屿发起突击带走很多俘虏,然后将佣兵运到佩帕里索斯(Peparethos)②,开始围攻当地的城市。雅典派出部队前来援助佩帕里索斯人,留下李奥昔尼斯(Leosthenes)负起指挥的责任,亚历山大攻击雅典的部队。实际的情况是雅典的部队对于亚历山大配置在潘诺穆斯(Panormus)的士兵只能加以封锁。由于僭主的手下发起出乎意料的攻击,亚历山大赢得让人感到惊奇的胜利。他不仅将派往潘诺穆斯的支队从极其危险的处境拯救出来,还能捕获六艘三层桨座战船,其中五艘来自阿提卡一艘属于佩帕里索斯人(Peparethians)所有,以及五百名俘虏。

雅典的市民大会得到信息大为愤怒,判处李奥昔尼斯死刑并且籍没他

---

① 狄昂当政时期的阿萨纳斯[普鲁塔克和阿昔尼乌斯都将他称为阿萨尼斯(Athanis)],在叙拉古似乎扮演政治家的角色。他的著作第1卷主要内容是狄奥尼修斯二世最后7年的情况,从菲利斯都斯终结《西西里史》的前363年,到狄昂返回叙拉古的前357年;其余的12卷有更为详尽的记载,泰摩利昂在前334年的逝世使全书告一段落。

② 佩帕里索斯岛位于帖沙利的外海,南边接近西罗斯岛,或许潘诺穆斯就是岛上的海港。

的财产,然后选择查里斯(Chares)①出任将领负起指挥的责任,组成一支舰队在他的率领之下奉命立即出航。他把时间花在避开敌军和伤害盟邦上面,因为他扬帆来到科孚这座联盟的城市,在那里煽动极其残暴的内讧,有很多犯下谋杀罪的凶手和欺诈罪的骗子参与其事,结果是雅典的民主制度在盟邦的眼里变得一文不值。从而让世人知道查里斯做了很多无法无天的事情,使得他的城邦受到玷辱并且失去信用。

皮奥夏的史家戴奥尼索多鲁斯(Dionysodorus)和安纳克斯(Anaxis)②,结束《希腊史》的记载是在这一年。我们叙述的事件发生在菲利浦王以前的时代,按照本章开始拟订的计划要让现在的撰写告一段落。下面一卷开始于菲利浦的继承王位,然后记录这位国王的丰功伟业直到他过世为止,包括在它的范围当中还有其他的事件,发生在世界上面人类所知的部分。

---

① 查里斯是雅典的名将,从前367—前334年参加无数次对外的战争,使得雅典能与马其顿分庭抗礼,他熟悉兵法而且经验丰富,缺点是不讲信义、贪婪成性给城邦带来很大的困扰。

② 这两位史家我们仅知其名,所有的作品都已佚失,连残卷都未留存。

第十六章
菲利浦的征战

1 任何一本合乎撰写计划的历史著作,史家有
责任将城邦或国王的行动和情况,按照次序
从头到尾详述所有情节的来龙去脉。我认为用这种
方式使得往事更容易让人记得,读者更容易明了包括
的内容。为何未完成的行动,不可能获得与开始相关
的结果,对于好奇心重的读者而言,求知和欣赏的兴
趣就会减低,甚至产生中断的现象。要是行动始终保
持连续的进展,对于历史事件的叙述可以达到完美的
要求。人类社会发生的事件具有自然的模式,只要能
与史家肩负的任务发展出水乳交融的关系,从这一点
开始我们必须坚持原则不要逸出应走的正道。因此,
我们现在接触到阿明塔斯之子菲利浦的作为,就要尽

最大努力将这位国王的言行举止,纳入本章的范围之内,清楚呈现在读者的面前。

菲利浦是统治马其顿人二十四年的国王,他在开始的时候力量微不足道,最后在欧洲建立一个前所未有的帝国,拥有最为广大的疆域和众多的人口,让马其顿原来在伊利里亚人的奴役之下,摇身一变成为许多部族和城邦的领主。完全靠着他的英勇赢得整个希腊世界的霸业,使得所有的城邦自愿降服在他的权威之下。他出兵制服那些抢劫德尔斐神庙的强徒,从而获得神谶对他的大力鼎助,能够在安斐克提昂会议赢得一个席次。他对神明的虔诚就会受到奖赏,击败福西斯人将他们的选票掌握在自己手里。

他发动战争征讨周边的民族诸如伊利里亚人、皮欧尼亚人、色雷斯人和锡西厄人以后,拟订计划要推翻波斯王国,等到与希腊的城市举行酹酒祭天的仪式,就将他的部队和装备运往亚洲。但是命运女神让他英年早逝,能留下训练精良和战斗力强大的军队,使得他的儿子亚历山无须盟邦的出兵,就能推翻波斯帝国的霸权①。他完成这些伟大的勋业不是命运女神的厚爱,而是自己的英勇过人和积极进取。菲利浦王最为卓越的长处在于精通用兵之道、大无畏的精神以及鲜明的个人风格。我不必过早介绍他的丰功伟业,开始简短追踪早期的事迹以后,根据后续的资料按部就班进行有计划的叙述。

2 凯利米德(Callemedes)成为雅典的执政,举行第一百零五届奥林匹亚运动会,塞伦的波鲁斯(Porus)赢得赛跑的优胜,罗马选出的执政官是格耐乌斯·吉努修斯(Gnaeus Genucius)和卢契乌斯·伊米留斯(Lucius Aemilius)。就是这些官员的在职期间(前360年),阿明塔斯之子

---

① 本章有关的事件会按照次序叙述它的来龙去脉,并且附上适当的注释。

和亚历山大之父菲利浦在战争中击败波斯的军队,用下述的方式登上马其顿的宝座。当年阿明塔斯为伊利里亚人打败①,被迫要对征服者支付贡金,送出最年轻的儿子菲利浦当成人质,受到底比斯当局的照顾②。

他们将这个小孩交给伊巴密浓达的父亲,奉到的指示是要给予妥当的安全和保护,督导他的生活和教育。由于伊巴密浓达的导师是毕达哥拉斯学派的哲学家,菲利浦与他同时受到教诲,从而对毕达哥拉斯的哲学有广泛的体认③。两位学生表现天赋的能力和勤奋,证明他们具备最大的优点是英勇的行为。伊巴密浓达经历最严格的考验和参加多次的会战,使得他的祖国在不可思议的情况下成为希腊民族的领导者,菲利浦获得早年训练的好处,拥有不逊于伊巴密浓达的名声。

阿明塔斯崩殂以后,他的长子亚历山大④继位登基。阿洛鲁斯(Alorus)的托勒密暗杀亚历山大篡夺王位,接着是帕迪卡斯(Perdiccas)用同样的伎俩将他除掉,成为统治马其顿的国王⑤。等到他与伊利里亚的军队爆发一场大规模的会战⑥,遭到击败而且自己随之在作战行动中丧生,他的幼弟成为人质逃过受到拘禁的命运,现在面临城邦危亡之际得以承继

---

① 根据狄奥多罗斯的记载阿明塔斯被伊利里亚人打败两次,一次是他统治的初期,参阅本书第十四章第92节,一次是在公元前383年左右,参阅本书第十五章第19节。

② 菲利浦生于前383年,婴儿的时候就送给伊利里亚人养育,贾士丁《菲利浦王朝史》第7卷第5节,提到他为亚历山大二世赎回,后来又送到底比斯当人质,普鲁塔克证实确有其事。菲利浦留在底比斯的时间可能是公元前368—前365年,他从伊巴密浓达那里学到会战中采用斜形运动。

③ 他的老师是塔伦屯的黎昔斯,普鲁塔克《道德论丛》第47章"论苏格拉底的保护神及其征兆"第13节,提到黎昔斯停留底比斯一段时间以后逝世,受到伊巴密浓达的父亲波利姆尼斯(Polymnis)的照顾。同时还说菲利浦在底比斯充当人质,住在庞米尼斯(Pammenes)的家中。

④ 马其顿国王阿明塔斯三世过世以后,留下3个合法的儿子亚历山大、帕迪卡斯和菲利浦,还有一个非婚生子托勒密;后者起兵反叛杀死亚历山大,登基统治3年遭到推翻。

⑤ 这一段兄弟阋墙之争可以参阅本书第十五章第71—77节。

⑥ 这时的伊利里亚国王是战无不胜的巴迪利斯(Bardylis)。

整个王国①。马其顿在会战中的损失超过四千人，残余人员有如惊弓之鸟，对于伊利里亚的士兵极其畏惧，已经没有勇气继续从事战争。

同一时刻，隔邻而居的皮欧尼亚部族对马其顿怀有轻蔑之心，开始劫掠他们的疆域；况且伊利里亚正要集结一支军队，准备入侵马其顿；此刻有一位名叫鲍萨尼阿斯（Pausanias）②的贵族，与马其顿的皇室血统有亲属关系，得到色雷斯国王③的援手，计划举兵加入夺取王位的斗争。雅典当局同样敌视菲利浦，派遣担任将领的曼蒂阿斯（Mantias）带着三千名重装步兵，还有相当实力的水师，前来协助阿吉乌斯（Argaeus）重登宝座。

3 马其顿人民承受战争带来的灾难和巨大的危险，迫使他们陷入极度的混乱之中。即使他们受到各方面的威胁，菲利浦一点不感到畏惧和紧张，他召集马其顿人举行多次的市民大会，运用雄辩的口才勉励大家要做一个男子汉，提振高昂的士气，改进军队的编组，供应士兵更为适用的武器④，要求部队全副武装不断从事长途行军和实战训练。他发明密集的队形和方阵使用的武器和装备，效法特洛伊的勇士用层层重叠的盾牌⑤，进行短兵相接的近战，同时着手编成马其顿方阵。

他与人们的来往保持客气的态度，运用礼物和承诺赢得大家对他最大的忠诚，对于形势的发展做出精明的判断，努力自我克制用来除去迫在眉

①　菲利浦在帕卡迪斯成为国王以后，从底比斯返国，负责行政方面的工作。

②　参阅伊司契尼斯《论骗人的使节》第26—27节，鲍萨尼阿斯在亚历山大二世亡故以后，也想染指马其顿的王位。

③　国王的名字是贝瑞萨德（Berisades），参阅贝洛克《希腊史》第6章第225页。

④　马其顿军队的重建，可以参阅《剑桥古代史》第6章第205页，最主要的改革是用重装步兵组成方阵，以及使用12英尺的长矛。

⑤　荷马《伊利亚特》第13卷第131—134行：坚强的战线使得盾连着盾人挨着人，伸出密密麻麻的长矛有如一座丛林，带着冠毛的头盔稍微摆动就会撞碰，大家站稳脚跟举起武器要与敌斗争。波利比乌斯引用这几句诗来描述"方阵"，参阅《历史》第18卷第28节。

睫的危险。例如，他看到雅典念念不忘的意图是要收复安斐波里斯（Amphipolis）①，出于这个原因要让阿吉乌斯成为国王，于是他自愿撤离这座城市，首次让市民拥有自治的权利。然后他派遣使者去见皮欧尼亚的领导阶层，有些人受到礼物的收买，还有人为慷慨的承诺说服，经过磋商愿意与他维持和平的状态。他送给色雷斯国王一份重礼，赢得他的好感不再支持鲍萨尼阿斯的复位。

雅典的将领曼蒂阿斯来到梅松尼（Methone）②以后不再前进，只是派遣佣兵随着阿吉乌斯进军埃吉伊（Aegeae）③。他在接近城市的时候，要求埃吉伊的民众出城迎接，成为他登上宝座的拥护者。等到没有人出面响应，他只有黯然返回梅松尼，这时菲利浦突然率领士兵出现，发生一场会战杀死很多佣兵，余众逃到一座小丘避难，他答应签订休战协议使得对方获得自由④，还让他们将那些流亡人士押过来交给他。

菲利浦对赢得平生第一次会战，激励马其顿的人民用更为莽撞的勇气参加不断的征讨行动。就在发生这些事情的时候，萨索斯的移民前往克里奈德（Crenides）⑤开垦，后来国王用自己的名字将它称为腓力比（Philippi），迁来很多民众来此定居。

---

① 雅典对于安斐波里斯一直垂涎不已，伯罗奔尼撒战争爆发以后落到布拉西达斯手中，雅典认为这是莫大的损失。形势险要的城市位于斯特里蒙（Strymon）河畔，是进出马其顿平原的门户，邻近森林地区可以满足造船的需要，境内的潘吉乌斯（Pangaeus）山有产量丰富的金银矿场。

② 梅松尼在皮德纳的上方，接近马其顿的边界。

③ 埃吉伊是马其顿古老的都城，位置在内陆地区。

④ 这些人当中有很多雅典人，他对他们表示善意，还想透过他们与雅典建立联盟关系，参阅笛摩昔尼斯《全集》第23章第121页。

⑤ 这座城市在色雷斯位于潘吉乌斯山的东北方，更早以前的名字叫作达都斯（Datus）（希罗多德《历史》第9卷第75节提到这个地方，附近已经有开采的金矿），四周围绕山丘，到处都是喷流的温泉，菲利浦在此地建立坚固的城堡，对色雷斯人发生强大阻绝作用，就用自己的名字将它称为腓力比。

开俄斯的史家狄奥庞帕斯(Theopompus)①从这件事开始《菲利浦传》的撰写,全书一共有五十八卷,其中五卷已经遗失。

4 优查瑞斯都斯(Eucharistus)成为雅典的执政,奎因都斯·塞维留斯(Quintus Servilius)和奎因都斯·吉努修斯(Quintus Genucius)当选罗马的执政官。就是这些官员的任职期间(前359年),菲利浦派出使者前往雅典,说服市民大会愿意与他修好,条件是他从此以后放弃对安斐波斯里的统治权力。现在他与雅典之间不再发生战争,等到传来皮欧尼亚国王埃杰斯逝世的消息,他决定利用这个大好机会,很快对皮欧尼亚发起远征行动,在一次会战中击败蛮族,迫使这个部落要向马其顿效忠。

伊利里亚仍旧是难以和解的仇敌,所以他抱着强烈的企图心,也要在战争当中击败他们。他很快召集市民大会,用坚定的口吻和激烈的言辞,训勉所有的士兵完成战争的准备工作,他领导远征的队伍进入伊利里亚地区,总兵力不下于一万名步卒和六百名骑兵。伊利里亚国王巴迪利斯(Bardylis)得知敌军出现的信息,首先派出使者进行安排,要求停止彼此的敌对行为,提出的条件是双方仍旧拥有原已控制的城市。

菲利浦说他真的很想和平,不过,除非伊利里亚的军队愿意从马其顿所有的城市撤离,否则他无法接受对方的建议,使者没有达成任务只有返回,巴迪利斯仗着过去的胜利和伊利里亚士兵作战的骁勇,率领他的军队要与敌人接战,他拥有一万名经过挑选的步兵和大约五百名骑兵。等到两军开始接近,发出洪亮的呐喊和会战开始刀剑的撞击声音。菲利浦指挥右

---

① 狄奥庞帕斯(前377—前320年)是开俄斯岛的历史学家,他和他的父亲达玛西斯特拉都斯(Damasistratus)是"亲斯巴达"的首要分子,公元前334年受到亚历山大的放逐,获得赦免以后进入托勒密一世的宫廷服务,逝世于埃及的亚历山德拉,他的历史著作极其丰富,以《伯罗奔尼撒战争史》的续篇最为知名,现在提到的《菲利浦传》只留200多处残卷。

翼,马其顿的精锐部队都在他的麾下,下令骑兵部队迅速绕过蛮族的战线,前去攻击他们的侧翼,这时他自己发起正面进攻与敌人开始一场恶战①。伊利里亚的将领将部队组成一个方阵,非常勇敢地加入战斗。

很长的时间两军处在势均力敌的状态,引起非常惨重的伤亡,幸运之神不断在双方之间转来转去,英勇的战士不惜牺牲要打败对手。后来马其顿的骑兵从侧翼和后方施加巨大的压力,菲利浦率领精锐的部队向前进击如同一群势不可当的英雄,迫使大量伊利里亚人争先恐后地逃走。等到追击保持相当一段距离,很多人在溃退当中遭到追杀,菲利浦用号角召回马其顿的追兵,竖起一座战胜纪念牌坊,埋葬自己这边阵亡的人员,这时伊利里亚派来使者,愿意从所有的马其顿城市撤退,双方达成和平的协议。这次会战有七千多名伊利里亚的士兵丧命。

5 我们叙述马其顿和伊利里亚的冲突告一段落,接着转向其他不同性质的事件。西西里的狄奥尼修斯二世是叙拉古的僭主,不久之前继承统治的权力,由于个性的怠惰和缺乏旺盛的企图心②,使得他在各方面都不如他的父亲,长年以来不断与迦太基人的战争③到他的手上却与对方谈和,抱着不在意的心态有时会对卢卡尼亚发起远征行动④,接着在最近几次会战中占有上风,很高兴能将战事带到对方的领域。他在阿奎利

---

① 贝洛克《希腊史》第 3 章第 226 页提到这场会战发生在摩纳斯特(Monastir),认为整个计划出于帕米尼奥之手。

② 普鲁塔克提到他有一次狂乐作乐,连续 90 天辍朝,所有的廷臣除了饮酒、唱歌、跳舞和说些粗俗的笑话,没有人处理公务和讨论提案,使得军国大事完全失去控制,参阅《希腊罗马名人传》第 22 篇第 1 章"钦昂"第 7 节。

③ 本书第十五章第 53 节提到停止对迦太基人采取作战行动。

④ 本书第十四章第 100 节,狄奥尼修斯一世制定的策略是要与卢卡尼亚建立联盟,同时还很清楚地表示要用他们来对付希裔意大利人。好像是普鲁塔克《希腊罗马名人传》第 22 篇第 1 章"狄昂"第 16 节,提到这场战争所以才要柏拉图离开西西里,柏拉图《书信集》第 3 封 317A,致狄奥尼修斯二世的信函当中谈起这件事,看来当时的政策已有改变。

亚(Aqulia)建立两座城市,希望在通过爱奥尼亚海的航路上面,能为航海者找到容身的避难所。居住在附近的蛮族经常出动无数的海盗船,使得亚德里亚海整个海岸地区对于商贾都没有安全可言。

他要让自己过和平和安定的生活,虽然他在欧洲成功获得最大的疆域,却要减轻士兵在战争方面的训练和要求。他的父亲曾经有这样的表示,暴虐的专制政体要用坚固的链条紧紧绑住臣民[1],有一种过于牵强的说法,他所以会丧失僭主的地位完全在于他的怯懦和消极。我对专制政体所以瓦解的成因和有关的事件,都会提供详尽的记载。

6 西菲索多鲁斯(Cephisodotus)成为雅典的执政,盖尤斯·黎西纽斯(Gaius Licinius)和盖尤斯·苏尔庇休斯(Gaius Sulpicius)当选罗马的执政官。就是这些官员的任职期间(前358年),希帕瑞努斯(Hipparinus)之子狄昂(Dion)和若干显赫的叙拉古知名之士,从西西里逃亡[2]以后,发挥高贵的精神运用下述方式,使得叙拉古的市民和其他希裔西西里人获得自由。狄奥尼修斯一世有两个妻子,第一位妻子是洛克瑞斯人,为他生下与父亲同名的狄奥尼修斯后来继承他的专制政体,第二位妻子是叙拉古知名之士希帕瑞努斯的女儿,生了两个儿子即希帕瑞努斯和奈萨乌斯(Nysaeus)。

狄奥尼修斯第二位妻子的兄弟正好是狄昂,这个人对哲学有深入的研究,英勇善战而且通晓用兵之道,远胜过当代其他的叙拉古人。特别是狄

---

① 普鲁塔克提到狄奥尼修斯有这样的表示,"金城汤池可以确保君主政体的长治久安"。伊利安《历史文集》第6卷第12节有类似的说法。

② 普鲁塔克《希腊罗马名人传》第22篇第1章"狄昂"第14节,提到狄奥尼修斯拿出证据,指责狄昂与迦太基暗中勾结,立即逼他登上一条早已准备的船只,将他送到意大利。柏拉图《书信集》第7封329C,说是"大约在第4个月的时候,狄奥尼修斯得到消息说狄昂勾结外人意图反叛,就用一条小船放逐狄昂,拿出可耻的伎俩将他赶走"。从发信的时间得知这件事发生在前367年。

昂出身显赫的门第拥有高贵的情操,深受僭主的猜疑,因为他拥有的实力足够推翻专制暴政。狄奥尼修斯在心生畏惧之余,决定将他逮捕以后处以死刑。狄昂知道身处险境,开始的时候躲在几位朋友的家中,然后在他兄弟麦加克利(Megacles)和友人赫拉克莱德(Heracleides)的陪伴之下,逃出西西里来到伯罗奔尼撒,这时赫拉克莱德奉到僭主的指派,要出任一支驻防军的指挥官。

狄昂在科林斯登岸以后,恳请科林斯当局①与他合作前去解救叙拉古市民倒悬之苦,他自己着手招募佣兵部队以及购置所需的武器装备②。很多人愿意听取他的诉求,逐渐储备大量军需物资和集结很多佣兵③,然后雇用两艘商船用来装载武器和人员,亲自率领他们从靠近西法勒尼亚(Cephallenia)的札辛苏斯(Zacynthus)航向西西里,他留下赫拉克莱德在后面,带领陆续来到的三层桨座战船赶赴叙拉古。

7 正是发生这些事情的时候,《历史》一书的作者泰密乌斯(Timaeus),他的父亲是陶罗米尼姆(Tauromenium)④的安德罗玛克斯(Andromachus)以惊人的财富和高贵的情操知名于世,狄奥尼修斯将纳克索斯(Naxos)这座城市夷为平地,是他将幸存的人员聚集起来,安置在纳克索斯上方一个名叫陶罗斯(Tauros)的小山上面,就将这个地方称为陶

---

① 科林斯的位置适中交通便利,而且是叙拉古这个殖民地的母邦,特别是狄昂要效法科林斯成立寡头政体。

② 狄昂在希腊花了十年的时间(前366—前357年)从事复国的准备工作,参阅《剑桥古代史》第6章第275页,这时他与雅典的学院建立密切的关系。

③ 普鲁塔克提到被狄奥尼修斯放逐的人员在1000名以上,只有25人参加远征行动,集结的地方选在札辛苏斯岛,有一支不到800人的部队完成整备。

④ 陶罗米尼姆在叙拉古的北方约100千米,濒临西西里的东海岸,是距离伯罗奔尼撒半岛最近的港口,早年是优卑亚人建立的殖民地。

罗米尼姆,它的意义是"陶罗斯旧址"①。这座城市的发展极其快速,居民累积大量财富,还赢得响亮的名声,直到我们这个时代才逐渐没落,恺撒②将陶罗米尼姆的居民全部赶离家园,迁移罗马的市民前来成为一个殖民区。

就在此刻,优卑亚(Euboea)的居民陷于倾轧的困境,一个党派邀请皮奥夏的城邦给予帮助,另外一个党派要求雅典派遣援军,于是优卑亚全境爆发战争。无数次短兵相接和前哨战斗,有时底比斯的士兵占了上风,有时是雅典的部队赢得胜利。虽然没有打一场重要的决战终结相持不下的局面,但整个岛屿因为连年的战事和双方都有很多人被害,陷入山穷水尽的灾难之中,两个党派最后只有同意和平③。

皮奥夏的部队返回家园仍能保持安宁无事,雅典却面临开俄斯、考斯、罗得这几个岛屿和拜占庭的反叛,受到联盟战争(Social War)的拖累有三年之久④。雅典当局选出查里斯(Chares)和查布里阿斯(Chabrias)担任将领,率领一支军队奉令出征。两位将领抵达开俄斯以后,发现来自拜占庭、

---

① 这个说法与本书第十四章第59节的叙述,情节方面有很大的差异,狄奥尼修斯在前392年重新占领这座城市以后,用来安置他的佣兵部队。

② 色克都斯·庞培将陶罗米尼姆建成一个坚固的要塞,等到奥古斯都据有之后,鉴于位置的重要可以截断叙拉古和美西纳之间的交通线,所以将该城的居民全部驱离,容纳从意大利各城市迁来的移民。

③ 狄奥多罗斯把优卑亚战争误置在西菲索多都斯出任执政的年度(前358年)之内。要是按照伊司契尼斯《控诉帖西奉》(Against Ctesiphon)第85节,这场战争只打了30天,发生在阿加索克利出任执政的前357年。笛摩昔尼斯《全集》第21章第174页,提到雅典军队的指挥官是戴奥克利,他在前357年出任将领。和平条约也是在这一年签订。

④ 狄奥多罗斯对于联盟战争的日期还是出现错误。战争的爆发在于雅典攻击开俄斯导致查布瑞阿斯的阵亡。从前面这条注释知道战争应该发生在前357年。狄奥多罗斯在本章第22节,竟说战争结束在伊尔庇尼斯出任执政的前356年,已经延后达"4年"之久。

罗得岛、考斯岛和卡里亚僭主毛索卢斯(Mausolus)①的盟军,已经前来支持开俄斯的守备。他们拉开队伍开始从陆地和海上发起围攻。查里斯指挥步兵部队上岸以后向着城墙前进,与从城市蜂拥而出的敌人接战;查布瑞阿斯直接进入港口,发起一场激烈的海战,他的船只受到撞击,船身破烂陷入不利的情况。其他船只上面的人员这时正在撤离,有些人赶过来对他施以援手,他情愿战死也不愿败退,继续在他的船上奋战不息,受到重伤因而丧命。

8 　大约就是这个时候,马其顿国王菲利浦在一场会战当中,击败伊利里亚的军队获得胜利,使得远居黎克奈蒂斯(Lychnitis)湖②一带的民众,愿意返回马其顿成为他的臣属,接着与伊利里亚安排大获收益的和平,特别是这些丰功伟业完全凭着他个人的骁勇善战,更能赢得马其顿民众的推崇和赞许。因此,发现安斐波里斯当局对他充满敌意,要用很多借口发起战争,他率领一支实力强大的部队入侵对方的国土,带着攻城机具对付坚固的城墙,发动猛烈而连续的攻击,他用攻城锤破坏一段城墙,就从缺口进入城市杀死很多迎战的士兵。他成为城市的主宰放逐那些对他不满的人士,对于其他的民众倒是相当宽厚③。

　　这座城市据有地形之利可以掌控色雷斯和邻近地区,菲利浦用来增加

---

① 　要是根据笛摩昔尼斯《全集》第 15 章第 15 页的叙述,毛索卢斯应该是最主要的幕后煽动者,就是他的教唆才会引起联盟战争。要说拜占庭、罗得和开俄斯派遣军队加入对抗雅典的斗争,完全是伊巴密浓达的大力鼓动,参阅本书第十五章第 79 节。

② 　马其顿东边的国境线就是黎克奈蒂斯湖和欧里斯蒂斯湖。

③ 　《剑桥古代史》第 6 章第 207—208 页,提到菲利浦攻占安斐波里斯、皮德纳、波蒂迪亚和克里奈德这几座城市,没有大肆掠夺,对待居民非常友善,这在古代几乎是不可能的事,能够如此与他的财力雄厚很有关系,可以满足战胜士兵贪得无厌的需索。狄奥多罗斯对于雅典向菲利浦宣战一事略而不提,完全是菲利浦拥有安斐波里斯不肯放手的关系,这件事发生在前 356 年。

权势做出很大的贡献。事实上他马上据有皮纳德(Pydna),同时与奥林苏斯建立同盟关系①,条件是他同意将波蒂迪亚(Potidaea)交给他们,奥林苏斯的市民对于这座城市的归属始终念念不忘。因为奥林苏斯这座城市有众多的人口,对于战争能够发挥重大的影响力,是任何城邦想要扩展霸权必须争取的目标,基于这个缘故雅典和菲利浦都要与奥林苏斯结盟,彼此之间成为竞争的敌手。不过,菲利浦在迫使波蒂迪亚开城投降以后,就让雅典的驻防军离开城市,经过妥善的安排将他们遣返雅典,这样做是为了讨好雅典的人民,他不愿得罪这个实力强大而且声名在外的城邦。他将这里的居民出售为奴以后,就将整个地区交给奥林苏斯,让他们带着所有的财产定居在波蒂迪亚。

后来他前往一座名叫克里索德的城市,获得大量居民增加王国的人口,就用自己的名字改为腓力比,接着将一个金矿并入他的疆域,原来的产值很低并没有受到重视,他改进生产的方法增加产量每年带来的收益超过一千泰伦。这些矿区使得他累积巨额财富,马其顿王国运用金钱当成工具建立霸权的稳固基础。他铸造的金币直到现在仍旧被人称为 Philippeioi②,才能组成一支实力强大的佣兵部队,还用金币贿赂很多希腊的政客成为出卖祖国的叛徒。考虑到这方面的问题产生很多事件,要想所有的细节都能获得解释,在记述的时候必须按照事件发生的先后次序,才能明了来龙去脉从而获得整体的概念。

9 阿加索克利(Agathocles)成为雅典的执政,马可斯·费比乌斯(Marcus Fabius)和盖尤斯·波普留斯(Gaius Poplius)当选罗马的

---

① 有关菲利浦和奥林苏斯的缔结同盟,可以参阅笛摩昔尼斯《全集》第23章第103页。

② Philippeioi 的面值约为 6.25 美元(这是上个世纪初的估算),发行的时间是在前 384 年,可以参阅塞特曼(Seltman)《希腊的钱币》(*Greek Coins*)第 200—201 页。

执政官。就是这些官员的任职期间（前357年），希帕瑞阿斯之子狄昂向着西西里航行，打算推翻狄奥尼修斯的专制统治，他只有很少的资源，比不上以前任何一位征服者，却要击败当时欧洲声势最强的城邦。何以他深具信心只要让这两艘商船靠岸①就能战胜专制的暴君？须知狄奥尼修斯能够部署四百艘作战的船只，数量将近十万名步兵和一万名骑兵的军队，以及储存大量的武器、粮食和金钱，除此以外，叙拉古是当时希腊世界最大的城市，拥有海港、造船厂和守备森严的城堡②，以及很多势力强大的盟邦。

狄昂成功的基础在于他有高贵的情操、奋斗的勇气以及争取自由的人们给予的支持，何况还有更为关键的因素就是僭主的怯懦和臣民对他的痛恨。等到所有这些特性汇集在一个关键时刻，那些认为不可能发生的事件，都会突然之间出现在眼前，不仅大获成功还能带来出乎意料的结局。

我们应该抛弃某些引起非难和指责的成因，更要详尽叙述整个事件的本末，让大家知道类似的情况经常发生。狄昂率领两艘商船从西法勒尼亚的札辛苏斯发航，进入阿克拉加斯（Acragas）一个名叫迈诺亚（Minoa）的港口。这个地方是古代的克里特国王迈诺斯（Minos），为了寻找迪达卢斯（Daedalus）而建立，他在这里受到西堪尼国王科卡卢斯（Cocalus）③的接待，至于当前的情况我们认为这座城市臣属于迦太基人，此地的总督名叫帕拉卢斯（Paralus）是狄昂的朋友，非常热情欢迎他的来到④。

---

① 参阅普鲁塔克《希腊罗马名人传》第22篇第1章"狄昂"第25节，除了两艘运送人员的船只，第三艘是体积较小的运输船，还有两艘三层桨座战船在旁随护；停泊的港口是赫拉克利·迈诺亚（Heracleia Minoa），位于阿克拉加斯和塞利努斯之间。

② 狄奥尼修斯一世兴建坚固的城堡和工事，位于称为奥特吉亚（Ortygia）的"小岛"和伊庇波立（Epipolae）的城区。

③ 这个神话故事可以参阅本书第四章第77—79节，只是没有提到迈诺斯的兴建。

④ 普鲁塔克《希腊罗马名人传》第22篇第1章"狄昂"第25—26节，对于狄昂航行途中的情况和迈诺亚的登陆，都有详尽的叙述；提到当地的总督是他的朋友，只是名字叫作苏纳卢斯（Synalus）。迦太基当局很可能支持狄昂的远征，内战可以削弱叙拉古的军事实力。

狄昂从商船上面卸下五千副铠甲,交付给帕拉卢斯请他随后用车运到叙拉古,这时他自己只带着一千佣兵前去攻打叙拉古。在进军的途中,他说服阿克拉加斯和杰拉的人民与一些西堪尼人,还有居住在内陆的西西利土著以及卡玛瑞纳(Camarina)的居民,加入他的阵营为叙拉古的市民争取自由,进而推翻僭主的统治。很多人全副武装从各地区前来投效,很快聚集两万多名士兵。还有很多意大利的希腊人以及美西纳人受到召唤,他们抱着最大的热诚很快赶来参加。

10 狄昂来到叙拉古的边界,大群手无寸铁的人出面迎接,他们来自城市和四周的乡村。因为狄奥尼修斯对叙拉古人怀有猜忌之心,很多市民都被他解除武装。就在这个时候僭主带着大批军队,逗留在亚得里亚海沿岸一带新近建立的城市①,留下来负责叙拉古驻防军的指挥官,开始的时候期盼发动叛乱的人士能够回头是岸,等到发现暴民的冲动已无法阻止,他们在失望之余只有放弃,这时要借重佣兵的力量,这些部队就是僭主为了这个目的而设置的,守备人员加入他们的行列决定对叛徒发起攻击。

狄昂将五千副铠甲②分发给没有武装的叙拉古市民,尽量将能够到手的兵器供应给其他人员。然后他就地召开一次市民大会,当众宣布他来到是要解放西西里的希腊人,要求大家选出够资格的人士担任将领,能够有效恢复独立自由的地位,彻底除去僭主的专制统治。群众异口同声大叫他

---

① 尼波斯《狄昂传》第5卷第4节,证实狄奥尼修斯在意大利,提到他当时留在考洛尼亚并非这里所说亚得里亚沿海一带。考洛尼亚位于布鲁提姆的海岸地区,狄奥尼修斯一世在前369年将它夷为平地,居民全部迁移到叙拉古,整个区域交给洛克瑞斯人当成他们的殖民地。这里提到的考洛尼亚可能是重新兴建的城市。

② 参阅本章第6节,这些装备都是他多年准备的成果。

们的选择是狄昂和他的兄弟麦加克利，成为拥有绝对权力的将领①。

他立刻在靠近市民大会的地方，将他的军队排成会战队形向着城市推进。城墙外面的空地上面见不到对抗的队伍，他毫无畏惧穿过阿克拉迪纳（Achradina）②的通路进入城内，就在市场里面开设营地，始终没有人敢出来阻止他的前进。这时狄昂手下的士兵已经多达五万余人③。大家在这两兄弟的领导之下，头上戴着花冠来到城市，其中还有三十位放逐到伯罗奔尼撒的流亡人士，他们要与自己的同胞分享参加会战的荣誉。

11 现在所有的城市抛弃奴隶的装束穿上自由的华服，用节庆的欢乐取代暴政之下阴郁的面容，每个家庭都在兴高采烈地祭祀祖先，所有的市民焚香感谢神明的保佑，为即将来临的福分向上苍祈祷。妇女接纳未曾预料的好运发出欢乐的叫声，整座城市到处都是拥挤的人群。每一位市民、奴隶和异乡人都想瞻仰狄昂的颜容，大家都在异口同声极力赞扬这个人的勇气。他们这样做基于很好的理由，就是都能感觉到天翻地覆的变化。经历五十年④的奴役生活以后，由于时间的流逝已经忘记自由的真正意义，完全是一个人的作为使得大家在突然之间解除不幸的困境。

狄奥尼修斯在这个时候正巧逗留在意大利的考洛尼亚（Caulonia）附近，他的将领菲利斯都斯（Philistus）⑤率领舰队在亚得里亚海从事作战任

---

① 《剑桥古代史》第 6 章第 279 页，对于这方面的作为有详尽的说明和解释。

② 叙拉古最早建立在一个小岛上面，后来才扩大城市的幅员，阿克拉迪纳是向陆地延伸的区域，包括伊庇波立这块台地的东部在内，从大港向北直抵海岸。

③ 普鲁塔克提到狄昂的部队只有 5000 人，看来兵力是少了一点，狄奥多罗斯的估计实在太高，参阅《剑桥古代史》第 6 章第 276 页的评论。

④ 普鲁塔克提到这段期间是 48 年，从公元前 405 年到前 357 年。

⑤ 菲利都斯这位历史学家过去协助狄奥尼修斯一世巩固专制统治，后来因故遭到放逐，后来发觉已经铸下大错，需要他的支持又将他召回，参阅本书第十五章第 7 节。

务,奉到命令前来相见然后一起立即向叙拉古回航。两位对手都要赶快到达同一地方,狄奥尼修斯的抵达是在狄昂回归故土的七天之后。他才刚到就想运用谋略赢得叙拉古市民的回心转意,立即派出使者前去讲和,给予很多指示说他愿意将僭主的权力交给人民大会,同时接受运用民主体制组成的政府,条件是拿重要的特权交换他的让步。

他要求对方派遣拥有全权的代表与他见面,这时大家可以坐下来磋商要让战争先行终结。叙拉古的市民因为充满希望感到得意扬扬,派出他们之中最重要的人员担任使者。狄奥尼修斯将他们置于警卫的看管之下,尽量向后拖延会议的期程,看到叙拉古的市民抱着和平的希望,就会对守备的事务显得散漫和松弛,更不会从事会战的准备工作。因此他突然打开"小岛"①上面城堡的大门,他的军队一拥而出排成会战的阵势。

12 叙拉古人在两个海面之间构建正交走向的城墙,用来阻绝地峡隔断对外的通路,佣兵发出可怕的呐喊攻击正在建造之中的工事,很多守备人员遭到他们的屠杀,接着进入城墙之内与前来救援的部队发生激烈的战斗。对方违背和平协议使得狄昂出乎意料中了诡计,他急忙带着训练精良的士兵前去迎击敌人,加入会战进行大规模的杀戮工作。等到在露天体育场发生激战,新建的城墙从狭窄的地区通过,大量士兵拥塞在紧缩的空间之内,出于这个原因双方的人马在接触以后,已经没有闪避的余地只有奋勇战斗,狄奥尼修斯的佣兵看在慷慨报酬的分上,叙拉古的市民抱着获得自由权利的希望,使得作战人员激起高昂的士气绝不后退一步。

———————

① 奥特吉亚这个小岛位于叙拉古的南端,有一条长达1200码的堤道与陆地相连,突出的位置与对面的普莱迈里姆构成大港的出口,形势极其险要。狄奥尼修斯投下庞大的人力和财力,将"小岛"构建成固若金汤的要塞。

开始的时候会战虽然摇摆不定还是处于胶着的情况,那是双方就战斗的勇气而言可以说是势均力敌。双方的损失非常巨大,受伤的部位都在正面,激烈的短兵相接可以想见。位于前列的士兵奋不顾身努力杀敌,后列的人员用他们的盾牌提供严密的掩护,大家像是陷身负隅顽抗的处境,要用不怕牺牲的精神克服所有的危险,最后能够赢得会战的胜利。

双方接战以后狄昂想要在会战当中展现个人的勇气,打开一条血路进入敌人的中间,带有英雄主义的行动虽然杀死很多敌人,佣兵的战线原来的缺口突然封闭,使得他孤立无援陷身敌阵,很多标枪和箭矢向他投射,插在他的盾牌和头盔上面,他能逃过致命的攻击要靠铠甲的保护,最后他的右臂还是受伤,不仅要忍受一次重击,间不容发之际逃过被俘的下场。

叙拉古的市民关心将领的安全,用密集队形冲进佣兵的行列,将精疲力竭的狄昂从危险当中拯救出来,他们击败敌人迫使对方向后逃走。叙拉古的战士在城墙的其他部分仍旧占到上风,僭主的佣兵急忙整体退到“小岛”的城门里面。现在叙拉古的部队赢得一次重大的胜利,保证可以恢复他们的自由和权益,为了彰显僭主的失败建立一座战胜纪念牌坊。

13 这件事情过后,狄奥尼修斯已经败北,对于他的专制统治感到绝望,留下一支颇具实力的驻防军在城堡里面。得到允许可以领回阵亡人员的尸首,一共有八百多人,他为死者安排盛大的葬礼,每个人头上戴着金冠,身体用紫色的长袍当成寿衣;他希望用关怀的心意激起幸存者的高昂士气,乐于为防护他的僭主统治继续奋斗;还用丰硕的礼物赏给作战英勇的战士。他还是派出信差要与叙拉古当局商议解决此事的相关条件。

狄昂对于这些使者,不断提出一些似是而非的借口用来拖延,直到他利用这段没有冲突的时间,完成其余城墙的构建,然后召来使者进行商议,所以他用一种谋略的手段①让敌人保持可以获得和平的希望。等到开始讨论解决的条件,狄昂的答复说是只有一种办法,狄奥尼修斯必须放弃僭主的职位,基于他的屈就可以给予某些特权。

狄奥尼修斯认为狄昂的说法过于傲慢,召集所有的指挥官商量对策,要用更好的防御手段化解叙拉古人的攻击。由于他们各种资源都很丰富唯独缺乏粮食,现在还能控制海洋,开始派人到乡间去抢劫,发现这方面的搜刮还是难以满足生存的需要,于是他派出商船带着金钱到外地去购买谷物。叙拉古还有很多战船,配置在容易发现敌人船只最为适合的位置,能从商人那里拿走所有运进来的补给品。

这些都是叙拉古的事务以及处理的过程。

14 希腊发生的情况,菲里(Pherae)的僭主亚历山大,为他的妻子娣布(Thebe)及他妻子的兄弟莱柯弗朗(Lycophron)和泰西弗努斯(Tisiphonus)暗杀身亡②。两兄弟在开始的时候受到大众的赞扬,将他们称为"剪除暴君的志士",后来指控他们有不当的意图和贿赂佣兵,表明自己要当僭主,杀害很多持反对立场的人士,想尽办法让他的部队显示阵容浩大的模样,用来保持原来的政府体制。帖沙利的派系争权夺利称之为Aleuadae,举事者由于出身高贵的缘故,乐于拥有传播四方的名声,开始反对僭主和他的暴政。他们自己缺欠足够的实力发起战斗,要与马其顿国王菲利浦建立同盟关系。他受到劝说进军帖沙利打败僭主,这时他让他们的

---

① 只有狄奥多罗斯提到狄昂运用欺骗的方式。普鲁塔克《希腊罗马名人传》第22篇第1章"狄昂"第31—32节,说是狄奥尼修斯写了一封信,发挥离间的作用,破坏狄昂与叙拉古市民之间的互信之心,产生猜忌引发极其不幸的后果。

② 普鲁塔克《希腊罗马名人传》第8篇第1章"佩洛披达斯"第35节,对这件惨案有详尽的描述;狄奥多罗斯提到发生的时间已经是晚了一年,遗漏娣布第三个兄弟皮索劳斯(Peitholaus)的名字。

城市获得独立,用来表示他对帖沙利的人民极其友善。就是从而后发生的事件来看,不仅菲利浦本人就连他的儿子亚历山大,都把帖沙利当成关系最密切的盟友。

所有史家当中,编年史家埃弗鲁斯(Ephorus)之子笛摩菲卢斯(Demophilus)①,所著《神圣战争史》(*The History of Sacred War*)始于福西斯的斐洛米卢斯(Philomelus)占领德尔斐的神庙,以及他对于神谶的指示漠然视之,然而他的父亲在自己的著作里面,对这部分完全略而不提。神圣战争延续十一年②之久,直到那些瓜分奉献祭品的人全部遭到毁灭为止。

凯利昔尼斯(Callisthenes)③著的《希腊史》(*The History of the Hellenic World*)共有十卷,终止于斐洛米卢斯的占领神庙和亵渎神圣的行为。雅典的迪卢斯(Diylllus)④撰写《历史》(*The History*)有二十六卷,这部著作的开端是神庙的劫掠,几乎将这个时期发生在希腊和西西里的事件全部包括其中。

15 伊尔庇尼斯(Elpines)成为雅典的执政,马可斯·波普留斯·拉纳斯(Marcus Poplius Laenas)和格耐乌斯·密米留斯·因帕

---

① 本章第 76 节提到埃弗鲁斯著有 30 卷《希腊和小亚细亚城邦史》,全书终结于佩林苏斯的夺取,可能该书第 30 卷出于笛摩菲卢斯之手,根据留存的残卷,从而得知第 28 和 29 卷的内容是西方的历史,以及 27 卷提到菲利浦初期的统治。

② 本章第 23 节提到神圣战争的开始是在前 355 年,59 节提到它的结束是在前 346 年,应该是 10 年才对。然而其他学者认为这场战争打了 11 年,是从前 356 年到前 346 年。

③ 奥林苏斯的凯利昔尼斯是亚里士多德的外甥,当代知名的历史学家和哲学家,随同亚历山大大帝远征东方,直到前 328 年被处死为止,除了记载亚历山大的事迹和功勋,还撰写了一部希腊的编年史,时期是公元前 387—前 357 年,这个时候神圣战争尚未爆发。

④ 迪卢斯是雅典公元前 3 世纪初期的历史学家,他的《历史》涵盖的期间是公元前 357—前 297 年。布洛克认为这部书共有 27 卷,分为 3 个部分,每一部分有 9 卷,开始于神圣战争的爆发,结束于卡桑德的逝世。

里奥苏斯(Gnaeus Maemilius Imperiosus)当选罗马的执政官①,举行第一百零六届奥林匹亚运动会,马利斯人波鲁斯赢得赛跑的优胜。就是这些官员在职期间(前356年),意大利发生情况,从各个地区来到大群亡命之徒聚集在卢卡尼亚,混杂不同的种族,其中多数都是逃走的奴隶。

他们开始在乡野过着匪盗的生活,从事掠夺的行业获得战争的训练和实习,等到他们已经习惯作战的行动,发生冲突通常都会占得上风,因此使得他们的地位愈来愈重要。首先他们围攻特瑞纳(Terina)②得手以后,整座城市被他们洗劫一空;接着夺取希波尼姆(Hipponium)、休里埃(Thurii)和其他很多城市③,他们构成名叫"布鲁提"(bruttians)的政府组织,因为成员大部分都是奴隶,当地的土语将逃跑的奴隶称为"布鲁提人"④。

这就是意大利一个称为布鲁提人的民族,从而得知极其奇特的起源⑤。

16

西西里的情况,狄奥尼修斯的将领菲利斯都斯向着雷朱姆(Rhegium)航行,将人数达五百余人的骑兵部队运到叙拉古。等到他增加更多的骑兵以及两千名步兵,就要对背叛狄奥尼修斯的李昂蒂尼发起远征行动,利用夜晚成功越过城墙,占领一部分的城市。接着爆发激烈的战斗,叙拉古的起义人员前来援助李昂蒂尼的市民,菲利斯都斯遭到击败被赶出城市。

---

① 利瓦伊《罗马史》第7卷第12节,提到那一年的执政官是马可斯·波普留斯·拉纳斯和格耐乌斯·曼留斯(Gnaeus Manlius)。

② 这座城市位于布鲁提姆半岛的西海岸,可能是克罗顿建立的殖民地。

③ 诸如本书第十二章第22节提到位于特拉伊斯(Trais)河畔的西巴瑞斯。

④ 或许使用奥斯卡人(Oscan)这个名称。神话里的布雷托斯(Brettos)是赫拉克勒斯和华伦夏(Valentia)的儿子,就拿他的名字称呼英雄人物,衍生出布雷夏(Brettia)这个字,意为英雄的世系。由于这些人是奴隶更要炫耀自己的身世。

⑤ 参阅贾士丁《马其顿王朝史》第23卷第1节或斯特拉波《地理学》第6卷第1节。

赫拉克莱德为狄昂留在后面指挥他的战船,而伯罗奔尼撒在途中受到暴风雨的阻碍,来不及参加狄昂解放叙拉古的行动,现在带着二十艘战船和一千五百名士兵来到。叙拉古当局遴选他出任水师提督,认为这个出众的人物有响亮的名声适合授予的职位,对于全军让他拥有仅次于狄昂的最高指挥权力,于是赫拉克莱德参加推翻狄奥尼修斯的战事。

菲利斯都斯经过这件事以后,奉派为将领并且配备六十艘三层桨座战船,要与拥有同样数量战船的叙拉古的水师打一场海战。战斗非常激烈,开始的时候因为菲利斯都斯骁勇无敌占了上风,后来受到敌人的拦截,叙拉古的船只从四面八方向他围攻,费了很大的力气总算能够活捉这位将领,菲利斯都斯害怕被俘以后受到酷刑的折磨,就在对两位僭主完成很多重大的服务以后自裁身亡,为了报答有权有势的朋友,证明自己的忠诚到至死不渝的程度。叙拉古赢得海战的胜利以后,砍下菲利斯都斯的四肢,尸身为了示众拖过整座城市,不加埋葬抛弃在荒郊野外。狄奥尼修斯失去能力最强的朋友,没有名声响亮的将领,他自己无法支撑战争带来的负担,派遣使者去见狄昂,最初是让他拥有一半的权力,后来同意将全部交到他的手里。

17 狄昂回答唯一可行的方式是开启卫城投降,将里面储存的财富和珍藏无条件交到叙拉古市民的手里,狄奥尼修斯同意不再与人民为敌,条件是他可以将佣兵和他的财产装船开往意大利,狄昂要与叙拉古当局商议准备接受他的要求。市民大会为不合时宜的煽动言论所说服,认为可以使用围攻迫使僭主降服,拒绝接受他提出的条件。狄奥尼修斯留下战斗力最强的佣兵守卫坚固的要塞,将他的财物和皇家的行头全部装船,暗中开航前往意大利的海岸。

叙拉古的民众分为两派,有些人的意见是他们对于赫拉克莱德出任将领的职位以及拥有最高权力感到非常放心,相信他的目标不会是专制僭主的宝座;还有人宣称狄昂应该拥有超越整个政府的最高权力。伯罗奔尼撒的佣兵负责大部分的战事,他们在解放叙拉古以后,城市短缺经费难以支付他们应得的报酬,超过三千名的佣兵团结起来,开始夺走市民的财物,气愤的老兵都是战功彪炳的选锋,经过实战的考验而且心肠冷酷,提到勇敢和技术没有人能够与他们相比。

就狄昂来说,佣兵要求参加反叛行动,要将不愿付钱的市民看成共同的敌人施加报复,他在开始的时候严词拒绝,后来逼于严峻的局势只有出来指挥佣兵,带着他们向李昂蒂尼行军。叙拉古的市民编好队伍对佣兵发起追击,在途中接战损失很多人马①,只有收兵退回城市。狄昂在一场光荣的会战中打败对手,对于叙拉古人的忘恩负义没有怨恨之心,当局派出一位传令官前来见他,要求搬走阵亡人员的尸体,他不仅同意这件事还不要对方支付赎金释放很多俘虏。很多人在逃走当中即将遭到屠杀,宣称自己是狄昂阵营的成员,可以用这个理由免予一死。

18 这件事情以后,狄奥尼修斯派出尼阿波里斯的奈普休斯(Nypsius)②,带着装满粮食和其他补给品的商船从洛克里(Locri)航向叙拉古,这位将领作战英勇而且富于指挥统御的才华,最后完成僭主交付的任务。狄奥尼修斯将佣兵部署卫城,当时陷入粮食供应短缺的困境,虽然用高昂的士气忍受饥馑的痛苦,最后还是人性屈服于需要,必须在绝望之中拯救自己的性命,他们在夜间聚集起来开会,投票通过投降的决定,要在拂晓之际将卫城和他们自己交给叙拉古当局。

刚刚天黑没有多久佣兵派出传令官前去谈妥条件,天明之前奈普休斯

---

① 普鲁塔克《希腊罗马名人传》第 22 篇第 1 章“狄昂”第 39 节,说是只有几个人丧生。
② 尼阿波里斯是康帕尼亚的城市,可以证明奈普休斯使用奥斯卡人的名字。

带着舰队来到,停泊在阿里苏萨(Arethusa)①的外海。因此,原来缺乏粮食的情况突然变得供应非常充裕,身为将领的奈普休斯在他的士兵下船以后,召开大会就当前的局势提出合理的说明,对于那些遇到危险就要放弃职责的佣兵,赢得他们的回心转意。卫城在要交出那一刹那,竟然还能继续保有,叙拉古当局将所有的三层桨座战船完成整备,出来攻击仍旧在下卸补给品的敌人。迅速的反应出乎他们的意料之外,卫城的佣兵在混乱的情况下编组部队上船对抗敌人的三层桨座战船,发生一场海战叙拉古的阵营占了上风,有些船只被他们击沉,还有一些被他们捕获,追击剩余的船只直到岸边。成功使得他们得意扬扬,为了这次大捷要向神明奉献大量牺牲,返回基地以后举行宴会大吃大喝,轻视被他们打败的敌人,忽略应有的警戒和守备。

19 佣兵指挥官奈普休斯想要再打一次会战,挽回失败的不利态势,集结他的部队利用夜晚的掩护,出其不意攻击正在构建之中的城墙。发现警卫因为轻敌和天黑的关系都在呼呼大睡,他利用构建工程所需要的梯子,派出勇敢的佣兵爬上城墙杀死警卫以后打开城门。大批人马蜂拥进入城内,叙拉古的将领在酒醉以后虽然清醒过来,想要前去救援还是力不从心,有些人被杀还有一些人逃走。城市已经被他们占领,几乎所有的士兵都从卫城冲进圆形的城墙之内,突如其来而又混乱的攻击,使得叙拉古的市民陷入无比的惊慌情况,接着发生一场大规模的屠杀。

僭主的士兵数量超过一万人,排成的战线是如此紧密和整齐,没有任何人能够抗拒无与伦比的冲力,再加上喧嚣叫喊、丧失秩序和缺乏指挥官,叙拉古的守备力量受到阻碍,没有发挥任何成效。一旦市场落到敌人手

---

① 阿里苏斯是奥特基亚岛一道很有名的泉水,位于面向大港的斜坡上面。

里,胜利者直接攻击住宅区,他们搜刮大量财物并且将很多妇女、儿童和仆从当成奴隶一并带走。叙拉古的市民编组起来在狭窄的小巷和街道上面迎击敌人,持续的接战使得很多人被杀,受伤的人更是不在少数。他们整夜在黑暗中彼此任意地杀戮,每个区域留下满地的尸首。

20 天明以后巨大的灾难全都看在眼里,叙拉古的市民想要生存的唯一希望在于狄昂的援助,派遣骑兵赶到李昂蒂尼乞求狄昂,不要让他的祖国被敌人占领以后插在矛尖上面,忘记他们过去所犯的过错,同情他们目前不幸的遭遇,前来拯救国家免予苦难的折磨。狄昂这个人有高贵的灵魂和品德,受过哲学的训练见识更是高人一等,不会用怨恨的心理对待自己的市民同胞,他们获得佣兵的首肯以后立即出发,踏上前往叙拉古的道路抵达赫萨克庇拉(Hexapyla)①。

他到达以后将士兵排列开来用最高速度前进,遇到从城市逃出的老弱妇孺不下一万多人。所有这些人遇到他都流着眼泪请他为他们的不幸报仇雪恨。从城堡里面冲出来的佣兵已经达成所望的目标,那些位于市场附近的房屋遭到搜刮以后,就被他们纵火烧了起来,现在要攻击其余的住宅区,好对那里的财物进行洗劫的行动。

狄昂在这个关键时刻从几个地方冲进城市,攻击那些正在忙着搜刮掠夺的敌人,因为他的出现完全出乎他们的意料之外,加上毫无秩序而且混乱不堪,所有的佣兵都是满身的细软很容易被对方制服,何况还有很多人的肩膀上面背着各式各样名贵的家具。到了最后,对方几乎有四千人被杀,有些人是在房屋里面,还有一些人是在街道上面,其余的佣兵成群结队逃进城堡,关上城门才能避开危险。

---

① 泰查是叙拉古城内最繁华的地区,赫萨克庇拉这个城门是北面进入的通道。

狄昂要尽其所能做好所有的工作,熄灭火焰使得燃烧中的房屋得以保全,要让环绕全城的城墙恢复原来的功能,用来增强城市的防务和阻塞敌人进出大陆的通路。他埋葬城市里面的死者,建立一个战胜纪念牌坊,为了城市获得解救向神明奉献牺牲。他们很快召开市民大会,大家为了表示对他的感激,选出狄昂担任将领赋予绝对的权力,授予他的尊荣如同他是一位英雄,狄昂还是一本初衷用慷慨的胸怀对待那些指控他的敌人,消除群众的不安要使城邦保持和衷共济的局面,叙拉古的市民用异口同声的赞誉和制作精美的奖状,推崇他们的恩主是祖国独一无二的救星①。

以上是西西里的事务和处理的情况。

21 希腊的情势非常特殊,开俄斯、罗得、考斯加上拜占庭还是继续与雅典进行"联盟战争",双方从事大规模的准备工作,他们希望最后决定胜负在于一场海上会战。雅典当局原先派遣查里斯②率领六十艘船只出战,后来加派六十艘完成整备的战船,选择最为出色的市民亦即伊斐克拉底(Iphicrates)和泰摩修斯(Timotheus)担任将领,要与查里斯共同负责这次远征行动,对于反叛的盟邦继续发起战争。开俄斯、罗得和拜占庭加上他们的盟军,共同派遣一百艘船只,然后洗劫雅典拥有的岛屿因布罗斯(Imbros)和林诺斯(Lemnos),接着派出一支强大的分遣舰队突袭萨摩斯,蹂躏四周的乡村地区,从陆地和海上围攻这座城市,同时还掠夺其他许多属于雅典的岛屿,搜刮钱财供应战争的需要。

雅典的将领聚会讨论,拟订的计划首先围攻拜占庭这座城市,使得开俄斯放弃在萨摩斯的作战,转头回去援救陷入危险的拜占庭,双方的舰队

---

① 普鲁塔克《希腊罗马名人传》第 22 篇第 1 章"狄昂"第 41—48 节,用很长的篇幅对这件事做详尽的描述,从而得知叙拉古的市民是一批眼光短视且又忘恩负义的群众。
② 参阅本章第 7 节。

全部聚集在海伦斯坡地区。就在海上会战开始发起的时候,正好刮起一阵暴风阻碍计划的实施。查里斯虽然不理会天候的因素决心出战,伊斐克拉底和泰摩修斯基于海面的情况过于恶劣所以加以反对。查里斯要他的士兵充当证人,控诉他的同僚犯下叛国的罪行,同时写信给市民大会,指控两位将领在海战中畏敌因而退缩不前①。雅典的民众对这件事感到极其愤怒,起诉伊斐克拉底和泰摩修斯,施以很多泰伦的罚锾,同时罢黜将领的职位②。

22 　查里斯现在满足心愿可以指挥整个舰队,抱着极大的热情要解除雅典沉重的经费负担,展开非常危险的作战行动。阿塔巴苏斯背叛波斯国王,他只有少许士兵正好可以参加会战,对方几位省长的全部兵力超过七万人。查里斯用所有的部队参加阿塔巴苏斯的会战击败国王的军队。后者感激他的鼎力相助送给他大量金钱当成礼物,使得他有能力供应全军丰富的补给品。雅典当局开始赞同查里斯的行动,后来国王派来使者谴责查里斯的擅权,他们改变原来的心意。谣言传播开来说是国王答应雅典的敌人,派出三百艘船加入攻打雅典的战争。因此市民大会采取小心翼翼的姿态,决定对反叛的盟邦要终止彼此之间的战争,发现对方非常希望获得和平,所以很容易与他们谈好条件③。

据说"联盟战争"从开始到结束延续四年的时间④。

---

① 参阅尼波斯《泰摩修斯传》第 3 节,伊斐克拉底之子也是泰摩修斯女婿的麦内昔乌斯(Menestheus),同样负起指挥的责任,后来也涉入这场审判。实际上是在靠近埃里什里这座城市,而不是海伦斯坡地区,双方发生伊姆巴塔(Embata)会战。

② 很多史家都对这件事有详尽的记载和中肯的评论,特别是本章第 85 节,对这两位将领的能力和才华给予赞扬和推崇。

③ 狄奥多罗斯没有提到双方同意的条件是要开俄斯、考斯和罗得脱离同盟,以及承认拜占庭的独立;参阅《剑桥古代史》第 6 章第 210—212 页。

④ 雅典与盟邦之间的联盟战争是公元前 357—前 355 年,算起来有 3 年的时间。

三位国王要在马其顿联合起来对付菲利浦,指的是色雷斯、皮欧尼亚和伊利里亚的国王。三个民族全都毗邻马其顿,带着猜忌的眼光注视菲利浦的权势和战斗力正在蒸蒸日上。不过,他们要是单独行动都没有能力支持巨大的损失,过去三位国王当中每一位都吞下战败的苦果,现在他们认为只要将他们的部队联合起来发动战争,就很容易对菲利浦占有兵力的优势。就在他们的军队仍在集结的时候,菲利浦已经排成接战队形出现,给他们带来莫大的恐惧,逼得三位国王率领军队加入马其顿的阵营①。

23 雅典的执政换成凯利斯特拉斯(Callistratus),罗马选出马可斯·费比乌斯(Marcus Fabius)和盖尤斯·普劳久斯(Gaius Plautius)担任执政官。就是这些官员的任职期间(前355年),神圣战争从开始已经延续九个年头②,福西斯的斐洛米卢斯是一个寡廉鲜耻且又无法无天的家伙,因为下面所提的理由,他抢劫德尔斐的神庙,点燃神圣战争的战火。等到皮奥夏的城邦在琉克特拉会战打败拉斯地蒙,因为后者违法占领卡德密,底比斯在安斐克提昂会议③对他们提出严厉的控诉,经过判决获得高额的赔偿。还有就是色拉(Cirrhaean)平原④的神圣地区有大部分土地遭到福西斯市民的占用,受到控诉被会议处分很多泰伦的罚锾。

---

① 参阅贾士丁《菲利浦王朝史》第12卷第16节,以及普鲁塔克《希腊罗马名人传》第17篇第1章"亚历山大"第3节,提到帕米尼奥击败伊里利亚的联军,这个消息与亚历山大的出生还有奥林匹亚运动的赛车获得优胜,同时传到在波蒂迪亚作战的菲利浦那里,使得他感到极其高兴。

② 这种说法出现很大的错误,公元前355年是神圣战争爆发的年代,并非已经延续9个年头。

③ 安斐克提昂会议原来的作用是管理德尔斐的圣地和神谶的颁布,后来底比斯和帖沙利得到邻近城邦的帮助,可以控制会议的投票和决议,为他们带来很大的利益。

④ 这块平原靠近位于科林斯湾的色拉,已经奉献给德尔斐的阿波罗神庙,整个地区不再作为耕种之用,参阅伊司契尼斯《控诉帖西奉》第107—112节。

他们后来并没有缴纳核定的额度,安斐克提昂会议的执事①控诉福西斯,同时对会议提出要求,如果福西斯当局不向神庙付款赔偿,犯下欺骗天神的罪行,他们的土地和上面的居民都会受到诅咒。他们宣称其他城邦要是反对会议通过的判决,同样会受到罚锾的指控,拉斯地蒙已经列入名单之内,如果他们拒不从命,就会引起希腊人民一致痛恨他们的恶行。所有的希腊城邦全部认同安斐克提昂会议做出的决定,福西斯人居住的区域全部都在诅咒的范围之内。

斐洛米卢斯在福西斯的市民当中的地位最为显赫,他向同胞大声疾呼发表演说,提出解释是罚锾的金额过于庞大使得他们没有能力支付,要是允许他们的疆域受到诅咒,不仅怯懦让人感到他们毫无羞耻之心,还会陷入国破家亡的危险处境。他费很大的力气提出证明,安斐克提昂会议的裁定是极其不公的做法,因为他们对靠着非常小块的土地以耕种为生的人,竟然处罚如此巨大的金额。因此他劝大家要对罚锾一事视为无效,主张福西斯有充分的理由对这个案件提出抗辩,因为他们在古代对于颁发神谶的庙宇,拥有控制和监护的权力。

所有的诗人当中以荷马最为古老和最为伟大,他的诗句就是最有力的证据:

> 福西斯人由司奇狄斯和伊庇斯特罗法斯统治②,
>
> 彼等早已住在赛帕瑞苏斯和遍地岩石的皮索。③

---

① 安斐克提昂会议负责神圣事务的书记或官员,每个城邦的名额是两位。

② 这里的司奇狄斯(Schedius)和伊庇特罗法斯(Epistrophus),是率领福西斯人参加特洛伊战争的酋长。

③ 赛帕瑞苏斯是一座靠近德尔斐的城市;荷马的著作常用皮索这个名字来称呼德尔斐;引用的诗句来自荷马《伊利亚特》第2卷第517—518行。

从这份数据得知他们应该受到神谶的保护，须知这片土地并非他们侵占而且原来就属于他们所有，完全是祖先遗留给他们的继承物。斐洛米卢斯给予承诺会让这件讼案获得最后的成功，所以他们应该指派他出任将领，着手进行的整个过程当中赋予绝对的权力和全部的责任①。

24 福西斯的民众对裁定充满畏惧，选出斐洛米卢斯担任赋予绝对权力的将领，他拿出干劲十足的精神要去实践他的诺言。首先他前往斯巴达与拉斯地蒙国王阿契达穆斯进行私下的交谈，提到双方应该达成共同的利益，那就是对于安斐克提昂会议的裁定，必须尽力使之无效，特别是会议的判决充满偏见和不公，同样对拉斯地蒙造成重大的伤害。他向阿契达穆斯表明他的意图在于夺取德尔斐，如果他成功获得神庙的监护权，就能让安斐克提昂的敕令全部作废。

虽然阿契达穆斯同意提出的办法，却说他不能公开给予支持，他可以暗中在各方面加强合作，包括供应金钱和佣兵在内。斐洛米卢斯从国王那里接受十五泰伦的经费，加上自己所出不少于此数的金额，开始雇用外国的佣兵同时征召称为轻盾兵的福西斯役男。他集结大量士兵立即占领能够颁布神谶的庙宇，杀死一群称为色雷斯家族②成员的德尔斐市民，因为这些人反对他还要籍没他们的财产。看到其他人惊慌失措，他要大家保持愉快的心情因为危险不会降临在他们的身上。

占领神庙的消息很快传播开来，住在邻近的洛克瑞斯人③直接出兵攻打斐洛米卢斯。就在德尔斐附近发生一场会战，洛克瑞斯的部队吃了败仗

---

① 参阅波利努斯《谋略》第5卷第45节，对于斐洛米卢斯获得权力的过程有详尽的叙述。

② 这群自称色雷斯家族的市民不知是何许人。有的学者认为这是阿波罗神庙具有贵族身份的执事人员，参阅欧里庇德斯的悲剧《艾昂》(Ion)第94行。

③ 是指住在安斐沙(Amphissa)附近的洛克瑞斯人，有关这次会战的情况可以参阅本章第28节。

损失很多人马,只有逃回自己的国土。斐洛米卢斯为他的胜利感到得意扬扬,砍碎张贴安斐克提昂判决书的公告板,涂改判决书上面的文字,利用个人的关系将报道流传到各地,说是他不会违背神谶的指示,更不会犯下无法无天的罪行,他所以这样做是为了废除安斐克提昂会议不公的敕令,支持祖先遗留的主张要获得地区的监护权,他的所作所为都符合福西斯古老法律的规范。

25 皮奥夏人在市民大会中聚集起来,投票通过提案要出兵支持德尔斐的神庙,立即派遣部队。就在这些事情正在进行的时候,斐洛米卢斯环绕神庙修建一道城墙,招募大量佣兵把他们的报酬照现有的数目再多加一半,从福西斯的市民当中选出最勇敢的年轻人征召他们入营服役,很快组成一支实力强大的军队。他的手上有不少于五千人的部队可以用来防卫德尔斐,任何人想要对他发动战争,就会遇到一个不会败北的敌手。

不久以后,他率领一支远征的队伍入侵相邻的洛克瑞斯,纵兵在敌人的土地上大肆破坏和掠夺,有一条河流流经一个坚固据点,他就在河岸的附近设置营地,虽然他对这个要塞发起攻击还是没有能力夺取,最后只有打消围攻的念头。他与洛克瑞斯人的战斗损失二十名士兵,现在要不回来他们的遗体,派出传令官磋商阵亡人员应有的特权。洛克瑞斯的市民拒绝提出的要求,给予的答复是举凡希腊的法律都有同样的规定,抢劫寺庙的强盗死后不得下葬,应该暴露尸首示众。

斐洛米卢斯非常气愤又与洛克瑞斯人作战,尽最大努力杀死一些敌人,据有他们的尸首逼得对方要拿死者的遗体来交换。他占领广大的乡村地区,开始洗劫洛克瑞斯人的财物,尽情搜刮以后返回德尔斐,就将战争获得的掠夺品分配手下的士兵。这件事处理完毕以后,他想就战争的事务求神明指点迷津,迫使阿波罗神庙的女祭司登上三脚鼎颁布神谶。

26 上面我曾经提到三脚鼎,对于流传已久的故事将它形诸笔墨并非不合时宜。据说古老的时代山羊发现可以颁布神谶的圣殿,甚至时到今日德尔斐人为了请示神谶,情愿运用山羊认为更具成效。他们提到何以有这种发现的过程和方式有如下述。此处的地面出现一条很深的缝隙,现在的位置大家都知道称为"禁止擅入"的圣地。那个时候的德尔斐没有很多人定居,经常有山羊在附近放牧,只要这种动物接近这道缝隙就会向里面凝视,就会用很特殊的方式在四周跳跃,发出的声音也与以往截然不同。负责看管山羊的牧人①对于这种奇特的现象感到非常惊讶,走到缝隙的旁边向下注视,想要发现里面有什么东西,结果他与放牧的动物获得同样的体验,山羊的行动像是产生人类的智慧,同样会使牧人对于未来的事物拥有预知的能力。

等到消息传播开来让当地的民众知道接近缝隙会产生神奇的功效,逐渐有更多的人前来拜访那个地方,大家都能感觉灵感上身可以接受神的启示。须知获得神谶可以视为不可思议的奇迹,认为地球上只有这里有一座可以告知预言的神庙。有段时间所有想要得到预言的人都来到这条缝隙的前面,将他们得到未卜先知的答复彼此相互转告。后来很多人受到兴奋发狂的影响,跳进缝隙里面从此消失不见,当地的居民为了阻止冒险的行为,认为最好的办法是将一个妇女安置在该地,把她当成唯一的女预言家,要从她的口里说出神谶。

特别发明一种道具只要她安稳地在上面坐好,就能给要求指点迷津的人士所望的预言,独特的摆设有三个支撑所以称为三脚鼎,我敢说所有的

---

① 参阅普鲁塔克《道德论丛》第 30 章"神谶的式微"第 42 节,提到这位牧人的名字叫作科里塔斯(Coretas)。

青铜鼎时至今日都是模仿这种样式①。我对这方面的报道已经交代得够多了，另外还要再提一下，据说古代是由处女宣布神谶，那是因为处女具有纯洁无瑕的特质，如同神明当中的阿特米斯（Artemis），一般人认为处女非常适合保护那些揭发秘密的神谶。

不过，在较近的时代，人们提到帖沙利的爱契克拉底（Echecrates）来到神庙参观，看到一位处女正在宣布神谶，美丽的容貌使他为之倾心不已，将她劫走还侵犯她的身体。德尔斐的市民为发生的不幸非常痛心，通过一条法律而后不让处女负起预言的责任，应该由年龄到达五十岁的老妇人宣布神谶，只是她的装束有如处女，使得人们记住古老的时代女预言家应有的模样。

这是发现神谶的传说有关的细节部分，我们现在转回来叙述斐洛米卢斯进行的各种活动。

27 斐洛米卢斯控制颁布神谶的庙宇，指使女祭司要在三脚鼎上面用古老的方式说出预言。等到她回答古代根本没有这种器具，他用粗暴的口吻威胁她并且逼她登上三脚鼎。一个拥有最高权势的人竟然诉诸暴力，女祭司还是用坦诚的语气说道："这样做是在你的强制之下，只能让你感到满意。"他非常高兴接受她这种说法，宣称他已经获得适合于他的神谶。他立即将这份神谶刻在大家都能看到的地方，同时向每个人明确表示，神明已经授权给他让他做感到满意的事。在召开市民大会的时候将预言泄露给大众知道，要求他们保持愉快的心情，一切都要转向战争的事务。

这时又在阿波罗神庙出现一个吉兆，那是一只老鹰飞过神庙以后向地

① 可以参阅亚里斯托法尼斯的喜剧《财源广进》（Plutus）第9行的边注。

面俯冲,捕食养在圣地的鸽子,甚至将它们从祭坛上面攫走。精通预言的人宣称朕兆显示斐洛米卢斯和他的福西斯同胞,将要控制德尔斐的政局。光明的前途使得他心花怒放,从他的朋友当中选出最具备资格的人担任使者,分别派到雅典、拉斯地蒙和底比斯,还有一些人前往希腊世界其他那些显赫的城市,解释他何以要占领德尔斐,没有任何意图要谋取神圣的产业,而是要确保他们对圣地的监护权,相关的权利在早期就有明文规定应该属于福西斯人所有。

他说他会提供正确的财产清单给所有的希腊人让这件事有个交代,对于那些想要进行检查的人士,举凡奉献物品的重量和数目都已经准备详尽的记录。要是有任何敌人基于憎恨或嫉妒因而对福西斯人发起战争,他请求这些城市愿意派出部队参加他的阵营,如果做不到至少要保持和平的关系①。等到这些使者完成他交付的任务,雅典、拉斯地蒙和其他一些民族要与他签订盟约,承诺给予援助,皮奥夏、洛克瑞斯以及其他的城邦,为了神明受到侵犯通过敕令要对福西斯重新发动战争。

以上都是这个年度发生的事件。

28 戴奥蒂穆斯(Diotimus)成为雅典的执政,盖尤斯·马休斯(Gaius Marcius)和格耐乌斯·曼留斯(Gnaeus manlius)当选罗马的执政官。就是这些官员任职期间(前354年),斐洛米卢斯预知战争的规模加大,开始招募更多的佣兵,选择适合福西斯利益的行动,虽然战争需要更多的经费,他并没有打神圣奉献物品的主意,对于富有的德尔斐市民课以重税,得到足够的金额支付佣兵的薪资。

他领导一支大军来到地形开阔的区域,很明显表示他已经有所准备,

---

① 参阅本章第33节,提到他用贿赂的方式达成所望的目标。

任何人要是对福西斯怀有敌意,他就会与这些对手决一高低。等到洛克瑞斯派出的军队,在一个名叫斐迪瑞阿德(Phaedriades)的悬崖①附近与他进行一场会战,最后仍旧是他获得胜利,杀死很多敌人还有不少遭到活捉,有些人被他的手下推下高耸的绝壁。经过这次会战以后,福西斯为他们的成功感到无比的欣喜,洛克瑞斯当局在沮丧之余,派遣使者前往底比斯,请求皮奥夏的城邦给予援助,同时对神明能有交代。

设若安斐克提昂会议的决定要强制执行,皮奥夏人基于他们对神明的尊敬以及所能获得的利益,就会派遣使者去见帖沙利当局,根据安斐克提昂会议其他的要求事项,共同对福西斯发起战争。等到安斐克提昂会议就发动战争对付福西斯人的提案,要用投票方式进行表决,产生了很大的混乱和争执,考虑到整个希腊世界的立场仍是反对者占有优势。虽然有些人决定遵奉神明的旨意,必须把福西斯的市民当成抢劫庙宇的强盗施以惩罚,同时还有人坚持给予福西斯所需的援助②。

29 所有的部族和城邦由于他们的选择分为不同的阵营,皮奥夏、洛克瑞斯、帖沙利和佩里比亚(Perrhaebia)决定要帮助德尔斐的神庙,还要加上多里斯和多洛庇斯(Dolopis)、阿萨玛尼亚(Athamania)、弗昔蒂斯(Phthiotis)的亚该亚、马格尼西亚和伊尼亚以及其他的城邦。这时雅典③、拉斯地蒙和其他的伯罗奔尼撒城邦参加福西斯这边的战斗。拉斯地蒙基于下面的理由,愿意与雅典同心协力合作无间。底比斯在琉克特拉会战击败敌人以后,就在安斐克提昂会议与斯巴达当局大打官司,控诉

---

① 这是巴纳苏斯山一个半圆形面向南方的断崖,从下面仰望真是气象万千。

② 本章第23—40节主要的内容是神圣战争,只是23—24节与27—28节有很多重复的叙述。鲍萨尼阿斯《希腊风土志》第10卷第2节和贾士丁《菲利浦王朝史》第8卷第1—2节,有更为简略的纲要式记载。

③ 参阅笛摩昔尼斯《全集》第19章第61页。

斯巴达的菲比达斯（Phoebidas）占领卡德密，安斐克提昂会议对于侵略的行为处以五百泰伦的罚锾。

拉斯地蒙当局与对方诉讼，没有在法律规定期限之内支付款项，底比斯再度告上法庭，这次要加倍赔偿损害。安斐克提昂会议做出的判决是一千泰伦，拉斯地蒙由于罚锾的金额实在过于庞大，采用福西斯的说法宣称这是不公正的裁定，出于安斐斯提昂会议对他们充满偏见。因此，虽然他们之间现在有共同的利害关系，拉斯地蒙就反对裁定一事发动战争仍然犹豫不决，他们认为最好还是通过福西斯的斡旋，能够让安斐斯提昂会议的判决作废，基于这个特别的理由他们准备投向福西斯的阵营参加战斗，让他们拥有圣地的保护权，并且就这一方面愿意与他们通力合作。

30 等到情势的发展更加明显，皮奥夏的城邦有一支大军出现战场要去攻打福西斯，斐洛米卢斯决定要招募大量佣兵。战争需要巨额的费用他被迫要染指神圣的奉献品，抢劫颁发神谶的庙宇①。他支付给佣兵的报酬是通常的一倍半，所以能够很快聚集大量的佣兵部队，特别是很多人愿意参加作战行动，完全在于收到金额的多寡。现在没有人因为具备尊敬神明的崇高美德，愿意征召入伍到处征战不已。那些最坏的恶棍以及蔑视神明的人，由于他们的贪婪愿意聚集在斐洛米卢斯的身边，很快组成一支战斗力强大的军队，目标是要掠夺神庙的财物。

斐洛米卢斯有丰富的资源可以配备所需的武力，立即带着一万名步卒和骑兵进入洛克瑞斯的疆域。洛克瑞斯征集部队迎战进犯的敌军，皮奥夏的城邦给予支持，发生一场骑兵会战，结果是福西斯占了上风。经过这次会战以后，帖沙利从邻近地区集结的盟军，总数多达六千人，来到洛克瑞斯

---

① 这与本章第56节的叙述完全是背道而驰，提到斐洛米卢斯对于所有的奉献品，根本不予理会。

加入对抗福西斯的作战,在一个名叫亚哥拉斯(Argolas)①的小丘附近击败对手。皮奥夏派来的兵力有一万三千人出现战场,这时有一千五百名亚该亚人从伯罗奔尼撒前来支持福西斯,两军的营地彼此相隔不远,这个地区集结大量士兵。

31 皮奥夏的士兵从对方收集粮草的队伍当中,俘虏为数不少的佣兵,将他们带到城市的前面,传令官宣布他们都是抢劫寺庙的强盗,安斐克提昂会议裁定判处死刑,接着用弓箭将他们一一射杀。这些为福西斯卖命的佣兵得知杀俘的情况大为愤怒,他们要求斐洛米卢斯也要如法炮制,抓住敌人不能让他们活命,然后他们费很大的力气,在乡村有敌军活动的地区抓住很多俘虏,带回去交给斐洛米卢斯将他们全部处决。运用这种惩罚逼得对方要放弃自负而又残酷的报复。

接着两军都要侵入对方的地区,他们行军通过草木丛生而又崎岖的山地,双方的前卫突然发现彼此混杂在一起。个别的战斗发展成激烈的会战,皮奥夏的阵营据有兵力优势击败福西斯人,溃逃的一方要通过悬崖处和崎岖难行的地区,很多福西斯士兵和他们的佣兵遭到屠杀②。斐洛米卢斯的战斗极其英勇身上多处被创,后来受到逼迫进入悬崖绝壁的地区,这里已经没有出路同时他害怕被俘以后会遭到酷刑的折磨,就从悬崖上面纵身跳下去,用这种方式终结生命来向神明赎罪。欧诺玛克斯是与他共同指挥的伙伴,能够将残余的部队安全撤离,并且收容那些逃脱的人员。

---

① 没有人知道这个地方位于何处。

② 从鲍萨尼阿斯《希腊风土志》第 10 卷第 2 节得知,这场决定性会战发生在尼昂(Neon)。布洛克《希腊史》第 3 章第 250 页和《剑桥古代史》第 6 章第 215 页,对于这次的战役做出最适切的记载。

就在这些事情继续进行的时候，马其顿国王菲利浦用强攻夺取梅松尼①，将全城洗劫一空夷为平地，再用武力迫使佩加西(Pagasae)开城投降。在黑海地区，博斯波鲁斯(Bosporus)国王琉康(Leucon)在位四十年以后逝世，他的儿子斯巴达卡斯(Spartacus)登上王座，统治的时间只有五年②。

罗马和法利西人(Faliscans)③之间爆发战争，没有发生重大的事件值得记载，只有法利西的疆域不断遭到蹂躏和劫掠。西西里发生的情况，身为将领的狄昂被来自札辛苏斯的一些佣兵杀害，凯利帕斯④雇用他们从事不法的勾当，虽然他能继承狄昂留下的职位，大权在握仅有十三个月而已。

32 休迪穆斯(Thudemus)成为雅典的执政，罗马选出马可斯·波普留斯(Marcus Poplius)和马可斯·费比乌斯(Marcus Fabius)担任执政官。就是这些官员的任职期间(前353年)，皮奥夏的城邦对福西斯的作战赢得胜利，斐洛米卢斯应该对寺庙的抢劫负主要的责任，所以会受到神明和人类的惩罚，大家认为他命该如此也没有什么可怨之处，其余的人受到阻止不会为非作歹，他们返回自己的家乡。福西斯现在脱离战争的威胁，他们在返回德尔斐以后，又与盟邦召集一次大会，审慎讨论与战争有关的事项。

个性温和的人士组成的党派倾向和平，但是那些没有宗教信仰、急功近

---

① 菲利浦虽然拥有整个海岸地区，梅松尼是当地最后一座属于雅典的城市。狄奥多罗斯如同在本章第34节那样，重复叙述菲利浦对这座城市的夺取。

② 戴奥多鲁对于斯巴达卡斯的统治时间可能出现差错，虽然布洛克《希腊史》第3章第261页就这个问题加以讨论，《剑桥古代史》第6章第71页并不同意前者提出的论点。

③ 参阅利瓦伊《罗马史》第7卷第16节。

④ 凯利帕斯是柏拉图学院的成员，陪伴他的朋友狄昂前往叙拉古，为推翻狄奥尼修斯二世做出很大的贡献，后来他自己想要拥有最高的权势，借口狄昂要成为僭主，用暗杀的手段将狄昂除去；参阅普鲁塔克《希腊罗马名人传》第22篇第1章"狄昂"第54—57节，以及尼波斯《狄昂传》第8—10节。

利和贪婪成性的家伙,他们却持反对的意见,环顾四周要找一个能言善辩的政客,支持他们进行无法无天的勾当。等到欧诺玛克斯(Onomarchus)站起来发表一篇小心谨慎而又充满争议的演说,规劝他们要坚持原来的主张,操纵大家的情绪一起走向战争,虽然他并未考虑全面战争有关他个人的利益,因为他经常用严厉的口吻提到安斐克提昂会议,说他们对事务的处理方式并不公平,完全在于其他人并没有受到罚锾的制裁。

因此,就他自己来说更加希望战争而不是和平,于是运用合乎逻辑的言辞劝说福西斯人和他们的盟邦要贯彻斐洛米卢斯的构想。他被选为将领赋予最高指挥权力,开始聚集大量佣兵用来补充因惨重伤亡造成队列的缺额,他的军队增加很多招募而来的外籍人士,对于盟邦和与战争有关的事务进行各项准备工作。

33 他从梦中获得暗示会拥有更高的荣誉和更大的权力,从而激励他要积极进行当前的工作。那是他在睡觉的时候梦到安斐克提昂会议奉献给阿波罗神庙的青铜雕像①,经过他用手重新铸造以后变得比过去更为高大。他认为这是来自神明的征兆,只要善尽将领的责任就会赢得崇高的名声。只是真相并非如此,即使神明的征兆也与他所说适得其反,事实上安斐克提昂会议所奉献的雕像,所需费用来自福西斯缴纳的罚锾,那是他们对神庙做出违背法律的行为,所以才得到这样的处分。要说指示真有其事那是福西斯的罚锾,在经过欧诺玛克斯的手以后会增加额度,这件事的结局就是如此。

欧诺玛克斯成为拥有最高指挥权的将领以后,准备大量供应用青铜和铁制造的武器,还用黄金和白银铸造货币,分配给联盟的城市,主要是用来

---

① 鲍萨尼阿斯《希腊风土志》第10卷第15节,提到安斐克提昂联盟用福西斯人缴纳的罚锾,制作一个巨大的阿波罗雕像奉献给德尔斐的神庙。

赔赂这些城市的领导人物。他确实能够收买很多敌人,有些人被他说服要加入他的阵营从事战斗,还有一些人愿意与他维持和平。他很轻易完成很多工作在于人类的贪婪使然。事实上他运用金钱当成贿赂的工具,甚至连帖沙利的人民都听他的话,愿意与他维持和平的关系,须知帖沙利一直在盟邦当中拥有最高的声誉。

他在处理与福西斯有关的事务方面,逮捕而且处决那些反对他的人士,并且籍没他们的财产。他在入侵敌人的疆域以后,运用强攻夺取特罗尼昂(Thronion)①,所有的居民成为奴隶,拿出威胁的手段恐吓安斐沙②迫使他们降服。他洗劫多里斯人的城市而且整个国土都受到他的蹂躏。接着他侵略皮奥夏占领奥考麦努斯(Orchomenus),企图用围攻的方式夺取奇罗尼亚(Chaeroneia),会战当中败在底比斯的手里,使得他只有铩羽而归。

34 就在这些事件继续进行的时候,阿塔巴苏斯反叛波斯国王,就与国王派来征讨他的省长发生战争,在胜负难分的情况下一直延续下去。雅典的将领查里斯从开始就加入他的作战,阿塔巴苏斯有高昂的士气抵抗这些省长的攻击,等到查里斯离开只留他一个人独自支撑,说服底比斯当局派遣一支辅助部队前来助阵。庞米尼斯(Pammenes)被选为将领交给他五千名士兵奉派前往亚洲,阿塔巴苏斯在他的支持之下,两次会战③都能击败这些省长,为他自己和皮奥夏赢得很高的荣誉。皮奥夏的城邦在帖沙利将他们留在危险当中置之不理以后,以及处于福西斯的重

---

① 这座城市位于洛克瑞斯的伊庇克尼米狄亚区(Epicnemidians)。福西斯人拥有阿尔波努斯(Alponus)、特罗尼昂(Thronion)和尼西亚(Nicaea)这几个据点,可以控制通往色摩匹雷的道路;参阅伊司契尼斯《论骗人的使节》第132节。

② 这座城市位于洛克瑞斯的欧佐利亚区(Ozolian);参阅普鲁塔克《道德论丛》第20章“勇敢的妇女”第21节论“福西斯的妇女”。

③ 有关这次战役可以参阅贝洛克《希腊史》第3章第250—251页和《剑桥古代史》第6章第217—218页。

大威胁之中,还能派遣军队渡过大海前往亚洲,成为赢得会战的主力,看来真是一件不可思议的事情。

就在这些事件继续进行的时候,亚哥斯和拉斯地蒙之间爆发战争,欧尼伊这座城市附近发生一场会战,拉斯地蒙的军队赢得胜利,接着用围攻夺取欧尼伊(Orneae)①,班师返回斯巴达。雅典的将领查里斯率领舰队航向海伦斯坡,占领塞斯都斯(Sestus)屠杀成年的居民,剩余的人员全被发售为奴。科特斯(Cotys)之子色索布勒普底(Cersobleptes)②敌视菲利浦,却与雅典友好建立联盟关系,就将克森尼斯(Chersonese)的城市除了卡狄亚(Cardia)全部交给盟邦,于是雅典当局召开市民大会,决定派遣移民前往这些城市定居。

菲利浦得知梅松尼当局同意将他们的城市,交给他的敌人当成作战的基地,他开始对梅松尼发起围攻。虽然该城的市民能够抵抗一段时间,后来还是他获得压倒性的优势,迫使他们要将城市交给国王,条件是每个市民只能带一件衣服离开梅松尼。菲利浦将城市夷为平地,将所有的土地分配给马其顿人③。在这次围城作战当中,菲利浦的脸部中了一箭,一个眼睛丧失视力成为"独眼龙"。

35 上面的事件处理完毕,菲利浦接受帖沙利的召唤率领军队进入他们的疆域,获得他们的支持开始对菲里的僭主莱柯弗朗发起战争④,后来莱柯弗朗从他的盟友福西斯召来一支辅助部队,欧诺玛克斯的兄弟菲拉斯(Phayllus)奉派带来七千名援军。菲利浦击败福西斯将

---

① 欧尼伊是亚哥利斯地区一座城市,本章第39节用较多的篇幅做更详尽的叙述。

② 色索布勒普底是色雷斯的国王,在位期间前360—前341年。

③ 这次作战的详情可以参阅贾士丁《菲利浦王朝史》第7卷第6节或笛摩昔尼斯《全集》第4章第35页。

④ 参阅本章第33节以及波利努斯《谋略》第4卷第2节。

他们赶出帖沙利。于是欧诺玛克斯火速带着全部军事力量前来帮助莱柯弗朗，认为他能控制整个帖沙利的局势。菲利浦在帖沙利的随护之下对福西斯发起会战，欧诺玛克斯凭着兵力的优势在两场会战中击败对手，杀死很多马其顿人。菲利浦陷入极其危险的处境，士兵全无斗志将要离他而去，他费尽心血鼓励部队的士气，总算让大家勉强听从他的命令。后来菲利浦撤退回到马其顿，欧诺玛克斯向着皮奥夏进军，在一场会战中击败皮奥夏人①，并且占领科罗尼亚（Coroneia）这座城市。

不过，正在这个时候菲利浦带着军队从马其顿回到帖沙利，要去攻打菲里的僭主莱柯弗朗。莱柯弗朗的实力无法与对手抗衡，从他的盟友福西斯召来援军，给予的承诺是双方联合起来，重新组成帖沙利地区的统治机构。因此欧诺玛克斯带着两万名步兵和五百名骑兵赶来给予援助，菲利浦说服帖沙利要共同负起战争的责任，将所有可用的人力集结起来，数量到达两万名步兵和三千名骑兵。发生一次激烈的会战，帖沙利的骑兵部队拥有兵力优势而且骁勇善战，菲利浦赢得胜利。

欧诺玛克斯向着海岸逃走，雅典的查里斯正好带着很多艘三层桨座战船来到附近②，就在对福西斯发起一场大屠杀的时候，很多人为了逃命抛弃武器装备，想要游向三层桨座战船获得庇护，其中包括欧诺玛克斯在内。最后有六千多名福西斯士兵和佣兵被杀，将领本人丧命海中，成为俘虏不下三千人。菲利浦获得欧诺玛克斯的遗体将他悬尸示众③，其余的人被当

---

①　这场会战发生在赫密姆（Hermeum）；参阅亚里士多德《奈柯玛克斯伦理学》（Nuco-machean Ethisc）第 3 卷第 8 节。

②　贝洛克认为查里斯极不可能这个时候，带着船只来到事件发生的地方佩加西湾（Gulf of Pagasae）；虽然雅典当局派查里斯前去阻止菲利浦夺取佩加西，等到查里斯抵达已经太迟。

③　这里的记载与本章第 61 节和鲍萨尼阿斯在《希腊风土志》第 10 卷第 2 节提到的情况，有很大的差异，前者说他的尸体受到磔刑，而后者认为他被自己的手下射杀。还有其他的说法像是一匹受惊的马带着他跳进大海，使得他惨遭溺毙。

成抢劫寺庙的强盗丢到海里溺毙。

36 欧诺玛克斯被杀以后,他的兄弟菲拉斯继续领导福西斯的城邦。菲拉斯的意图是从灾难当中拯救自己的国家,开始招募大量佣兵,提供的报酬是通常价格的两倍,同时向盟邦请求提供协助。他已经备妥足够的武器和粮食,铸造更多的金币和银币。

大约在同个时候,卡里亚的僭主毛索卢斯在位二十四年以后逝世,阿提米西娅(Artemisia)是他的姊妹和妻子,继承王位统治只有两年。赫拉克利的僭主刻里克斯(Clearchus)①在狄俄尼索斯的节庆期间,参加盛会遭到杀害,这时他在位有十二年,他的儿子泰摩修斯(Timotheus)②继承王位,统治的时间是十五年。

伊楚里亚与罗马的战事继续下去③,他们在敌人的疆域大肆蹂躏,掠劫的范围直达台伯河,才会收兵返回家园。狄昂的朋友与凯利帕斯④在叙拉古爆发内战,前者战败逃到李昂蒂尼。不久以后狄奥尼修斯之子希帕瑞努斯⑤带着部队在叙拉古登陆,击败凯利帕斯将他逐出城市,希帕瑞努斯恢复他父亲失去的国土,统治的时间只有两年。

37 雅典的执政换成亚里斯托迪穆斯(Aristodemus),罗马的执政官由盖尤斯·苏尔庇修斯(Gaius Sulpicius)和马可斯·华勒流

---

① 参阅本书第十五章第81节,贾士丁《菲利浦王朝史》第16卷第5节记载他受害的详情。

② 贾士丁《菲利浦王朝史》第16卷第5节,提到他的兄弟萨特鲁斯夺走他的权位。

③ 参阅利瓦伊《罗马史》第7卷第17节。

④ 参阅普鲁塔克《希腊罗马名人传》第22篇第1章"狄昂"第58节,提到凯利帕斯被狄昂的弟弟列普廷(Leptines)和朋友波利斯帕强(Polysperchon)所杀,出现非常凑巧的事,就是同样使用谋害狄昂那把佩剑。

⑤ 这位希帕瑞努斯是狄奥尼修斯一世和狄昂的姐姐亚里斯托玛琪(Aristomache)所生的儿子,他是狄奥尼修斯二世同父异母的兄弟。

斯(Marcus Valerius)当选,举行第一百零七届奥林匹亚运动会,塔伦屯的迈克里纳斯(Micrinas)赢得赛跑的优胜。就是这些官员的任职期间(前352年),福西斯的将领菲拉斯在他的兄弟战败和死亡以后,加上大量士兵战死处于衰退的状态,致力于福西斯的事务使之恢复原来的权势和地位,因为他有取之不尽的金钱可以用来招募大量佣兵,说服不少的盟邦愿意合作重新发起战争。

事实上,他有大量金钱可以任意支配,获得很多显赫人士成为热心的帮助者,引诱很多知名城市参加他的阵营共襄盛举。例如拉斯地蒙派来一千名士兵,亚该亚是两千名,雅典是五千名步兵和四百名骑兵,都由他们的将领瑙西克利(Nausicles)负责指挥。菲里的僭主无论是莱柯弗朗或彼索劳斯(Peitholaus),他们在欧诺玛克斯过世以后缺乏盟友,就将菲里托付菲利浦,本人受到和平协议有关条款的保护,带着数量多达两千的佣兵逃到菲拉斯那里,以盟邦的身份加入福西斯的队伍。还有不少居于次等的城邦积极支持福西斯,他们抱着可以分一杯羹的念头,因为黄金可以刺激人类的贪婪,迫得他们背弃不能让他们获利的一方。

菲拉斯率领军队进入皮奥夏展开作战行动,在奥考麦努斯附近吃了败仗,损失大批人马。后来又在西菲苏斯(Cephisus)河发生另外一次会战,皮奥夏的城邦再度赢得胜利,杀死敌人五百多人,还有四百多人成为俘虏。几天以后,科罗尼亚附近又打了一场会战,皮奥夏获胜杀死五十名福西斯士兵,俘虏也有一百三十人。

我们叙述皮奥夏和福西斯的事务以后,再转过来谈一谈菲利浦的情况。

38 菲利浦在一场闻名遐迩的会战击败欧诺玛克斯[1],能够终结菲里的暴政,他恢复这座城市的自由权利,处理帖沙利所有其他

---

[1] 参阅本章第35节,欧诺玛克斯战死,被俘人员当成强盗全部溺毙在海中。

事务以后,进军色摩匹雷意图前去征讨福西斯。雅典的守军不让他通过隘道①,迫得他只有返回马其顿,须知他增加王国的疆域不仅在于他有傲人的功勋,而且是他始终对于神明抱着敬畏之心。

菲拉斯在洛克瑞斯的伊庇克尼米狄亚(Epicnemidia)进行的作战行动,除了纳里克斯(Naryx)以外占领所有的城市,后来叛徒在夜间将这座城市出卖给他,夺取以后再度被对方逐出城外,造成两百多人的损失。后来他靠近一个名叫阿比(Abae)②的地方宿营,皮奥夏的部队在夜晚对福西斯的营地发起攻击,杀死对方的士兵人数不少。他们因为这一次的胜利而意气风发,穿过隘道进入福西斯的国土,大部分的疆域遭到蹂躏,获得大量战利品。他们在返国的途中又去帮助受到围攻的纳里克斯,这时菲拉斯突然出现,打得皮奥夏的军队大败而逃,他用强攻夺取城市,大肆洗劫以后将纳里克斯夷为平地。

菲拉斯罹患不治之症,长期卧病在床历经痛苦的煎熬,最后终结他亵渎神明的一生,死后留下欧诺玛克斯之子费勒库斯(Phalaecus)③,这时还是一位少不更事的年轻人,菲拉斯生前将自己的朋友纳西阿斯(Mnaseas)安排在费勒库斯的身边,担任他的监护人和支持他的将领。后来费勒库斯成为福西斯的将领,是他引起"神圣战争"。这件事情以后,皮奥夏有一次对福西斯发起夜间攻击,杀死他们的将领纳西阿斯和两百多名士兵。没过多久在奇罗尼亚附近发生一场骑兵会战,费勒库斯吃了败仗使得他的骑兵部队遭受惨重的损失。

---

① 雅典投入敌对的行动,参阅贾士丁《菲利浦王朝史》第8卷第2节和笛摩昔尼斯《全集》第19章第84页。
② 位于福西斯的边界。
③ 按照鲍萨尼阿斯《希腊风土志》第10卷第2节的说法,费勒库斯是菲拉斯的儿子。

39 就在这些事件继续进行的时候，整个伯罗奔尼撒地区因为下面的缘故变得扰乱不安和秩序大乱。拉斯地蒙和麦加洛波里斯发生争执，就在阿契达穆斯的指挥之下入侵对方的国土，麦加洛波里斯当局①谴责对方破坏和平的行为，自己的战力不足以维护城邦的安全，请求他们的盟友给予大力鼎助。现在亚哥斯、西赛昂和梅西尼大举出动部队火速前来增援，底比斯派出四千名步兵和五百名骑兵，西菲森（Cephision）出任将领负责指挥。因而麦加洛波里斯的市民和盟邦进入战场要与敌人决一胜负，就在阿尔菲乌斯（Alpheius）河的源头附近设置营地，这时拉斯地蒙的阵营得到增援，来自福西斯的三千名步兵和菲里遭到放逐的僭主莱柯弗朗和彼索劳斯的一百五十名骑兵，集结的军队已经有了发起会战的能力就在曼蒂尼附近进入营地。

拉斯地蒙的部队向着亚哥斯的城市欧尼伊进军，在敌人到达之前先行占领，因为欧尼伊是麦加洛波里斯的盟邦。亚哥斯出兵前来攻打拉斯地蒙的营地，双方发生一次会战结果亚哥斯吃了败仗，有两百多人被杀。这时底比斯的援军出现，他们的兵力是对方的两倍然而训练方面居于劣势，发起一场会战打得难分难解。就在无法决定胜负的时候，亚哥斯和他的盟友撤出战场退回自己的城市，拉斯地蒙的大军接着入侵阿卡狄亚，运用强攻夺取赫利苏斯（Helissus）②这座城市，纵兵洗劫一空然后回师斯巴达。

这件事过后有段时间，底比斯和他的盟邦讨伐特尔弗沙（Telphusa）附近的敌人，很多人被他们杀死，敌方的指挥官安纳山德（Anaxander）和六十多名士兵被俘。不久以后他们在两次会战当中占到上风，对手有很

---

① 他们甚至派遣使者到雅典请求给予援助，笛摩昔尼斯利用这个机会发表《论麦加洛波里斯的局势》（On the Megalopolitans）这篇演说词。

② 鲍萨尼阿斯《希腊风土志》第8卷第3节和第23节，对于这座位于阿卡狄亚的城市，使用不同的称呼。

多人在战场阵亡。最后拉斯地蒙的军队参加一场重要的会战,经过证实是他们获得胜利,双方的军队退回各自的城市。拉斯地蒙与麦加洛波里斯签订休战协议,底比斯退兵回到皮奥夏。费勒库斯在皮奥夏流连不去接着夺取奇罗尼亚,底比斯前来救援迫使他们离开城市。然后是皮奥夏的城邦组成一支大军入侵福西斯,大部分地区都受到蹂躏,所有位于乡间的农庄全被抢劫一空。他们占领一些较小的市镇,搜刮大批战利品以后安然返回皮奥夏。

40 底卢斯(Theellus)出任雅典的执政,马可斯·费比乌斯(Marcus Fabius)和提图斯·奎因久斯(Titus Quintius)当选罗马的执政官。就是这些官员的任职期间(前351年),底比斯因为与福西斯的战争打得民穷财尽,发现自己缺少所需的费用,派遣使者去见波斯国王恳请供给城市巨额的金钱,阿塔泽尔西兹答应他们的要求,将三百泰伦的银两当成礼物送给他们①。皮奥夏和福西斯之间小规模的冲突不断,彼此都越过边界进行掠夺的行为,这一年没有发生值得记载的重大事件。

亚洲的波斯国王在不久之前,派遣大量士兵对埃及发起远征行动没有任何成就可言,此刻我们关心目前爆发的战争,阿塔泽尔西兹②采取积极的作为,能够完成引人注目的建树,再度拥有埃及、腓尼基和塞浦路斯。想要了解这些事件的来龙去脉,要就发生的时期在适当的章节,简单叙述战争的成因。我们记得早先埃及背叛波斯的时候,阿塔泽尔西兹就像渥克斯

---

① 贝洛克《希腊史》第3章第1节,提到皮奥夏人对波斯的埃及远征行动给予援助,才会付给他们300泰伦的报酬。

② 这里提到的人物是阿塔泽尔西兹三世渥克斯,狄奥多罗斯误以为是他完成埃及的征服,时间是在7年以后的前344年或前343年;因为他忽略渥克斯早在前351年已经发起远征行动,最后还是铩羽而归;本章第44节证实确有其事。

(Ochus)①不愿动武一样没有采取行动,虽然后来他还是多次派遣军队和将领,由于领导者的怯懦和缺乏经验,没有达成所望的企图。这样一来当然会遭到埃及的藐视,由于他过于怠惰和爱好和平的天性只有尽量忍耐。

　　来到目前正在进行商议的期间,腓尼基和塞浦路斯的国王仿效埃及的行为,他们对阿塔泽尔西兹表露有欠尊重和拒不听命的举动,使得他勃然大怒决定用战争对付叛徒。阿塔泽尔西兹不像过去派遣将领负起重大的使命,采用御驾亲征的方式,为了保存自己的王国进行有计划的奋斗。他准备大量的武器、装备、粮食和部队,集结的兵力有三十万名步卒,三万名骑兵,三百艘三层桨座战船,五百艘运输船和其他船只载运所有的补给品。

41 他基于以下理由开始发起征讨腓尼基的作战。腓尼基有一个重要的城市名叫垂波里斯(Tripolis),完全具备取名的特性,这是三座彼此相距一斯塔德的城市,分开就是阿拉杜斯(Aradus)、西顿(Sidon)和泰尔。这个地方在腓尼基的城市当中拥有最高的位置,因为腓尼基的议会设置在此处,经常集会讨论国计民生重大的事务。国王的省长和将领全都居住在西顿,他们对当地的居民颐指气使极其傲慢,这些敢怒不敢言的受害者,痛恨他们的暴虐无礼决定揭竿而起反抗波斯的统治。西顿说服其他的腓尼基的城邦愿意为独立自主尽心尽力②,接着派遣使者去见波斯的仇敌埃及国王尼克塔尼布斯(Nectanebos),获得他的认可成为相互支持的盟友,他们开始进行战争的准备工作。

　　西顿以富甲天下知名于世,市民从造船累积大量家财,他们很快完成许多艘三层桨座战船的整备,以及招募和聚集众多的佣兵,除此以外,武

---

　　① 或许是狄奥多罗斯认为阿塔泽尔西兹二世(尼蒙)有这种想法,参阅本书第十五章第90节,笛摩昔尼斯和伊索克拉底都提到渥克斯对埃及发起远征,只是没有成功而已。
　　② 参阅伊索克拉底《上菲利浦书》(To Philip)第102节。

器、弓箭、食物和所有其他用于战争的物质，都在赶紧办理可以很快供应。第一个敌对行动是破坏和摧毁皇家的园林，波斯国王经常在里面从事消遣和娱乐；第二个是烧掉省长为马匹准备战时食用的草料；最后是逮捕那些态度傲慢和对他们施加报复的波斯当权者。腓尼基用这种方式发起战争，阿塔泽尔西兹对于叛徒的胆大妄为感到惊讶，对于所有的腓尼基人其中特别是西顿的民众，提出充满威胁措辞的警告。

42 国王在巴比伦集结他的步兵和骑兵部队以后，立即下达命令进军前去攻打腓尼基人。当他还在路途上面，叙利亚的省长毕勒西斯(Belesys)和西里西亚的总督马舍乌斯(Mazaeus)，率领部队加入作战的序列，当众宣布对腓尼基的战争正式展开。西顿的国王吞尼斯(Tennes)从埃及获得四千名希腊佣兵的增援，他们的将领是罗得岛的门托(Mentor)。靠着这些部队以及从市民征召的士兵，与前面提到的省长接战，击败对手将他们逐出腓尼基的领地。

就在这些事件正在进行的时候，塞浦路斯爆发一场冲突，要与我们在前面提到的战争交织在一起难以分辨。岛屿上有九个人口众多的城市，下面还管辖无数较小的市镇。每座城市有一位国王拥有统治的权柄，他们都是波斯国王的臣属。所有的国王开会同意效法腓尼基的起义，不但进行战争的准备工作，还宣称它们都是完全自主独立王国。阿塔泽尔西兹写信给卡里亚的世袭君主艾德里乌斯(Idrieus)谴责这些行动，后者刚刚拥有这个职位，同时他继承祖先的传统成为波斯的朋友和盟邦，现在集结一支步兵部队和一支舰队，要将战争带往塞浦路斯几位国王所统治的地区。

艾德里乌斯很快准备妥当四十艘三层桨座战船和八千名佣兵，雅典的福西昂(Phocion)和过去曾在岛上出任国王的伊凡哥拉斯(Evagoras)担任将领,奉到派遣前往塞浦路斯①。他们出海向着塞浦路斯航行,立即带领军队攻打岛上最大的城市萨拉密斯(Salamis)。他们在营地四周设置护栏和加强防御能力以后,开始从陆地和海上围攻萨拉密斯。整个岛屿享受很长时期的和平生活加上他们非常富裕,据有四周乡村的士兵开始到处搜刮战利品。等到引起贪婪的消息传到海外,很多士兵从对岸的叙利亚和西里西亚蜂拥而来,想要不劳而获在这里发财致富。最后,伊凡哥拉斯和福西昂的军队到达原先数量的两倍,整个塞浦路斯的九位国王都陷入焦虑和恐惧的状态。

以上是塞浦路斯的情况。

43 波斯国王的军队从巴比伦开拔,进军前去攻打腓尼基。西顿的统治者吞尼斯②得知波斯军队的阵容极其浩大,认为叛军在战场上没有抗拒的能力,决定要为个人的安全做最周密的打算。因此他在不让西顿民众发觉的情况下,派出最受器重的亲信帖塔利昂(Thettalion)暗中去见阿塔泽尔西兹,答应出卖西顿交到国王的手上,同时会协助国王前去征服埃及,可以提供最好的服务,因为他熟悉埃及的地志以及沿着尼罗河所有陆上的详尽数据。国王从帖塔利昂那里听到他所拥有的特点感到极其愉悦,就说他会让吞尼斯免予受到叛乱的牵连和指控,只要他完成所答应的工作就会获得高官厚禄的赏赐。

这时帖塔利昂还要补充几句话,说是吞尼斯希望国王提出保证,能够举起右手宣誓绝不食言,国王听到顿时勃然大怒,受到冒犯认为对方不值得信任,交代随从立即逮捕帖塔利昂下令将他斩首。就在帖塔利昂被押解

---

① 贝洛克认为塞浦路斯的远征发生在前344年,应该是7年以后的事,《剑桥古代史》第6章第152—153页同意这个论点。

② 手抄本上将他的名字写成门托(Mentor)。

出去的时候,随口说道:"啊,国王,你可以随心所欲做自己高兴做的事,即使吞尼斯能够圆满达成任务,由于你拒绝立下誓言保证他的安全,那么他对答应的事情也无法给予承诺。"国王听到他说的话立即改变心意,叫回随从释放帖塔利昂,愿意遵循波斯的习惯举起右手发誓提供安全的保证。帖塔利昂返回西顿报告吞尼斯发生的情况,不让西顿的民众知道这件事情。

44 波斯国王鉴于上一次的失败,认为有件事对征服埃及而言极其重要,于是派遣使者前去希腊几座实力最强大的城市,邀请他们加入波斯的阵营,共同对埃及发起作战行动①。雅典和拉斯地蒙当局的答复是他们愿意继续与波斯人维持友谊,但是反对像盟邦那样派出军队。只有底比斯选出拉克拉底担任将领,派他率领一千名重装步兵前往助阵。亚哥斯的援军是三千人马,只是没有选出将领,国王的要求是奈柯斯特拉都斯(Nicostratus)负责指挥,他们欣然同意。奈柯斯特拉都斯的长处在于智勇双全,只是有时过于冲动,特别是身强力壮仿效赫拉克勒斯,披上一袭狮皮手拿一根棍棒在战场上面厮杀。

根据这些情况作为先例,小亚细亚海岸的希腊城邦派出六千人,使得所有在他那里服务的希腊盟军超过一万人之众。就在波斯国王横越叙利亚国境抵达腓尼基与他们会合之前,这些希腊的佣兵先在离开西顿不远的地方设置营地。西顿的人民趁着国王缓慢的行动,他们勤奋工作从事准备食物、铠甲和投射武器。除了绕着城市挖出三道壕沟,他们还构建更为高耸的城墙。他们征召大量市民服役担任士兵,用艰苦的工作和严格的训练加强体魄和耐力,不管是财富和其他的资源都比腓尼基其他的城市获得更多的优点,特别是他们拥有一百多艘三层桨座战船和五层桨座战船。

---

① 菲利浦在写给笛摩昔尼斯的信函上面,曾经提到这件事,参阅笛摩昔尼斯《全集》第12章第6页。

45 吞尼斯说服来自埃及的佣兵指挥官门托一起叛变,由于他对于自己拟订的计划非常有信心,就让门托防守一部分的城市,配合他派出的密探掌握整个出卖的行动,这时他自己借口要与腓尼基的城邦开会商议重大事项,率领五百人马出城,同行还有一百名地位显赫的市民,他们充当顾问的角色使得会议更有成效。就在他们快要接近国王的时候,他突然下令逮捕这一百人将他们解交给阿塔泽尔西兹。国王欢迎他有如一位朋友的来临,同时将这一百人视为叛乱的唆使者全部加以处决;等到又有五百名居于领导地位的西顿市民,手里拿着橄榄枝像一群恳求者前来乞求他的宽恕,召来吞尼斯要求将这座城市交到他的手里。这时他处心积虑不愿接受西顿当局提出的投降条件,因为他的目标是用冷酷无情的手段毁灭西顿,施加在他们身上的惩罚会对其他的城市带来杀一儆百的效应。

吞尼斯保证会将城市交到他的手里,国王还是维持绝不宽恕的愤怒,将五百名仍旧拿着恳求树枝的腓尼基人当场一一射杀。吞尼斯走近来自埃及的佣兵,说服他们领导他和国王进入城内。西顿的陷落是受到卑劣的出卖,国王认为吞尼斯已经失去利用的价值就将他杀害①。西顿的人民在国王进城之前,先将所有的船只付之一炬,没有一个居民为了自己的安全暗中开船溜走。等到他们看到城市以及所有的城墙都被敌人占领,数以万计的士兵拥入城内,他们将自己和妻儿子女关在家里,然后举火全部葬身在烈焰之中。

据说死在大火的人数超过四万人加上所有的家财。灾祸落到整座城

---

① 霍尔(Hall)在《剑桥古代史》第 6 章第 153 页中提到:"渥克斯用冷酷无情的手法除去吞尼斯,却拿出玩世不恭的态度重视门托的服务。"

市的头上连带所有的居民绝灭殆尽①,国王将烧完留存的灰烬出卖获得很多泰伦的售价,里面发现大量被烈火熔化的金银,原来都是每一户主人聚集的财产。西顿的陷落得到这样可怕的结局,其余的城市在惊怖之余全都大开城门归顺波斯国王。

没过多久,对于卡里亚拥有专制君权的阿提米西娅,在位两年以后由她的兄弟艾德里乌斯成功取代她的位置,继续统治七年的时间。意大利的罗马与普拉尼斯特(Praeneste)当局签订休战协议,同时与萨姆奈人(Samnites)缔结同盟关系,他们将两百六十名与塔昆纽斯家族(Tarquinii)②有深厚关系的居民处以死刑,由公家派出的刽子手在罗马广场公开执行。

西西里的朱雷姆有僭主狄奥尼修斯二世留下的驻防军,等到叙拉古的列普蒂尼斯(Leptines)和凯利帕斯的大权在握,派出人马围攻朱雷姆③,夺取以后逐驱驻防军,恢复朱雷姆人民的自由和独立。

46 阿波罗多鲁斯(Apollolorus)成为雅典的执政,马可斯·华勒流斯(Marcus Valerius)和盖尤斯·苏尔庇修斯(Gaius Sulpicius)当选罗马的执政官。就在这些官员的任职期间(前350年),塞浦路斯发生的情况,萨拉密斯的人民受到伊凡哥拉斯和福西昂的围攻,其余的城市全部成为波斯人的属地,只有萨拉密斯国王普尼塔哥拉斯(Pnytagoras)④单独忍受围困带来的苦难。

伊凡哥拉斯尽最大努力要恢复统治萨拉密斯市民的古老权利,还能获

---

① 贝洛克对于狄奥多罗斯报道西顿人受到重大的灾难,抱着存疑的态度,因为西顿在亚历山大东征的时候,是一座具备坚强实力的城市,这也不过是12年以后的事。

② 利瓦伊《罗马史》第7卷第19节,提到被害者的数目是358人。

③ 斯特拉波《地理学》第6卷第1节,说是雷朱姆被狄奥尼修斯一世夷为平地,在他的儿子手里完成重建的工作。

④ 这位普尼塔哥拉斯与他的父亲同名,祖父是大名鼎鼎的伊凡哥拉斯一世。

得波斯国王的帮助要完成复位的心愿。后来他犯下错误竟然指控阿塔泽尔西兹和国王，说他们在背后支持普尼塔哥拉斯，于是伊凡哥拉斯放弃重登宝座的希望，还要针对控诉他的罪名提出辩护，经过斡旋总算无事接着在亚洲担任更高的指挥职位，由于他对行省的治理不善引起民怨，再度逃回塞浦路斯，遭到逮捕处以应得的刑责。普尼塔哥拉斯归顺波斯以后，在萨拉密斯如同一位国王继续进行不受外来干扰的统治。

波斯国王夺取西顿以及亚哥斯、底比斯和亚洲希腊城市的盟军抵达以后，集结所有的部队进军前去攻打埃及。他来到土著所称巴拉什拉（Barathra）或深坑的巨大沼泽附近，由于他对这个地区不够熟悉，所以丧失一部分的军队。我们在很早以前已经提过沼泽的性质①，特别是在本书第一章叙述发生的惨剧，现在不得不做第二次的说明。国王率领军队通过巴拉什拉沼泽来到佩卢西姆，城市傍依尼罗河分流入海的第一个河口。波斯军队设置的营地距离佩卢西姆还有四十斯塔德，希腊佣兵的营地非常接近城市。

埃及当局由于对手给他充分的时间进行准备工作，使得尼罗河的所有河口都能加强守备的能力，特别是靠近佩卢西姆这个河口，是东边算起第一个而且拥有最具优势的地理位置。这个要点编配五千名士兵的守军，斯巴达的斐洛弗朗（Philophron）身为将领负起指挥的责任。参加这次远征作战的底比斯士兵，总想证明自己在希腊人当中最为优秀，第一个大胆冒进在没有支持的情况下，抢渡一条进路狭窄而且水流很深的运河，通过以后直接对城墙发起攻击，佩卢西姆的守备部队从城中出来列阵，就与底比斯的攻击军展开一场会战。双方都有很强的好胜心理使得战况极其激烈，他们整天的时间花在会战上面，直到夜晚才收兵返营。

---

① 除了巴拉什拉沼泽还有色波尼斯（Serbonis）湖，都是极其危险的地区，参阅本书第一章第 30 节。

47 翌日,波斯国王将希腊人的军队区分为三个支队,每个支队由一位希腊将领负责指挥,旁边安置一位善战而又忠诚的波斯官员。部署在最前面是皮奥夏的第一支队,接受底比斯的将领拉克拉底(Lacrates)和波斯军官罗撒西斯(Rhosaces)的指挥,后者是七位除去袄教祭司的波斯贵族①之一的后裔,现在担任爱奥尼亚和利底亚的省长,率领大量骑兵部队和由蛮族组成为数不少的步兵。第二线由亚哥斯支队负责,奈柯斯特拉都斯出任将领他的波斯同僚是阿里斯塔札尼斯(Aristazanes)。后者曾经担任国王的司阍②在最受信任的朋友当中仅次于巴哥阿斯(Bagoas),指派给他们的部队是五千名选锋和八十艘三层桨座战船。第三线的支队由出卖西顿的门托出任将领,所有的佣兵部队在他的指挥之下。国王的亲信巴哥阿斯在旁协调作战行动,这个人特别大胆而且不遵礼仪,他的手下有国王的希腊佣兵,大批蛮族部队和为数不少的船只。

国王将军队剩余的部分掌握在自己手里,充当整个作战行动的预备队。以上是波斯人这方面军队的部署,埃及国王尼克塔尼布斯虽然兵力居于劣势,却对敌军庞大的数量和波斯军队的部署,一点都不感到忧心忡忡。事实上他有两万名希腊佣兵,同样数量的利比亚士兵,以及六万名位于“勇士”阶级的埃及军队,除此以外还有数量无法计算的河船,适用于尼罗河两岸的会战以及河上的战斗。面对阿拉伯这边的河岸都有非常坚固的防御工事,整个地区塞满无数的市镇,除此以外,到处都是纵横交错的城墙和壕沟。虽然他对战争的准备在各方面都非常适切,由于他的判断出了差错很快遭到无法挽回的灾难。

---

① 希罗多德《历史》第3卷第76—79节,极其详尽叙述这个重大事件的来龙去脉。

② 司阍的职责是宣布国王的旨意,引导外国使者和各级官员的觐见。希罗多德《历史》第3卷第84节提到这样的规定,只有这7个杀死袄教祭司的人,可以不经通报的程序进入皇宫。

48 尼克塔尼布斯的失利主要在于他缺乏担任将领所需的经验，其实波斯王国上一次的远征行动就是败在他的手里。他过去拥有的将领像是雅典的戴奥芳都斯（Diophantus）①和斯巴达的拉缪斯（Lamius），无论是战阵的英勇和用兵的智慧都要高人一等，所以他在各方面都能赢得胜利。不过，在这一次他认为自己是能力超群的主将，不愿与任何人分享指挥的权力，由于他没有实战的经验，所有的构想都成为纸上谈兵，部队的行动都不能发挥克敌制胜的作用。现在他要很多市镇配置守备部队，还要维持一条严密的警戒线，这样一来在他的指挥之下只有三万名埃及人、五千名希腊人和两千五百名利比亚人，充当预备队用在防守敌军接近路线最易于暴露的位置。

两军的部队完成这样的部署，亚哥斯的将领奈柯斯特拉都斯用当地土著担任向导，这些叛徒的儿女和妻子都在波斯人的手里充当人质，所以熟悉地形的向导带领他们的舰队，通过一条运河进入隐蔽良好的地区，就让他的人马下船，选定一个位置加强工事设施成为营地。埃及的佣兵在邻接地区保持严密的警戒，看到敌军在前面出现，以不少于七千人的兵力直接出击，他们的指挥官考斯的克莱纽斯（Cleinius）将部队展开成为会战部署。乘船来到的敌人在对面将部队排成阵线，接着发生一场激烈的会战，波斯军队在希腊佣兵的大力协助之下战斗极其英勇，杀死对方的将领莱克纽斯，使得他的士兵有五千多人阵亡。

埃及国王尼克塔尼布斯听到他的军队遭到巨大的损失就感到胆战心惊，认为其余的波斯军队会很容易完成渡河。他判断敌人的大军会来到孟菲斯的城门前面，认为目前最重要的工作是采取预防措施用来保护城市。因此他带着军队返回孟菲斯，仍旧维持原来的构想开始准备工作，用来应

① 参阅伊索克拉底《全集》第 3 卷"书信"第 8 封第 8 节，提到戴奥芳都斯已经离开雅典，写那封信的时间是前 350 年。

付敌人的围攻作战。

49 底比斯的拉克拉底指挥第一支队，急着围攻佩卢西姆。第一步他改变运河的水流朝另外的方向流动，等到原来的渠道全部干涸以后，用泥土填满成为平地，可以放置攻城机具开始对城市发起攻击。这时有一大段的城墙倒塌下来，佩卢西姆的守备部队很快在原址的当面修筑另一道城墙，还竖立巨大的木塔。双方为了城墙的攻防进行的战斗持续数日之久，开始的时候在佩卢西姆的希腊佣兵英勇抵挡围攻者，等到他们得知国王已经撤退到孟菲斯，惊惶不已派遣使者与对方安排解决的办法。拉克拉底立下誓言只要他们开城投降，保证让他们带着财物全部运返希腊，于是他们交出防守的城堡和工事。

这件事处理完毕，阿塔泽尔西兹派巴哥阿斯带着蛮族士兵接收佩卢西姆，来到希腊佣兵即将发航离开的地方，夺走很多人携带的随身细软，敌人不守信义的行为使得这些受害者向着上天大声喊叫，神明应该成为誓言的监督人让报应落在他们身上，拉克拉底得知此事非常生气，出兵逼得蛮族逃走还将他们几个杀死，他们认为违背誓言就应该得到这种下场。巴哥阿斯逃到国王那里指控拉克拉斯，国王裁决这是巴哥阿斯的支队应该接受的惩罚，处死一些对于抢劫希腊佣兵财物需要负起责任的官员。这样一来佩卢西姆就能平安无事交到波斯人手里。

指挥第三支队的门托运用谋略夺取布巴斯都斯（Bubastus）和很多其他城市，使得他们降服波斯国王。因为所有城市的守备都由两个民族即希腊人和埃及人负责，门托传话让士兵知道，阿塔泽尔西兹有明确的交代，对于自愿开城投降的人宽大为怀，举凡运用武力攻占的城市会像西顿的人民一样受到严厉的惩处。他指示防守城门的单位，让那些从对方阵营逃亡出来的人能够自由通行，就是被俘的埃及人离开囚禁的地方也不受拦阻，前面所说的话很快传遍埃及所有的城市。马上出现的情况就是配置在各地的佣兵会与当地土著发生争执，城市里面充满倾轧与内斗。两方都要争着与当面的敌人接头，好交出哨所以及用各种方式获得他们的好感，这些就是布巴斯都斯实际出现的情况。

50 门托和巴哥阿斯的部队在布巴斯都斯附近设置营地，埃及守军不让希腊佣兵知道派出使者去见巴哥阿斯，如果他能保证他们的安全就会开城投降。等到希腊佣兵知晓这件事情，立即派人赶上使者，抓住以后逼供吐露真相，他们在愤怒之下攻击埃及守军，有些人被杀不少人受伤，将剩余的人员赶到城市的一角。处境狼狈的埃及人赶快通知巴哥阿斯发生的情况，要求他全速前来从他们的手里接收这座城市。希腊佣兵私下与门托达成协议，后者暗中激励他们鼓起勇气，就在巴哥阿斯进入布巴斯都斯的时候对蛮族发起攻击。

后来，巴哥阿斯率领波斯部队没有得到对方的同意，乘机闯进城市想要建立大功，希腊佣兵趁着部分人员已经落到手中，突然关闭城门攻打进入城墙之内的蛮族，所有的波斯人全被杀死只有巴哥阿斯成为俘虏。巴哥阿斯知道要想获得安全得靠门托的帮忙，哀求他饶恕自己的性命答应而后任何事务绝不违背他的意见。门托说服希腊佣兵释放巴哥阿斯，经由他的居中协调安排投降事宜，这样一来任务圆满达成还救出巴哥阿斯的性命，两人立下誓言这件事要为巴哥阿斯保密不能让别人知晓，造成的结果是双方能够精诚合作有卓越的服务，使得他们在阿塔泽尔西兹的宫廷当中，比起国王其他的朋友和亲属获得最高的权势和地位。

门托奉派成为亚洲地区最高指挥官，负责从希腊招募佣兵送往阿塔泽尔西兹的军营，胜任各种职位都能发挥勇于任事和主动进取的精神，对于国王更为忠贞不贰。巴哥阿斯负责管理国王在上行省①所有的事务,由于他与门托的伙伴关系使他成为王国的主人,阿塔泽尔西兹的所作所为都要向他请益。等到阿塔泽尔西兹逝世以后,由他指定能够登上宝座的继承人,除了没有头衔他享用国王的权势和功能。我们会在后续适合的年代,就有关的事项做详尽的叙述。

51 就在这段期间,巴布斯都斯开城投降以后,其余的城市心生恐惧只有归顺波斯。留在孟菲斯的埃及国王尼克塔尼布斯眼见大势已去,放弃击败敌军的希望带着大部分家产逃到埃塞俄比亚,阿塔泽尔西兹拥有整个埃及,所有重要的城市原来兴建的城墙全部推倒,搜刮寺庙的财富获得大量金银,古老的庙宇放置碑文的记录全被带走,后来巴哥阿斯归还埃及的祭司获得巨额的赎金。他对陪伴他从事作战行动的希腊佣兵,按照他们建立的功劳给予重赏,然后解散部队让他们返回家乡。他在任命菲伦达底(Pherendates)为埃及省长以后,带着大批财富和战利品率领军队班师巴比伦,远征作战的成功使他赢得最为响亮的名声。

52 凯利玛克斯(Callimachus)成为雅典的执政,盖尤斯·马修斯(Gaius Marcius)和巴布留斯·华勒流斯(Publius Valerius)当选罗马的执政官。就是这些官员的任职期间(前349年),阿塔泽尔西兹看到身为将领的门托,参加埃及的远征作战有卓越的表现,拔擢他到更高的职位,比起其他的朋友更受到重用。特别是他的骁勇善战值得授予最高的荣誉,赐给他一百泰伦的银两以及各种名贵的饰物和礼品,指派他担任亚

---

① 上行省是波斯帝国除了小亚细亚、叙利亚、埃及和两河流域以外的内陆地区。巴哥阿斯是国王警卫部队的指挥官,后来使用下毒的方式安排帝国的继承人,结果自己成为鬼蜮伎俩的牺牲品,参阅本书第十七章第5节。

洲海岸的省长,负责与叛徒之间的战事,成为拥有最高指挥权的将领。

门托与阿塔巴苏斯以及门侬的关系匪浅①,后来两位过去发起对波斯的战争②,现在离开亚洲成为流亡人物,逗留在菲利浦的宫廷获得庇护,于是他恳求并且说服国王撤销对他们的控诉。接着他邀请他们带着所有的家人前来与他见面,这里面有门托和门侬的姐姐为阿塔巴苏斯所生的十一个儿子和十个女儿。门托很高兴有一大群姻亲关系的晚辈,他拔擢这些年轻的小伙子,让他们在军队中据有最显赫的指挥职位。

阿塔纽斯(Atarneus)的僭主赫米阿斯(Hermias)③背叛波斯国王,拥有很多要塞和城市,门托率领大军前去征讨,答应赫米阿斯说服国王同样撤销对他的控诉,召开会议要他参加,然后露出真面目将他逮捕。等到拿走他作为印玺的指环,写信给这些城市说是经由门托的居中调解,已经获得国王的体谅可以免予战争的灾难。赫米阿斯的指环用来加盖封印在信件上面,要让持信的官员接收他们管辖的地区。城市的民众相信这些文件对于接受和平的条件感到满意,所有的堡垒和城市全都放下武器投降。门托虽然运用欺骗的手段,不费一兵一卒就能光复落在叛军手上的市镇,让他赢得国王的器重和礼遇,说他有能力达成所有的任务,真正具备将领的风格和度量,不管任何一位指挥官与波斯处于敌对的位置,他立刻运用武力或策略将他们降服。

欧洲的马其顿国王菲利浦进军前去攻打卡夕得西(Chalcidice)半岛上面的城市,运用围攻夺取齐里亚(Zereia)的堡垒然后将它完全摧毁。然后

---

① 阿塔巴苏斯是他的妻兄,门侬是他的兄弟;参阅笛摩昔尼斯《全集》第 23 章第 157 页。

② 参阅本章第 22 和 34 节。

③ 赫米阿斯是一位哲学家,出身宫廷的宦官曾经是雅典政治家优布拉斯的奴隶。亚里士多德与他在学院共同生活一段时间,对他有很深的认识,等到赫米阿斯亡故,亚里士多德娶他的养女皮提阿斯为妻;参阅柏拉图《书信集》第 6 封信。据说柏拉图逝世以后,亚里士多德留在赫米阿斯的宫廷有 3 年之久;塔恩提及赫米阿斯遭到逮捕是在前 342 年。

他威胁其他的市镇迫使他们降服。接着前去攻打帖沙利的菲里,赶走控制这座城市的彼索劳斯①。就在这些事情继续进行的时候,潘都斯的国王斯巴达卡斯在统治五年以后逝世。他的兄弟皮瑞山德(Paerisades)②继承宝座在位有三十八年之久。

53 这一年即将结束,狄奥菲拉斯(Theophilus)成为雅典的执政,盖尤斯·苏尔庇修斯(Gaius Sulpicius)和盖尤斯·奎因久斯(Gaius Quintius)当选罗马的执政官,举行第一百零八届奥林匹亚运动会,塞伦的波利克利(Polycles)赢得赛跑的优胜。就是这些官员的任职期间(前348年),菲利浦的目标是要征服位于海伦斯坡地区的城市,不费一兵一卒因为内应和出卖获得麦西伯那(Mecyberna)③和托罗尼(Torone)④,然后率领大军前去攻打地区最大的城市奥林苏斯。他刚开始就在两场会战当中击败奥林苏斯的部队,逼得他们只能在城墙上面进行防御作战,然后在不断的攻击之下他的士兵遭到重大的损失,最后他贿赂城中主要的官员优特克拉底(Euthycrates)和拉昔尼斯(Lasthenes)⑤,出卖的行为使得他占领奥林苏斯。全城经过洗劫以后所有的居民成为奴隶,他将役男和财物当成战利品出售。

他用这种方式将战争当成敛财的手段,同时可以恐吓那些反对他的城市。战场上面表现英勇的士兵获得与功劳相称的礼物,还将巨额的金钱分送在城市拥有影响力的人士,他获得很多工具可以用来让人背叛他们的国

---

① 除非彼索劳斯很快收复菲里,否则与本章第37、38节的叙述发生矛盾。
② 有关皮瑞山德的统治情况,可以参阅本书第二十章第22节。
③ 麦西伯那是奥林苏斯的港口,他们从雅典的手中夺回;参阅本书第十二章第77节。
④ 托罗尼可能原来就是奥林苏斯的属地;参阅本书第十五章第81节。
⑤ 优特克拉底和拉昔尼斯成为第五纵队(泛指内奸、叛徒、间谍和卖国贼)最典型的范例;参阅笛摩昔尼斯《全集》第8章第40页。

家。老实说他经常宣称运用黄金比运用武力使他更能增大王国的疆域。

54 雅典当局看到菲利浦的权势蒸蒸日上就会提高警觉,任何民族只要受到国王的攻击他们就会给予援助①,派遣使者到这些城市规劝他们要重视自主的权利,任何市民有出卖城邦的行为要处以死刑,他们承诺要为所有的盟邦不惜流血牺牲,后来公开宣布他们是国王的敌人,要对菲利浦发起全面的战争。演说家笛摩昔尼斯是那个时代口才最好的希腊人,比起其他任何人更能激起热血沸腾的爱国精神,即使如此,甚至就是他的城市都无法制止市民有卖国的行为,那个时代的希腊世界到处都是叛徒,有如春风吹又生的青草。

有则逸事提到菲利浦想要夺取一座防务极其森严的城市,当地的居民具备坚定的意志,他要求部下回答这个问题:难道连黄金都爬不过这道城墙?因为他从经验得知任何武力无法征服的城市很容易为黄金所攻占。他运用贿赂作为工具在一些城市组成叛贼的队伍,任何人只要接受他的黄金就被他称为"贵宾"和"朋友",从此就与他建立邪恶的联系,须知他这种做法在腐化人们的道德观念。

55 夺取奥林苏斯以后,他为了庆祝这场大捷以及感激神明的呵护,举行奥林匹克赛会②以及奉献场面极其壮观的牺牲,安排各种节庆活动和重大的文艺竞赛,邀请很多前来访问的外地人士参加他的宴会。在觥筹交错和起坐喧哗的场合,他加入很多次的谈话,对很多宾客举起酒杯表达敬意,送出去大量贵重的礼物,非常慷慨答应各种承诺真是来者不拒,从而赢得很多人的倾心还带着渴求的态度要与他建立友谊。

---

① 参阅斐洛考鲁斯(Philochorus)《希腊史籍残卷》No.132,对这方面提出很多的例证。
② 马其顿的奥林匹克赛会是在迪姆(Dium)。

有一次在饮酒欢宴的场合,著名的演员萨特鲁斯(Satyrus)①流露出忧郁的神情,菲利浦问他只有对他殷勤的礼遇,何以他竟然表现得落落寡欢;这时萨特鲁斯就说他希望从国王那里获得赐予的恩典,只是他害怕在得知真相以后遭到拒绝,国王表现出愉悦的神色鼓励他尽量开口,无须有任何顾虑。他说他的朋友有两位仍旧保持处女之身的女儿,正值及笄的年龄却落到被俘妇女的队伍当中,他希望能将这两位女郎交给他,如果国王答应这件事,他并不是为了满足自己的欲念,是要为朋友的女儿准备嫁妆和找到丈夫,不让她们在这个年纪就遭到非礼的待遇。

菲利浦很高兴接受他的要求,立即将这两位女郎当成礼物送给萨特鲁斯。他送给很多人无数其他的恩惠和各种礼物,有些时候获得更大的回报。因为很多人希望得到他的恩惠,在这种诱惑之下彼此竞争,都要效力菲利浦为他卖命,甚至将他们的国家交到他的手里。

56 提米斯托克利(Themistocles)成为雅典的执政,盖尤斯·高乃留斯(Gaius Cornelius)和马可斯·波普留斯(Marcus Popilius)当选罗马的执政官。就在这些官员的任期之内(前 347 年),皮奥夏的部队攻占海亚(Hya)②这座福西斯的城市,大肆洗劫周围的区域,打败当面的敌人并且杀死七十多名士兵。接着他们在科罗尼亚附近与福西斯的守军对阵,吃了败仗损失不少人马。现在福西斯在皮奥夏占领几座颇具规模的城市,皮奥夏的城邦派出军队到达敌人的地区,摧毁留在田间尚未收割的谷物,他们在返回的途中被福西斯的追兵击溃。

---

① 笛摩昔尼斯《全集》第 19 章第 193 页,提到名伶萨特鲁斯这一段插曲。
② 这座城市又称为海安波里斯(Hyampolis),位于帖沙利和皮奥夏进入福西斯的边境地区;参阅希罗多德《历史》第 8 卷第 26 节,提到福西斯人在这里设伏,击败入侵的帖沙利骑兵部队。

就在这些事件正在进行的时候,福西斯的将领费勒库斯受到控诉,罪名是偷窃很多神圣的财物,他的指挥权力全被剥夺。选出三位将领戴诺克拉底(Deinocrates)、凯利阿斯(Callias)和索芬尼斯(Sophanes)接替他的职位,开始调查福西斯当局对神圣的财物保管和运用的情况,有关这件事最应该负起责任的人是斐隆(Philon),由于他无法提供详尽的账务被宣判有罪,查案的将领给他施加酷刑以后,吐露这群偷窃犯的姓名,他自己不仅受尽折磨还因亵渎神圣的罪名遭到处死。

任何人要是将这些神圣的财物用在自己身上,或是拿来弥补收支的平衡,仍然算是偷窃的行为,如同抢劫寺庙的强盗难逃死刑的处分。原来担任将领这个职位的人有些责任:第一位成为将领的斐洛米卢斯根本不理会这些奉献品①,第二位是斐洛米卢斯的弟弟欧诺玛克斯,浪费很多属于神明的钱财,第三位是欧诺玛克斯的弟弟菲拉斯,他在成为将领以后,为了支付佣兵的报酬就将大量奉献品铸造成钱币。

菲拉斯为了发行流通的货币,挪用利底亚国王克里苏斯向神明的奉献品②,计为一百二十块金砖,每块重两泰伦,三百六十个金杯,每个重两迈纳,以及一个狮子和一个女人的黄金雕像,共重三十泰伦,要是用银两作为标准全部的价值是四千泰伦,至于克里苏斯和其他人士的银质奉献品,三位将领花费的额度超过六千泰伦,如果加上黄金的奉献品总共超过一万泰伦。有些史家提起遭到抢劫的财物,总额不少于亚历山大从波斯的金库所能获得的进账③。费勒库斯手下任职的将领甚至在神庙里面到处挖掘,他

---

① 狄奥多罗斯对斐洛米卢斯的品德有迥然相异的描述,本章第28节同样提到他公平正直不会将神庙的奉献品据为己有,第30节却说他贪婪成性将神庙的财物掠夺一空。

② 希罗多德《历史》第1卷第50节,以及普鲁塔克《道德论丛》第29章"德尔斐的神谶不再使用韵文的格式"第16节,都提到克里苏斯的奉献品不仅数量庞大而且价值昂贵。

③ 亚历山大仅在苏西亚纳和帕西波里斯两地,从波斯国王的金库获得的金银和货币总计169000泰伦;参阅本书第十七章第66和71节。

们还说有一处隐匿的金库里面存放大量金银,圣火炉座和三脚鼎附近的地面都被挖开。

要说有哪一位对于这个金库提供消息,名声最为响亮而且最为古老的诗人荷马就是确凿的证人,他在下面的诗句中提起此事①:

并非世上所有的财富都藏匿在石质的地板之下,
须知银弓神菲巴斯居住的圣殿建筑在岩层上面。

士兵想要挖开三脚鼎四周的地面,发生强烈的地震使得福西斯人心生畏惧之感,神明给予确切的指示未来会有惩罚施加在抢劫寺庙的强盗身上,士兵断绝这方面的念头不再全心全意想要发财。领头犯下亵渎神圣的人物就是面提过的斐隆,他的罪行很快遭受惨痛的报应。

57 虽然神圣财物的损失全要归罪于福西斯、雅典和拉斯地蒙的佣兵,他们都在福西斯的阵营作战,根据派遣士兵的数目接受支付的报酬和薪饷,也要分担掠夺的责任。这个时期只要提到这种事就不会忘记雅典人的暴行,他们犯下违抗神明旨意的罪孽已经到难以形容的程度。就在德尔斐发生事故②不久之前,伊斐克拉底率领一支水师部队在科孚(Corcyra)附近逗留,叙拉古的僭主狄奥尼修斯将黄金和象牙精工制作的雕像,用船只运到奥林匹亚和德尔斐,伊斐克拉底正好遇到这几艘船,拦了下来将船只和货物当成充公的掠夺品,派人传话给雅典的人民,他为城

---

① 出自荷马《伊利亚特》第9卷第404—405行,提到德尔斐的阿波罗神庙,有惊人的财富深藏在地下的藏宝室。

② 或许是指前374年雅典派出舰队援救科孚所发生的情况,参阅本书第十五章第47节。

邦做出这样的事询问大家还有什么意见。这时雅典当局给他的指示,并没有提到有关神明的问题,只是交代他注意士兵的饮食。

伊斐克拉底遵守城邦的裁决,就将属于神明的艺术品当作战利品出售。僭主对于雅典的人民极其愤怒,用以下的措辞写给他们一封信:

"狄奥尼修斯致雅典的元老院和市民大会:我对各位并不想获得善意的响应,因为你们在陆地和海上都对神明犯下亵渎神圣的罪行。我们奉献给神明的雕像在运送的途中被你们抢走,变卖以后成为钱币之类可用的赃款,邪恶的行为竟然冒犯到伟大的神明,就是居所在德尔斐的阿波罗以及奥林匹斯天神宙斯。"

这就是雅典的市民对于神的权威所表现的行为和态度,即使他们不断夸耀阿波罗是他们的保护神和始祖①。虽然拉斯地蒙人经常派人到德尔斐请求阿波罗颁发神谶指点迷津,从而拥有举世赞誉的政体和制度②,直到现在仍然就重大的事项向神明提出质询,结果还是寡廉鲜耻结伙抢劫圣地犯下十恶不赦的重罪。

58 福西斯在皮奥夏拥有三座守备坚强的城市奥考麦努斯、科罗尼亚和科昔伊(Corsiae)③,从这里发起对付皮奥夏城邦的作战行动。获得佣兵的供应开始掠夺这个地区,就可以信任的程度以及作战能力而言,这些佣兵都优于当地的居民。皮奥夏的人民感受到战争带来的痛苦,丧失大量成年男子还缺乏财务的资源,派遣使者去见菲利浦

---

① 这是因为艾昂的关系,他是阿波罗和克留萨(Creusa)的儿子,后来成为爱奥尼亚人的祖先。

② 参阅普鲁塔克《希腊罗马名人传》第 2 篇第 1 章"莱克格斯"第 6 节,阿波罗的谕旨:"先要建立宙斯神庙和阿西娜神庙,再将人民分为部族以及从部族分为家族,设立有 30 位元老的会议,两位国王包括在内;然后将民众集合起来,将提议的事项付诸表决。市民拥有最后的发言权和决定权。"

③ 这座城市位于洛克瑞斯的欧庇斯区,有几个不同的称呼,只是发音不同而已。

请求给予援助。国王乐于见到他们遭遇重大的挫折，存心想要抑制他们在琉克特拉获胜的锐气，只派出少数人马，这样做只为了一件事，就是免得被人认为他对于颁布神谶的庙宇遭到抢劫一事显得漠不关心。福西斯的军队正在靠近名叫阿比（Abae）①的地方兴建一个堡垒，这里就有一座阿波罗神庙，皮奥夏的城邦出兵前来攻打他们。有些福西斯的败兵直接逃向最近的城市就此分散开来，还有人在阿波罗神庙寻找庇护，因而有五百人不幸遇难。

这段时间有很多福西斯人受到天谴落到悲惨的下场，因为这件事非常特殊我才简略叙述它的始末。人们认为在寺庙寻求庇护因为神明的调停性命可以获得拯救，目前的情况恰恰背道而驰，由于他们接受神的恩惠只是给抢劫神庙的强盗带来应得的惩罚。庙宇四周拥挤大量人群，帐篷里面的人在逃走的时候还留下点燃的灯，匆忙离开将灯打翻引起大火，在不出现神迹的情况下神庙陷入烈焰之中，逃到里面寻找庇护的人全部活活烧死。看来神明对于这些强盗不像对恳求者一样给予安全的保护。

59 阿基亚斯（Archias）成为雅典的执政，马可斯·伊米留斯（Marcus Aemilius）和提图斯·奎因克久斯（Titus Quinctius）当选罗马的执政官②。就在这些官员的在职期间（前346年），延续十年之久的福西斯战争③，因为下面的方式获得最后的解决。冗长的战争使得皮奥

---

① 这是福西斯一个小镇，靠近洛克瑞斯的欧庇斯区，正好位于边界上面。
② 利瓦伊《罗马史》第7卷第24节，提到这一年的罗马执政官是卢契乌斯·弗流斯·卡米拉斯（L.Furius Camillus）和阿庇斯·克劳狄斯（Appius Claudius）。
③ 福西斯战争亦称神圣战争一共有3次：希腊城邦为了控制德尔斐，在公元前590年引起第一次神圣战争；第二次发生在前448年福西斯占领德尔斐；第三次神圣战争延续10年（前356—前346年）之久，为了福西斯人抢劫德尔斐的阿波罗神庙。

夏和福西斯的人民全都感到极其沮丧,福西斯当局派遣使者请求拉斯地蒙给予增援部队,斯巴达答应派出一千名重装步兵,他们的国王阿契达穆斯奉命担任将领负责指挥。皮奥夏同样派出使者去见菲利浦提议建立联盟,菲利浦在接管帖沙利以后,率领一支大军进入洛克瑞斯的领地。虽然菲利浦曾经制服费勒库斯,后者再度拥有将领的头衔,拥有一支以佣兵为主力的部队,所以菲利浦准备用一场决战达成终止纷争的意图。

费勒库斯逗留在尼西亚①,有鉴于自己欠缺与菲利浦交锋的能力,派遣使者去见国王磋商双方签订休战协议。费勒库斯在协议达成以后,根据条款的规定他和手下的人马可以到任何想要去的地方,于是他带着人数多达八千名的佣兵②退到伯罗奔尼撒,这样一来使得福西斯的希望完全破灭,最后只有向菲利浦投降。国王没有经过一次会战,完全出乎意料竟然终结神圣战争,他先与皮奥夏和帖沙利商量,决定召开安斐克提昂会议,留下利害相关的问题要在会议当中获得最后的解决。

60 安斐克提昂会议的成员通过提案发布敕令,同意菲利浦和他的后裔参加会议,让他拥有两张选票,其中一张原来属于已经战败的福西斯。他们投票通过议案,福西斯在皮奥夏拥有的三座城市③要拆除城墙,他们不得进入德尔斐的神庙,不能参加安斐克提昂会议;福西斯的人民不能拥有马匹或武器,除非已经赔偿从神明那里抢走的钱财;任何一位在圣地犯下抢劫罪的福西斯人都要受到诅咒,无论他们逃到何处都要尽可能逮捕归案;所有福西斯的城市要夷为平地,所有的民众必须搬迁到

---

① 这个市镇的形势险要,能够控制色摩匹雷隘道。
② 按照笛摩昔尼斯《全集》第 19 章第 230 页的记载,佣兵的数目是 10000 名步卒和 1000 名骑兵。狄奥多罗斯略去斐洛克拉底签订休战协议的细节,更不提使节的运用所达成的功效;可以参阅《剑桥古代史》第 6 章第 233 页的评述。
③ 前面第 58 节提到 3 座防卫工事非常坚固的城市是奥考麦努斯、科罗尼亚和科昔伊。

村庄,每个村庄的房屋不得超过五十间,而且村庄之间的距离不得少于一斯塔德。福西斯可以拥有他们的疆域,而后每年要向神明支付六十泰伦的贡金,直到他们抢劫圣地以后经过登记有案可查的损失全部付完为止。

再者,菲利浦与皮奥夏和帖沙利负责办理皮同赛会①,科林斯参与福西斯的阵营,犯下亵渎神圣的罪行所以剥夺主办的权利。安斐克提昂会议和菲利浦可以将武装的福西斯人和他们的佣兵从悬崖上面投下去,所有剩余的装备全部焚毁以及出售他们的马匹。安斐克提昂会议对于神谶的管理、神明有关的事务以及希腊人之间的和平与友好关系,运用同样的要旨方针制定规范和条例。

安斐克提昂会议得到菲利浦的帮助使得它的敕令发挥效用,还能从所有的城邦获得殷勤的接待和礼遇。菲利浦返回马其顿,不仅在宗教的虔诚和将道的高明这两方面赢得响亮的名声,而且要着手重大的准备工作用来增加他的权势和提升他的地位,这些都是命中注定的事,特别是他有野心要成为希腊最高统帅拥有绝对的指挥权,然后发起征讨波斯的战争。以上提到的情况的确都已完全实现。相关的事件在适当的时期会有详尽的记载,目前只能叙述已经掌握在手的线索。

61 前面提到那些人犯下的罪行是掠夺颁发神谶的寺庙,就会受到神明施加的惩罚,我们认为给予记载是适当不过的工作。一般而言,不仅是犯下亵渎神圣罪行的主谋,只要涉及这种罪行再轻微不过的从犯,面对上苍给予的报应就会受到无情的追杀。

从事实得知,第一个计划劫掠神庙的斐洛米卢斯,等到战争的危机降

---

① 希腊的城邦为了祭祀阿波罗在德尔斐举行的大型活动,包括文艺和音乐竞赛,早期每 8 年后来改为每 4 年办理一次,在它的第 3 个年头举行奥林匹亚运动会;参阅《剑桥古代史》第 6 章第 240 页。

临到头上，就从悬崖上面纵身跳了下去，他的兄弟欧诺玛克斯接替遗留的职位指挥他的子民，一旦变得独立无援只有孤军奋斗，帖沙利的一场会战当中遭到杀害，并且将他的尸体施以磔刑，在他指挥之下的福西斯人和佣兵全部难逃毒手。第三位继承遗志的人是菲拉斯，他将大部分的奉献品铸成钱币，后来受到慢性疾病的折磨，没有能力很快解除所得的惩处。

最后一位是费勒库斯，将掠夺的财物其中剩余的部分掌握在手里，即使他的寿命很长，始终处于最大限度的畏惧和危险之中，居无定所只能在各地漂泊，比起那些与他同样犯下亵渎神圣罪行的人，能够过着较为幸福的日子，这也并非是上苍的意图，由于受到更长的折磨和他的不幸广为人知，悲惨的命运使他变得更为恶名昭彰。他根据协议带着他的佣兵逃离以后，开始是逗留在伯罗奔尼撒半岛，靠着抢劫最后留下的余款维持手下的生活，后来在科林斯雇一些大型的运输船和四艘轻型小艇，准备前往意大利和西西里，认为在那些地区可以占领一些城市，或是用服务赚取报酬，正巧就在这个时候卢卡尼亚和塔伦屯进行战事。他对于那些随他一些旅行的人表示，这趟航程是受到意大利和西西里的人民大力的邀请。

62 等到船只离开港口来到外海，有些士兵乘坐大船与费勒库斯一样都是旅客，对于费勒库斯的说法感到怀疑。他们在船上并没有看到派来请求给予协助的官员，这次的航行从各方面看都不是短途的运输，不仅航程很长而且非常危险。因此他们并不相信他所说的话，更害怕在海外从事的作战行动，佣兵部队的指挥人员暗中聚会密谋对策，最后他们拔出佩剑威胁费勒库斯和舵手立即返航，其他的船只也都如法炮制，他们再度停泊在伯罗奔尼撒一个港口。

然后他们集结在拉柯尼亚的马利亚海岬，得知诺苏斯(Cnossus)的使者从克里特前来招募佣兵。使者与费勒库斯和部队的指挥官磋商条件，同意提供高额的酬劳和薪资,他们全都上船发航出海。到达克里特位于诺苏斯的港口,他们立即发起攻击夺取一座名叫莱克都斯(Lyctus)①的城市。这对即将被驱离故乡的莱克都斯市民而言,竟然会出现一支极其神奇而又从天而降的援军。

就在这个时候塔伦屯的人民对卢卡尼亚发起一场战争,前者的祖先与拉斯地蒙有血缘关系,派遣使者前去请求给予援助,斯巴达看在亲戚的分上愿意加入这场战事,很快集结一支军队和水师,他们的国王阿契达穆斯奉派担任将领负责指挥。就在他们要向意大利开航的时候,来自莱克都斯的请求援助变得更为重要,拉斯地蒙的将领同意这种看法,他们的航向改为克里特,到达以后打败佣兵使得莱克都斯的市民能够光复失去的城市。

63 等到这件事处理完毕,阿契达穆斯航向意大利,到达以后会合塔伦屯的部队,会战之中过于英勇阵亡在沙场。他的为将用兵之道和指导全局的能力深受广泛的赞誉,虽然在与福西斯结盟这件事遭到严厉的批评,说他要为德尔斐的失陷负最主要责任。阿契达穆斯成为拉斯地蒙的国王有二十三年之久,他的儿子埃杰斯继承王位,统治的时间有十五年②。

阿契达穆斯亡故以后,他的佣兵由于参加神庙的抢劫,全部被卢卡尼亚人处死,至于被逐离莱克都斯的费勒库斯,企图围攻赛多尼亚。他建造

---

① 这是克里特岛一座重要的城市,经常与相邻的诺苏斯发生战争。莱克都斯的民众认为他们是从斯巴达来此定居的移民;参阅亚里士多德《政治学》1271 b 28。

② 本章第 88 节和本书第十七章第 63 节,都提到埃杰斯在位 9 年。实际上阿契达穆斯三世的统治时间是前 361—前 338 年,埃杰斯三世的统治时间是前 338—前 331 年,所以前者在位 23 年而后者是 7 年。发生差错在于狄奥多罗斯将阿契达穆斯的去世误为公元前 346 年,所以埃杰斯的统治从公元前 346 年到公元前 331 年当然是 15 年。

攻城机具带上前去运用,闪电大作降下天火使得这些机具全部燃烧起来,很多佣兵前来抢救葬身在烈焰之中,包括身为将领的费勒库斯在内。还有人说他得罪一位佣兵遭到刺杀。幸存的佣兵投效伊利斯的放逐者提供所需的服务,他们前往伯罗奔尼撒与这些流亡人员发起对付伊利斯的战争①。阿卡狄亚的人民加入伊利斯的阵营,会战当中击败这些流亡人员,很多佣兵被杀剩余有四千人成为战俘。阿卡狄亚和伊利斯瓜分获得的俘虏,阿卡狄亚的人民将他们当成战利品出售为奴,伊利斯当局将分到的佣兵全部处死,因为他们犯下劫掠神庙的暴行。

64 犯下亵渎神圣罪行的当事人落到悲惨的下场,这是来自神明的报应和惩罚。那些最著名的城市参与掠夺和抢劫之类的暴行,后来都被安蒂佩特在拉米亚战争中打败②,同时丧失领导的地位和自由的权利。至于那些出任指挥官的福西斯人,他们的妻子戴着从德尔斐神庙抢走的金项圈,对于她们的大不敬行为就会受到恰如其分的惩罚。其中一位用来当成饰物的金链条,原本属于特洛伊的海伦所有,后来这位妇女竟然成为娼妓,出卖美色过着羞辱的生活;另外一位拿走伊瑞菲勒(Eriphyle)③的项圈,结果她的大儿子发疯放火烧房子,自己惨遭烈焰活活吞噬。

举凡那些寡廉鲜耻而又藐视神明的家伙,就像我在前面所说那样会受到上苍的降罪和报复,这时的菲利浦会竭尽所能支持神谶的指示,就会继

————————

① 参阅鲍萨尼阿斯《地理学》第4卷第28节,这场战争发生在公元前343年,狄奥多罗斯现在提出来,像是已经早了3年。

② 有关安蒂佩特入侵伯罗奔尼撒地区以及埃杰斯的战败,参阅本书第十七章第63和73节;至于拉米亚战争以后雅典的一蹶不振,参阅本书第十八章第18节。

③ 波利尼西斯(Polyneices)用一个项圈贿赂伊瑞菲勒,要她说服她的丈夫安菲阿劳斯(Amphiaraus),参加他的阵营前去攻打底比斯。安菲阿劳斯遭遇不幸以后,阿尔克米昂为了(Alcmaeon)履行父亲的遗言,就杀死自己的母亲伊瑞菲勒。

续增长他的实力,最后由于他对神明的尊敬,获得保佑成为整个希腊世界的指挥官,会在欧洲拥有疆域最广的帝国。

我们对于神圣战争相关事件的报道已经非常详尽,现在就不同性质的事件加以叙述。

65 西西里的叙拉古一直陷入内部的倾轧之中,就像奴隶一样被迫在许多不同类型的暴政之下过着苟延残喘的生活,派遣使者来到科林斯请求当局为他们选择一位将领,这个人有能力管理他们的城市,对于那些想要成为僭主的人士可以抑制他们的野心。科林斯当局认为有义务要帮助与自己同一血缘的人民①,经过投票使得泰密尼都斯(Timaenetus)之子泰摩利昂奉派成为将领,这个人在市民同胞当中拥有很高的声望,无论是勇气和智慧都能善尽职位所带来的责任,总之,泰摩利昂具备各方面的才华和美德。还有一件特别的机缘降临在他身上,有助于他当选成为将领。

泰摩利昂有一个兄长名叫泰摩法尼斯(Timophanes),拥有庞大的财富在科林斯人当中最为寡廉鲜耻,从过去的情况可以看出他始终以成为僭主当作目标,等到赢得贫民对他的支持,他开始储存很多副铠甲,在一群恶棍的陪同之下列队在市民会场的前面②,不是仅仅宣称自己是僭主而已须知他的所作所为就是一位僭主。泰摩利昂对于独夫的统治持反对的态度,开始想要说服他的兄长放弃不法的企图,后者对他的劝告毫不在意,反而变本加厉更加冲动无所顾忌,泰摩利昂无法用讲理的方式让他不要走上歧

---

① 叙拉古是科林斯在公元前734年建立的殖民地。

② 按照普鲁塔斯的说法,泰摩法尼斯遭到谋杀(虽然不是泰摩利昂亲自动手),发生在泰摩利昂离开科林斯到叙拉古之前20年。狄奥多罗斯的叙述要与普鲁塔克和尼波斯记载的情节做一比较。

途,当他在市民大会耀武扬威的时候拔出剑将他杀死。

发生一场打斗以后,罪大恶极的行为和凶杀的特殊性质,激起蜂拥而来的暴民,整座城市爆发不和与争执。一派认定泰摩利昂犯下谋害亲人罪行,应该接受法律明令的制裁,另外一派坚持不予惩处的立场,赞许他是一位剪除僭主的仁人志士。元老院召开会议在议事厅就整个情况进行深入的讨论,引起争议的事件就要询问大家的意见,泰摩利昂的政敌对他大肆谴责,这时大多数成员倾向于赞同他提出原因,经过协商宣判他无罪可以自由离开。就在事件的审查还未完全解决的时候,叙拉古的使者已经驶进科林斯的港口,元老院得知来人的任务是请求他们尽速派出叙拉古人急需的将领。

会场提出动议投票的结果,他们的选择是泰摩利昂,为了确保这个计划圆满成功,他们对他设定非常奇特的但书,于是元老院明确而肯定地声明,如果他对叙拉古的统治非常公平正直,那么他们就会认同他是一位推翻暴政者,要是他野心勃勃图利自己,那么他就是一位谋害自己兄弟的凶手[1]。泰摩利昂基于对祖国的热爱,并不在意元老院对他的约束,在西西里的施政作为本着公正和利民的原则。他与迦太基的战争能制服对方,那些被蛮族夷平的希腊城市他能将它们恢复成原来的模样,还能让整个西西里获得独立和自主。总之,他在据有叙拉古和其他希腊城市以后,发觉人口大量减少到荒凉没落的地步,是他使得它们再度繁荣成为人烟稠密的区域。

有关这方面的事务会在适当的时期加以说明,现在我们就获得的线索给予详尽的叙述。

---

① 普鲁塔克《希腊罗马名人传》第7篇第1章"泰摩利昂"第7节,提到科林斯最有权势的人物特勒克莱德(Telecleides),在市民大会而不是元老院说了这一番话。

66 优布拉斯（Eubulus）成为雅典的执政，马可斯·费比乌斯（Marcus Fabius）和塞维乌斯·苏尔庇修斯（Servius Sulpicius）当选罗马的执政官①。就在这一年（前345年），科林斯当局要在西西里发起远征行动，泰摩利昂被市民同胞选为将领，负起在叙拉古指挥作战的责任。他招募七百名佣兵将他们装载在四艘战船和三艘快速帆船上面，然后从科林斯启碇出海。在他沿着海岸航行的时候，从琉卡斯和科孚那里获得额外三艘船只，因而他率领十艘船越过爱奥尼亚湾。

这次航行期间，对于泰摩利昂而言发生一桩非常奇特的事件。上苍对他的冒险行动给予支持，预告他有响亮的名声和光荣的成就，整夜天空出现一道明亮的光柱在前面引路，使得他们的分遣舰队能够安全进入意大利的港口。他还听到从科林斯传来的消息，德米特和帕西丰尼的女祭司梦中见到女神显灵，说是她们会陪着泰摩利昂航行直到抵达神圣的岛屿。他和这些同伴都很高兴，承认女神给他们极大的帮助，就将最好的船只奉献给她们称为"德米特和帕西丰尼的圣船②"。

分遣舰队没有遭遇任何危险停泊在意大利的梅塔朋屯（Metapontum），不久一艘迦太基的三层桨座战船带来迦太基的使者。他们会晤泰摩利昂用严肃的口吻警告他不要轻启战端，甚至不必涉足西西里。但是雷朱姆当局派人请他前往答应与他缔结联盟关系。泰摩利昂很快从梅塔朋屯开航，希望赶在消息传出去之前先抵达目的地。因为迦太基的水师控制海洋，他害怕对方阻止他渡过海峡来到西西里。因此，他急着想要完成前往雷朱姆的航程。

---

① 优布拉斯担任雅典的执政是从公元前345年7月到公元前344年6月。根据布洛顿《罗马共和时期职官志》第1卷第3节的记载，公元前345年的执政官是马可斯·费比乌斯·多苏欧（M.Fabius Dorsuo）和塞维乌斯·苏尔庇修斯·卡米瑞努斯·鲁弗斯（Servius Sulpicius Camerinus Rufus）。

② 普鲁塔克提到科林斯人在泰摩利昂出航之前，特别制造这艘圣船奉献给两位女神。

67 没过多久，迦太基的元老院眼看西西里就要发生一场激烈的战争，开始对岛上与他们结盟的城市进行友善的商议，公开宣布他们不会反对风行全岛的僭主体制，要与这些统治者建立和谐的关系，特别与他们之中最有权势的希西提斯（Hicetes）交换意见，当时的叙拉古就在他的控制之下①。他们准备送大批海上和陆地部队到西西里，指派汉诺（Hanno）担任将领负责指挥，整个兵力包括一百五十艘战船，五万名步兵，三百辆战车以及超过两千组额外的拐子马，除此以外还有大量的铠甲和投射武器，各式各样的攻城机具，供应丰富的粮食和各种作战物质。

他们开始向英提拉（Entella）进军，蹂躏整个地区不阻止乡村的人员进入城市。康帕尼亚人接到入侵的警报先行占领城内要点居于有利的态势，派出使者请求对迦太基怀有敌意的城市给予援助。就这方面而言除了迦勒里亚（Galeria）都没有任何反应，他们派遣一千名重装步兵，腓尼基人横加阻挠，运用一支兵力强大的军队将他们全数歼灭。居住在伊特纳（Aetna）的康帕尼亚人基于亲情，就开始准备派遣援军前往英提拉，听到来自迦勒里亚的部队如此悲惨的下场，他们决定打消这个念头。

68 就在这个时候狄奥尼修斯在叙拉古当家做主，希西提斯率领一支实力很强的部队进入敌人的疆域，开始在奥林皮伊姆（Olympieium）建立一个架起防栏的营地，要让城市的僭主面临战争的威胁，等到围攻持续下去造成粮食的短缺，他只有退回当成基地的城市李昂蒂尼。狄奥尼修斯发起情绪激昂的追击行动，很快就要赶上对方的后卫，并且立即展开攻击，这时希西提斯调整编组让全军转过身来加入会战，杀死对方的佣兵三千多人，迫得残余的兵员向后逃窜，他紧跟在后面追赶随

---

① 这是预期的行动，会在下面的第68节加以叙述，只是普鲁塔克认为希西提斯在泰摩利昂离开科林斯之前，已经与迦太基当局缔结同盟关系。

着溃败的人员冲进城内,狄奥尼修斯还能保有"小岛",叙拉古全城都落到希西提斯的手里。

这是希西提斯和狄奥尼修斯相互斗争的情况。

就在城市陷落的第三天,泰摩利昂来到朱雷姆在城市的外海停泊。迦太基人很快有二十艘三层桨座战船出现,朱雷姆当局为了帮助泰摩利昂逃出敌人的天罗地网,于是他们召开一次市民大会对于移民定居的问题进行公开的辩论。迦太基的将领期望能够说服泰摩利昂回航科林斯,对他们的行动保持严密的监视。不过,他没有表明有溜走的意图,仍旧在大会的裁判席次上就座,暗中命令九艘船立即出海。迦太基人的注意力全部集中在雷朱姆人发表冗长又啰唆的演说,泰摩利昂趁着没人理会偷偷走出会场,上了给他留下的船只很快开航离开港口。等到迦太基的将领得到消息出来追赶,泰摩利昂靠着计谋获得领先,趁着夜暗的掩护在迦太基的水师赶上之前先抵达陶罗米尼姆。安德罗玛克斯(Andromachus)①是这座城市的领袖,始终对叙拉古的人民怀有好感,善待投奔来此的流亡人员并且保障他们的安全。

希西塔斯率领五千名英勇善战的士兵,进军前去讨伐对他表示敌意的亚德拉隆人(Adranitae),就在他们的城市附近设置营地。泰摩利昂从陶罗米尼姆得到一些新加入的士兵,据说他从城市开拔不过一千多人马。他在夜幕低垂之时开拔到达亚德拉隆已是第二天,趁着希西提斯的手下在用午餐的时候,发起一次出乎意料的攻击。他突破对方的防线杀死三百多名敌人,还有六百多人成为俘虏,占领整个营地②。他向着叙拉古前进完成另

---

① 普鲁塔克提到安德罗玛克斯是历史学家泰密乌斯的父亲,西西里拥有统治实力的权贵当中,他可以说是品德最高尚的人士,公开宣示厌恶而且敌视所有的暴君。

② 泰摩利昂的奇袭成功,可能是希西提斯受骗认为泰摩利昂是他的盟友;参阅魏斯莱克(H.D.Westlake)《泰摩利昂以及他与僭主的关系》(*Timoleon and his Relations with Tyrants*)第 15 页。普鲁塔克提到陶罗米尼姆到亚德拉隆的距离是 340 弗隆(约为 68 千米)。

外一次机动作战,部队用急行军走完全程,在毫无预警情况之下夺取城市,对方除了溃散和逃走没有更好的对策①。

这些都是那一年发生的事件。

69 吕西库斯(Lyciscus)成为雅典的执政,马可斯·华勒流斯(Marcus Valerius)和马可斯·巴布留斯(Marcus Publius)当选罗马的执政官,举行第一百零九届奥林匹亚运动会,雅典的亚里斯托洛克斯(Aristolochus)赢得赛跑的优胜②。在这一年(前344年)罗马和迦基签订第一次的和平协议③。卡里亚的统治者艾德里乌斯在位七年以后逝世,他的姊妹兼妻子阿达(Ada)继位统治的时间是四年。

西西里的泰摩利昂获得亚德拉隆和坦达瑞斯成为新加入的盟友,从他们那里接收为数不少的援军。叙拉古陷入一片混之中,狄奥尼修斯拥有小岛,希西提斯的地盘是阿克拉迪纳(Achradina)和尼阿波里斯(Naepolis),城市的其余部分落到泰摩利昂的手里,这时迦太基有一百五十艘战船进入"大港",五万人马进入设置在海岸的营地④。泰摩利昂和手下的人员看到对抗他们的敌人已经胆寒气馁,决定抓住机会改变敌我之间的态势造成有利的局面。

---

① 普鲁塔克说是狄奥尼修斯二世已经陷入绝境,几乎就要被迫投降,由于他看不起手下的败将希西提斯,透过关系说是愿意将他自己和城堡交到科林斯人手里。于是泰摩利昂首次在叙拉古获得一个立足点。

② 根据布洛顿《罗马共和时期职官志》第1卷第129节的记载,马可斯·华勒流斯·科伏斯(M.Valerius Corvus)和马可斯·波披留斯·利纳斯(M.Popilius Laenas)应该是3年以前即前348年的执政官。前344年的夏季举行奥林匹亚运动会。

③ 只有利瓦伊《罗马史》第7卷第27节和波利比乌斯《历史》第3卷第24节提到这次的和平协议。狄奥多罗斯不知道更早还有另外一次的议和,获得很大的成效;参阅《剑桥古代史》第7章第859页。

④ 普鲁塔克提到同样数量的船只,只是兵力有60000人。坦达瑞斯是位于西西里北海岸的城市,离开陶罗米尼姆的距离是30英里。

卡塔尼亚(Catania)的僭主马可斯①带来一支颇具实力的军队加入泰摩利昂的阵营,还有很多位置偏远的叙拉古堡垒,守军为了城邦获得独立宣布支持泰摩利昂的行动。除此以外科林斯完成十艘船的整备还带着所需的经费,奉派前往叙拉古②。泰摩利昂鼓起勇气要与对方决一胜负,迦太基的将领警觉会有变故发生,不知为何竟然离开海港,所有的部队全部退却回到自己的领地③。留下孤立无援的希西提斯,使得泰摩利昂赢得胜利据有整个叙拉古。然后前去解救在迦太基统治之下的墨撒纳(Messana)④。

以上是西西里发生的情况和处理的过程。

马其顿的菲利浦仍旧与伊利里亚的蛮族发生争执,发现没有办法解决彼此的不和,因此他率领一支大军入侵伊利里亚,蹂躏整个地区并且占领很多市镇,带着大批掠夺品返回马其顿⑤。菲利浦进军帖沙利从一些城市赶走僭主赢得大家的感激。他把帖沙利当成他的盟友,期望用这种方式能够让希腊的人民对他产生好感。邻近的希腊城邦与帖沙利一样下定决心,要与马其顿人缔结坚定不移的联盟关系⑥。

---

① 普鲁塔克提到这位僭主的名字是玛默库斯(Mamercus),狄奥多罗斯可能出于笔误。玛默库斯是一位意大利人,马可斯可能是他的小名。

② 普鲁塔克《希腊罗马名人传》第7篇第1章"泰摩利昂"第16节,提到科林斯当局派出2000名重装步兵和200名骑兵前往休里埃,过了一段时间这支兵力才转用于西西里。

③ 普鲁塔克提到迦太基人所以要撤离的理由,在于泰摩利昂的勇气和才能,使得兵力的优势已经无法获得胜利,还有就是迦太基的将领玛果对希西提斯起了猜忌之心。

④ 普鲁塔克《希腊罗马名人传》第7篇第1章"泰摩利昂"第20节,提到早在这个之前,已经完成墨撒纳的攻占。

⑤ 这里提到的入侵就是与本章第93节叙述的同一作战过程;记载的事件要接续第60节菲利浦采取的行动。

⑥ 他在这方面的作为是继续早期在帖沙利展开的行动,参阅本章第35、38和52节。至于菲利浦与菲里的僭主之间的关系,参阅魏斯莱克《公元前四世纪的帖利沙》(*Thessaly in the Fourth Century B.C.*)第191—193页。

70 皮索多都斯(Pythodotus)成为雅典的执政,盖尤斯·普劳久斯(Gaius Plautius)和提图斯·曼留斯(Titus Manlius)当选罗马的执政官①。就在这一年(前343年),泰摩利昂将城堡围得水泄不通,用来威胁身为僭主的狄奥尼修斯,罢黜他的职位以后安全护送他到伯罗奔尼撒过退休的生活,还让他保有私有财产。他所以失去闻名于世的专制统治,完全在于他的怯懦和吝啬,如同人们所说声色犬马成为囚禁他的脚镣手铐,最锋利的百炼精钢也会锈蚀无法克敌制胜②,最后使得他的余年在科林斯过着贫穷的生活,对于所有那些毫无智慧只会吹嘘自己成就的人,最后落到不幸的下场这是一个最好的榜样。他过去拥有四百艘三层桨座战船,现在却乘坐一条有如木桶的运输船③抵达科林斯,可以明显看出命运的枯荣盛衰其间的变化是何等的惊人。

泰摩利昂接受原来属于狄奥尼修斯的"小岛"和城堡,就将位于"小岛"上面的要塞和僭主的皇宫全部夷为平地,恢复这个固若金汤的城镇独立和自由的权利。他直接着手新法典的编纂工作,转变城市为民主体制,对于契约法和相关的事项,非常详尽地记述所有精确的细节,特别注意"法律之前,人人平等"的要旨④。他规定每年选出的官员拥有最高的职位,叙拉古的市民称之为宙斯·奥林庇乌斯(Zeus Olympius)的祭司(amphipoly)⑤,第一位当选为祭司的人是阿尔卡达斯(Alcadas)之子凯利朱尼斯(Callimenes),因而

① 布洛顿《罗马共和时期职官志》第1卷第130节的记载,盖尤斯·普劳久斯·温诺(C.Plautius Venno)和曼留斯·因帕里奥苏斯·托奎都斯(Manlius Impreriosus Torquatus)当选前347年的执政官。
② 这是狄奥尼修斯经常引用的比喻,谁知竟会在他的儿子身上实现,看来"天网恢恢,疏而不漏",真是有几分道理。
③ 这个带有嘲笑意味的称呼来自狄奥庞帕斯,参阅波利比乌斯《历史》第12卷第4节。
④ 泰摩利昂认为法治是自由民主的基础,参阅普鲁塔克《希腊罗马名人传》第7篇第1章"泰摩利昂"第22节和尼波斯《泰摩利昂传》第3节。
⑤ 普鲁塔克没有提到祭司的职位和功能,可能是狄奥多罗斯自行观察获得的结果。

叙拉古人继续维护这个宝贵的传统，直到我写作这本书的时代，等到政治的形态发生改变才受到取消。后来罗马人与希腊人一样在西西里拥有市民权，祭司的职位变得失去它的重要性，这其间已经延续达三百年之久。

以上是西西里的事务所出现的情况。

71 马其顿的菲利浦想出一个计划，用来赢取在色雷斯的希腊城市能够投向他的阵营，接着就向这个地区进军①。色索布勒普底（Cersobleptes）是色雷斯的国王遵循一个政策，对于毗邻的海伦斯坡地区所有的城市都要削弱它们的实力，经常前去蹂躏它们的国土。菲利浦率领一支大军要去阻止侵略成性的蛮族，他在几次会战中击败色雷斯的蛮族，逼使受到征服的民众支付什一税给马其顿，同时在一些最关紧要的位置建立坚固的城市，使得色雷斯的蛮族在未来没有任何外出劫掠的可能。因此希腊的城市可以免予恐惧的威胁，非常乐意要与菲利浦建立联盟关系。

开俄斯的狄奥庞帕斯是一位历史学家，他的著作《菲利浦传》里面有三卷叙述西西里的事务②。开始于狄奥尼修斯一世的暴政，涵盖的时间长达五十年，终结于狄奥尼修斯二世的下台被逐。这三卷是四十一到四十三卷。

72 索西吉尼斯（Sosigenes）成为雅典的执政，马可斯·华勒流斯（Marcus Valerius）和马可斯·格耐乌斯·巴布留斯（Marcus

---

① 这里的文字接续本章第 69 节的叙述。贾士丁《菲利浦王朝史》第 9 卷第 1 节提到这一次的作战行动，有关的资料来自与菲利浦敌对的阵营。

② 狄奥庞帕斯在托勒密一世的赞助之下，撰写的历史著作极其丰富，传世多为残卷，其中以《伯罗奔尼撒战争史续篇》和《菲利浦二世传》最为知名。狄奥多罗斯写作本书受他的影响很大，特别是西西里的事务全都引用他的资料。

Gnaeus Publius）当选罗马的执政官①。就在这一年（前 342 年），摩洛西亚的国王阿里姆巴斯（Arymbas）在位十年以后逝世②，留下一个儿子名叫伊阿塞德（Aeacides）就是皮洛斯（Pyrrhus）的父亲，奥琳庇阿斯（Olympias）的兄弟亚历山大得到菲利浦的支持，能够继承遗留的宝座。

西西里的泰摩利昂对于李昂蒂尼发起远征行动，这座城市成为希西提斯的庇护所，还让他那支颇具实力的军队进驻到城内。他对城市被称为尼阿波里斯的部分发起攻击，因为城市有相当数量的士兵，加上他们在城墙上面的战斗拥有居高临下的优势，他没有达成目标只有解围而去。接着他指向一座名叫英吉姆（Engyum）被僭主列普蒂尼斯（Leptines）③控制的城市，发起一再的攻击希望能够赶走列普蒂尼斯让城市重新获得自由。希西提斯想要凭借先发制人的优势，率领全军前去围攻叙拉古，损失不少人马以后只有赶紧退回李昂蒂尼。列普蒂尼斯看到大势已去只有降服，泰摩利昂保证他的安全将他用船运到伯罗奔尼撒去安置，等于对希腊人拿出确凿的证据，他的行动产生的结局就是击败和赶走僭主。

阿波罗尼亚（Apollonia）这座城市也在列普蒂尼斯的掌握之中，泰摩利昂夺取以后，如同对英吉姆一样恢复自治权。

73 缺乏经费可以支付佣兵的报酬，泰摩利昂派遣一千名士兵在优秀军官的领导之下，进入西西里被迦太基统治的部分区域④。他们发起大规模的掠夺行动，带回大量战利品交给泰摩利昂，经过

---

① 这里提到罗马的两位执政官，任职的年份是前 346 年，看来本章使用罗马执政官的纪年，时间错误向后延了 3 年。

② 狄奥多罗斯在前 351 年这一年没有提到阿里姆巴斯的继承王位。笛摩昔尼斯《全集》第 7 章第 32 页，提到奥琳庇阿斯的兄弟即位成为摩洛西亚的国王。

③ 本章第 45 节提到这位列普蒂尼斯，他可能是狄奥尼修斯一世的外甥。

④ 参阅普鲁塔克《希腊罗马名人传》第 7 篇第 1 章"泰摩利昂"第 24—25 节。

出售以后获得巨额的金钱,他付给佣兵使得他们愿意长期服役。他夺取英吉姆以后处死十五位对迦太基强烈支持的人士,让其他的市民恢复原有的独立和自由。他的实力和名声不断地增长,西西里所有的希腊城市愿意向他归顺,他的政策是要恢复他们的自治权利,使得大家为之感激不已。还有很多西西利人和西堪尼人及以臣属于迦太基的城市,全都经由使者拉近双方的关系想要加入由他主导的联盟。

迦太基元老院知道他们在西西里的将领对于战争的遂行,全都意志消沉缺乏积极进取的精神,决定派出新的人选以及实力强大的增援部队。当局直接从最高贵的市民当中发起动员,让他们愿意加入在西西里的作战行动,同时对利比亚人进行适度的征召役男入营。再者他们拨发大量金钱,要从伊比里亚、高卢和黎古里亚招募佣兵①。他们花很多精力去建造战船,聚集很多运输船以及制出数量惊人的补给品。

74 奈柯玛克斯(Nicomachus)成为雅典的执政,盖尤斯·马修斯(Gaius Marcius)和提图斯·曼留斯·托奎都斯(Titus Manlius Torquatus)当选罗马的执政官。就在这一年(前341年),雅典人福西昂击败并且驱逐克莱塔克斯(Cleitarchus),后者是伊里特里亚(Eretria)的僭主受到菲利浦的扶植。卡里亚的皮佐达鲁斯(Pizodarus)是阿达的幼弟,篡夺其姐的统治权成为世袭的国王,在位五年直到亚历山渡过海峡来到亚洲。

菲利浦始终是洪福齐天,他发起远征行动前去攻打佩林苏斯(Perinthus)②,这座城市尽力抗拒并且倒向雅典的阵营。他进行围攻作战运用

---

① 普鲁塔克提到迦太基人在利比亚、伊比利亚和努米底亚招募佣兵部队。

② 这是菲利浦一生当中最重要的事迹之一,只有贾士丁《菲利浦王朝史》第9卷第1节,详细叙述了整个事件的来龙去脉。

各种攻城机具,对于城墙日复一日不断发起轮番攻击。他建造高达八十肘尺的木塔,远超过佩林苏斯城墙上面塔楼的高度,可以从优势的位置消耗被围者的守备能力。他用攻城撞车冲击城墙并且挖掘地道进行对壕作业,使得很长一段城墙倒塌。佩林苏斯的守军进行强韧无比的防御战,同时很快建造第二道城墙,无论在空旷的战场上面或是在坚固的工事当中,很多人不惜牺牲建立的功勋值得大家的称赞。

双方都展示出意志坚定和毫不动摇的决心。国王这一边对于在城墙上面雉堞之间战斗的士兵,用大量各式各样的弩炮发射有如阵雨的投矢和标枪,想要造成毁灭性的效果,这时的佩林苏斯虽然每天要遭受重大的损失,还能从拜占庭获得人员、武器和各种作战器具的增援。等到他们再度能够与对手打得难解难分,就会为了祖国的存亡鼓起勇气忍受首当其冲的攻势矛头。国王仍旧坚持不会改变的决心,将部队区分为几个师级单位,不分日夜对着城墙发起轮番不断的攻击。他的手下有三万人马以及存量丰富的投射武器、攻城机具和其他各种装备,对于被围得水泄不通的民众带来莫大的压力。

75 围攻作战持续下去。城市里面的伤亡数目不断增加,粮食出现短缺的情况,城市的陷落已经迫在眉睫,不过,命运女神没有忘怀处在危险之中的居民,给他们带来出乎意料的解救。菲利浦的权力蒸蒸日上已经传遍整个亚洲,波斯国王对此产生警惕的心理,发函给他那些位于滨海地区的省长,要尽最大可能给佩林苏斯提供所需的援助。他们不断商议可行的方案,将一支佣兵部队派到佩林苏斯,送给他们大量的经费、足够的粮食、箭矢和作战所需的资源和材料。

拜占庭当局派遣最好的军官和士兵参加他们的战斗。两军再度处于势均力敌的情况,战斗继续进行,围攻在于展现强烈的意志和决心。菲利浦不断用攻城撞车重击城墙,基础倒塌以后出现很大的破洞,加上运用弩炮清除配置在雉堞之间的守军,他在同一时间让士兵排成密集队形通过缺口,架起云梯突击无人防守的城墙。然后开始短兵相接的肉搏战斗,很多士兵在激战之中当场被杀,还有一些身受多处重伤倒毙在地。胜利的报酬激励战斗人员的勇气和胆识,马其顿人一心一意想要洗劫富裕的城市,还有菲利浦赏赐名贵的礼物,熏人的名利使得他们用坚定的意志面对危险,佩林苏斯的市民看到摆在前面是城市陷落以后的恐怖景象,为了免予国破家亡只有鼓起最大的勇气进行惨烈的战斗。

76 城市的天然形势对于被围的佩林苏斯走向决定性的胜利有极大的贡献。它的位置面对大海坐落在拔地耸起的半岛,地峡的宽度大约有一弗隆,所有的房屋挤在一起都有相当的高度,全部沿着小山的坡度向上构建,一层一层相互重叠,使得城市的外观如同一个露天的剧场。根本不理会碉堡工事上面经常出现的破洞和缺口,佩林苏斯的守军放弃原来的防御部署,他们堵塞所有的巷道,每次都用最低一层的房屋,当成一道可以防守的城墙。菲利浦费了很大的力气进行艰苦的战斗,总算占领城市的城墙,这时发现房屋构成更为坚固的防线,这时也只能归之于无可抗拒的天命。

此外,补给品能从拜占庭来到佩林苏斯,使得这座城市所有的需要很快获得满足。菲利浦面对这种情况只有兵分两路,留下一部由他手下最优秀的军官负起指挥的责任,继续在佩林苏斯进行原来的作战行动,他亲自率领一部进军对拜占庭发起突如其来的攻击,并且将它围得水泄不通。由于拜占庭的人员、武器和作战装备全部运到佩林苏斯,所以当局发觉自己陷入极其窘困的状态。

以上是佩林苏斯和拜占庭发生的情况①。

赛麦的埃弗鲁斯这位史家的历史巨著，结束于佩林苏斯的围攻此一重大事件，他从赫拉克勒斯家族返回故国开始叙述，无论是希腊和蛮族的丰功伟业都包括在他的作品当中，涵盖的时期约为七百五十年，这部作品共有三十卷，每卷都有一篇前言当成序文。雅典的迪卢斯②继续完成埃弗鲁斯留下的工作，第二部分从这里开始直到菲利浦的逝世③，接着叙述希腊和蛮族相关的历史事件。

77 狄奥弗拉斯都斯（Theophrastus）成为雅典的执政，马可斯·华勒流斯（Marcus Valerius）和奥卢斯·高乃留斯（Aulus Cornelius）当选罗马的执政官④，举行第一百一十届奥林匹亚运动会，雅典的安蒂克利（Anticles）赢得赛跑的优胜。就在这一年（前340年），有鉴于菲利浦正在围攻拜占庭，雅典市民投票通过议案要撕毁与马其顿签订的协议，火速派遣一支阵容浩大的舰队前去鼎力相助。除此以外，开俄斯、考斯、罗得和其他的希腊城邦也都派出援军⑤。菲利浦对于这一次的联合行动感到惊惶不已，立即停止两座城市的围攻作战，就与雅典以及所有反对他的希腊城邦签署和平协议。

---

① 斐洛考鲁斯认为这次围攻发生在前340年，很可能真正的时间要延后一年。

② 参阅本章第14节及其注释。

③ 这一位菲利浦是卡桑德的儿子，他亡故于公元前297年。

④ 布洛顿《罗马共和时期职官志》第1卷第132节，提到马可斯·华勒流斯·科伏斯（M.Valerius Corvus）和奥卢斯·高乃留斯·科苏斯·阿维纳（A. Cornellus Cossus Arevina）当选罗马执政官。

⑤ 拜占庭接受开俄斯、考斯和罗得给予的援助，这些岛屿都是联盟战争中久经考验的盟友，还要加上波斯帝国的支持。雅典的舰队在查里斯的指挥下，来到拜占庭为了确保从黑海的谷物运输可以安全通过这个区域。菲利浦掳获这个舰队，是雅典当局决定撕毁和平条约的主要因素；参阅笛摩昔尼斯《全集》第8章"论王权"第87—94页，以及普鲁塔克《希腊罗马名人传》第18篇第1章"福西昂"第14节。

西方的迦太基准备储存大量战争物质,运送他们的部队到西西里①。据说包括原来留在岛上的人员,共有七万名步兵,骑兵、战车以及额外编配的拐子马总计为一万人,两百艘战船,有一千多艘各种运输船载运马匹、武器、食物和其他形形色色的物品。泰摩利昂知道敌方的兵力极其庞大,自己的部队已经减少到只有为数不多的士兵,然而丝毫未露怯畏的神色。他这时仍然与希西提斯处于战争状态,经过谈判答应对方提出的条件,议和以后接收希西提斯的部队,使得他的实力获得大幅的提升②。

78 他决定在迦太基的疆域之内发起作战行动,可以保持盟邦不受外敌的入侵,同时使得归顺于蛮族的地区遭到蹂躏。他立刻集结佣兵部队加上叙拉古的市民以及所有的盟军,召开一次全军大会,发表演说鼓舞高昂的斗志面对决定性的战斗。全体人员发出赞同的喊叫,催促他立即率领大家前去攻打蛮族,这时他进入战场的兵力没有超过一万两千人③。

他来到阿格瑞坚屯(Agrigentum)的地界,出现突发情况使得全军陷入混乱与争执之中。有一个名叫色拉休斯(Thrasius)的佣兵,过去随着福西斯的队伍掠夺德尔斐的神庙,素来以骜悍不驯和刚愎自用变得众所周知,现在还是故态复萌如同以往那样让人愤慨不已。当时犯下亵渎神圣罪行的人几乎全都受到神明给予应得的惩罚,我们在前面已经提过此事④,只有他逃避上苍的报复现在却企图诱使佣兵放弃应尽的职责。

---

① 这里的文字接续第 73 节的叙述。普鲁塔克提到同样大小的兵力,只是没有列出骑兵、战车和拐子马的数目。

② 普鲁塔克没有提到那个时候希西提斯对泰摩利昂的支持和协助。

③ 普鲁塔克计算泰摩利昂的兵力是 3000 名叙拉古人和 4000 名佣兵,但是有 1000 名佣兵不愿进入战场,所以实际参战的人数是 5000 名步兵和 1000 名骑兵。

④ 参阅本章第 58 节。

他说泰摩利昂已经丧失理智非要率领大家走上毁灭的道路,因为迦太基的兵力是他们的六倍加上所有的装备具有难以估算的优势,泰摩利昂无法提出获胜的承诺,还要拿佣兵的性命进行赌博,何况长久以来他缺乏经费,没有能力支付他们应得的薪资。色拉休斯提出的建议是他们应该返回叙拉古要求偿还所欠的报酬,不能随着泰摩利昂从事毫无希望的作战行动。

79 佣兵听到他的讲话变得群情激昂,处于即将爆发叛乱的局面,泰摩利昂想尽办法用苦苦辩解和提供礼物,总算能够平息这场骚动。即使这样,还是有一千人要随着色拉休斯离开①,他延迟他们的惩罚到以后再算账,还写信给留在叙拉古的朋友,用友善的态度接待他们,发给他们所欠的款项,最后他还是处理好令人担心的局面,清除这些不服从命令的佣兵,对于获得胜利会更有信心。他用巧妙的手法能够获得其余的士兵对他仍旧忠心耿耿,继续进军前去攻打营地设在不远处的敌人。召集部队举行一次全军大会,他发表演说激励大家的士气,描述腓尼基的人民怯懦成性,重申格隆(Gelon)获得胜利的例证②。

就在大家异口同声发出攻击蛮族和展开会战的叫嚣,正巧见到驮兽带来供他们作为草窝的野生芹菜③,泰摩利昂马上宣布他已经接受胜利的朕兆,因为在海峡运动会当中,优胜者的桂冠就是用这种植物编成的。在他的建议之下,士兵用芹菜编成花冠戴在头上,表现出兴高采烈的模样认为

---

① 普鲁塔克提到泰摩利昂返回叙拉古,对于会战开始背弃职守的1000名佣兵,发布公告驱逐出境,这批人乘船前往意大利,布鲁提姆人事先公开保证安全,后来还是全数遭到屠杀。

② 这是发生在公元前480年的希米拉会战,格隆击败迦太基的大军。

③ 这是一种学名 opium graveolens 的植物,通常大家将它叫作西洋芹,带有很浓的香味。

神明已经预告他们赢得这次大捷。虽然事实无法预测或者各种说法难以让人置信,就目前的情况看来,他们胜过敌人不仅在于自己的英勇,何况还有神明给予的协助。

泰摩利昂展开他的部队从一列小山上面向着克里米苏斯(Crimisus)河①前进,这时恰巧有一万名敌人正在渡河。他要趁着对手半渡之际发起第一波的攻击,保持自己的位置在战线的中央。发生一场激烈的战斗②,希腊的佣兵无论是勇气和战技都占了上风,蛮族遭到屠杀带来惨重的伤亡,残余人员开始逃走,这时迦太基的主力已经渡过河流,开始恢复不利的局势。

80

两军再度发起会战,腓尼基的优势兵力对希腊的部队带来压倒性的打击,突然之间天色大变,刮起一阵飓风带来如注的降雨和大如石块的冰雹,同时耀眼的闪电使得雷声大作,所有这些狂风暴雨夹杂着飞沙走石从希腊人的背后呼啸而来,迎面向着蛮族给予当头痛击,泰摩利昂的士兵处境没有多大的不适之处,然而腓尼基人无法忍受大自然的威力,加上希腊佣兵不停向他们攻击,只有一哄而散赶紧向后逃走。

所有的敌人都想赶紧涉水过河脱离危险,骑兵和步兵夹杂一起,众多的战车更增加混乱的程度,很多人在拥挤之中受到践踏丧生,或是被自己的同伴携带的刀剑和长矛戳死,还有很多人受到泰摩利昂的骑兵在后驱赶,陷入河床里面遭到杀害,很多死者没有受到敌人的攻击,完全是惊慌的

---

① 这条河流的名字有不同的拼法,像是普鲁塔克称它克瑞美苏斯(Crimesus)河,尼波斯《泰摩利昂传》第2节称为克里米苏斯(Crimissus)河,这个单字变成有两个s。
② 这场会战发生在奥林匹亚110会期第2年即公元前339年6月,距离夏至没有几天,炎热的夏季已经开始。

情况造成堆积如山的尸首,多到连河流当中没有让人立足之地。更为恶劣的情况是大雨使得河水暴涨,激流将要泗水渡过的人带走,他们因为身穿沉重的铠甲就会遭到淹毙。

　　迦太基最负盛名的"神机营"(Sacred Battalion)[1],经过一场激战全部阵亡,这支队伍共有两千五百人,所有的成员都是来自市民阶层,选拔的条件是骁勇善战而且家道殷实。他们的军队其他的成员,有一万多人被杀,被俘的人数不少于一万五千[2]。大部分战车在作战当中被毁,还有两百多辆成为战利品。辎重行李包括拖曳的大车和无数驮兽,都落到希腊人手里。大部分的铠甲和防护装备都丧失在河流当中,还有一千副胸甲和一万多个盾牌堆放在泰摩利昂的帐篷里面。庞大的战利品有些奉献给叙拉古的庙宇,有些分配给盟邦的军队,有些遵照泰摩利昂的叮嘱送回科林斯,当成波塞冬神庙的还愿祭品[3]。

81 　　迦太基人带来许多金银制作的酒具,会战让希腊人获得大量的财富;由于迦太基的市民都很有钱,所以个人的财力都非常雄厚,泰摩利昂让士兵保有这些战利品当成英勇的报酬[4]。就迦太基这方面而言,能够逃过会战的危险留在利列宾姆(Lilybaeum)还是很难获得安全。他们完全陷入惊惶和恐惧之中,甚至不敢登上自己的船只回航迦太基,竟然认为神明已经抛弃他们,利比亚海的风暴要将他们吞噬。

　　灾祸的信息传到迦太基以后,民心士气受到很大的打击,一致认为泰

---

　　① 狄奥多罗斯在本书第二十章第 10 节,还要提到这个单位。
　　② 普鲁塔克提到敌军的阵亡人数是 10000 人,包括 3000 名迦太基的市民在内。
　　③ 有些奉献的战利品上面镌刻光荣的铭文:"科林斯的人民和他们的将领泰摩利昂,将居住在西西里的希腊人从迦太基的高压统治之下解救出来,对于神明赐予的恩典,特别表达虔诚的崇敬之心。"
　　④ 普鲁塔克提到泰摩利昂允许佣兵抢劫迦太基人统治的地区。

摩利昂会率领他的军队前来征讨他们,很快将汉诺之子遭到放逐的季斯科(Gisco)召回,他们认为他具备英勇善战和精通兵法的综合才能,授予他将领的职位。他们不愿市民的生命为未来的局势冒任何危险,经过投票决定招募佣兵特别是希腊人,凭着迦太基的财富和支付更高的酬庸,会有大量的兵源为他们所用,同时派遣经验丰富的使者前往西西里,奉到的指示是不论条件为何要尽可能达成讲和的目标。

82 年度快要结束,黎西玛契德(Lysimachides)成为雅典的执政,奎因都斯·塞维留斯(Quintus Servilius)和马可斯·鲁蒂留斯(Marcus Rutilius)当选罗马的执政官。就在这一年(前339年),泰摩利昂返回叙拉古很快赶走所有成为叛徒的佣兵,他们在色拉休斯的领导之下对他别有图谋。这些人渡海前往意大利,来到布鲁提姆抢劫一个位于该地的滨海小镇。布鲁提姆当局知道信息大为愤怒,立即派出一支大军赶去讨伐他们,攻下他们占领的地方,所有人员都被布鲁提姆人用标枪一一射杀①。这些人因为过于邪恶才会放弃泰摩利昂的大业,不幸的结局是他们应得的报酬。

伊楚里亚的波斯都缪斯(Postumius)带着十二艘私掠船袭击海上贸易,经常停泊在友好的城市叙拉古,泰摩利昂将他逮捕处以死刑。泰摩利昂用友善的态度接受科林斯新来的移民数量多达五千人。迦太基派遣使者对他提出迫切的请求,他同意双方签署和平协议的条件是所有希腊城市

---

① 普鲁塔克提到迦太基人招募一支希腊人的佣兵部队,接受琉卡斯人优特穆斯(Euthymus)的指挥,这些人在过去犯下抢劫神庙的滔天大罪,不久就在一个名叫海理(Hierae)的地方中了敌人的埋伏,全部被歼。

必须拥有自由的权利①,彼此的疆域应该以黎库斯(Lycus)河②为界,任何一位僭主要是与叙拉古发生战争,迦太基不能给予援助。

等到这件事处理完毕以后,他结束与希西提斯之间的战争并且将他处死③,然后攻击在伊特纳的康帕尼亚人将他们全部歼灭。他用同样的手段制服森都瑞披(Centuripae)的僭主奈柯迪穆斯(Nicodemus),将这个独夫赶出城市,接着终结阿波罗尼阿德(Apolloniades)在阿捷里姆④的暴政,让拥有自由人身份的居民获得叙拉古的市民权。总之,整个岛屿上面的僭主都被连根拔除,所有的城市都得到自由并且与他建立联盟关系。他在希腊各地宣布叙拉古欢迎他们前去定居,提供土地和房舍分享城邦的义务和权利,很多希腊的移民接受分配的额度⑤。叙拉古和阿捷里姆都有广大的空闲土地,前者可以容纳四万名外来者,后者较少也有一万人。

叙拉古正在使用的法律是戴奥克利(Diocles)制定⑥的,泰摩利昂在这个时候要加以订正。有关私人的契约和继承的条款他不予变动,有关公众事务方面他做了很多的修正,主要还是依据他所坚持的构想和概念。科林斯人西法卢斯(Cephalus)受过通识教育而且智慧高人一等,由他担任主席负责督导立法的工作。等到完成这方面的任务有空闲的时间,泰摩利昂让

---

① 希腊的政治学术语所谓的"自由权利"就是城邦没有高高在上的领主,不论它是迦太基或者叙拉古,普鲁塔克没有提到要与迦太基当局签订和平协议。

② 狄奥多罗斯在其他的章节当中将它称为哈利库斯(Halycus)河。

③ 普鲁塔克提到希西提斯从开始就对泰摩利昂有藐视之意,双方的破裂在于前者对叙拉古的入侵,等到泰摩利昂向李昂蒂尼进军,希西提斯和其子优波勒穆斯战败被捕,安上暴君和叛徒的罪名遭到处决。

④ 阿捷里姆是本书作者狄奥多罗斯的故乡。

⑤ 泰摩利昂在入主叙拉古以后,就要求科林斯派遣大量移民,对于其他的希腊城邦,表示欢迎他们的市民前来定居,保证给予自由和公平分配土地。史家阿萨尼斯(Athanis)引用普鲁塔克的数据,短期之内到达西西里的外来移民有60000人。

⑥ 戴奥克利是公元前5世纪末叶,叙拉古名望最高的政治人物,他说服市民要改变政府的体制,抽签方式任命官员推行政务工作,选出立法者草拟新的法律。

李昂蒂尼的民众搬迁到叙拉古,同时还额外派遣移民到卡玛瑞纳,使得城市的规模更为庞大。

83 他在整个西西里建立起和平的环境和条件,所有的城市都能欣欣向荣创造出富裕茂盛的景象①。很多年以来,由于国内的灾难和边界的战争,以及无数字僭主陆续出现,城市的居民日益稀少变得市场萧条,广大的乡村地区缺乏农耕成为一片荒野。现在大量新来的移民注入这片土地,加上长时期的和平,农业的发展使得各种作物都有丰硕的收成,用很好的价格卖给商人,希裔西西里人快速增加财富。

因为资金获得容易很多重大的工程完成在那个时期。首先要提到叙拉古的"小岛"上面兴建的"宴会厅",可以容纳六十个卧榻用来接待宾客,就它的面积大小和富丽堂皇而言,远远超过西西里其他所有的建筑物。这是专制君主阿加索克利的大手笔,花费的金额远胜供奉神明的庙宇,引起上苍的不悦毁于闪电带来的大火。然后是沿着"小港"的海岸有为数众多的高耸塔楼,上面有彩色石子镶嵌的马赛克图画,这一序列的工事使用建造者的名字称为"阿加索克利长墙"。而后在海罗出任国王的时代,可以媲美的建筑物是在市场兴建的奥林皮伊姆(Olympieium)神庙以及坐落在剧院旁边的祭坛,它的长度有一斯塔德以及合乎比例的高度和宽度②。

在那些规模较小的城市当中应该提到阿捷里姆,移民的增加可以分享农产品带来的财富,市民建造华丽的剧院在西西里仅次于叙拉古,加上几个供奉神明的庙宇、一个庄严的会议厅和一个庞大的市场。那里还有很多

---

① 这方面的描述出自狄奥多罗斯深入的观察,完全基于他个人的经验和学识,特别是他出生的城市阿捷里姆,更能见证到泰摩利昂在西西里的成就。

② 西塞罗在《控诉维里斯:二审控词》第4卷第53节,提到叙拉古有许多富丽堂皇的建筑物。

带有纪念性质的巨大高塔，如同当作坟墓使用成为金字塔之类极具盛名的建筑物。

84 查朗德(Charondes)成为雅典的执政，卢契乌斯·伊米留斯(Lucius Aemilius)和盖尤斯·普劳久斯(Gaius Plautius)当选罗马的执政官①。就在这一年(前338年)，马其顿国王菲利浦即将运用威胁的手段迫使雅典人降服，基于伟大的抱负在缺乏竞争对手的情况之下，不仅拥有整个希腊的领导权，还能赢得大多数城邦的友谊。他现在突然夺取伊拉提亚(Elateia)，集中他的部队对于雅典采用战争的政策。他认为自己可以在毫无困难之下击败对方，由于他靠着现存的和平协议②，使得雅典对于敌对的行为没有丝毫的准备，所以才会得到这样的结果。就在伊拉提亚遭到占领以后，有人连夜来到雅典通报不幸的信息，提到菲利浦率领部队立即向阿提卡进军③。

局势的发展出乎意料让大家为之惊惶不已，雅典的将领召来喇叭手命令他们整夜吹起示警的号角。嘹亮的声音传遍每一个家庭使得城市陷入极度的恐惧当中，等到天亮以后，民众早在执政做出例行的宣布之前就已聚集在剧院里面。将领到达介绍带来消息的信差，来人将所见所闻的情况向大家提出报告，市民大会笼罩着寂静和害怕的气氛，平常喜欢放言高论的政客全都噤口不语，没有人敢提议采取任何行动。传令官一再要求在座人士就共同的安全发表高见，还是无人应声而出。

---

① 提到这两位罗马执政官，当选的时间是2年之前的前341年。

② 这部分的文字与狄奥多罗斯在本章第77节的叙述有矛盾的地方，因为围攻拜占庭的关系，已经明令废止双方的和平协议。事实上情况完全相反，雅典当局要到这个时候开始终止斐洛克拉底的和平条约。

③ 有关这部分和下面的叙述，全部来自笛摩昔尼斯《全集》第18章"论王权"第169—178页。

群众在困惑和惊惶之中全都将目光投向笛摩昔尼斯,最后他只有离开座位,要求人民对他提出的意见要有信心,那就是他们应该立即派出使者前往底比斯,邀请皮奥夏人加入他们的阵营共同为争取自由而奋斗。国王会在两天之内进入阿提卡,已经没有足够的时间请求其他的盟邦履行应尽的义务①。由于菲利浦的进军路线要穿过皮奥夏,所以获得当地城邦的支持是雅典仅有的靠山,特别是菲利浦这个时候正是皮奥夏的朋友和盟邦,可以明确得知他要发起对付雅典的战争,一定要让皮奥夏的城邦参加这个行动。

85 人民采纳笛摩昔尼斯提出的建议,通过敕令授权使者便宜行事,他们转过头要找出最具备说服能力的代表,笛摩昔尼斯愿意接受征召为城邦服务。他执行这个外交任务真是活力十足,最后总算能够确保底比斯的同心协力才返回雅典。

雅典的市民能够恢复信心在于皮奥夏的城邦加入联盟,现有的部队在顷刻之间实力可以增加一倍。他们马上指派查里斯和黎西克利出任将领,带着所有的部队全副武装前往皮奥夏。据说这些年轻人怀着满腔热血要从事会战,进军的部队最远到达皮奥夏的奇罗尼亚。雅典军队到达的快速让人印象深刻,他们自己准备采取行动,皮奥夏的居民全副武装与他们会师,开始编组会战的队伍,等待敌军的接近。

菲利浦采取第一个行动,就是派遣使者会见皮奥夏联盟当中地位最显赫的人物皮索(Pytho)②。他以口若悬河的辩才知名于世,这次为了忠于

① 笛摩昔尼斯《全集》第 18 章“论王权”第 237 页,列名的城邦是优卑亚、亚该亚、科林斯、麦加拉、琉卡斯和科孚;伊司契尼斯还要加上阿卡纳尼亚。

② 皮索是出生于拜占庭的演说家,长期为菲利浦服务。斯特拉波《地理学》第 9 卷第 2 节提到科林斯这时已经派出部队。

盟邦这个问题与笛摩昔尼斯针锋相对,皮奥夏人认为他虽然远较其他演说家更为优越,比起笛摩昔尼斯却要稍逊一筹。后来笛摩昔尼斯为了标榜自己用言辞为国争光,都以折服这位演说家当作最大的成就,当时他说道:"不论皮索多么具有信心,运用滔滔不绝的言辞对我不断地来攻,我还是坚持立场不会做出丝毫的让步。"①

菲利浦无法获得皮奥夏众多城邦的支持,尽管如此还是下定决心要与联合起来的敌人展开作战行动,他等待姗姗来迟的盟军终于到达,然后向着皮奥夏进军。他的部队有两万多名步兵和不到两千名的骑兵。两军都急着发起会战,高昂的斗志使得双方在勇气方面旗鼓相当,国王的将道和兵力占有很大的优势,他参加很多次不同形态的会战经常获得胜利,对于作战和用兵都有丰富的经验。至于雅典这一方面,优秀的将领诸如伊斐克拉底、查布瑞阿斯和泰摩修斯都已亡故,只有查里斯还能发挥作用,须知那些在体能和智力方面表现平平的士兵,他们更需要一位优秀的指挥官②。

86 两军在黎明开始部署③,国王指派他的儿子亚历山大负责一翼,这位年轻人由于作战英勇和行动快捷已经赢得响亮的名声,他的父亲还把经验老到的将领安置在他的身边,同时菲利浦自己位于一群选锋的前列,这些人比起其他部队更能贯彻他的命令,个别的单位根据战况的需要临时调配投入战斗。当面敌军的部署按照部队所属的城邦,

---

① 笛摩昔尼斯《全集》第 18 章"论王权"第 136 页,提到两人在雅典发生激烈的抗争,时间早在前 343 年。

② 狄奥多罗斯在本书第十五章第 95 节对查里斯表示非难和藐视;他对目前的情况像是一笔带过,不过 10 到 11 个月这段期间,发生重大的事件诸如攻占伊拉提亚(Elateia)和奇罗尼亚会战。

③ 普鲁塔克《希腊罗马名人传》第 4 篇第 2 章"卡米拉斯"第 19 节,提到这场会战发生在阿提卡年的第二个月即 Metageitnion 月第 9 天(8 月 9 日),已经是夏至过后有一段时间;或许是 8 月 4 日,那是因为新月刚刚出现的关系,要是换算成雅典的历法应该是 7 月 27 日。

区分战线为两部分，雅典人的将领将一翼交由皮奥夏人负责，他们自己指挥另外一翼。等到两军发生接触，激战延续很长一段时间，带来重大的伤亡，双方通过考验都对胜利怀抱很大的希望。

亚历山大这时一心想要向他的父亲表现自己英勇无敌，用不屈不挠的意志寻求胜利，他的手下给予大力的支持，最初要忍受当面众多部队的重大压力，接着成功撕裂敌军战线的坚强正面，使得很多人在战斗当中遭到屠杀，这时他的同伴赢得同样的成就，不断扩大正面的突破口。尸体堆积起来，亚历山大最后在战线上面打开一条血路，逼使当面的敌军转身逃走。

国王在激战的正面有突出的表现，对于赢得胜利有卓越的贡献，甚至连亚历山大都自叹不如。他在开始的时候迫使部署在他当面的部队节节后退，接着他抱持必胜的信念打得对手大败而逃。会战当中阵亡的雅典士兵超过一千人，还有两千多人成为俘虏。同样的情况是很多皮奥夏人被杀，成为俘虏的人员不在少数。菲利浦在会战结束以后搭起一个战胜纪念牌坊，安葬阵亡的人员并且为这次大捷向神明奉献牺牲，对于所有的将士按照他们的功勋给予极其丰硕的奖赏和酬劳。

87 据说菲利浦在晚餐以后的宴会当中饮下大量未掺水的葡萄酒，他的朋友为了庆祝这次大捷，特别将他打扮成酒神信徒的模样，排成游行的队伍从成群的俘虏当中通过，一直在讥笑这些不幸的人会遭遇悲惨的下场①。演说家迪玛德斯当时是其中的一位俘虏，勇敢表达

---

① 普鲁塔克提到菲利浦获胜以后，狂喜之余难免得意忘形，痛饮美酒接着前去视察敌军留下的尸首，高声朗诵笛摩昔尼斯通过法案的名句：皮欧尼斯区的笛摩昔尼斯之子笛摩昔尼斯谨提出建议。等到冷静下来考虑最近陷入危险的处境，一个演说家靠着雄辩能在短短几个时辰之内，就能毁灭他的国家取走他的性命，这种难以抗拒的力量使得他不寒而栗。

自己的意见①就能制止国王惯常的卖弄作风。他说出令人印象深刻的话："啊，国王，命运女神让你扮演阿格曼侬的角色，你却表现出瑟西底(Thersites)的行为，难道就不会感到难为情吗？"

遣责的话如同给他带来一箭穿心的刺痛，菲利浦立即改变他的举止和态度。他摘下头上的花冠，除去表明身为酒神信徒充满傲慢之气的标志，对于这个人说话的坦诚深感钦佩，就将迪玛德斯从监牢当中释放出来奉为上宾，延揽到身边在很多方面真是言听计从。他为迪玛德斯富于魅力的阿提卡腔调所说服，最后不要赎金就释放雅典的俘虏，完全放弃胜利带来傲慢的态度，派遣使者去与雅典当局磋商，签署友谊和联盟的协议，他与皮奥夏缔结和平条约仅有的要求是在底比斯进扎驻防军。

88 雅典在大败以后，身为将领的黎西克利受到演说家莱克格斯的指控被判处死刑。莱克格斯是那个时代声望最高的政治家，最值得称许之处是他执掌城邦的财务有十二年之久，一直过着清廉的生活，这个案件证明他是一位非常严厉的检察官。他在审判当中对这位将领说道："黎西克利，你是一位将领，一千名市民丧失性命，两千名市民成为俘虏。你的城市被打败让对方搭建一座战胜纪念牌坊，更使得所有的希腊人都遭到奴役。所有这一切的不幸都归于你的领导和指挥，然而你竟敢活在世上让太阳照射你的头顶，甚至不顾颜面还要踏进市民大会，成为我们这个国家一个活生生的羞辱和可耻的纪念物。"

要是回顾这个时期就会发现一个奇特的巧合。就在奇罗尼亚发生一场会战的同个时候，意大利的塔伦屯和卢卡尼亚，同一天的同个时辰双方

---

① 这件逸闻逸事的英雄人物是迪玛德斯，斐洛斯特拉都斯(Philostratus)却将他当成夕诺庇的戴奥吉尼斯，认为迪玛德斯是一个愤世嫉俗的家伙。至于迪玛德斯对这件事有自己的看法。

也打了一场会战。拉斯地蒙国王阿契达穆斯率领佣兵为塔伦屯服务,因为战败自裁身亡。阿契达穆斯统治拉斯地蒙长达二十三年,他的儿子埃杰斯继承宝座在位的时间是九年。

就在这个时候,赫拉克利–潘提卡(Heracleia-Pontica)的僭主泰摩修斯在掌权十五年后逝世。他的兄弟狄奥尼修斯接替专制政体,统治的时间有三十二年之久。

89 弗里尼克斯(Phrynichus)成为雅典的执政,提图斯·曼留斯·托奎都斯(Titus Manlius Torquatus)和巴布留斯·迪修斯(Publius Decius)当选罗马的执政官①。就在这一年(前337年),马其顿国王菲利浦对于奇罗尼亚会战的胜利感到骄傲,认为自己深具信心可以领导希腊的城邦,拥有伟大的抱负在于尽全力要成为所有希腊人民的主将,于是公开宣布让四方知晓,为了整个希腊的利益他要发起对波斯的战争,同时惩处他们对寺庙犯下亵渎的罪行,使他赢得希腊的城邦对他给予忠诚的支持。

无论是在私下的会晤或是公开的场合,他都会表现出和蔼可亲的面容,还向这些城市表示他愿意与他们讨论共同利益有关的事务。因此在科林斯召开一次泛希腊的会议,他发表演说提起对波斯的战争,激起热烈的情绪要达成预期的目标,与会代表选他出任全希腊拥有最高统帅权的将领,他开始为作战行动聚积所需的物质,还提到兵员的数量每座城市应该尽力而为共襄盛举,然后返回马其顿。

这是与菲利浦相关的事务和情况。

---

① 这两位罗马执政官的当选和任职是3年前的前340年。

90 西西里的科林斯人泰摩利昂逝世。他出任将领已有八年,无论是叙拉古人或其他希裔西西里人的事务,全部处理完毕都有妥善的安排。叙拉古的市民对他的丰功伟业极其敬仰,要为他举行盛大的葬礼。他的遗体放在棺架上抬到群众的面前,德米特流斯是当时声音最为洪亮的传呼员,向大家宣布这份文告①:"叙拉古的市民大会通过提案颁布敕令,用来安葬科林斯的泰密尼都斯之子泰摩利昂,全部费用是两百迈纳,而后每年办理赛会包括音乐、赛车和体育等各种表演和竞赛的项目,用来纪念他对城邦的贡献,诸如推翻暴政、击退蛮族、充实人口、繁荣城镇、为西西里的希裔人士制定法律和赋予自由权利。"②这一年还有亚里奥巴札尼斯在统治二十六年以后亡故,继承人是米塞瑞达底在位有三十五年③之久。罗马在苏萨(Suessa)的郊外对抗拉丁人和康帕尼亚人打赢一场会战,并吞部分征服的区域。执政官曼留斯获得胜利举行盛大的凯旋式④。

91 皮索多鲁斯(Pythodorus)成为雅典的执政,奎因都斯·巴布留斯(Quintus Publius)和提比流斯·伊米留斯·玛默库斯(Tiberius Aemilius Mamercus)当选罗马的执政官⑤,举行第一百一十一届奥林匹亚运动会,克莱托(Cleitor)的克里奥曼蒂斯(Cleomantis)赢得赛跑的优胜。就在这一年(前336年),马其顿国王菲利浦成为希腊的领袖,公开对波斯

---

① 叙拉古人将他的墓地设在市民大会的会场之内,后来还建造一座围绕的柱廊,将这个神圣的地方称为泰摩利昂屯(Timoleonteum)。

② 叙拉古的民众继续沿用他建立的城邦体、施政方针和法律规章,他们能够享受繁荣和幸福达30年之久,阿加索克利的暴虐统治给叙拉古带来毁灭性的打击。

③ 米塞瑞达底是潘达斯的国王,最早属于迈西亚的西乌斯(Cius)王朝;参阅本书第十五章第90节。

④ 有关凯旋式的各种规定事项,参阅布洛顿《罗马共和时期职官志》第1卷第135节。

⑤ 雅典执政的名字叫作皮迪卢斯(Pythodelus),任期是从公元前336年7月到前335年6月。这两位罗马执政官的当选和任职是在3年前的前339年。

宣战,指派阿塔拉斯(Attalus)和帕米尼奥(Parmenio)先行进入亚洲①,命令两人各率一部兵力解放希腊城市,让当地的人民获得自由权利。这时他希望在获得神明的赞同之下从事战争,于是就他征服波斯国王一事,请求阿波罗女祭司给予指示,因而获得下面的答复:"公牛戴上葬礼的花圈,所有的敌人灭亡殆尽,还有一位想要打击他。"②

菲利浦发现这个答复的意义含混不清,现在神谶已经预告波斯人如同奉献的牺牲受到屠杀,当然他会带着感激的心情乐于接受。不过,实际的情况并非如此,神谶表示的意义是菲利浦在这次祭典当中,如同公牛成为神圣的牺牲,头上戴着花冠被刺杀身亡。不管怎么说,他认为神明支持他,亚洲就是落在马其顿手里的战利品。

他立即着手计划要对神明奉献场面壮大的牺牲,相关的仪式与他的女儿克里奥帕特拉的婚礼结合在一起,新娘的生母是奥琳庇阿斯。他将克里奥帕特拉许配给伊庇鲁斯国王亚历山大,新郎是奥琳庇阿斯的兄弟。他期望尽可能有很多希腊人前来参加为推崇神明所举行的节庆。因此他为朋友和来宾举办光辉夺目的音乐竞赛和奢华无比的盛大宴会。他请到的朋友和宾客来自整个希腊世界,还吩咐宫廷的成员尽可能从海外邀来交往密切的人士。他要向希腊人表示他是一个友善的主人,为了感谢大家的好意让他拥有最高的指挥权力,当然会投桃报李给予规格最高的款待。

92 大量的民众从希腊各地前来参加这个盛会,所有的节目和庄严的婚礼都在马其顿的埃吉伊举行。无论是显赫的人士和著名的城市诸如雅典,都奉上金冠当成礼物,授予的仪式由传令官报出贵宾

---

① 这里的文字要接续本章第89节的情况。贾士丁《菲利浦王朝史》第9卷第5节,对于亚洲的情形有详尽的描述。

② 鲍萨尼阿斯《希腊风土志》第8卷第7节,引用同样形式和内容的神谶。

的名字和头衔,等到这个程序结束他竟然当众宣布,说是任何人对菲利浦王进行叛逆的行动,如果逃到雅典请求庇护,他会放弃引渡的要求①。脱口而出的言语如同上天的征兆,让菲利浦知道即将遭到谋害的打击。还有其他的说法像是来自上天的启示在预告国王的崩殂。

提到宴会的情况,名伶尼奥普托尼穆斯(Neoptolemus)的美妙歌喉无人能及,在当时享有最高的声誉,菲利浦交代他的表演应该是最为拿手的绝活,特别要与波斯的作战有关。这位艺术家认为他的曲目应该适合菲利浦的渡海东征,谴责波斯国王空有富甲天下的财宝,即使有伟大的建树和响亮的名声,总有一天受到命运的播弄,遭到推翻以后全部随风消逝。下面是他开始唱出的词句:

　　　　你的思想飞翔将到达苍穹的顶点,

　　　　你的梦境是文明何其开阔的领域,

　　　　你的计划要建立远胜别人的宫殿,

　　　　众所皆知你犯错生命已远离尘世。

　　　　突然间你被看不见的手快速攫走,

　　　　被迫步上忧郁而阴暗的不归之路,

　　　　死亡是灾难不幸无可避免的根源,

　　　　将遥远的希望从我们的心中夺去。②

他还继续演唱其他的歌曲,全部都是类似的主题。菲利浦很高兴听到迎合

---

① 身为国王发布一些预防性的言论是很普通的事;提到最著名的案例是公元前353年,亚里斯托克拉底(Aristocrates)在市民大会提议通过一份敕令,用来推崇色雷斯国王色索布勒普底采取的行动,参阅笛摩昔尼斯《控诉亚里斯托克拉底》(*Against Aristocrates*)第95节。

② 参阅瑙克《希腊悲剧残本:Adesp 篇》No.127;据说这首诗的作者是伊斯启卢斯。

他心意的歌词,他的思想全部为推翻波斯国王所占据,因为他记起阿波罗女祭司的神谶,与这位悲剧演员引用的诗句,两者意义相通彼此的配合真是相得益彰。

酒宴结束以后第二天开始举行各种竞赛的项目。大批观众在天色仍旧黑暗的时候就想抢着进入剧院,等到天明之际已经排成很长的队伍。菲利浦花费巨款找来艺术家制作十二具神明的雕像,修饰得精美绝伦让看到的人全都大吃一惊,接着认为自己具备封神的资格,从而塑成第十三尊雕像列入出巡的队伍,身为国王之尊可以与十二位神明分庭抗礼①。

93 菲利浦穿着一件白色的斗篷出现在众人的面前,那时整个剧院已经座无虚席,特别交代随身的侍卫不要簇拥在身边,应该与他保持一段距离,他要公开向大家表示所有希腊人的善意让他获得周密的保护,根本不需要卫队的枪矛兵②环绕在他的四周。他已经到达成功的顶点,四周都是赞扬和恭贺的盈耳之声,突然之间毫无预警发生谋逆的行动,透露的结局是国王受到致命的攻击。我们为了清楚整个事件的过程,先要叙述它的成因何在。

马其顿人鲍萨尼阿斯是来自欧里斯蒂斯(Orestis)③的世家子弟,担任国王的侍卫因为年轻英俊受到菲利浦的宠爱。后来他看到国王迷恋另一位鲍萨尼阿斯,他对同名的后者恶言相向,指责对方是一个雌雄同体的两性人,靠着出卖色相获得快速的擢升。虽然无法忍受这样的侮辱,另外这

① 是指奥林匹斯十二神,即天神宙斯、天后赫拉、海神波塞冬、谷物女神德米特、智慧女神阿西娜、日神阿波罗、月神阿特米斯、战神阿瑞斯、爱神阿芙罗狄忒、火神赫菲斯托斯、神的使者赫尔墨斯和酒神狄俄尼索斯;菲利浦将自己列入诸神的队伍。
② 贾士丁《菲利浦王朝史》第9卷第8节,提到他走在两位亚历山大之间,一位是他的儿子另一位是他的女婿,须知他的死亡这两位是最大的受益者。
③ 欧里斯蒂斯是马其顿西部一个地区,靠近伊利里亚的边界。

位鲍萨尼阿斯还是保持沉默,后来就向他的朋友阿塔拉斯倾诉,说他打算不惜一死来洗刷身受的污蔑。过了几天以后,菲利浦与伊利里亚国王普禄里阿斯(Pleurias)兵戎相见①,这位鲍萨尼阿斯站在菲利浦的前面,用自己的身体抵挡敌人对国王的攻击,尽忠职守阵亡在沙场。

这件事经常有人提出来讨论,阿塔卢斯是宫廷这个小圈子的成员,对于国王具有影响力,有次邀请头一位鲍萨尼阿斯进晚餐,一直劝他饮下未曾掺水的酒,接着对失去知觉的身体从事赶骡人极其下流的勾当。他很快从酒醉的昏迷情况中清醒过来,对于身体受到侵犯感到极其愤恨,就在国王面前指控阿塔卢斯的邪恶行为。菲利浦对于这种野蛮的举动非常生气,由于他们之间有亲戚关系,所以不愿处分阿塔卢斯,何况国王迫切需要阿塔卢斯的服务。菲利浦这时正好新娶一位名叫克里奥帕特拉的妻室,阿塔卢斯就是新婚夫人的侄儿②,特别是阿塔卢斯作战极其英勇,已经选他出任将领奉派率领军队前往亚洲。出于这个原因国王想要安抚鲍萨尼阿斯愤怒的情绪,送给他值钱的礼物以及擢升他在卫队中的职位。

94 尽管如此,鲍萨尼阿斯心怀无法化解的怨恨③,抱着炽热的激情要报复所受的冤屈,不仅是那位对他施用诡诈伎俩的男子,就连不予受理的国王都包括在内。特别是他的阴谋得到诡辩家赫摩克拉底(Hermocrates)④的鼓励。他在当学生的时候曾经在课堂上向这位老师

---

① 菲利浦与伊利里亚发生很多次战争,所以很难查证这场会战发生的时间和地方。

② 这是一般作者经常提到的亲戚关系,只是本书第十七章第2节把阿塔卢斯称为克里奥帕特拉的兄弟,不管怎么说,很可能他是克里奥帕特拉的叔父。

③ 弑君事件不可能精确查出相关的情节,一定会酝酿几年之久,很可能早在前344年就有蛛丝马迹可循。鲍萨尼阿斯的报复等待很长的时间,让人感到奇怪的地方,是他选择的场合与时机对亚历山大最为有利。

④ 那个时代没有人知道竟然出现一位名叫赫摩克拉底的诡辩家,如果他真像凯利玛克斯(Callimachus)的老师是名气很高的文法学家,即使有同名的人也可以查证出来。

请教,一个人如何才能很快变得名满天下,诡辩家的答复是杀死一位声望最高的人物,过了这样久他还记起这件事,可见他的谋刺可以经历更长的时间还被人津津乐道。鲍萨尼阿斯将老师的话与他的愤怒结合起来,决定不再拖延早已盘算的计划,利用这次庆典的掩护赶紧动手。

他将几匹马安排在城门附近,斗篷里面带着一把塞尔特式样的短剑,来到剧院的入口处。菲利浦叫陪伴他的朋友先进入剧院,这时卫士与他保持相当距离,鲍萨尼阿斯看到国王只有一人,就冲向前去将短剑刺进他的胁部,直到他倒地身亡①。然后跑到城门附近准备用来逃走的马匹那里。立即有一群卫士赶到国王的身边,其余的人全部出动去追捕凶手,紧跟在后面的是李昂纳都斯、帕迪卡斯和阿塔卢斯②。鲍萨尼阿斯能够顺利跨上坐骑,要不是他的靴子被一根葡萄藤钩住跌落地面,很可能不会让追赶的人抓住。就在他用双脚拼命奔跑的时候,帕迪卡斯和其他人追上来,将他用标枪当场射杀。

95

菲利浦是他那个时代欧洲最伟大的国王,统治的时间长达二十四年,建立面积辽阔的王国使得他自认是十二位神明的友

---

① 贝洛克《希腊史》第 3 章第 2 节,讨论菲利浦亡故的日期。马其顿国王被刺的消息在前 337/前 336 年的阿提卡年[雅典使用的历法是一年有 12 个月,开始的月份是 Hekatombaion 月(7 月)的年底(6 月)之前,还未到达雅典。从另一方面来看,这个时间应该早于夏天,因为菲利浦正在忙着要入侵小亚细亚。普鲁塔克《希腊罗马名人传》第 17 篇第 1 章"亚历山大"第 16 节,提到发起格拉尼库斯会战之前],有些人认为时间正是 Daesius 月(5 月)不吉利,所以不应出战,亚历山大为了去除大家的忌讳,就将 Daesius 月(5 月)改为"第二个" Artemisius 月(第二个 4 月)。从这里推论菲利浦的逝世和亚历山大的即位都在前两年的 Daesius 月(5 月)。

② 这位阿塔卢斯是安德罗米尼斯(Andromenes)的儿子,他与李昂纳都斯和帕迪卡斯都是亚历山大非常亲近的朋友,可能他们是亚历山大而不是菲利浦的侍卫(只是侍卫这个名称使用得很浮滥,因为亚历山大在亚洲的时候,他的贴身侍卫只有 7 或 8 个人,其中没有阿塔卢斯,李昂纳都斯和帕迪卡斯分别到前 332 年和前 330 年,才担任这个职位)。很可能他们知道鲍萨尼阿斯的计划,事先奉到的命令,为了灭口要将他当场杀死。

伴①,竟然落到如此不幸的下场。他获得举世的赞誉在于运用很少的资源得以登上王位,并且在希腊世界建立一个最大的帝国。他的权势和地位能够蒸蒸日上在于外交手腕的灵活和为人处世的诚信,并不完全靠着军备的实力,菲利浦说他对谋略的掌握和外交的成就比起他在战场的英勇,带来的成果使他感到更加骄傲。他的军队每一个成员都能分享会战的胜利带来的成就,只有他认为真正的胜利要靠着谈判才能获得②。

现在已经到了菲利浦告别人世的时候,按照最初的计划我们要结束本章的记事。下一章的开始是亚历山大继位成为马其顿国王,我们要在这一章中叙述他的丰功伟业。

---

① 菲利浦已经将自己当成神明,他的亡故加入诸神的行列,接受民众的顶礼膜拜也是自然之理。特别是出现这些征兆以后,即使遭到暗杀只能归于上天的安排。

② 狄奥多罗斯对于菲利浦遭到暗杀,一点都不怀疑奥琳庇阿斯和亚历山大扮演一角色,看来他比其他所有人都更珍惜菲利浦的功勋和荣誉。其他的作者像是贾士丁、阿瑞安和普鲁塔克,字里行间都流露出猜疑和暗示的氛围。